中国社会科学院
庆祝中华人民共和国成立70周年书系

总主编 谢伏瞻

国家哲学社会科学学术研究史

新中国马克思主义研究70年

姜 辉 / 主编
辛向阳 金民卿 / 副主编

中国社会科学出版社

图书在版编目（CIP）数据

新中国马克思主义研究70年/姜辉主编 . —北京：中国社会科学出版社，2019.9（2020.12 重印）

（庆祝中华人民共和国成立70周年书系）

ISBN 978-7-5203-4921-5

Ⅰ.①新… Ⅱ.①姜… Ⅲ.①马克思主义—研究—中国—1949-2019 Ⅳ.①D61

中国版本图书馆 CIP 数据核字（2019）第 183478 号

出 版 人	赵剑英
责任编辑	杨晓芳
责任校对	王　龙
责任印制	王　超
出　　版	中国社会科学出版社
社　　址	北京鼓楼西大街甲 158 号
邮　　编	100720
网　　址	http://www.csspw.cn
发 行 部	010-84083685
门 市 部	010-84029450
经　　销	新华书店及其他书店
印刷装订	北京君升印刷有限公司
版　　次	2019 年 9 月第 1 版
印　　次	2020 年 12 月第 2 次印刷
开　　本	710×1000　1/16
印　　张	32.5
字　　数	453 千字
定　　价	189.00 元

凡购买中国社会科学出版社图书，如有质量问题请与本社营销中心联系调换
电话：010-84083683
版权所有　侵权必究

中国社会科学院
《庆祝中华人民共和国成立70周年书系》
编撰工作领导小组及委员会名单

编撰工作领导小组：

组　长　谢伏瞻

成　员　王京清　蔡　昉　高　翔　高培勇　杨笑山
　　　　姜　辉　赵　奇

编撰工作委员会：

主　任　谢伏瞻

成　员　（按姓氏笔画为序）

　　　　卜宪群　马　援　王　巍　王立民　王立胜
　　　　王立峰　王延中　王京清　王建朗　史　丹
　　　　邢广程　刘丹青　刘跃进　闫　坤　孙壮志
　　　　李　扬　李正华　李　平　李向阳　李国强
　　　　李培林　李新烽　杨伯江　杨笑山　吴白乙
　　　　汪朝光　张　翼　张车伟　张宇燕　陈　甦
　　　　陈光金　陈众议　陈星灿　周　弘　郑筱筠
　　　　房　宁　赵　奇　赵剑英　姜　辉　莫纪宏

夏春涛　高　翔　高培勇　唐绪军　黄　平
黄群慧　朝戈金　蔡　昉　樊建新　潘家华
魏后凯

协调工作小组：

组　长 蔡　昉

副组长 马　援　赵剑英

成　员（按姓氏笔画为序）

王子豪　王宏伟　王　茵　云　帆　卢　娜
叶　涛　田　侃　曲建君　朱渊寿　刘大先
刘　伟　刘红敏　刘　杨　刘爱玲　吴　超
宋学立　张　骅　张　洁　张　旭　张崇宁
林　帆　金　香　郭建宏　博　悦　蒙　娃

总　序

与时代同发展　与人民齐奋进

谢伏瞻[*]

今年是新中国成立70周年。70年来，中国共产党团结带领中国人民不懈奋斗，中华民族实现了从"东亚病夫"到站起来的伟大飞跃、从站起来到富起来的伟大飞跃，迎来了从富起来到强起来的伟大飞跃。70年来，中国哲学社会科学与时代同发展，与人民齐奋进，繁荣中国学术，发展中国理论，传播中国思想，为党和国家事业发展作出重要贡献。在这重要的历史时刻，我们组织中国社会科学院多学科专家学者编撰了《庆祝中华人民共和国成立70周年书系》，旨在系统回顾总结中国特色社会主义建设的巨大成就，系统梳理中国特色哲学社会科学发展壮大的历史进程，为建设富强民主文明和谐美丽的社会主义现代化强国提供历史经验与理论支持。

壮丽篇章　辉煌成就

70年来，中国共产党创造性地把马克思主义基本原理同中国具体实际相结合，领导全国各族人民进行社会主义革命、建设和改革，

---

[*] 中国社会科学院院长、党组书记，学部主席团主席。

战胜各种艰难曲折和风险考验，取得了举世瞩目的伟大成就，绘就了波澜壮阔、气势恢宏的历史画卷，谱写了感天动地、气壮山河的壮丽凯歌。中华民族正以崭新姿态巍然屹立于世界的东方，一个欣欣向荣的社会主义中国日益走向世界舞台的中央。

我们党团结带领人民，完成了新民主主义革命，建立了中华人民共和国，实现了从几千年封建专制向人民民主的伟大飞跃；完成了社会主义革命，确立社会主义基本制度，推进社会主义建设，实现了中华民族有史以来最为广泛而深刻的社会变革，为当代中国的发展进步奠定了根本政治前提和制度基础；进行改革开放新的伟大革命，破除阻碍国家和民族发展的一切思想和体制障碍，开辟了中国特色社会主义道路，使中国大踏步赶上时代，迎来了实现中华民族伟大复兴的光明前景。今天，我们比历史上任何时期都更接近、更有信心和能力实现中华民族伟大复兴的目标。

中国特色社会主义进入新时代。党的十八大以来，在以习近平同志为核心的党中央坚强领导下，我们党坚定不移地坚持和发展中国特色社会主义，统筹推进"五位一体"总体布局，协调推进"四个全面"战略布局，贯彻新发展理念，适应我国社会主要矛盾已经转化为人民日益增长的美好生活需要和不平衡不充分的发展之间的矛盾的深刻变化，推动我国经济由高速增长阶段向高质量发展阶段转变，综合国力和国际影响力大幅提升。中国特色社会主义道路、理论、制度、文化不断发展，拓展了发展中国家走向现代化的途径，给世界上那些既希望加快发展又希望保持自身独立性的国家和民族提供了全新选择，为解决人类问题贡献了中国智慧和中国方案，为人类发展、为世界社会主义发展做出了重大贡献。

70年来，党领导人民攻坚克难、砥砺奋进，从封闭落后迈向开放进步，从温饱不足迈向全面小康，从积贫积弱迈向繁荣富强，取得了举世瞩目的伟大成就，创造了人类发展史上的伟大奇迹。

经济建设取得辉煌成就。 70年来，我国经济社会发生了翻天覆地的历史性变化，主要经济社会指标占世界的比重大幅提高，国际地位和国际影响力显著提升。经济总量大幅跃升，2018年国内生产总值比1952年增长175倍，年均增长8.1%。1960年我国经济总量占全球经济的比重仅为4.37%，2018年已升至16%左右，稳居世界第二大经济体地位。我国经济增速明显高于世界平均水平，成为世界经济增长的第一引擎。1979—2012年，我国经济快速增长，年平均增长率达到9.9%，比同期世界经济平均增长率快7个百分点，也高于世界各主要经济体同期平均水平。1961—1978年，中国对世界经济增长的年均贡献率为1.1%。1979—2012年，中国对世界经济增长的年均贡献率为15.9%，仅次于美国，居世界第二位。2013—2018年，中国对世界经济增长的年均贡献率为28.1%，居世界第一位。人均收入不断增加，1952年我国人均GDP仅为119元，2018年达到64644元，高于中等收入国家平均水平。城镇化率快速提高，1949年我国的城镇化率仅为10.6%，2018年我国常住人口城镇化率达到了59.58%，经历了人类历史上规模最大、速度最快的城镇化进程，成为中国发展史上的一大奇迹。工业成就辉煌，2018年，我国原煤产量为36.8亿吨，比1949年增长114倍；钢材产量为11.1亿吨，增长8503倍；水泥产量为22.1亿吨，增长3344倍。基础设施建设积极推进，2018年年末，我国铁路营业里程达到13.1万公里，比1949年年末增长5倍，其中高速铁路达到2.9万公里，占世界高铁总量60%以上；公路里程为485万公里，增长59倍；定期航班航线里程为838万公里，比1950年年末增长734倍。开放型经济新体制逐步健全，对外贸易、对外投资、外汇储备稳居世界前列。

科技发展实现大跨越。 70年来，中国科技实力伴随着经济发展同步壮大，实现了从大幅落后到跟跑、并跑乃至部分领域领跑的历史性跨越。涌现出一批具有世界领先水平的重大科技成果。李四光等人提出"陆相生油"理论，王淦昌等人发现反西格玛负超子，第一颗原子弹装置爆炸成功，第一枚自行设计制造的运载火箭发射成功，在世界上首次人工合成牛胰岛素，第一颗氢弹空爆成功，陈景润证明了哥德巴赫猜想中的"1+2"，屠呦呦等人成功发现青蒿素，天宫、蛟龙、天眼、悟空、墨子、大飞机等重大科技成果相继问世。相继组织实施了一系列重大科技计划，如国家高技术研究发展（863）计划、国家重点基础研究发展（973）计划、集中解决重大问题的科技攻关（支撑）计划、推动高技术产业化的火炬计划、面向农村的星火计划以及国家自然科学基金、科技型中小企业技术创新基金等。研发人员总量稳居世界首位。我国研发经费投入持续快速增长，2018年达19657亿元，是1991年的138倍，1992—2018年年均增长20.0%。研发经费投入强度更是屡创新高，2014年首次突破2%，2018年提升至2.18%，超过欧盟15国平均水平。按汇率折算，我国已成为仅次于美国的世界第二大研发经费投入国家，为科技事业发展提供了强大的资金保证。

人民生活显著改善。我们党始终把提高人民生活水平作为一切工作的出发点和落脚点，深入贯彻以人民为中心的发展思想，人民获得感显著增强。70年来特别是改革开放以来，从温饱不足迈向全面小康，城乡居民生活发生了翻天覆地的变化。我国人均国民总收入（GNI）大幅提升。据世界银行统计，1962年，我国人均GNI只有70美元，1978年为200美元，2018年达到9470美元，比1962年增长了134.3倍。人均GNI水平与世界平均水平的差距逐渐缩小，1962年相当于世界平均水平的14.6%，2018年相当于世界平均水平的85.3%，比1962年提高了70.7个百分点。在世界银行公布的人均GNI排名中，2018年中国排名第71位（共计192个经济体），比1978年（共计188个经济体）提高104位。组织实施了一系列中长期扶贫规划，从救济式扶贫到开发式扶贫再到精准扶贫，探索出一条符合中国国情的农村扶贫开发道路，为全面建成小康社会奠定了坚实基础。脱贫攻坚战取得决定性进展，贫困人口大幅减少，为世界减贫事业作出了重大贡献。按照我国现行农村贫困标准测算，1978年我国农村贫困人口为7.7亿人，贫困发生率为97.5%。2018年年末农村贫困人口为1660万人，比1978年减少7.5亿人；贫困发生率为1.7%，比1978年下降95.8个百分点，平均每年下降2.4个百分点。我国是最早实现联合国千年发展目标中减贫目标的发展中国家。就业形势长期稳定，就业总量持续增长，从1949年的1.8亿人增加到2018年的7.8亿人，扩大了3.3倍，就业结构调整优化，就业质量显著提升，劳动力市场不断完善。教育事业获得跨越式发展。1970—2016年，我国高等教育毛入学率从0.1%提高到48.4%，2016年我国高等教育毛入学率比中等收入国家平均水平高出13.4个百分点，比世界平均水平高10.9个百分点；中等教育毛入学率从1970年的28.0%提高到2015年的94.3%，2015年我国中等教育毛入学率超过中等收入国家平均水平16.5个百分点，远高于世界平均水平。我国总人口由1949年的5.4亿人发展到2018年的近14亿人，年均增长率约为1.4%。人民身体素质日益改善，居民预期寿命由新中国成立初的35岁提高到2018年的77岁。居民环境卫生条件持续改善。2015年，我国享有基本环境卫生服务人口占总人口比重为75.0%，超过中等收入国家66.1%的平均水平。我国居民基本饮用水服务已基本实现全民覆盖，超过中等偏上收入国家平均水平。

思想文化建设取得重大进展。党对意识形态工作的领导不断加强，党的理论创新全面推进，马克思主义在意识形态领域的指导地位更加巩固，中国特色社会主义和中国梦深入人心，社会主义核心价值观和中华优秀传统文化广泛弘扬。文化事业繁荣兴盛，文化产业快速发展。文化投入力度明显加大。1953—1957年文化事业费总投入为4.97亿元，2018年达到928.33亿元。广播影视制播能力显著增强。新闻出版繁荣发展。2018年，图书品种51.9万种、总印数100.1亿册（张），分别为1950年的42.7倍和37.1倍；期刊品种10139种、总印数22.9亿册，分别为1950年的34.4倍和57.3倍；报纸品种1871种、总印数337.3亿份，分别为1950年的4.9倍和42.2倍。公共文化服务水平不断提高，文艺创作持续繁荣，文化事业和文化产业蓬勃发展，互联网建设管理运用不断完善，全民健身和竞技体育全面发展。主旋律更加响亮，正能量更加强劲，文化自信不断增强,全党全社会思想上的团结统一更加巩固。改革开放后,我国对外文化交流不断扩大和深化,已成为国家整体外交战略的重要组成部分。特别是党的十八大以来,文化交流、文化贸易和文化投资并举的"文化走出去"、推动中华文化走向世界的新格局已逐渐形成,国家文化软实力和中华文化影响力大幅提升。

生态文明建设成效显著。70年来特别是改革开放以来,生态文明建设扎实推进,走出了一条生态文明建设的中国特色道路。党的十八大以来,以习近平同志为核心的党中央高度重视生态文明建设,将其作为统筹推进"五位一体"总体布局的重要内容,形成了习近平生态文明思想,为新时代推进我国生态文明建设提供了根本遵循。国家不断加大自然生态系统建设和环境保护力度,开展水土流失综合治理,加大荒漠化治理力度,扩大森林、湖泊、湿地面积,加强自然保护区保护,实施重大生态修复工程,逐步健全主体功能区制度,推进生态保护红线工作,生态保护和建设不断取得新成效,环境保护投入跨越式增长。20世纪80年代初期,全国环境污染治理投资每年为25亿—30亿元,2017年,投资总额达到9539亿元,比2001年增长7.2倍,年均增长14.0%。污染防治强力推进,治理成效日益彰显。重大生态保护和修复工程进展顺利,森林覆盖率持续提高。生态环境治理明显加强,环境状况得到改善。引导应对气候变化国际合作,成为全球生态文明建设的重要参与者、贡献者、引领者。[①]

新中国70年的辉煌成就充分证明,只有社会主义才能救中国,只有改革开放才能发展中国、发展社会主义、发展马克思主义,只有坚持以人民为中心才能实现党的初心和使命,只有坚持党的全面领导才能确保中国这艘航船沿着正确航向破浪前行,不断开创中国特色社会主义事业新局面,谱写人民美好生活新篇章。

---

① 文中所引用数据皆来自国家统计局发布的《新中国成立70周年经济社会发展成就系列报告》。

繁荣中国学术　发展中国理论
传播中国思想

70年来，我国哲学社会科学与时代同发展、与人民齐奋进，在革命、建设和改革的各个历史时期，为党和国家事业作出了独特贡献，积累了宝贵经验。

一　发展历程

——**在马克思主义指导下奠基、开创哲学社会科学**。新中国哲学社会科学事业，是在马克思主义指导下逐步发展起来的。新中国成立前，哲学社会科学基础薄弱，研究与教学机构规模很小，无法适应新中国经济和文化建设的需要。因此，新中国成立前夕通过的具有临时宪法性质的《中国人民政治协商会议共同纲领》明确提出："提倡用科学的历史观点，研究和解释历史、经济、政治、文化及国际事务，奖励优秀的社会科学著作。"新中国成立后，党中央明确要求："用马列主义的思想原则在全国范围内和全体规模上教育人民，是我们党的一项最基本的政治任务。"经过几年努力，确立了马克思主义在哲学社会科学领域的指导地位。国务院规划委员会制定了1956—1967年哲学社会科学研究工作远景规划。1956年，毛泽东同志提出"百花齐放、百家争鸣"，强调"百花齐放、百家争鸣"的方针，"是促进艺术发展和科学进步的方针，是促进中国的社会主义文化繁荣的方针。"在机构设置方面，1955年中国社会科学院的前身——中国科学院哲学社会科学学部成立，并先后建立了14个研究所。马克思主义指导地位的确立，以及科研和教育体系的建立，为新中国哲学社会科学事业的兴起和发展奠定了坚实基础。

——**在改革开放新时期恢复、发展壮大哲学社会科学**。党的十一届三中全会开启了改革开放新时期，我国哲学社会科学从十年

"文革"的一片荒芜中迎来了繁荣发展的新阶段。邓小平同志强调"科学当然包括社会科学",重申要切实贯彻"双百"方针,强调政治学、法学、社会学以及世界政治的研究需要赶快补课。1977年,党中央决定在中国科学院哲学社会科学学部的基础上组建中国社会科学院。1982年,全国哲学社会科学规划座谈会召开,强调我国哲学社会科学事业今后必须有一个大的发展。此后,全国哲学社会科学规划领导小组成立,国家社会科学基金设立并逐年开展课题立项资助工作。进入21世纪,党中央始终将哲学社会科学置于重要位置,江泽民同志强调"在认识和改造世界的过程中,哲学社会科学和自然科学同样重要;培养高水平的哲学社会科学家,与培养高水平的自然科学家同样重要;提高全民族的哲学社会科学素质,与提高全民族的自然科学素质同样重要;任用好哲学社会科学人才并充分发挥他们的作用,与任用好自然科学人才并发挥他们的作用同样重要"。《中共中央关于进一步繁荣发展哲学社会科学的意见》等文件发布,有力地推动了哲学社会科学繁荣发展。

——**在新时代加快构建中国特色哲学社会科学**。党的十八大以来,以习近平同志为核心的党中央高度重视哲学社会科学。2016年5月17日,习近平总书记亲自主持哲学社会科学工作座谈会并发表重要讲话,提出加快构建中国特色哲学社会科学的战略任务。2017年3月5日,党中央印发《关于加快构建中国特色哲学社会科学的意见》,对加快构建中国特色哲学社会科学作出战略部署。2017年5月17日,习近平总书记专门就中国社会科学院建院40周年发来贺信,发出了"繁荣中国学术,发展中国理论,传播中国思想"的号召。2019年1月2日、4月9日,习近平总书记分别为中国社会科学院中国历史研究院和中国非洲研究院成立发来贺信,为加快构建中国特色哲学社会科学指明了方向,提供了重要遵循。不到两年的时间内,习近平总书记专门为一个研究单位三次发贺信,这充分说明党中央对哲学社会科学的重视前所未有,对哲学社会科学工作者的关怀前所未有。在党中央坚强领导下,广大哲学社会科学工作者增强"四个意识",坚定"四个自信",做到"两个维护",坚持以习近平新时代中国特色社会主义思想为指导,坚持"二为"方向和"双百"方针,以研究我国改革发展稳定重大理论和实践问题为主攻方向,哲学社会科学领域涌现出一批优秀人才和成果。经过不懈努力,我国哲学社会科学事业取得了历史性成就,发生了历史性变革。

二 主要成就

70年来,在党中央坚强领导和亲切关怀下,我国哲学社会科学取得了重大成就。

马克思主义理论研究宣传不断深入。新中国成立后,党中央组织广大哲学社会科学工作者系统翻译了《马克思恩格斯全集》《列宁全集》《斯大林全集》等马克思主义经典作家的著作,参与编辑出版《毛泽东选集》《毛泽东文集》《邓小平文选》《江泽民文选》《胡锦涛文选》等一批党和国家重要领导人文选。党的十八大以来,参与编辑出版了《习近平谈治国理政》《干在实处 走在前列》《之江新语》,以及"习近平总书记重要论述摘编"等一批代表马克思主义中国化最新成果的重要文献。将《习近平谈治国理政》、"习近平总书记重要论述摘编"翻译成多国文字,积极对外宣传党的创新理论,为传播中国思想作出了重要贡献。先后成立了一批马克思主义研究院(学院)和"邓小平理论研究中心""中国特色社会主义理论体系研究中心",党的十九大以后成立了10家习近平新时代中国特色社会主义思想研究机构,哲学社会科学研究教学机构在研究阐释党的创新理论,深入研究阐释马克思主义中国化的最新成果,推动马克思主义中国化时代化大众化方面发挥了积极作用。

为党和国家服务能力不断增强。新中国成立初期,哲学社会科学工作者围绕国家的经济建设,对商品经济、价值规律等重大现实问题进行深入研讨,推出一批重要研究成果。1978年,哲学社会科学界开展的关于真理标准问题大讨论,推动了全国性的思想解放,为我们党重新确立马克思主义思想路线、为党的十一届三中全会召开作了重要的思想和舆论准备。改革开放以来，哲学社会科学界积极探索中国特色社会主义发展道路，在社会主义市场经济理论、经济体制改革、依法治国、建设社会主义先进文化、生态文明建设等重大问题上，进行了深入研究，积极为党和国家制定政策提供决策咨询建议。党的十八大以来，广大哲学社会科学工作者辛勤耕耘，紧紧围绕统筹推进"五位一体"总体布局、协调推进"四个全面"战略布局，推进国家治理体系和治理能力现代化，构建人类命运共同体和"一带一路"建设等重大理论与实践问题，述学立论、建言献策，推出一批重要成果，很好地发挥了"思想库""智囊团"作用。

学科体系不断健全。新中国成立初期，哲学社会科学的学科设置以历史、语言、考古、经济等学科为主。70年来，特别是改革开放以来，哲学社会科学的研究领域不断拓展和深化。到目前为止，已形成拥有马克思主义研究、历史学、考古学、哲学、文学、语言学、经济学、法学、社会学、人口学、民族学、宗教学、政治学、新闻学、军事学、教育学、艺术学等20多个一级学科、400多个二级学科的较为完整的学科体系。进入新时代，哲学社会科学界深入贯彻落实习近平总书记"5·17"重要讲话精神，加快构建中国特色哲学社会科学学科体系、学术体系、话语体系。

学术研究成果丰硕。70年来，广大哲学社会科学工作者辛勤耕耘、积极探索，推出了一批高水平成果，如《殷周金文集成》《中国历史地图集》《中国语言地图集》《中国史稿》《辩证唯物主义原理》《历史唯物主义原理》《政治经济学》《中华大藏经》《中国政治制度通史》《中华文学通史》《中国民族关系史纲要》《现代汉语词典》等。学术论文的数量逐年递增，质量也不断提升。这些学术成果对传承和弘扬中华民族优秀传统文化、推进社会主义先进文化建设、增强文化自信、提高中华文化的"软实力"发挥了重要作用。

对外交流长足发展。70年来特别是改革开放以来，我国哲学社会科学界对外学术交流与合作的领域不断拓展，规模不断扩大，质量和水平不断提高。目前,我国哲学社会科学对外学术交流遍及世界 100 多个国家和地区,与国外主要研究机构、学术团体、高等院校等建立了经常性的双边交流关系。坚持"请进来"与"走出去"相结合,一方面将高水平的国外学术成果译介到国内,另一方面将能够代表中国哲学社会科学水平的成果推广到世界,讲好中国故事,传播中国声音,提高了我国哲学社会科学的国际影响力。

人才队伍不断壮大。 70 年来,我国哲学社会科学研究队伍实现了由少到多、由弱到强的飞跃。新中国成立之初,哲学社会科学人才队伍薄弱。为培养科研人才,中国社会科学院、中国人民大学等一批科研、教育机构相继成立,培养了一批又一批哲学社会科学人才。目前,形成了社会科学院、高等院校、国家政府部门研究机构、党校行政学院和军队五大教研系统,汇聚了 60 万多专业、多类型、多层次的人才。这样一支规模宏大的哲学社会科学人才队伍,为实现我国哲学社会科学建设目标和任务提供了有力人才支撑。

三 重要启示

70 年来,我国哲学社会科学在取得巨大成绩的同时,也积累了宝贵经验,给我们以重要启示。

坚定不移地以马克思主义为指导。 马克思主义是科学的理论、人民的理论、实践的理论、不断发展的开放的理论。坚持以马克思主义为指导,是当代中国哲学社会科学区别于其他哲学社会科学的根本标志。习近平新时代中国特色社会主义思想是马克思主义中国化的最新成果,是当代中国马克思主义、21 世纪马克思主义,要将这一重要思想贯穿哲学社会科学各学科各领域,切实转化为广大哲学社会科学工作者清醒的理论自觉、坚定的政治信念、科学的思维方法。要不断推进马克思主义中国化时代化大众化,奋力书写研究阐发当代中国马克思主义、21 世纪马克思主义的理论学术经典。

坚定不移地践行为人民做学问的理念。 为什么人的问题是哲学社会科学研究的根本性、原则性问题。哲学社会科学研究必须搞清楚为谁著书、为谁立说，是为少数人服务还是为绝大多数人服务的问题。脱离了人民，哲学社会科学就不会有吸引力、感染力、影响力、生命力。我国广大哲学社会科学工作者要坚持人民是历史创造者的观点，树立为人民做学问的理想，尊重人民主体地位，聚焦人民实践创造，自觉把个人学术追求同国家和民族发展紧紧联系在一起，努力多出经得起实践、人民、历史检验的研究成果。

坚定不移地以研究回答新时代重大理论和现实问题为主攻方向。习近平总书记反复强调："当代中国的伟大社会变革，不是简单延续我国历史文化的母版，不是简单套用马克思主义经典作家设想的模板，不是其他国家社会主义实践的再版，也不是国外现代化发展的翻版，不可能找到现成的教科书。"哲学社会科学研究，必须立足中国实际，以我们正在做的事情为中心，把研究回答新时代重大理论和现实问题作为主攻方向，从当代中国伟大社会变革中挖掘新材料，发现新问题，提出新观点，构建有学理性的新理论，推出有思想穿透力的精品力作，更好服务于党和国家科学决策，服务于建设社会主义现代化强国，实现中华民族伟大复兴的伟大实践。

坚定不移地加快构建中国特色哲学社会科学"三大体系"。加快构建中国特色哲学社会科学学科体系、学术体系、话语体系，是习近平总书记和党中央提出的战略任务和要求，是新时代我国哲学社会科学事业的崇高使命。要按照立足中国、借鉴国外，挖掘历史、把握当代，关怀人类、面向未来的思路，体现继承性、民族性，原创性、时代性，系统性、专业性的要求，着力构建中国特色哲学社会科学。要着力提升原创能力和水平，立足中国特色社会主义伟大实践，坚持不忘本来、吸收外来、面向未来，善于融通古今中外各种资源，不断推进学科体系、学术体系、话语体系建设创新，构建一个全方位、全领域、全要素的哲学社会科学体系。

坚定不移地全面贯彻"百花齐放、百家争鸣"方针。"百花齐放、百家争鸣"是促进我国哲学社会科学发展的重要方针。贯彻"双百方针"，做到尊重差异、包容多样，鼓励探索、宽容失误，提倡开展平等、健康、活泼和充分说理的学术争鸣，提倡不同学术观点、不同风格学派的交流互鉴。正确区分学术问题和政治问题的界限，对政治原则问题，要旗帜鲜明、立场坚定，敢于斗争、善于交锋；对学术问题，要按照学术规律来对待，不能搞简单化，要发扬民主、相互切磋，营造良好的学术环境。

坚定不移地加强和改善党对哲学社会科学的全面领导。哲学社会科学事业是党和人民的重要事业，哲学社会科学战线是党和人民的重要战线。党对哲学社会科学的全面领导，是我国哲学社会科学事业不断发展壮大的根本保证。加快构建中国特色哲学社会科学，必须坚持和加强党的领导。只有加强和改善党的领导，才能确保哲学社会科学正确的政治方向、学术导向和价值取向；才能不断深化对共产党执政规律、社会主义建设规律、人类社会发展规律的认识，不断开辟当代中国马克思主义、21世纪马克思主义新境界。

《庆祝中华人民共和国成立70周年书系》坚持正确的政治方向和学术导向，力求客观、详实，系统回顾总结新中国成立70年来在政治、经济、社会、法治、民族、生态、外交等方面所取得的巨大成就，系统梳理我国哲学社会科学重要学科发展的历程、成就和经验。书系秉持历史与现实、理论与实践相结合的原则，编撰内容丰富、覆盖面广，分设了国家建设和学科发展两个系列，前者侧重对新中国70年国家发展建设的主要领域进行研究总结；后者侧重对哲学社会科学若干主要学科70年的发展历史进行回顾梳理，结合中国社会科学院特点，学科选择主要按照学部进行划分，同一学部内学科差异较大者单列。书系为新中国成立70年而作，希望新中国成立80年、90年、100年时能够接续编写下去，成为中国社会科学院学者向共和国生日献礼的精品工程。

是为序。

目　录

导　论 …………………………………………………………（1）

第一章　马克思主义经典著作编译、中国共产党领导人著作编辑出版70年 ……………………………………（20）
　第一节　新中国成立后马克思主义经典著作编译、党和国家领导人著作编辑出版的历史沿革…………（21）
　第二节　马克思恩格斯著作的编译与出版………………（26）
　第三节　列宁斯大林著作的编译和出版…………………（35）
　第四节　中国共产党领导人著作的编辑出版……………（45）

第二章　马克思主义中国化发展与研究70年 ……………（71）
　第一节　马克思主义中国化发展70年 ……………………（71）
　第二节　毛泽东思想研究……………………………………（86）
　第三节　中国特色社会主义理论体系研究………………（92）
　第四节　习近平新时代中国特色社会主义思想研究 ………（102）

第三章　马克思主义哲学研究70年 ………………………（111）
　第一节　社会主义革命和建设时期的马克思主义哲学 …（111）
　第二节　改革开放时期马克思主义哲学研究繁荣发展 …（133）
　第三节　新时代马克思主义哲学迎接新挑战 ……………（156）

第四章　马克思主义经济学研究 70 年 （164）

第一节　新中国 70 年来马克思主义经济学研究主要
　　　　脉络与简要回顾 （165）

第二节　改革开放前我国马克思主义经济学研究的
　　　　开展与探索 （175）

第三节　改革开放时期的马克思主义经济学研究 （191）

第四节　新时代中国特色社会主义与马克思主义
　　　　经济学的繁荣发展 （216）

第五章　科学社会主义研究 70 年 （235）

第一节　社会主义革命和建设时期科学社会主义研究 （236）

第二节　改革开放时期科学社会主义发展与研究 （250）

第三节　新时代科学社会主义的新发展与相关研究 （280）

第六章　马克思主义党建学说研究 70 年 （297）

第一节　党的建设理论的艰辛探索 （298）

第二节　改革开放新时期党的建设理论的形成与发展 （305）

第三节　新时代党的建设理论丰富与发展 （328）

第七章　国际共产主义运动和世界社会主义研究 70 年 （340）

第一节　国际共产主义运动与世界社会主义研究的
　　　　发展历程 （341）

第二节　国际共产主义运动与世界社会主义基本问题
　　　　研究 （349）

第三节　国际共产主义运动和世界社会主义重大历史问题
　　　　研究 （357）

第四节　世界社会主义新发展与资本主义新变化研究 （364）

第八章　国外马克思主义研究 70 年 …………………………（384）
第一节　社会主义革命和建设时期的国外马克思主义
　　　　研究 ……………………………………………………（384）
第二节　改革开放时期的国外马克思主义研究 …………………（397）
第三节　国外马克思主义新流派研究 ……………………………（412）
第四节　21 世纪国外马克思主义研究及其走向 …………………（428）

第九章　思想政治教育研究 70 年 …………………………………（434）
第一节　社会主义革命和建设时期的思想政治教育
　　　　研究 ……………………………………………………（439）
第二节　改革开放时期思想政治教育研究 ………………………（446）
第三节　新时代思想政治教育研究 ………………………………（462）

参考文献 ………………………………………………………………（479）

后　记 …………………………………………………………………（497）

导　　论

中国共产党从一诞生，就把马克思主义作为自己的指导思想。在近百年的发展过程中，中国共产党形成了两大理论成果：毛泽东思想和中国特色社会主义理论体系。中国共产党高度重视马克思主义学习、研究、宣传，把它作为党的宣传思想工作的重要组成部分。伴随着人民共和国前进的步伐，我国马克思主义研究也走过了 70 年的征程，取得了巨大的成绩，为新中国的发展提供了理论支撑。

我国的马克思主义研究起步于新民主主义革命时期，特别是延安时期。当时，在党的领导下，不仅翻译出版了一批重要的马克思主义经典著作，培养和造就了一大批优秀的马克思主义理论工作者，而且确立了理论联系实际的优良学风和以中国问题为中心的研究方针，奠定了新中国成立后马克思主义研究发展的基础。

1949 年 10 月 1 日，中华人民共和国的成立，从根本上改变了马克思主义和马克思主义研究在中国的地位。马克思主义研究成为新中国党和国家的指导思想，马克思主义研究成为新中国一门重要的学科，马克思主义研究者成为新中国主流意识形态的建设者。

70 年来，党的主要领导人高度重视马克思主义和马克思主义研究，从毛泽东、邓小平、江泽民、胡锦涛到习近平，围绕马克思主义和马克思主义研究发表了重要论述，这些论述一方面成为中国化马克思主义的重要组成部分，另一方面也成为推进马克思主义研究的与时俱进的指导思想。

70年来，广大马克思主义理论工作者，既把马克思主义作为自己的信仰，又把马克思主义作为一门科学，伴随新中国的发展，与时俱进地不断推进中国马克思主义研究，为新中国的发展作出了自己的贡献。

70年来，新中国马克思主义研究走过了曲折的发展历程，取得了辉煌的成就。与新中国历史大致同步，根据研究主题、研究取向、总体特征，这一历程大致可以分为改革开放前、后两个时期，三个阶段：第一阶段，1949—1978年，是马克思主义研究的奠基起步、曲折阶段。这一阶段，适应学习、宣传和普及马克思主义的需要，马克思主义经典著作的翻译出版全面推进，马克思主义基本原理和主要著作的研究取得了一定的进展。同时，马克思主义理论研究队伍不断扩大。这一阶段的1966—1978年，伴随着共和国历史陷入曲折，马克思主义研究也陷入僵化停滞阶段。第二阶段，1978—2012年，是马克思主义研究复兴发展阶段。1978年党的十一届三中全会以后，我国进入改革开放和社会主义现代化建设时期。这个阶段是中国特色社会主义开创和发展时期，马克思主义经典著作出版工作成就显著，对邓小平理论、"三个代表"重要思想、科学发展观等中国化马克思主义的研究成为研究重点，同时马克思主义基本原理和毛泽东思想研究领域大大拓展，马克思主义研究成果水平显著提高。第三阶段，2012年到现在，是马克思主义研究繁荣发展阶段。伴随着中国特色社会主义进入新时代，中国化马克思主义最新成果——习近平新时代中国特色社会主义思想研究成为热点，围绕习近平新时代中国特色社会主义思想对21世纪马克思主义的贡献展开深入研究，构建马克思主义学科体系、学术体系、话语体系成为关注点，高校马克思主义理论教学受到前所未有的重视。

一　党的主要领导人关于马克思主义和马克思主义研究的论述

马克思主义是科学，是一个开放的发展的理论体系，它严格地以客观事实为根据。习近平同志指出："理论的生命力在于不断创新，推动马克思主义不断发展是中国共产党人的神圣职责。"①

新中国70年，党的主要领导人始终强调，要正确对待马克思主义，要树立科学的学风，不能从本本出发，要用马克思主义的立场观点方法来研究和解决中国的现实问题。

毛泽东同志早在延安整风时就强调："中国共产党的二十年，就是马克思列宁主义的普遍真理和中国革命的具体实践日益结合的二十年。""马克思列宁主义的普遍真理一经和中国革命的具体实践相结合，就使中国革命的面目为之一新。"②"马克思列宁主义是科学，科学是老老实实的学问，任何一点调皮都是不行的。"③"要有目的地去研究马克思列宁主义的理论，要使马克思列宁主义的理论和中国革命的实际运动结合起来，是为着解决中国革命的理论问题和策略问题而去从它找立场，找观点，找方法的。""应确立以研究中国革命实际问题为中心，以马克思列宁主义基本原则为指导的方针，废除静止地孤立地研究马克思主义的方法。"④ 新中国成立后，毛泽东同志提出要实现马克思主义普遍原理与中国具体实际新的结合，创造新的理论，发展马克思主义。

邓小平同志指出："马克思主义是打不倒的。打不倒，并不是因为大本子多，而是因为马克思主义的真理颠扑不破。实事求是是马克思主义的精髓。要提倡这个，不要提倡本本。""马克思主义是很朴实的东西，很朴实的道理。""我坚信，世界上赞成马克思主义的人会多起来的，因为马克思主义是科学。""不要惊慌失措，不要认为马克思主义消失了，没用了，失败了，哪有这回事！"⑤ "马克思去世以后一百多年，究竟发生了什么变化，在变化的条件下，如何

---

① 习近平：《在纪念马克思诞辰200周年大会上的讲话》（2018年5月4日），《人民日报》2018年5月5日。
② 《毛泽东选集》第3卷，人民出版社1991年版，第795—796页。
③ 同上书，第800页。
④ 同上书，第801—802页。
⑤ 《邓小平文选》第3卷，人民出版社1993年版，第382—383页。

认识和发展马克思主义,没有搞清楚。绝不能要求马克思为解决他去世之后上百年、几百年所产生的问题提供现成答案。列宁也不能承担为他去世以后五十年、一百年后所产生的问题提供现成答案的任务。真正的马克思列宁主义者必须根据现在的情况,认识、继承和发展马克思列宁主义。"[1]"我们坚信马克思主义,但马克思主义必须与中国实际相结合。只有结合中国实际的马克思主义,才是我们所需要的真正的马克思主义。"[2]

江泽民同志指出:"马克思列宁主义、毛泽东思想一定不能丢,丢了就丧失根本。同时一定要以我国改革开放和现代化建设的实际问题、以我们正在做的事情为中心,着眼于马克思主义理论的运用,着眼于对实际问题的理论思考,着眼于新的实际和新的发展。离开本国实际和时代发展来谈马克思主义,没有意义。静止地孤立地研究马克思主义,把马克思主义同它在现实生活中的生动发展割裂开来、对立起来,没有出路。"[3]"坚持马克思主义,绝不能采取教条主义、本本主义的态度,而应该采取实事求是、与时俱进的科学态度,坚持一切从发展变化着的实际出发,把马克思主义看作是不断随着实践的发展而发展的科学。"[4]

胡锦涛同志指出:马克思主义"最根本的理论特征"是辩证唯物主义和历史唯物主义的世界观和方法论,"最崇高的社会理想"是实现物质财富极大丰富、人民精神境界极大提高、每个人自由而全面发展的共产主义社会,"最鲜明的政治立场"是马克思主义政党的一切理论和奋斗都应致力于实现最广大人民的根本利益,"最重要的理论品质"是坚持一切从实际出发,理论联系实际,实事求是,在实践中检验真理和发展真理。[5]"只有改革开放才能发展中国、发展

---

[1] 《邓小平文选》第 3 卷,人民出版社 1993 年版,第 291 页。
[2] 同上书,第 213 页。
[3] 《江泽民文选》第 2 卷,人民出版社 2006 年版,第 12 页。
[4] 《江泽民文选》第 3 卷,人民出版社 2006 年版,第 337 页。
[5] 《十六大以来重要文献选编》上,中央文献出版社 2005 年版,第 362—364 页。

社会主义、发展马克思主义。"① "马克思主义只有与本国国情相结合、与时代发展同进步、与人民群众共命运，才能焕发出强大的生命力、创造力、感召力"。②

习近平同志关于马克思主义和马克思主义研究有大量论述。2011年他在建党90周年时就指出："推进马克思主义中国化，一定要科学对待马克思主义，正确处理坚持和发展、一脉相承和与时俱进的辩证统一关系。党的指导思想和基本理论与时俱进的历程说明，每一次理论创新都是把马克思主义基本原理同中国具体实际相结合而不断追求真理、大胆探索的结果。这个结合，是坚持马克思主义和发展马克思主义的统一。能不能实现这个结合，结合得好不好，关键在于能不能真正掌握马克思主义，能不能深刻认识中国国情，并把两者正确地统一于革命、建设、改革的实践之中。认识中国国情，最重要的是认识对中国革命、建设、改革有重大影响的一切有利和不利的条件和因素，特别是要认识中国社会的性质和发展阶段，认识社会主要矛盾、主要任务和它们的变化。掌握马克思主义，最重要的是掌握它的精神实质，运用它的立场、观点、方法和基本原理分析解决实际问题。马克思主义基本原理，体现马克思主义的根本性质和整体特征，体现马克思主义世界观和方法论的科学性、革命性的高度统一。相对于在特定的历史环境中所作的个别判断和具体结论而言，基本原理是对事物本质和发展规律的概括，具有普遍和根本的指导意义。我们说老祖宗不能丢，很重要的就是马克思主义基本原理不能丢。推进理论创新，必须坚持马克思主义基本原理不能动摇。这是发展马克思主义的基础和出发点，否则就会迷失方向走上歧途。同时，必须随着实践发展不断丰富马克思主义，不断赋予马克思主

---

① 《胡锦涛文选》第2卷，人民出版社2016年版，第619页。
② 同上书，第621页。

义新的生命活力,以更好地把马克思主义坚持下去。"①

党的十八大以后,习近平总书记站在 21 世纪和人类发展的高度,提出了完整的马克思主义观,从整体上回答了什么是马克思主义、为什么要坚持马克思主义、怎样坚持马克思主义的重大问题。

阐明了马克思主义的本质特征 他指出,马克思主义是科学的理论,创造性地揭示了人类社会发展规律,揭示了人类社会发展的一般规律,揭示了资本主义运行的特殊规律,为人类指明了从必然王国向自由王国飞跃的途径,为人民指明了实现自由和解放的道路;马克思主义是人民的理论,第一次创立了人民实现自身解放的思想体系,指明了依靠人民推动历史前进的人间正道;马克思主义是实践的理论,指引着人民改造世界的行动,为人民认识世界、改造世界提供了强大精神力量;马克思主义是不断发展的开放的理论,始终站在时代前沿,能够永葆其美妙之青春,不断探索时代发展提出的新课题、回应人类社会面临的新挑战。

阐述了马克思主义的巨大影响 他指出,马克思主义不仅深刻改变了世界,也深刻地改变了中国;在人类思想史上,就科学性、真理性、影响力、传播面而言,没有一种思想理论能达到马克思主义的高度,也没有一种学说像马克思主义那样对世界产生了如此巨大的影响。这体现了马克思主义的巨大真理伟力和强大生命力,表明马克思主义对人类认识世界、改造世界、推动社会进步仍然具有不可替代的作用。

阐述了马克思主义的重大意义 他指出,马克思主义始终是我们立党立国的根本指导思想,是我们认识世界、把握规律、追求真理、改造世界的强大思想武器,是我们党和人民事业不断发展的参天大树之根本,是我们党和人民事业不断发展奋进的万里长河之泉源,是我们党的看家本领,是共产党人理想信念的灵魂,背离或放

---

① 《中国共产党 90 年来指导思想和基本理论的与时俱进及历史启示》(2011 年 6 月 20 日),《学习时报》2011 年 6 月 27 日。

弃马克思主义,我们党就会失去灵魂、迷失方向。

指明了对待马克思主义的正确态度 他指出,要用科学的态度对待马克思主义,不能采取教条主义的态度,也不能采取实用主义的态度;马克思主义具有与时俱进的理论品质,并没有结束真理,而是开辟了通向真理的道路;坚持马克思主义,最重要的是坚持马克思主义基本原理和贯穿其中的立场、观点、方法。这是马克思主义的精髓和活的灵魂。

阐明了发展马克思主义的途径 他指出,把坚持马克思主义和发展马克思主义统一起来,结合新的实践不断作出新的理论创造,这是马克思主义永葆生机的奥妙所在;发展21世纪马克思主义、当代中国马克思主义,必须立足中国、放眼世界,保持与时俱进的理论品格,深刻认识马克思主义的时代意义和现实意义,锲而不舍推进马克思主义中国化、时代化、大众化;要坚持马克思主义基本原理,坚持以更加宽广的眼界审视马克思主义在当代发展的现实基础和实践需要,坚持问题导向,坚持以我们正在做的事情为中心,聆听时代声音,更加深入地推动马克思主义同当代中国发展的具体实际相结合,不断开辟21世纪马克思主义发展新境界,让当代中国马克思主义放射出更加灿烂的真理光芒。

指出了加强马克思主义研究的具体要求 2017年9月29日,习近平总书记在主持十八届中央政治局第四十三次集体学习时的讲话中指出:"学习研究当代世界马克思主义思潮,对我们推进马克思主义中国化,发展21世纪马克思主义、当代中国马克思主义具有积极作用。""需要我们加强对当代资本主义的研究,分析把握其出现的各种变化及其本质,深化对资本主义和国际政治经济关系深刻复杂变化的规律性认识。""对国外马克思主义研究新成果,我们要密切关注和研究,有分析、有鉴别,既不能采取一概排斥的态度,也不能搞全盘照搬。"[①] 习近平总书记还指出研究马克思主义要下大功夫,

---

① 《习近平谈治国理政》第二卷,外文出版社2017年版,第65、67页。

他说:"对马克思主义的学习和研究,不能采取浅尝辄止、蜻蜓点水的态度。有的人马克思主义经典著作没读几本,一知半解就哇啦哇啦发表意见,这是一种不负责任的态度,也有悖于科学精神。"①

提出了上好思想政治理论课的指导意见 2019年3月18日,习近平总书记主持召开了学校思想政治理论课教师座谈会,并发表了重要讲话。他指出,思想政治理论课是落实立德树人根本任务的关键课程。青少年阶段是人生的"拔节孕穗期",最需要精心引导和栽培。我们办中国特色社会主义教育,就是要理直气壮开好思政课,用新时代中国特色社会主义思想铸魂育人,引导学生增强中国特色社会主义道路自信、理论自信、制度自信、文化自信,厚植爱国主义情怀,把爱国情、强国志、报国行自觉融入坚持和发展中国特色社会主义事业、建设社会主义现代化强国、实现中华民族伟大复兴的奋斗之中。思政课作用不可替代,思政课教师队伍责任重大。办好思想政治理论课关键在教师,关键在发挥教师的积极性、主动性、创造性。思政课教师,要给学生心灵埋下真善美的种子,引导学生扣好人生第一粒扣子。第一,政治要强,让有信仰的人讲信仰,善于从政治上看问题,在大是大非面前保持政治清醒。第二,情怀要深,保持家国情怀,心里装着国家和民族,在党和人民的伟大实践中关注时代、关注社会,汲取养分、丰富思想。第三,思维要新,学会辩证唯物主义和历史唯物主义,创新课堂教学,给学生深刻的学习体验,引导学生树立正确的理想信念、学会正确的思维方法。第四,视野要广,有知识视野、国际视野、历史视野,通过生动、深入、具体的纵横比较,把一些道理讲明白、讲清楚。第五,自律要严,做到课上课下一致、网上网下一致,自觉弘扬主旋律,积极传递正能量。第六,人格要正,有人格,才有吸引力。亲其师,才能信其道。要有堂堂正正的人格,用高尚的人格感染学生、赢得学

---

① 习近平:《在哲学社会科学工作座谈会上的讲话》,人民出版社2016年版,第12页。

生，用真理的力量感召学生，以深厚的理论功底赢得学生，自觉做为学为人的表率，做让学生喜爱的人。

习近平总书记强调，推动思想政治理论课改革创新，要不断增强思政课的思想性、理论性和亲和力、针对性。要坚持政治性和学理性相统一，以透彻的学理分析回应学生，以彻底的思想理论说服学生，用真理的强大力量引导学生。要坚持价值性和知识性相统一，寓价值观引导于知识传授之中。要坚持建设性和批判性相统一，传导主流意识形态，直面各种错误观点和思潮。要坚持理论性和实践性相统一，用科学理论培养人，重视思政课的实践性，把思政小课堂同社会大课堂结合起来，教育引导学生立鸿鹄志，做奋斗者。要坚持统一性和多样性相统一，落实教学目标、课程设置、教材使用、教学管理等方面的统一要求，又因地制宜、因时制宜、因材施教。要坚持主导性和主体性相统一，思政课教学离不开教师的主导，同时要加大对学生的认知规律和接受特点的研究，发挥学生主体性作用。要坚持灌输性和启发性相统一，注重启发性教育，引导学生发现问题、分析问题、思考问题，在不断启发中让学生水到渠成得出结论。要坚持显性教育和隐性教育相统一，挖掘其他课程和教学方式中蕴含的思想政治教育资源，实现全员全程全方位育人。

党的主要领导人关于马克思主义和马克思主义研究的重要论述，成为新中国 70 年马克思主义研究的行动指南，极大地推动了马克思主义研究。

二 马克思主义理论学科的发展历程和成就

新中国的成立，提升了马克思主义的地位，为马克思主义研究大发展创造了有利的条件，大大地推进了马克思主义作为一门科学的发展。新中国 70 年，中共中央采取了一系列具体措施加强马克思主义理论研究和建设，推动了马克思主义学科发展。

1949 年到 1978 年，是马克思主义理论研究和教学机构设立、马克思主义学科研究队伍和学科体系建立和初步发展时期。1950 年 8

月，政务院发出《关于实施高等学校课程改革的决定》，要求高校开设新民主主义的政治课程。1952年10月，教育部发出《关于全国高等学校马克思列宁主义、毛泽东思想课程的指示》，要求全国高校开设"新民主主义理论""政治经济学"及"辩证唯物论与历史唯物论"。1953年2月，教育部规定"马列主义基础"为各类型高等学校及专修科（二年以上）二年级必修课程。1954年，全国高等学校普遍开设了"马克思主义哲学""政治经济学""联共（布）党史""中国革命史"课程。这些课程由各高校马列主义教研室承担。1955年，中国科学院成立哲学社会科学学部，将马克思主义理论研究贯穿到各学科中。1956年，中国人民大学设立了马列主义基础系，马克思主义哲学、政治经济学和科学社会主义作为独立学科进行研究，并招收本科生和研究生，为全国高校马列主义基础课程培养师资。1957年之后，中国人民大学、北京大学、复旦大学等高校陆续设立了国际共产主义运动史专业，有的高校开设了中共党史专业，高校马列主义基础课程"联共（布）党史"变更为"国际共产主义运动史"，"中国革命史"变更为"中共党史"。1964年，经中共中央批准，中国人民大学成立马列主义发展史研究所。十年"文化大革命"时期，作为科学的马克思主义理论研究几乎完全陷入停顿，在"文化大革命"后期马克思主义著作学习和编译开始恢复。1970年11月，中共中央发出通知，要求党的干部尤其是高级干部，必须认真学习《共产党宣言》《法兰西内战》《哥达纲领批判》《反杜林论》《国家与革命》《唯物主义和经验批判主义》六部著作，以及《实践论》《人的正确思想是从哪里来的》等五篇著作。

总体来看，新中国前30年我国的马克思主义研究主要围绕马克思主义的三个主要组成部分：哲学、政治经济学、科学社会主义，进行分门别类的研究，取得了开创性、奠基性的成果，但对马克思主义的整体性把握不够，马克思主义的学科体系也不完善。

1978年到2019年，是马克思主义学科体系大发展时期。适应于我国改革开放和社会主义现代化建设的需要，我国马克思主义研究领域不断扩展，在对马克思主义进行综合性研究的同时，伴随着马克思主义中国化的推进，马克思主义理论和实践的一些重要领域作为独立的学科逐步建立和发展起来，开始形成比较全面的马克思主义学科体系。

马克思主义理论研究和教学机构不断壮大。1977年，根据中共中央的决定，中共中央党校成立了科学社会主义教研室。1978年5月，中国人民大学恢复重建了马列主义发展史研究所。1979年7月，中国社会科学院成立了马克思列宁主义毛泽东思想研究所。1980年6月，北京大学成立了马克思列宁主义毛泽东思想研究所。中央党校、国防大学等教育机构、地方社会科学院也相继成立了马克思主义研究所或毛泽东思想研究所。1989年苏联东欧剧变以后，国务院发展研究中心组建了世界社会主义研究所，1994年，为落实中央领导提出的加强国外社会主义跟踪研究的指示，在中央宣传部的主持下，成立了由中国社会科学院牵头，中联部、中央编译局、中央党校、教育部等单位参加的"国外社会主义跟踪研究协调组"，组织、协调对当代世界社会主义的动态和前景研究。1992年，北京大学率先在全国高校成立了马克思主义学院。1994年，中共中央决定，在中央党校、中国社会科学院、教育部、国防大学和上海社会科学院建立"邓小平建设有中国特色社会主义理论研究中心"。2005年12月26日，经中共中央批准，中国社会科学院马克思主义研究院成立，随后全国高校陆续成立马克思主义研究院或马克思主义学院。目前，全国绝大多数高校建立了直属学校领导、独立的思想政治理论课教学科研二级机构。截至2018年年底，全国有85.2%的高校设有独立二级机构，其中本科高校1109所，占本科高校总数的89.5%。

2006年8月，中国社会科学院马克思主义研究学部成立，首批学部委员为冷溶、江流、靳辉明、李崇富、程恩富。2014年，中央宣传部委托中国社会科学院培养"马克思主义理论骨干博士生"。为此，中国社会科学院研究生院专门成立马克思主义学院，由中国社会科学院院长王伟光兼任院长。2016 年，经中共中央批准，中共中央党校马克思主义学院成立。2017 年 9 月，在习近平总书记支持下，中国社会科学院大学成立，中国社会科学院大学马克思主义学院开始招收马克思主义理论和思想政治教育专业本科生。2017 年 11 月，中共中央决定，在中共中央党校、中国社会科学院、教育部、国防大学、北京市、上海市、广东省和北京大学、清华大学、中国人民大学建立"习近平新时代中国特色社会主义思想研究中心（院）"。

马克思主义学科体系日趋完善。改革开放以后，适应社会主义现代化建设的需要，科学社会主义作为独立的学科建立。与此同时，马克思主义理论学科设置也趋于完善。1995 年，国务院学位委员会和国家教育委员会将"马克思主义理论教育"和"思想政治教育"两个学科整合为"马克思主义理论与思想政治教育"，隶属法学门类，为政治学下属的二级学科。1996 年，武汉大学、中国人民大学、清华大学首批设立"马克思主义理论与思想政治教育"学科博士点。

2004 年 1 月，中共中央发出《中共中央关于进一步繁荣发展哲学社会科学的意见》，提出实施马克思主义理论研究和建设工程。之后，中共中央办公厅转发了《中央宣传思想领导小组关于实施马克思主义理论研究和建设工程的意见》。

2004 年 8 月，中共中央、国务院发出《关于进一步加强和改进大学生思想政治教育的意见》。提出要结合实施马克思主义理论研究和建设工程，精心组织编写反映毛泽东思想、邓小平理论和"三个代表"重要思想的哲学社会科学教材，努力形成以当代中国马克思主义为指导的具有中国特色、中国风格、中国气派的哲学社会科学学科体系和教材体系。

2005 年 5 月 11 日，中央宣传部和教育部联合下发《关于加强和改进高等学校哲学社会科学学科体系和教材体系建设的意见》，提出要大力开展马克思主义基本原理、马克思主义发展史和马克思主义中国化的研究，在一级学科中，设立马克思主义理论学科。

2005年12月23日，国务院学位委员会和教育部联合下发《关于调整和增设马克思主义理论一级学科及所属二级学科的通知》，决定在《授予博士、硕士学位和培养研究生的学科、专业目录》中增设马克思主义理论一级学科及所属二级学科。原"马克思主义理论与思想政治教育"由二级学科上升为马克思主义理论一级学科，在马克思主义理论一级学科之下设立马克思主义基本原理、马克思主义发展史、马克思主义中国化、国外马克思主义、思想政治教育五个二级学科。

2008年4月，国务院学位委员会和教育部下发通知，决定在马克思主义理论一级学科之下增设"中国近现代史基本问题研究"二级学科。

2016年12月，中共中央、国务院发出《关于加强和改进新形势下高校思想政治教育工作的意见》，提出加强高校马克思主义学院建设，支持有条件的高校设置马克思主义理论专业；强化马克思主义理论学科的引领作用，优化学科布局，以马克思主义哲学、政治经济学、科学社会主义等相关学科为支撑，不断完善马克思主义学科体系；支持有条件的高校在马克思主义理论一级学科下设置党的建设二级学科。

目前，全国本科院校基本上都设立了独立的马克思主义学院，中央宣传部和教育部在全国评定了37所重点马克思主义学院，全国众多高校设立了马克思主义理论一级学科博士点，马克思主义学科呈现大发展局面，为培养马克思主义理论人才提供了保证。

2019年3月18日，习近平同志在学校思想政治理论课教师座谈会上的讲话中指出，要统筹推进马克思主义学院本科硕士博士培养一体化，为马克思主义理论学科发展指明了方向。

三 马克思主义理论整体性研究

马克思曾经指出："不论我的著作有什么缺点，它们却有一个长处，即它们是一个艺术的整体。"①列宁在《马克思主义的三个来源和三个组成部分》一文中指出，马克思主义"它完备而严密，它给人们提供了决不同任何迷信、任何反动势力、任何为资产阶级压迫所作的辩护相妥协的完整的世界观"②。要对马克思主义理论整体进行研究就要运用分析与综合等辩证思维方法。所谓分析，就是在思维中把整体分为各个部分，以便于逐个加以研究，找出构成这个整体的基础部分和本质方面。所谓综合，就是在分析的基础上，把各个部分组合成为一个整体的思维方法。综合不是把各个部分简单、机械组合，而是按照整体的内在关系有机地贯通起来。列宁对马克思主义理论研究，就是在强调马克思主义是一个完备而严密的科学体系的基础上，提出了马克思主义三个来源和三个组成部分的分析研究方法，把马克思主义理论分为马克思主义哲学、政治经济学和科学社会主义三个部分，在分学科研究的基础上进行综合。分学科研究是马克思主义理论研究的基础，而马克思主义整体性研究则是在分析研究的基础上找到各个部分之间的内在关系，把它们作为一个有机整体加以研究。

马克思主义整体性研究具有重要意义，它是完整、准确地认识和把握马克思主义理论的重要途径。为加强整体性研究，中央宣传部、教育部于 2005 年 2 月 7 日发出了《关于进一步加强和改进高等学校思想政治理论课的意见》，提出了设立马克思主义理论一级学科的任务。2005 年 12 月 23 日国务院学位委员会和教育部发出了《关于调整增设马克思主义理论一级学科及所属二级学科的通知》，正式设立马克思主义理论一级学科，下设"马克思主义基本原理"等五个二级学科（后增加为七个）。马克思主义理论作为一个学科体系来研究和设置，最直接的意义就是可以培养硕士、博士研究生，从而解决了师资队伍和科研队伍的人才培养问题，从制度上保证了"马

---

① 《马克思恩格斯全集》第 31 卷，人民出版社 1972 年版，第 135 页。
② 《列宁专题文集·论马克思主义》，人民出版社 2009 年版，第 67 页。

克思主义原理"整体性研究、建设和发展。

马克思主义整体性是一个内涵丰富的概念,理论界从不同的视角进行了深入探讨。

综合角度 即从综合、全面的角度揭示马克思主义整体性所包含的内容。代表性成果如中国社会科学院程恩富提出了从十三个视阈展开对马克思主义全方位的整体性研究,这些内容包括:一是定义性研究(从创立主体、学术内涵、社会功能、价值观念层面定义);二是综括性研究(从理论特征、社会理想、政治立场和理论品质四个角度阐述);三是统一性研究(按照立场、观点和方法的辩证统一进行阐述);四是层次性研究(从一般原理、具体论断、思维方法三个方面及其关系角度阐述);五是发展性研究(从完整的马克思主义发展史角度阐述);六是"三化"研究(按时代化、中国化、大众化的整体角度阐述);七是实践性研究(以实践整体性为根据阐述);八是互动性研究(按领袖思想和学者思想互动角度阐述);九是破立性研究(从批判性和建设性及其关系阐述);十是分类性研究(从哪些是必须长期坚持的基本原理、哪些是需要发展的理论判断、哪些是必须破除的教条式理解、哪些是必须澄清的错误观点等阐述);十一是学科性研究(从马克思主义一级学科涵盖的六个二级学科的整体性关系角度阐述);十二是分科性研究(从哲学、经济学、政治学、文化学、社会学、生态学等学科及其相互关系阐述);十三是国别性研究(对中国、越南、老挝、古巴、朝鲜等社会主义国家和资本主义国家的学界和政界的理论进行阐述)。[①] 再如,北京大学赵家祥在其著作《马克思主义的整体性研究》中,从五个视角探讨了马克思主义整体性问题,包括:马克思主义形成过程的整体性,马克思主义实践观点的整体性,马克思主义物质生产理论的整体性,马克思主义社会历史发展规律理论的整体性,社会主义发展道路及

---

① 程恩富主编:《马克思主义整体性新论》,中国社会科学出版社2013年版。

社会主义前途和命运理论的整体性。①

理论内容统一性角度 马克思主义理论内容的整体性是马克思主义整体性的核心，学者们从不同视角对这个问题进行了概括：有的从逻辑主线或总体性范畴角度进行概括。马克思主义理论之所以是辩证统一的有机整体，是因为具有将其内部各个部分统一起来的逻辑主线或总体性范畴等。这是学界的普遍共识。但是关于这个逻辑主线、总体性范畴到底是什么，应该如何理解，学者们的观点不尽相同。有些学者认为实践在马克思主义理论中具有根本性地位和意义，主张以实践为逻辑主线或总体性范畴构建马克思主义理论整体性。有些学者主张以无产阶级和人类解放为总体性范畴或逻辑主线，构建马克思主义理论整体性，如中国社会科学院李崇富认为，"应当以科学社会主义作为"核心"和"中轴"，来领会和把握马克思主义'整体性'"②，有的从马克思主义哲学、政治经济学和科学社会主义三个组成部分之间的内在联系中概括。这是一个传统的也是当前占主导地位的概括方法，强调马克思主义的整体性主要体现在马克思主义哲学、经济学和社会主义学说三者之间相互支撑、相互渗透、不可分割的内在联系上。中国人民大学陈先达强调，"马克思主义基本原理，虽然分属于马克思主义哲学、经济学和科学社会主义理论，具有学科特点，但它们又从属于马克思主义整体，彼此从理论上相互支撑，相互渗透，不可分离，因此可以统称为马克思主义基本原理"③。

世界观、方法论角度 马克思主义既是世界观，又是方法论。从世界观与方法论辩证统一角度来理解马克思主义整体性，是研究整体的马克思主义理论的一个重要方向。中国人民大学张雷声认为

---

① 赵家祥：《马克思主义的整体性研究》，北京大学出版社 2018 年版。
② 李崇富：《论从科学社会主义视角把握马克思主义的"整体性"》，《马克思主义研究》2014 年第 5 期。
③ 陈先达：《论马克思主义基本原理及其当代价值》，《马克思主义研究》2009 年第 3 期。

世界观、方法论的统一展现了马克思主义基本原理的理论整体、逻辑整体、历史整体和方法整体。① 中国人民大学梁树发认为，我们提出马克思主义整体性问题，主要之点在于整体性作为一种辩证的方法在关于马克思主义的认识和实践中的运用，既把马克思主义看作一个有机整体，又以整体性的方法、态度对待马克思主义。② 中国社会科学院余斌、程恩富认为："马克思主义的立场是基石、观点是核心、方法是灵魂，三者有着深刻的内在关联和一致性。"③

发展史角度 马克思主义是一脉相承的理论体系，很多学者都强调了马克思主义发展史或者发展阶段的整体性问题。中共中央党校韩庆祥教授等认为，马克思主义形成以后，其理论处在不断完善、发展的过程中，虽然在不同阶段针对不同的问题有不同的侧重，但其前后的发展过程是朝着"整体性"的目标前进的：它体现为不同发展阶段的统一，体现为由不完整走向完整，也可称之为"连续性成长"。④ 此外，还有很多学者强调，中国化马克思主义是马克思主义发展史上的有机部分，是整体的马克思主义的表现。

学科角度 马克思主义理论一级学科及其所属的二级学科体现了马克思主义整体性原则，很多学者从学科角度分析了马克思主义整体性问题。一般认为，马克思主义理论学科的设立对加强马克思主义整体性研究具有十分重要的意义，马克思主义理论整体性研究是对马克思主义理论学科建设的学理支撑，马克思主义理论学科的建设又为马克思主义整体性研究搭建了学术平台，提供了学科支撑，

---

① 张雷声：《从世界观、方法论相统一角度研究马克思主义基本原理整体性》，《马克思主义研究》2012 年第 4 期。

② 梁树发：《马克思主义整体性与基本原理体系的建构》，《教学与研究》2007 年第 11 期。

③ 余斌、程恩富：《论马克思主义立场、观点和方法的辩证统一》，《马克思主义研究》2013 年第 12 期。

④ 韩庆祥、邱耕田、王虎学：《论马克思主义的整体性》，《哲学研究》2012 年第 8 期。

无疑是加强马克思主义整体性研究的重要把手和载体。复旦大学顾钰民认为:"加强对马克思主义理论的整体性研究,是与马克思主义理论学科的建设联系在一起的,整体性研究不是一句空话,它要有一定的载体,五个二级学科就是马克思主义理论整体性研究的载体。这五个二级学科从不同的方面和角度涵盖了整体性研究的主要内容和方向。"①

一般来说,人们通常是从超越"三分法"来理解马克思主义整体性研究的。确实,马克思主义整体性研究直接源自人们对马克思主义"三分法"模式存在的缺点的深刻反思。学术界普遍认为,传统的"三分法"不能全面系统地涵盖马克思主义理论的整体,割裂了作为整体的马克思主义基本原理,整体性研究是科学认识和发展马克思主义的内在要求。因此,尽管人们对马克思主义整体性的具体内涵理解不同,但人们一般认为,加强马克思主义整体性研究就是要超越以往"三分法"为我们设置的学科界限,更多地从揭示三个组成部分内在联系的角度研究马克思主义。

从近些年的研究实践看,理论界从多角度进行了探讨,取得了重要成绩。但从总体上来说,在马克思主义哲学、政治经济学和科学社会主义三个组成部分何以是一个辩证统一的有机整体这个问题上,尚未取得普遍共识,表明马克思主义整体性研究需要继续努力。

新中国70年的马克思主义研究,为推动马克思主义中国化时代化大众化发挥了重要的作用。马克思主义是发展的科学,必定随着时代、实践和科学的发展而不断地发展。以我们正在做的事情为中心,着眼于马克思主义理论的运用,着眼于对实际问题的理论思考,着眼于新的实践和发展,是中国马克思主义发展的基本原则,也是党对马克思主义研究者的要求。只有这样,中国的马克思主义研究在中国特色社会主义新时代才能发挥更大的作用。

---

① 顾钰民:《关于马克思主义整体性研究的思考》,《思想理论教育导刊》2008年第2期。

"理论在一个国家实现的程度，总是决定于理论满足这个国家的需要的程度。"① 伴随着中国特色社会主义进入新时代，中国成为世界马克思主义的中心，中国马克思主义研究应该在进一步提高科学化水平的同时，在推动中国马克思主义国际化方面作出更大贡献，担负起为世界谋大同的责任使命，对21世纪马克思主义面临的重大问题给予科学的回答，如21世纪资本主义的走向，21世纪世界社会主义怎样才能走向振兴，这样，中国的马克思主义研究者才会不辜负这个伟大的时代。

---

① 《马克思恩格斯选集》第1卷，人民出版社1995年版，第11页。

第一章

马克思主义经典著作编译、中国共产党领导人著作编辑出版 70 年

党的十八大以来，以习近平同志为核心的党中央对学习马克思主义经典著作高度重视，习近平总书记多次做出重要指示，要求全党认真学习，从这些宝贵精神财富中汲取智慧和力量，不断推进我们的事业。一个多世纪以来，经过几代人的不懈努力，我国已经成为世界上翻译和出版马克思主义经典著作最多、最全的国家。特别是新中国成立 70 年来，出版力度逐渐加大，出版的种类、数量和方式都有很大发展，马克思主义经典作家的全集、选集、单行本、专题文集等，形成了浩如烟海、蔚为壮观的马克思主义典藏。新中国成立 70 年来，毛泽东、邓小平、江泽民、胡锦涛、习近平等党和国家领导人著作的编辑出版，也为全国人民提供了丰富的思想营养。新中国成立 70 年来，马克思主义经典著作编译、党和国家领导人著作的编辑和出版的丰硕成果，为马克思主义理论在中国的传播与发展提供了重要的文本基础和思想资源，也为中国特色社会主义伟大事业的发展提供了源源不断的思想资源。

第一节　新中国成立后马克思主义经典著作编译、党和国家领导人著作编辑出版的历史沿革

19世纪末20世纪初，马克思主义开始传入我国。1920年8月，陈望道翻译的《共产党宣言》在上海出版，这是我国最早的马克思主义著作中文全译本。1921年中国共产党的成立，有力地推动了马克思主义经典著作的翻译和出版。1938年5月5日，党中央成立延安马列学院，这是抗日战争时期和解放战争时期中共中央创办的以学习、研究马克思列宁主义基本理论为重点的干部学校。马列学院下设编译部，这是我们党历史上第一个专门编译出版马克思主义经典著作的机构。短短几年时间，马列学院编译部相继编译出版了《马克思恩格斯丛书》《列宁选集》《斯大林选集》等著作，全党上下掀起了阅读、学习马列主义著作的热潮。据资料显示，到新中国成立前，我国公开出版的马列著作中译本已达500多种。

一　中央编译局的成立及编译工作的开展

新中国成立后，经典著作编译和出版专门机构的设立、专业化编译队伍的建立，为经典著作编译工作的整体推进提供了前所未有的条件，开始真正大规模地开展翻译工作。1949年年初，中央宣传部成立《斯大林全集》翻译室，任务是翻译《斯大林全集》第一卷中译文初稿。1949年5月19日，中共中央作出《关于成立外文翻译机构的决定》，就成立外文翻译机构、训练外文翻译人才、俄文干部的调查登记等问题作出规定。1949年6月，中央俄文编译局正式成立。中央俄文编译局的主要任务是"担任口译、笔译，并主持俄文

人才之训练调查与分配等项事宜"①。

1953年1月29日，经毛泽东主席批示，党中央决定将中央俄文编译局与中央宣传部《斯大林全集》翻译室合并，并以这两个单位为基础成立中共中央马恩列斯著作编译局（以下简称中央编译局），其任务是有系统地有计划地翻译马克思、恩格斯、列宁、斯大林的全部著作。这是系统编译马列主义经典著作的机构。从此，马克思主义经典著作的编译工作就在中央的统一领导下，进入了一个新的历史时期。

中央编译局的成立是马克思主义传播史上的大事，从那时起，经典著作编译工作开始了大规模的集体攻关，即以编译局同志为主，同时请北京大学、中国人民大学、军事科学院等单位同志参加，还邀请苏联专家等，打造出一卷又一卷学术精品。《马克思恩格斯全集》《列宁全集》《斯大林全集》三部全集的中文版的完成，第一次在我国较完整地展示了马克思主义经典著作的全貌，为我国学习、研究马克思主义提供了基础文本。

中央编译局按照党中央的要求，充分利用国内外的编译和研究成果，大量编译了马克思主义经典著作的全集本、选集本、单行本和专题读本，适应了不同时期、不同层次的阅读需要，形成并不断完善了马克思主义经典著作中国化的版本体系。"在当今世界，只有中国共产党人以矢志不渝的科学信念和高瞻远瞩的战略眼光，设立专门机构，进行周密部署，坚持不懈地推进马克思主义经典文献编译和研究事业。经过数十年的艰苦努力，中国的马列著作译本逐步形成了种类齐全、风格多样、不断完善并在亿万群众中广为流传的版本体系。"②

中央编译局编译出版了多种版本、多个系列的经典著作，形成

---

① 《中共中央编译局六十年》，中央编译出版社2013年版，第6页。
② 韦建桦：《论新版〈马克思恩格斯选集〉和〈列宁选集〉的版本特色——兼谈六十年来中央编译局的历史传统》，《马克思主义与现实》2013年第4期。

了基本完备的马克思主义经典著作版本体系。马克思主义经典著作选集本，是马克思主义经典作家重要著作的精选本，"选集的编译出版，为广大干部群众学习马克思主义理论提供了篇幅适中、编选科学、重点突出的读本，产生了深远的社会影响"。[①] 中央编译局还有针对性地组织编写一些单行本、选编本和介绍性读物，深入浅出、通俗易懂地阐释马克思主义，使更多的人了解马克思主义、运用马克思主义。中央编译局成立以后，对单行本的校订和编辑工作非常重视。在中国马列主义经典著作版本体系中，马列主义经典著作单行本一方面发挥着理论普及作用，另一方面，也作为译本改进的重要载体而受到高度重视。马克思恩格斯列宁的许多重要著作的译文均经过多次修订，这些工作成果为马列著作各版本全集中文版的编译工作打下了重要基础。单行本有效地满足了读者多方面的需要，因而深受欢迎、影响广泛，为马列主义在中国的传播作出了独特贡献。

进入21世纪，中央决定组织实施马克思主义理论研究和建设工程时，把经典著作的编译放到十分重要的地位，提出要适时地吸收国际上马克思主义经典著作编译和研究的新成果，以丰富和完善我国的经典著作编译和研究。目前国际马克思恩格斯基金会（IMES）在编辑并陆续出版的《马克思恩格斯全集》历史考证版（MEGA）就是这一领域有重大影响的新成果。我国及时将这一成果翻译成中文，目前，这一工作正在推进之中。

在马克思主义经典著作的编译出版过程中，人民出版社发挥了重大作用。1950年12月1日，人民出版社成立，专门负责马克思主义经典著作的出版工作。人民出版社紧密配合中央编译局的编译工作，在封面装帧、版式字体、插图安排等方面作出极大的努力和出色的创新。通过出版发行机构的配合，马克思主义经典著作的翻译、

[①] 韦建桦：《论新版〈马克思恩格斯选集〉和〈列宁选集〉的版本特色——兼谈六十年来中央编译局的历史传统》，《马克思主义与现实》2013年第4期。

研究成果和大众普及读物不断问世，极大地提高了全民族的思想理论水平。

二　中央文献研究室、中央党史和文献研究院编辑出版党和国家领导人著作

中央文献研究室承担了编辑党和国家主要领导人的著作的大量工作，"把党的领袖人物宣传好、维护好，把党的文献编辑好、出版好，把党的历史和理论研究好、阐释好"，是党中央和习近平总书记赋予中央文献研究室的光荣使命。中央文献研究室成立于1980年5月，前身是1977年成立的"中共中央毛泽东主席著作编辑出版委员会办公室"。经过四十多年的发展，中央文献研究室编辑、出版党和国家主要领导人著作集，党的重要文献集，老一辈革命家传记、年谱、手迹、画册，为资政育人、服务中国特色社会主义事业发挥了重要作用。据不完全统计，截至2016年年底，中央文献研究室编辑出版了党和国家主要领导人的选集、文选26种；专题文集115种；年谱、思想年编、传记27种；手迹选、画册、画传71种；党的历史文献集和当代文献集48种，以上计有近1.5亿字。其中最重要的编研成果有：《毛泽东选集》（第二版）、《毛泽东文集》《周恩来选集》《刘少奇选集》《朱德选集》《任弼时选集》《邓小平文选》《陈云文选》《江泽民文选》《胡锦涛文选》《建党以来重要文献选编》《建国以来重要文献选编》《三中全会以来重要文献选编》《十二大以来重要文献选编》《十三大以来重要文献选编》《十四大以来重要文献选编》《十五大以来重要文献选编》《十六大以来重要文献选编》《十七大以来重要文献选编》等，并与其他党政机关合作编辑出版了《人民代表大会制度重要文献选编》《人民政协重要文献选编》等专题文献集。这些重要文献记载了我们党长期奋斗的历史进程、重要经验、辉煌成就，是党的丰富历史资料中的经典，是党极其宝贵的精神财富，为党的思想理论建设提供了基础文本。

党的十八大以来，中央文献研究室积极开展以习近平同志为核

心的党中央重要文献的编辑研究。《十八大以来重要文献选编》、习近平总书记重要文献的编辑出版，为推动全党深入系统学习领会习近平新时代中国特色社会主义思想，用马克思主义中国化最新成果武装全党、教育人民，教育干部群众坚定理想信念，发挥了重要作用。

2018年3月21日，中共中央印发的《深化党和国家机构改革方案》指出：党史和文献工作是党的事业的重要组成部分，在党和国家工作大局中具有不可替代的重要地位和作用。为加强党的历史和理论研究，统筹党史研究、文献编辑和著作编译资源力量，构建党的理论研究综合体系，促进党的理论研究和党的实践相结合，打造党的历史和理论研究高端平台，将中央党史研究室、中央文献研究室和中央编译局职责整合，组建中央党史和文献研究院，对外保留中央编译局牌子。中央党史和文献研究院是党的历史和理论研究专门机构，这一机构将继续开创党的文献事业新局面，更好地发挥党的文献库和思想库作用，为决胜全面建成小康社会、夺取新时代中国特色社会主义伟大胜利、实现中华民族伟大复兴的中国梦贡献力量。

三 中国社会科学院等院所编辑出版马克思主义理论专题摘编

在马克思主义经典作家著作的编译、党和国家领导人著作的编辑出版过程中，专题汇编、专题摘编是一种非常重要的形式，中央编译局、中国社会科学院、中国人民大学、人民出版社等都编辑出版了大量这一形式的著作，涵盖了马克思、恩格斯、列宁、斯大林、中国共产党领导人思想很多方面，包括共产主义社会、历史唯物主义、辩证唯物主义、科学社会主义、意识形态、社会形态、无产阶级革命政党、工人阶级、资本主义以前诸社会形态、德国古典哲学、哲学史、巴黎公社、经济危机、政治工作、历史评价问题、商品生产和价值规律、合作社、科学技术、战争与和平、民族解放运动、宗教问题、国际贸易、统一战线、民族文学、文艺、工资、统计、经济建设、政治建设、党的建设、民主与法制、党风廉政建设、教育、祖国统一、党的群众工作、改革、青年、"一国两制"、"三农"、扶贫、全面建成小康社会等。在这些著作中，汇编了马克思主义的重要观点和论述，促进了马克思主义思想的传播。

在21世纪初，中国社会科学院编辑出版了马克思主义理论学科建设与理论研究系列丛书，包括《马克思恩格斯列宁斯大林论社会形态》《马克思恩格斯列宁斯大林论意识形态》《马克思恩格斯列宁斯大林论资本主义危机》《马克思恩格斯列宁斯大林论民主》《马克思恩格斯列宁斯大林论法》《马克思恩格斯列宁斯大林论历史科学》《马克思恩格斯列宁斯大林论政治经济学》《马克思恩格斯列宁斯大林论历史人物评价问题》《马克思恩格斯列宁斯大林论美国》《马克思恩格斯列宁斯大林论欧洲文明》《马克思恩格斯列宁斯大林论国家统一与领土主权》《马克思恩格斯列宁斯大林论国际贸易》《马克思恩格斯列宁斯大林论俄国——苏联和东欧中亚》《马克思恩格斯列宁斯大林论拉丁美洲》《马克思恩格斯列宁斯大林论文艺与文化》《马克思恩格斯列宁斯大林论民族》《马克思恩格斯列宁斯大林论教育》《马克思恩格斯列宁斯大林论语言》《马克思恩格斯列宁斯大林论人口问题》《马克思恩格斯列宁斯大林论宗教》等一系列著作。

第二节　马克思恩格斯著作的编译与出版

马克思恩格斯的文献很多，包括大量的专著、论文、时评、演说、手稿、笔记、批注、书信等，还有一些需要全面考证的成果。《马克思恩格斯全集》蕴含着丰富的理论成果，"《马恩全集》的出版，是建国以来思想理论战线上和出版事业中的一件大事，是马列主义在中国传播历史上的一个新的光辉的篇章。马恩全集的翻译出版，使两位伟大革命导师的凝结着人类智慧的6000多件、3200万字的珍贵文献,变成了中国人民可以直接享用的精神财富"[①]。

一 《马克思恩格斯全集》中文第 1 版的编译和出版

我国的《马克思恩格斯全集》中文版的翻译工作,是由中央编译局从 1955 年开始的。《马克思恩格斯全集》版本依据苏共中央马列主义研究院编辑的《马克思恩格斯全集》俄文第 2 版,同时参考一些重点著作的其他外文版本,如《资本论》《反杜林论》《路德维希·费尔巴哈和德国古典哲学的终结》等。

俄文版原定出 39 卷(共 41 册),后来苏联从 1968 年起又出了 11 卷补卷(共 12 册)。正卷加补卷共 50 卷(53 册)。1955 年,《马克思恩格斯全集》俄文第 2 版第 1 卷问世。当年我国中文第 1 版的翻译工作正式启动。第 1 卷 1956 年出版,到 1985 年年底 50 卷出齐。从 1956 年到 1974 年陆续出版共 39 卷(41 册);1979 年至 1985 年,又翻译出版了俄文版补卷 11 卷(12 册)(即第 40—50 卷);到 1985 年,中文版 50 卷(53 册)全部出版。

《马克思恩格斯全集》中文第 1 版总字数约 3200 万。全书共收入马克思和恩格斯的 2000 多篇著作和 4000 多封书信;400 多件文献资料,其中包括马克思家庭成员的一些书信,同时代人给马克思、恩格斯的部分书信,马克思、恩格斯的未经本人审阅的演说和谈话记录,以及他们参与起草的各种决议、文件;等等。

《马克思恩格斯全集》50 卷大体分为三部分:

著作卷 正卷中第 1—26 卷收入了马克思、恩格斯在各个时期写的哲学、经济学、科学社会主义、历史、军事等方面的著作和各类政论文章。这一部分集中了他们思想的精华。

书信卷 第 29—39 卷是书信卷,书信中的思想十分丰富,内容十分广泛,有许多精辟的论述和深刻的见解。

[①] 《首都理论界、翻译出版界热烈庆贺〈马克思恩格斯全集〉五十卷中文版全部出齐》,《马克思主义研究》1986 年第 3 期。

补卷 第40—50卷。收入了马克思恩格斯的早期著作和一部分原来没有编入和后来陆续发现而来不及编入前39卷的一些著作和书信。第46—49卷和第50卷的一部分,集中发表了马克思写作《资本论》的各种手稿。

在翻译过程中,党中央的领导和领导人的关怀对马克思主义经典著作的编译起到了极大的指导和推动作用。1970年12月,毛泽东作出关于"认真看书学习,弄通马克思主义"和"这几年应当特别注意宣传马列"的指示。1971年3—7月,全国出版工作座谈会召开。周恩来在会上多次讲话,着重谈了马恩列斯著作和毛泽东著作的出版工作。他指出,坚持以毛泽东思想为指导,还要加上马克思主义、列宁主义。周恩来特别指示,要尽快重编出版《马克思恩格斯选集》和《列宁选集》两个4卷本,并陆续出齐《马克思恩格斯全集》。

这次会议通过的文件《国务院关于出版工作座谈会的报告》,经周恩来亲自修改,又经毛泽东圈阅后作为中央文件下发到各地执行,文件明确要求要把出版马恩列斯著作、毛泽东著作放在首位。

1986年5月5日,中央领导同志在全国政协礼堂小会议厅主持召开《马克思恩格斯全集》中文第1版出版座谈会。中共中央编译局副局长顾锦屏指出:"这个宝库中的许多基本的思想已为中国的马克思主义者所掌握并创造性地加以运用,在中国革命和建设的实践中变成了巨大的物质力量。但是,还有许多重要的思想有待于我们去发掘,去研究,去消化,并结合中国的实际创造性地加以发展。这部全集出版,将对我国马克思主义理论的学习和研究,对在新的历史时期坚持和发展马克思主义,必将起重大推动作用。"[①]

《马克思恩格斯全集》中文第1版的编辑出版,第一次比较完整地向中国读者展示了马克思恩格斯著作的全貌,为社会主义建设时

[①] 《首都理论界、翻译出版界热烈庆贺〈马克思恩格斯全集〉五十卷中文版全部出齐》,《马克思主义研究》1986年第3期。

期的马克思主义理论研究提供了比较扎实的文本依据,也为后来更高质量的编译成果奠定了牢固的基础。在马克思主义理论研究与普及事业中,《马克思恩格斯全集》中文第 1 版占有重要历史地位,具有深远的历史意义。

二 《马克思恩格斯全集》中文第 2 版的编译和出版

1986 年 7 月,根据中国共产党中央委员会的决定,经中共中央书记处批准,中央编译局着手准备《马克思恩格斯全集》中文第 2 版的翻译出版工作。第 2 版的编译工作主要以《马克思恩格斯全集》历史考证版（MEGA^2）为蓝本,同时参考德文版、英文版、俄文版等版本。新版全集所收的全部文献都按照原著文字进行翻译校订,力求更加准确地反映经典作家的原意和风格。《马克思恩格斯全集》中文第 2 版预计出版 70 卷,中文第 2 版的一些卷次从 1995 年起开始正式出版。第一批出版的是第 1、11、30 卷,其他各卷逐年陆续出版。

《马克思恩格斯全集》中文第 1 版为我国马克思主义的传播、党的理论建设发挥了重要作用。但是第 1 版存在如下缺点。

20 世纪 50 年代,中央编译局着手编译《全集》时,《全集》俄文第二版是唯一能依据的最好的版本,因此,《全集》中文版除《资本论》等少数著作外,绝大部分都是从俄文转译的。这样,不根据原著文字翻译,中译文就带有转译的缺点,《全集》的译文就存在有不确切之处乃至错误。

《全集》并不"全"。没有收入许多新发现的文献;没有收入马克思、恩格斯为自己著作写的很多准备材料;没有收入马克思、恩格斯很多重要的笔记;误收了一些不是马克思、恩格斯或不能确定是他们的著作。

《马克思恩格斯全集》中文第 2 版全书总计 70 余卷,分四部分。第一部分为第 1—29 卷,收录马克思、恩格斯生前所有公开发表的著作以及手稿、草稿、提纲等（《资本论》及其手稿除外）。此外,还在附录中收录在马克思、恩格斯帮助下或经他们修改过的由别人撰写的文章和资料,其数量远远多于中文第 1 版,这为全面了解马克思恩格斯的思想提供了重要的佐证。第二部分为第 30—46 卷,收录《资本论》三卷及其直接有关的著作和准备材料,收录 1857—1858 年的经济学手稿,1861—1863 年以后的各种经济学手稿。这些珍贵资料对于研究《资本论》以及马克思的经济学思想的发展,具有很大的价值。第三部分为书信卷,是第 47—60 卷,收录马克思恩格斯的全部书信。第四部分为笔记卷,是第 60 卷以后。马克思和恩格斯所作笔记数量很大,这些卷次收入各类笔记,内容涵盖哲学、经济学、历史、政治、自然科学等各个方面,包括札记、摘录、批注等。

《马克思恩格斯全集》中文第 2 版,具有明显的优点和特色,包括:收文更全,结构更合理,充分反映了国内外马克思恩格斯著作研究和编辑的最新成果。版本依据更可靠,来源更丰富。译文质量有较大提高。《全集》第 2 版收入的所有著作都按照原文翻译或重新校订,避免转译的缺点,使译文更加忠实于原意。在编辑方面,新版做了改进,第一、二、三部分基本上按照著作的写作时间编排。注释内容更加丰富。资料部分也有很大改进,每卷都有导读性的《前言》介绍本卷收入的著作的写作背景、当时的国际形势、某些国家的内部情况、工人运动的状况、马克思和恩格斯各方面的活动、重要著作的主要论点等。对人物的评价尽量做到客观、恰当。

《马克思恩格斯全集》中文第 2 版的编译工程,得到了中央和社会各界的重视,特别引起了马克思主义理论界的关注,21 世纪经典著作编译工程将继续帮助我们更加全面地、历史地、深入地理解马克思主义经典著作和基本观点。

三 《马克思恩格斯选集》第 1 版、第 2 版的编译和出版

选集是广大干部群众学习马克思主义的基本教材,同时也是理论工作者在研究、教学和宣传工作中的必备文献,重印次数多,发

行总量大。

《马克思恩格斯文选》（两卷本）中译本于1958年出版，它是根据苏联出版的中文本校译的，共选入文章38篇、书信20封，比《马克思恩格斯选集》1972年版约少三分之二。初版以后，没有再版过。

1965—1966年，中央编译局编译完成《马克思恩格斯选集》中文版4卷，但未正式出版。1972年，经过重新编辑，《马克思恩格斯选集》中文第1版正式出版，收录马克思和恩格斯主要著作89篇，书信96封，总计211万字。这一版多次重印，发行量高达900多万套，有力地推动了马克思主义理论的学习和传播。

《马克思恩格斯选集》中文第1版也存在一些不足，在文献选录方面，总体上，在哲学、政治经济学和科学社会主义三大组成部分中，科学社会主义方面的文献所占比重过大，约占全部篇幅的70%以上。哲学、政治经济学方面的内容不够充足。这部选集在编辑期间，《马克思恩格斯全集》中文第1版仅出版了21卷，一些重要著作和书信尚未译成中文，这也在客观上限制了文献的来源。此外还存在俄文版转译的影响，在资料获取方面的局限导致注释的内容不够充实和准确等问题。

鉴于上述情况，编选一套选材更全面、译文更准确、资料更充实的新版本已是客观的迫切需要。1995年编辑出版了《马克思恩格斯选集》中文第2版。这一版对各卷篇目做了较大幅度的调整，重点增补政治经济学方面的内容，充实哲学篇目，删除一些观点重复的内容，更加全面、完整地反映马克思和恩格斯创立的科学理论体系，力求全面地、系统地反映他们的基本观点，以便于读者准确地领会和把握他们的基本理论。译文质量也有较大的提高。全书由编译者依据原文德文、英文、法文做了精细的校订。查考核实了一些讹误，纠正了误译之处以及由于理解不准确而造成的错误和疏漏。

新版本仍和第1版一样，是供广大干部群众阅读的版本，内容既适合一般读者的需要，又保持理论的完整性和系统性。新版和第1

版一样，分为4卷，总计约270万字。《马克思恩格斯选集》第2版在编目方面有重大改进，在第1版的基础上进行了较大的调整。其中新增著作40篇，《资本论》节选内容大大扩充，第1版选录而在新版中删去的文章和书信共48篇。新版本编译者增加了说明性和注释性资料。各卷增设了导读性《前言》；各篇文章均加有题注，对原著的写作背景和流传情况做了简要的说明；卷首注释、人名索引重新做了审订，力求去粗取精，纠正错漏，充实某些必要的内容；各卷增加了名目索引，列有数千条涉及重要名词概念、理论观点、学说流派等的条目，供读者检索之用。

四 《马克思恩格斯文集》的编译和出版

2004年1月，中共中央在《关于进一步繁荣发展哲学社会科学的意见》中，作出了组织实施马克思主义理论研究和建设工程的决定。这项工程的一个重点项目，就是重新审核和修订马克思、恩格斯、列宁重点著作的译文，编成10卷本《马克思恩格斯文集》和5卷本《列宁专题文集》，"为深入学习和研究马克思主义理论提供选材更精当、译文更准确、资料更详实的基础文本"[①]。2009年，10卷本《马克思恩格斯文集》正式出版，这是马克思主义理论研究和建设工程的重点项目和标志性成果。

10卷本《马克思恩格斯文集》可以理解为《马克思恩格斯全集》中文第2版中重要著作的精编本。编译出版《马克思恩格斯文集》，主要是因为国际上《马克思恩格斯全集》历史考证版（MEGA^2）出版进展较慢，70卷本的中文第2版相应地也进展缓慢，为了满足社会各界对经典著作最新版本的要求，中央编译局先将马克思恩格斯重要论著的译文加以审订出版。

10卷本文集正文约543万字，各种资料约226万字，总计约769万字。《马克思恩格斯文集》收录马克思和恩格斯在各个时期的代表

[①] 《中共中央编译局六十年》，中央编译出版社2013年版，第43页。

性著作，内容涵盖马克思主义哲学、政治经济学和科学社会主义，同时还包含马克思主义创始人在政治、法学、史学、教育、新闻、科技、文艺、军事、民族、宗教等方面的重要论述。文集既反映经典作家理论创造的历程，又突出重点著作的地位。文集采用按年代编排与重要专著单独设卷相结合的编辑方法。

第一，创新了编辑体例。为了满足马克思主义大众化的需求，客观上需要编辑卷次不要太多，而又能涵盖经典作家主要代表著作的文集。《马克思恩格斯文集》反映了这一客观需求，首次采用按年代编排与重要专著单独设卷相结合的编辑方法。第一卷为马克思主义形成时期的著作；第二卷为欧洲1848年革命前后时期的著作；第三卷为第一国际成立至马克思逝世前的著作；第四卷为恩格斯在马克思逝世后所写的著作；第五、六、七卷为《资本论》；第八卷为《〈资本论〉手稿选编》；第九卷为恩格斯的《反杜林论》和《自然辩证法》；最后一卷为书信专卷。这种新的编排方法，既体现了马克思主义基本理论形成发展的历史进程，同时又突出了《资本论》《反杜林论》《神圣家族》《英国工人阶级状况》《德意志意识形态》和《哲学的贫困》等著作在马克思主义科学体系中的重要地位。

第二，译文的质量有较大提高。编译者采取以下措施确保译文的准确性、权威性。在《马克思恩格斯文集》中，选择最权威、最可靠的外文版本作为审订依据；还收集了学术界对马克思恩格斯著作译文的意见，对这些意见做了认真研究，汲取了其中合理的建议。对收入文集的全部译文逐字逐句严格审订，努力使译文做到忠实确切而又明白晓畅。

第三，资料题注得到进一步完善。为帮助读者更好地学习和理解原著，《马克思恩格斯文集》除了正文，还编入了内容丰富的各种资料。例如，《马克思恩格斯文集》各卷均附有编辑说明、注释、人名索引、文学作品和神话中的人物索引、文献索引、报刊索引和名目索引等，第十卷还附有马克思恩格斯生平大事年表。

10卷本《文集》所收的108篇著作专门编写了题注，简明扼要地阐述各篇著作的写作背景、主要观点、理论价值和历史地位,帮助读者把握这些著作的要义。在对各篇著作出版流传情况的介绍中,还增加了对重要著作中文译本出版情况的说明,以便读者了解和研究这些著作在中国的传播情况。

第四,增强了现实针对性,更体现中国特色。以前出版的马克思主义经典著作大都是根据苏联编的各种版本编译的,资料部分也基本上采用苏联编写的现成东西,其中有一些内容明显不符合我国读者的需要。《马克思恩格斯文集》在出版过程中避免了此类问题。①

《马克思恩格斯文集》出版后,得到中央领导、学术界和理论宣传部门充分肯定和高度评价,引起广泛关注和重视。

五 《马克思恩格斯选集》中文第3版的编译出版

为保持马克思主义经典著作的编译质量,保持马克思主义经典著作译文的统一性、准确性和规范性,更好地推动马克思主义经典著作的学习、研究和宣传,中央编译局决定充分利用文集的编译和研究成果,编译出版《马克思恩格斯选集》中文第3版,新版4卷本于2012年9月正式出版。正文和资料部分总字数约为310万字。"《马克思恩格斯选集》第3版全部采用《马克思恩格斯文集》的最新译文,并再次进行了严格的审订,体现了更加严谨而又新颖的编辑思路。首先,在文献选编方面,我们对第2版选集的篇目做了调整和增删,力求在有限的篇幅内更加准确地反映马克思恩格斯创立的理论体系,更加完整地涵盖马克思主义哲学、政治经济学和科学社会主义的思想精髓,更加全面地介绍马克思恩格斯在政治、法律、历史、教育、伦理道德等领域的精辟论述。其次,在整体结构方面,我们进一步完善了编年与专题相结合的编排方式。最后,在资料整

---

① 参见崔继新《〈马克思恩格斯文集〉和〈列宁专题文集〉的编辑出版》,《出版史料》2011年第3期。

合方面，我们力求使各卷的卷首说明、卷末注释、各种索引以及大事年表真正成为内容丰富的有机整体，成为对理解正文、研究经典具有参考价值和学术意义的辅助材料"[①]。

《马克思恩格斯选集》中文第3版与过去的选集版本相比篇目结构更合理，译文更可靠，资料更翔实，可以更好地满足当前马克思主义理论学习和宣传的需要，帮助读者更好地学习和理解原著。这一版本反映了马克思主义经典著作中国化的最新成果，体现了我国马克思主义经典著作编译研究的最新进展，突出了马克思主义经典著作中文版本的特色。

第三节 列宁斯大林著作的编译和出版

列宁的著作伴随着中国革命和建设的进程在我国广大辽阔的土地上开花结果，中国共产党不论在革命年代还是在建设时期，都十分重视列宁著作的传播和出版工作。

一 《列宁全集》中文第1版的编译和出版

《列宁全集》中文第1版以苏共中央马列主义研究院编辑的《列宁全集》俄文第4版及其补卷为蓝本，总计39卷；第1—33卷为著作卷，第34—35卷为书信卷，第36卷为补卷，第37卷为家书卷，第38—39卷为笔记卷。收载列宁文献4285篇，总计1500万字。

《列宁全集》中文第1版的翻译工作从1953年下半年开始。1955年第1卷出版，1963年出版最后一卷，即第39卷。在这期间，1958年5月，党的八大二次会议通过社会主义建设的总路线，社会各界出现了学习马列著作的热潮。为了满足广大干部群众学习列宁

[①] 韦建桦：《新版〈马克思恩格斯选集〉和〈列宁选集〉的编译思路与版本特色》，《光明日报》2013年7月22日。

著作的迫切需要，实现老一辈革命家以及理论界能够尽快一睹列宁著作全貌的夙愿，中央编译局开始了《列宁全集》中文第1版翻译大会战。1958年出版9卷，1959年1—9月出版22卷，最终在新中国成立十周年之际完成全部卷次的翻译出版，实现了我国出版史上的一个创举。当时俄文版增补的第39卷尚未出版。1963年，我国翻译出版增补的第39卷（《关于帝国主义的笔记》）。①

《列宁全集》是学习和研究列宁思想的重要文献。中央编译局的同志们展现了一代编译工作者的时代精神风貌，为达到高质量的译文水平他们付出了艰巨劳动，保证了这一著作的编译，成为经典著作编译事业的一笔重要精神财富。《列宁全集》中文第1版的翻译出版及时满足了社会主义建设高潮的需要，推动了马列主义的传播和研究，具有重要的理论意义和政治意义。

二 《列宁全集》中文第2版的编译和出版

《列宁全集》中文第1版问世以来，对我国人民学习和研究马克思列宁主义起了很大作用。但这一版也有不足之处，这就是：大量的列宁文献没有收录在内；译文还不够完善，各卷的参考资料种类少，注释过于简略，不利于读者对某些内容的理解；等等。此外，出版的时候因为赶速度、抢时间，特别是1959年，突击出版了22卷之多，译校相当匆促，不可能精雕细刻，错漏也就在所难免了，也有一些排校印刷上的错误。因此，后来出版单行本或选集时，译文都经过重新校订，这样全集本的译文就同选集和一些单行本不同；有的单行本校订过，到收入选集时又校了一遍，单行本与选集译文也不一致。②

列宁的一些著作的译文在后来出版的单行本、汇编本和选集出版时做过一些修改和补正，一般来说，1972年重编出版的《列宁选

---

① 《中共中央编译局六十年》，中央编译出版社2013年版，第13—14页。
② 同上书，第26页。

集》版的译文是最新的，而《列宁全集》各卷的译文都比较陈旧了。同一著作多种译文并存使得读者阅读和引用都很不方便。这也就急需重编一部新的《列宁全集》版本来克服这一问题。

还有一个情况是，苏联从1958年开始出版《列宁全集》的新版，即俄文第五版，共55卷，他们这个新版的篇幅比第4版增加很多，所附的参考资料包括注释索引等，也更加丰富，到1965年全部出齐。相比之下，《列宁全集》中文第1版就显得不足了，翻译成《列宁全集》中文版第1版的俄文第4版中有一些列宁的重要著作没有收进去，其中有不少是十月革命以后的著作和文献，对今天有参考和借鉴作用。从1957年开始，中央编译局就着手对苏联从20世纪20年代至60年代先后出版的各类列宁文献展开普查。1975年，中文第2版《列宁全集》的前期筹备工作正式开始，并得到人民出版社马恩列斯著作编辑室的大力协助。为使我国读者早日看到尚未译出的列宁文献，中央编译局和人民出版社共同作出规划，组织全国17所高校的教师参加翻译，经中央编译局校订后编成17卷《列宁文稿》，由人民出版社出版。各卷《列宁文稿》是补遗的性质，在编辑体例上不系统，是把许多卷所补充的文献材料编译在一起。这套文稿成为编译《列宁全集》中文第2版补充文献的重要基础。

经过6年的积极筹划和准备，编译新版《列宁全集》的条件日趋成熟。1982年5月26日，中共中央书记处讨论了中央宣传部和中央编译局的有关报告，正式决定编译出版《列宁全集》中文第2版，新版全集工作随即全面展开。1984年10月，《列宁全集》中文第2版首批4卷与读者见面，作为中华人民共和国成立35周年的献礼。此后，新版全集的编译工作以每年8—11卷的速度推进。"在共同奋斗的日日夜夜里，大家殚精竭虑、含辛茹苦、默默耕耘，顶住了在此期间出现的各种错误思潮的冲击，不为马克思列宁主义'过时论''无用论'的喧嚣所动摇，坚守职责，把自己的全部智慧和心血倾注于这项伟大的事业当中。"① 中央编译局经过整整 15 年的努力，1990年 12 月，《列宁全集》中文第 2 版 60 卷全部出齐。这是一部我国自行编译的，文献更加丰富、译文更加准确、资料更加充实的《列宁全集》。

多年来，中央编译局为了准备这个新版，从编选文章，撰写前言、注释、索引，到重新校订译文，进行了大量的工作。他们多次组织全国有关的专家、学者、翻译家征求意见，共同研讨并协同工作，最后确定编选方针，反复校改译文，做到精益求精，使得这一新版确实具有文献丰富、资料充实、译文更为准确、比较适合中国读者需要的特色，在各方面大大超过了旧版，以崭新的面貌问世。可以说实现了我们长时期来希望有一部中国版的《列宁全集》的愿望。②

新版《列宁全集》是以 1958—1965 年出版的《列宁全集》俄文第 5 版 55 卷为基础，并增收《列宁文集》俄文版中的部分文献编译而成的。这部全集共 60 卷，分三大部分：第 1—43 卷为著作卷，第 44—53 卷为书信卷，第 54—60 卷为笔记卷。这一版共收载列宁文献 9289 篇，比第 1 版增收了 5009 篇，同第 1 版相比，《列宁全集》第 2 版多了 21 卷，共收 2500 万字。文献总容量超过了苏联通用的俄文第 5 版，成为目前世界上收载列宁文献最多的版本。"新版中文版没有直接照搬俄文第 5 版，而是在充分汲取其丰富材料、研究成果和编辑优点的基础上，根据国内外列宁研究的最新成果，从中国读者的需要出发，在文献汇集、译文校订、资料考订等方面都有改进和创新。"③

文献较充分地反映了列宁的思想遗产。新增加的文献中很大一部分是列宁十月革命后国务活动的文献，如指示、命令、决定草案、

---

① 《中共中央编译局六十年》，中央编译出版社 2013 年版，第 26 页。
② 《〈列宁全集〉第二版编辑说明》，《出版工作》1984 年第 11 期。
③ 《中共中央编译局六十年》，中央编译出版社 2013 年版，第 26 页。

电报、批示、公务信件、对他人起草的文件的修改意见等。这些文献大多比较简短，但涉及的领域很广，包括党的建设、政权建设、经济建设、法制建设、文化建设、对外关系、国际共产主义运动等方面。从这些文献中，可以了解列宁如何根据当时苏维埃俄国的实际情况，运用马克思主义理论创造性地解决社会主义革命和建设中的政治、经济和文化建设问题。新文献中有一部分是完整的文章和讲话，这类文献数量虽然不多，但其中有些是很重要的，如《苏维埃政权的当前任务》一文初稿（第4—10章）。新增的文献大部分是十月革命以后写的，反映了列宁和俄共（布）中央捍卫和建设第一个社会主义国家的思想和实践，结合我国的建设实际深入学习和研究列宁的社会主义建设理论具有特别重要的意义。[①]

《列宁全集》中文第1版由于翻译力量、背景资料和时间等方面的限制，有的译文还不够完善，第2版依据最新版本的原文对全部译文重新做了校订。新版全集的译文比过去更为准确。补正了第1版中的漏译和错译，订正并统一了全书中的各种术语、译名和引文。

《列宁全集》中文第2版的参考资料比较齐全，内容翔实。第1版全集各卷的参考资料只有前言、注释和年表，而且内容简略。新版各卷由编者写的前言，介绍该卷所收入文献的写作背景和主要内容；注释和年表资料比较充实，书后附有资料性的注释，另外还增加了第1版所没有的人名索引和文献索引，包括简介人物的人名索引，列宁引用和提到的文献资料的索引，记述列宁主要实践活动和理论活动的年表。

为了使中国读者了解列宁著作在中国的传播和影响，中文版还收载了53幅我国在20世纪20—40年代翻译出版的列宁著作的书影插图，这些早期版本，是编译人员从北京、上海、广州等地的图书馆、博物馆、旧书店中查找到的。[②]"《列宁全集》中文第2版的问

[①] 林基洲：《〈列宁全集〉第二版编译随记》，《读书》1985年第4期。
[②] 《中共中央编译局六十年》，中央编译出版社2013年版，第29页。

世,标志着我国马克思列宁主义经典著作的编译出版工作向前迈出了一大步,也是我国思想理论建设工作的一件大事,是值得为之庆贺的。"① 这一新版为我们系统地学习和研究列宁的思想提供了更为有利的条件。《列宁全集》中文第 2 版是改革开放时期党的思想理论建设的一项基础工程,在国内外产生了很大影响,是中国共产党人传播马列主义的一大贡献。

2010 年,中央编译局和人民出版社协商对《列宁全集》中文第 2 版进行增补和修订,出版《列宁全集》中文第 2 版增订版,以便在重印时为读者提供更加完善的版本,于 2016 年全部出齐。增补和修订工作主要包括两方面:一是将《列宁全集》(补遗)第 1 卷和第 2 卷中比较重要的文献按发表时间顺序分别收入《列宁全集》中文第 2 版相应卷次中。二是根据 10 卷本《马克思恩格斯文集》的最新译文,对列宁著作(包括注释)中出现的马克思恩格斯著作引文加以统一;利用《列宁专题文集》《列宁选集》中文版第 3 版修订版的编辑和研究成果,对全集各卷的前言进行适当修订和完善;等等。

三 《列宁选集》《列宁专题文集》等著作的编译和出版

《列宁文选》(两卷集)中译本于 1954 年前后出版,它根据苏联出版的中文本校译,共选入列宁文章及斯大林论列宁的文章八篇。与此同时,还出版过《列宁文集》第一至七册,实际上它是根据解放出版社的《列宁选集》重新编印的,收集了《列宁文选》中未选入的从 1894 年至 1923 年间列宁的其他重要著作。初版以后,没有重印。

1. 《列宁选集》的编辑出版情况

《列宁选集》先后三版各 4 卷。《列宁选集》中文第 1 版共 4 卷,于 1960 年出版,收入 1894—1923 年的著作 205 篇,共 257 万字,包

---

① 张惠卿:《谈谈新版〈列宁全集〉》,《读书》1984 年第 11 期。

括了列宁在各个斗争时期的重要著作。选集中所有的文章都是按照写作或发表时间的先后排列的。收入选集的著作大部分照全文刊印，只有一部分是摘录原著中的章节。中文第2版于1972年出版，共4卷。在这一版中，有些译文不够准确。1972年出版的第2版选集对译文做过个别的修改和补正，但依然存在一些问题。另外，中文第1版《列宁全集》是根据《列宁全集》俄文第4版翻译的，而这一版俄文全集由于种种历史原因存在严重的缺陷，对列宁文献的编辑处理带有明显的时代烙印，这同样影响到了中文版全集和选集。[①]

两个版本的《列宁选集》在选材上也存在一些问题，如有关社会主义经济建设的文献选得偏少。列宁的有些重要著作没有收入，选收的有些文献从内容上看显得有些重复，或者过多地涉及某一历史时期的某些具体细节。还有个别选收的著作经考证不是列宁的著作。

中文第3版于1995年出版，共4卷。对文献的收载做了较大调整。采用《列宁全集》的新译文。有主题索引。这一版选集在内容方面的安排上尽可能照顾社会各界的需要，力求既能全面准确地反映列宁思想遗产的精华以及他对马克思主义三大组成部分所做的理论贡献，又能全面反映他的主要理论观点和策略思想的变化。这一版选集适当增加了列宁晚年有关社会主义建设理论的著作和书信，为了帮助读者掌握马克思主义的精华、提高实际运用马克思主义的能力，这一版选集还增收了列宁有关马克思主义方法论的论述。第二版选集收入列宁文献187篇，约238万字。经过调整，第3版选集增加了32篇（另有一篇文章增加了一章），计增加27.5万字；删去24篇（另对3篇文章做了部分删节），计删去35.5万字。共收列宁文献195篇，合计约232万字。

[①] 《〈列宁选集〉第三版的若干问题——中央编译局原列斯室主任岑鼎山和马列部副主任何宏江答〈马克思主义与现实〉杂志记者问》，《社科信息文荟》1995年第12期。

2.《列宁选集》第 3 版的修订版

1995 年出版的《列宁选集》第 3 版结构严谨，编目合理，但也存在一些需要解决的问题：首先是选集各卷出现的马恩著作引文必须与《马克思恩格斯文集》的最新译文统一；其次是涉及重要理论问题的译名必须根据最新研究成果进行复核和勘正；最后是各种相关资料必须充实和完善。基于 10 卷本《马克思恩格斯文集》和已经出版的《马克思恩格斯全集》中文第 2 版 21 卷，对其他经典著作编译成果进行了相应的修订。例如，考虑到列宁著作中大量引用马克思恩格斯的文献，依据马克思恩格斯主要著作的新版本对《列宁全集》第 2 版和《列宁选集》第 3 版进行修订。

2012 年出版的第 3 版《列宁选集》修订版呈现出鲜明的特色。

一是各卷译文更加完善。对理论界长期关注和讨论的一些重要理论概念及其译名逐一进行了考证和研究，并根据《马克思恩格斯文集》的最新译文，对选集中出现的马恩著作引文进行了统一，进一步展现两部新版选集之间的内在联系。

选集各卷中的马恩著作引文必须全面审核。在《列宁选集》第 3 版中，出自马克思恩格斯著作的引文总共有 446 条。其中在 10 卷本《马克思恩格斯文集》中经过审订的引文总共有 367 条，这些引文必须与《文集》的最新译文统一；另有未收入《文集》的引文总共有 79 条，需要按照《文集》的编译标准重新校订。

二是各卷说明更加充实。以准确简练的语言阐明列宁著作的时代背景、理论要旨、历史地位和指导意义，帮助读者理解列宁思想的精髓及其对国际共产主义运动的理论贡献。首先是选集各卷的卷首说明需要补充和修订。按照编辑体例和读者需要，卷首说明必须简洁而又完整地阐明本卷著作产生时期的历史背景和时代特征，综述列宁在这一时期从事理论研究和实践活动的主要脉络、重要贡献和深远意义，然后对本卷所收文献逐篇加以介绍。《列宁选集》第 3 版正是这样做的，但从内容的完整性、叙述的逻辑性和立论的科学性来看，各卷情况不够平衡，需要吸收 5 卷本《列宁专题文集》的编辑成果,在认真研究的基础上加以完善。

三是各卷资料更加详备。根据最新研究成果对各类注释和人名索引进行了审订,并全面修订了名目索引,增补了列宁生平大事年表。

对涉及重要理论问题的译名根据最新研究成果进行复核和勘正。各卷资料必须修订和充实。《列宁选集》第3版的卷末注释总计有1488条。这些注释对于读者理解原文具有不可或缺的作用,但也存在不足之处。例如,有的注释对历史事件和历史人物的介绍和评价不够准确;有的注文中的重要提法与马恩著作的相关注释不尽一致;还有一些注释说明同一个问题,但在各卷中的评价和表述互不相同。

此外,在人名索引和名目索引的个别条目中,也存在评价不够确当、定位不够妥帖的问题,需要认真研究,加以勘正。基于上述分析,中央编译局决定保留《列宁选集》第3版的结构和编目,在此基础上有针对性地进行修订工作。①

在这个基础上,中央编译局认真研究了新时期中国广大读者的理论需求,吸收了学术界提出的宝贵建议,考察了迄今为止各国出版的同类版本,按照联系实际、贴近群众、博采众长、为我所用的原则,制定了新版选集的编译方案。新版仍编为4卷,总字数约为339万字。

3.《列宁专题文集》的编辑出版情况

为满足广大干部群众和理论工作者学习和研究列宁思想的现实需要,中央编译局编辑了5卷本《列宁专题文集》。这部文集是中央实施马克思主义理论研究和建设工程的标志性成果。《列宁专题文集》突出了编辑原则的理论指导性和现实针对性。为此,编者采用了按专题设卷的新编辑体例,分专题编为5卷:《论马克思主义》

---

① 《〈列宁选集〉第三版的若干问题——中央编译局原列斯室主任岑鼎山和马列部副主任何宏江答〈马克思主义与现实〉杂志记者问》,《社科信息文荟》1995年第12期。

《论辩证唯物主义和历史唯物主义》《论资本主义》《论社会主义》《论无产阶级政党》。

《列宁专题文集》的编辑方针以《列宁全集》中文第 2 版为基础，精选了列宁各个时期的重要著作、文章、报告、笔记和书信。各卷以文献选编与重要论述摘编相结合的形式，从 60 卷《列宁全集》中精选 115 篇最具代表性的著作，同时从本卷未收的著作中摘选与本专题有关的重要论述，编成《重要论述摘编》共 117 条，作为对所收文献的补充。既反映了列宁重要理论思想的完整性和系统性，同时又体现了收文"少而精"的原则。①

文集各卷均附有详细的注释和索引。每篇文献前面都附有介绍有关著作的核心内容和主要观点的导读性题注。这是文集在编辑过程中的一个重要创新。题注是为了帮助读者把握各篇著作的理论精髓而设的，具有导读性，力求言简意赅地介绍每篇文章的核心内容和理论要点。

五卷文集正文约 130 万字，各种资料约 34 万字，总计约 164 万字。按专题形式反映列宁的思想，能够完整系统地反映列宁在某一领域的思想的形成、发展和演变，这也是专题文集不同于全集也不同于选集的最突出的特色。专题文集可作为全集和选集的重要补充，可以在一个专题范围内帮助读者深入地领会有关思想。

四　斯大林著作的编译和出版

新中国成立之初，根据当时马克思恩格斯列宁斯大林各著作集的外文版本情况和社会的现实，翻译《斯大林全集》的条件已成熟。1953 年 3 月首先启动了《斯大林全集》的翻译工作。随后不久开始了《列宁全集》的翻译，当时翻译《马克思恩格斯全集》的条件还不够充分，工作的重点是收集和整理各类资料，进行前期准备。

---

① 参见崔继新《〈马克思恩格斯文集〉和〈列宁专题文集〉的编辑出版》，《出版史料》2011 年第 3 期。

《斯大林全集》中文版第1卷根据苏联1946年开始出版的《斯大林全集》俄文版翻译，译文初稿是苏联外文出版社已准备付排的《斯大林全集》译稿。1952年由刘少奇访问苏联回国时带回来，后来译稿转交给中央编译局。1953年9月，《斯大林全集》中文版第1卷正式出版，受到社会各界的广泛好评，刚一问世就发行100多万册。

《斯大林全集》中文版第1卷的译校工作是集体形式，集体译校的实践促成了对经典著作翻译标准认识的不断统一。这一卷的翻译工作为建立科学的集体译校制度、确立经典著作的翻译标准、在职培养编译人才等几方面探索了经验，为《斯大林全集》其他卷次的翻译和陆续启动的三大全集编译工程奠定了扎实的基础。

1953年12月，《斯大林全集》中文版第2卷出版。从1954年至1956年，每年出版3卷，1957年和1958年分别出版1卷，总计13卷，收入斯大林1901年至1934年间的著作近500篇，共340多万字。

1962年，中央编译局汇集《斯大林全集》中文版未收录的大部分斯大林著作，编成《斯大林文选（1934—1952）》（上下册），它收集了《斯大林全集》第13卷以后，从1934年到1952年在苏联报刊上发表的斯大林的部分文章和言论103篇，共46万字，内部发行。

1985年在《斯大林文选》基础上，重新编译斯大林在1934—1952年间发表的著作和讲话，总计111篇，编成一卷本《斯大林文集》，共50万字。

第四节　中国共产党领导人著作的编辑出版

中国共产党历来重视编辑出版党的主要领导人的著作，形成了中央领导集体主要领导人的选集、文集、文选等，这些著作的编辑出版为加强党的思想理论建设，系统地对全体党员和全国人民进行马克思主义教育，提供了重要的思想文本。新中国成立后，中国高度重视毛泽东著作的编辑出版。党的十一届三中全会召开不久，党中央就对党的文献的编辑、研究、出版作出了一系列重大决策，专门成立了中央文献研究室，负责编辑党和国家领导人的著作，研究他们的生平和思想，编辑、研究党和国家及军队的当代文献和历史文献。习近平总书记指出："党和人民事业发展，是承前启后、继往开来的历史过程。如同《毛泽东选集》《邓小平文选》《江泽民文选》一样，《胡锦涛文选》为我们总结党领导人民进行的伟大实践以及在实践中创造的成功经验，提供了一部系统性重要教材，对全党全国人民坚定信心沿着中国特色社会主义道路奋勇前进具有十分重要的意义。"①

一 毛泽东著作的编辑出版

毛泽东著作发行过多种版本的选集、文集、文稿、著作选读、专题集等，这些著作集的出版、发行有力地推动了毛泽东思想的学习、宣传、传播。

1.《毛泽东选集》《毛泽东著作选读》和《毛泽东文集》的编辑出版情况

《毛泽东选集》有新中国成立前和新中国成立后出版的两种。《毛泽东选集》在新中国成立前就大量出版，版本较杂，主要从抗战后期开始出版。新中国成立后，《毛泽东选集》先后出过两个版本。第一个版本由中共中央毛泽东选集出版委员会编辑，人民出版社于1951年10月至1960年9月出版，共4卷。中共中央文献编辑委员会于1991年6月修订出版第二版，107万字。

第一个版本的工作开始于1950年5月，中共中央政治局决定成立中共中央《毛泽东选集》出版委员会，编辑出版《毛泽东选集》。1951年春，出版工作全面展开。1951年4月17日，出版总署发出

---

① 习近平：《在学习〈胡锦涛文选〉报告会上的讲话》，人民出版社2016年版，第5页。

认真做好《毛泽东选集》出版、印刷、发行工作的指示，出版工作交由人民出版社承担。这一版由毛泽东亲自主持编辑工作，确定篇目，对编入的著作做了一些文字修正，也有个别的文章做了一些内容上的补充和修改，还写了一些具有重要理论价值和史料价值的题解和注释。《毛泽东选集》于1951年9月开始出版，到1960年9月出齐4卷。初版是竖排，后改为横排，多次重印发行，并于1964年4月出版了4卷合订本。曾出版了5种少数民族语言版和近20种外文版。

《毛泽东选集》第5卷于1977年4月由中共中央毛泽东主席著作编辑出版委员会编辑、人民出版社出版，收录了毛泽东自1949年9月到1957年的重要著作。由于受"左"的思想影响，其编辑指导思想、文稿选择、出版说明、题解注释等都有不够恰当甚至错误的地方，出版不久就不再发行了。

1990年5月，中共中央决定在建党70周年之际由中央文献编辑委员会修订出版《毛泽东选集》第二版。修订工作按照毛泽东1962年关于修订《毛泽东选集》的意见进行。保持了原有的篇目，仅增加《反对本本主义》一篇；对有些文章误署的写作时间或发表时间，对正文中的某些史实失误以及少量错字、漏字，做了订正；对有些题解做了少量史实和提法方面的修正，同时新写了几篇题解；改正注释中某些史实的错讹和不正确的提法，增补一些新的注释，删去少量注释。第二版编入毛泽东民主革命时期的著作159篇，近110万字，于1991年6月出版。

这一部选集是毛泽东思想的集中代表，为学习和研究毛泽东思想提供了最主要的文献，对中国共产党和中国人民产生了重大而深远的影响。民族出版社出版了蒙古文、藏文、维吾尔文、哈萨克文、朝鲜文等少数民族文版，外文出版社出版了英、法、西班牙、俄、日、德等多种外文版。

《毛泽东著作选读》由中共中央文献编辑委员会编辑，人民出版社1986年8月出版，分上下两册，共58.2万字。由于《毛泽东选集》只收录毛泽东新中国成立以前的著作,而且篇幅较大,中共中央于1960年曾出版《毛泽东著作选读》甲种本和乙种本,在普及毛泽东思想方面起过积极的作用,但是不少重要著作没有选入或者只节录片段。1986年,中共中央文献研究室以党的十一届六中全会通过的《关于建国以来党的若干历史问题的决议》为指导,重新编辑出版两卷本的《毛泽东著作选读》,选编毛泽东1921年至1965年间的著作68篇。其中选自《毛泽东选集》的有51篇;《毛泽东选集》以外的,包括在本书中首次发表的著作有17篇。这部著作,为广大干部群众完整、准确地把握毛泽东思想,提供了一个普及读本。①

《毛泽东文集》由中共中央文献研究室编辑,人民出版社于1993年12月至1999年6月出版,共8卷,233万字。本书选入毛泽东1921年至1975年的文稿803篇。《毛泽东文集》是将未选入《毛泽东选集》第一至四卷的重要文稿,经过比较系统的选编而成的,全书共八卷。

1993年12月毛泽东诞辰100周年时,中共中央文献研究室开始编辑,至1999年6月完成全书编辑、出版工作。第1—5卷为民主革命时期的著作,共504篇;第6—8卷为社会主义革命和社会主义建设时期的著作,共299篇。本书是对《毛泽东选集》的重要补充。凡已收入《毛泽东选集》的著作,一般不再收入。只有一篇例外,即《中国共产党红军第四军第九次代表大会决议案》,全文共八个部分,其中第一部分已收入《毛泽东选集》,题为《关于纠正党内的错误思想》。本书按精选原则选编。绝大部分根据中央档案馆保存的毛泽东手稿、早期文本和记录稿刊印。为保持原貌,只校正文稿中的错字、漏字、衍字以及明显有误的标点,订正错讹的史实,对讲话谈话记录稿只做技术性的整理。其中有少量文稿,带有个别不正确的论断,因内容重要也酌情编入。书中著作大部分是首次公开发

---

① 中共中央文献研究室,https://www.wxyjs.org.cn/cggl_537/dhgjldrxjwx/201207/t20120705_6424.htm。

表，有些是研究毛泽东思想和中共党史的重要文献。与选集相比，这部文集在编辑选择范围上进一步扩大，文稿数量上大大增加，跨越时间长，原貌保留程度更高了。"本书比较全面和充分地反映了毛泽东思想的科学体系及其形成发展的过程，展示了毛泽东在中华人民共和国成立后对社会主义建设道路的新探索，对学习和研究毛泽东思想具有重要的科学价值"①。

2. 专题集系列

专题集系列大多是改革开放以后出版的，种类很多，都是以《关于建国以来党的若干历史问题的决议》为指针编入的著作。这些著作集大多是中央国家机关有关单位和部门，为满足本单位、本部门、本系统学习研究需要，与中共中央文献研究室等单位共同编辑出版的。这种针对某个方面、某个领域、某项工作做专题编辑性质的文献的大量公开出版，为推动相关行业和专业研究人员学习、研究毛泽东思想提供了重要的文献依据。

这些著作集主要有：由中共中央文献研究室编辑、人民出版社于1982年12月出版的《毛泽东农村调查文集》；由中共中央文献研究室和新华通讯社合编、新华出版社于1983年12月出版的《毛泽东新闻工作文选》；由中共中央文献研究室编辑、人民出版社于1983年12月出版的《毛泽东书信选集》；由中共中央文献研究室和中央档案馆合编、文物出版社于1983年12月出版的《毛泽东书信手迹选》；由中央档案馆选编、人民美术出版社和档案出版社于1984年5月联合出版的《毛泽东题词墨迹选》；由中央档案馆选编、文物出版社和档案出版社于1984年7月联合出版的《毛泽东手书古诗词选》；由胡乔木主编、人民文学出版社于1986年9月出版的《毛泽东诗词选》；由中共中央文献研究室编辑、中央文献出版社于1988年3月出版的《毛泽东哲学批注集》；由中共中央文献研究室

---

① 中共中央文献研究室，https：//www.wxyjs.org.cn/cggl_537/dhgjldrxjwx/201207/t20120705_6424.htm。

编辑、中央文献出版社于 1993 年 11 月出版的《毛泽东读文史古籍批语集》；由中共中央文献研究室和军事科学院合编、军事科学出版社和中央文献出版社于 1993 年 12 月联合出版的《毛泽东军事文集》（六卷本）；由外交部和中共中央文献研究室合编、中央文献出版社和世界知识出版社于 1994 年 12 月联合出版的《毛泽东外交文选》；由中共中央文献研究室编辑、中央文献出版社于 1995 年 4 月出版的《毛泽东在七大的报告和讲话集》；由中共中央文献研究室毛泽东研究组和韶山毛泽东同志纪念馆合编、中央文献出版社于 1996 年 8 月出版的《毛泽东致韶山亲友书信集》；由中共中央文献研究室编辑、中央文献出版社于 1996 年 9 月出版的《毛泽东诗词集》；由中共中央文献研究室和中共西藏自治区委员会及中国藏学研究中心合编、中央文献出版社和中国藏学出版社于 2001 年联合出版的《毛泽东西藏工作文选》。另外，《建国以来毛泽东军事文稿》由中共中央文献研究室、中国人民解放军军事科学院编辑，军事科学出版社于 2010 年出版。该书编为上、中、下三卷，收入毛泽东有关军事理论、军事战略、国防和军队现代化建设、反侵略战争准备以及抗美援朝战争、对台斗争、援越抗法、援越抗美、边境自卫防御作战等方面的电报、批示、讲话、谈话、书信、题词等 821 篇，其中 91 篇为首次公开发表。《毛泽东民族工作文选》由中共中央文献研究室、国家民族事务委员会编辑，中央文献出版社、民族出版社于 2014 年出版。该书收入 1938 年 10 月至 1963 年 9 月期间，毛泽东关于民族工作的讲话、谈话、电报、书信、批示等，共 154 篇。其中有一部分文稿是首次公开发表。等等。

《毛泽东年谱（1893—1949）》是国内外第一部详细记述毛泽东自 1893 年至 1949 年思想发展和生平业绩的编年体著作。由中共中央文献研究室编撰，逄先知主编，人民出版社、中央文献出版社于 1993 年 12 月出版，2013 年修订再版。全书分上、中、下 3 卷，共 139 万字。年谱以大量的档案材料为依据，多侧面、多角度地记述了毛泽东 1893 年至 1949 年的生平、经历和实践活动，展示了他的思想发展轨迹。同时，反映了中国共产党领导新民主主义革命走过的艰难曲折的道路和光辉历程，也反映了毛泽东作为中国共产党第一代领导集体的核心，把马克思主义的普遍原理同中国革命的具体实践相结合的具体过程，以及他的胸怀、情操、气度和风貌。

《毛泽东年谱（1949—1976）》由中共中央文献研究室编撰，逄先知、冯蕙主编，中央文献出版社于2013年12月出版。共6卷，近300万字。本书是一部记述毛泽东从中华人民共和国成立到他逝世27年间的生平、业绩的编年体著作，这部年谱以中央档案馆保存的档案资料为主要依据，发表了大量未编入毛泽东著作集中的讲话和谈话，同时又使用了其他文献资料和访问材料，内容非常丰富。

《毛泽东思想年编（1921—1975）》由中共中央文献研究室编撰，中央文献出版社于2011年6月出版，约71万字。本书是从毛泽东在1921年至1975年期间的报告、讲话、谈话、文章、批示、信件、题词等文稿中，选取主要思想理论观点编写而成的。全书共1222条，全面系统地反映了毛泽东在新民主主义革命、社会主义革命和社会主义建设、人民军队建设和军事战略、政策和策略、思想政治工作和文化工作、党的建设等方面的重要论述和理论观点，展现了毛泽东同志集中全党智慧、总结人民实践，创立、发展和完善毛泽东思想的历史过程。

3. 内部发行文稿系列

内部发行文稿系列主要有：《建国以来毛泽东文稿》《毛泽东早期文稿》《毛泽东军事文选》（内部本）等。这些著作集不公开发行，只在一定范围、供一定级别的领导干部和专业人员学习、研究。

《建国以来毛泽东文稿》由中共中央文献研究室编辑，中央文献出版社出版。这部文稿按时间顺序编辑，分册出版，从1987年开始出版第一册，到1998年出齐13册，是供研究用的多卷本文献集，要求不得外传和翻印。本书编入毛泽东1949年9月至1976年7月间的三类文稿：（1）手稿（包括文章、指示、批示、讲话提纲、批注、书信、诗词、在文件上成段加写的文字等）；（2）经毛泽东本人审定过的讲话和谈话记录稿；（3）经毛泽东本人审定用他的名义发的其他文稿。该书中，写于1976年7月10日的《毛泽东等祝贺中朝友好合作互助条约签订十五周年的电报》是毛泽东著作集中成稿时间最晚的一篇。

这些文稿，少量曾公开发表，比较多的在党内或大或小范围印发过，还有一部分未曾印发过。其中包含为实践证明是正确的判断和观点，也包含为实践证明是不正确或不完全正确的判断和观点。本书多侧面地反映了毛泽东在新中国成立后，作为党和国家主要领导人所进行的国际国内重大政治活动、所思考的问题和形成的政策与理论观点，历史地记录了中国共产党领导中国人民实现由新民主主义到社会主义的转变，建设社会主义现代化强国进行的艰难探索，走过的光辉历程。①

《毛泽东早期文稿》编入了当时收集到的毛泽东1912年6月至1920年11月的全部文稿。由中共中央文献研究室和中共湖南省委《毛泽东早期文稿》编辑组合编，湖南出版社于1990年7月出版，53.9万字，内部发行。

本书编入了当时收集到的毛泽东早期的全部文稿，时间从1912年6月至1920年11月，有文章、书信、诗词、读书批注、日志、谈话、报告、通告、章程、课堂笔记等151篇。凡有作者手稿或作者个人署名的文稿，以及虽未署名但有根据确认是毛泽东撰写的著作，均编入正编，共132篇。其中39篇是第一次公开发表，这39篇是当时保留下来的珍贵文献，如毛泽东在湖南省立第一师范学校就读时的老师黎锦熙提供的毛泽东给他的6封信和3本《新民学会会员通信集》，还有毛泽东主持的平民通讯社向当时各报刊寄发的通信稿，还收录了《大公报》刊登的毛泽东的20多篇文章。《毛泽东早期文稿》对于研究青年毛泽东，研究毛泽东逐步成为马克思主义

---

① 中共中央文献研究室，https：//www.wxyjs.org.cn/cggl_537/dhgjldrxjwx/201207/t20120705_6425.htm。

者的成长轨迹,提供了原始的、准确的、可靠的文献资料。"这些文稿记录了青年毛泽东积极向上、忧国忧民、追求先进和光明的艰辛思想历程,对于研究毛泽东早期的思想具有十分重要的意义。于1995年3月首次修订,2008年10月再次修订后收入湖南人民出版社《湖湘文库》,公开发行。"①

《毛泽东军事文选》(内部本)由军事科学院编辑、战士出版社于1981年12月出版,分上、下两编。上编收入1927年至1958年间毛泽东有关军事问题的文章、谈话、电报等共68篇,下编收入第三次国内革命战争时期和抗美援朝战争期间,毛泽东起草的关于11个战役的电报共379份。该书内部发行,主要供军队领导干部用。

二 邓小平著作的编辑出版

邓小平在长期的革命生涯中,积累了大量丰富的著述。特别是在历史转折的关键时期,邓小平发表了一系列重要讲话,推动全党进行拨乱反正,开创改革开放的伟大事业。其中最主要的部分集中在《邓小平文选》三卷本,《邓小平文选》反映了邓小平把马克思主义基本原理同中国革命和建设的实际相结合,同时代特征相结合,形成的基本理论观点和政策策略思想。尤其是第二卷、第三卷在内容上相互贯通,汇集了邓小平在形成和发展建设有中国特色社会主义理论中富有独创性的重要著作,是我们进行改革开放和现代化建设的根本指导和科学指南。

1.《邓小平文选》的编辑出版情况

《邓小平文选》的编辑工作是从1981年上半年开始的。1981年,党的十一届六中全会通过《关于建国以来党的若干历史问题的决议》后,党内外要求出版邓小平著作的呼声逐渐高起来。1982年9月,中央文献研究室编辑出版的《三中全会以来——重要文献选

---

① 中共中央文献研究室,https://www.wxyjs.org.cn/cggl_537/dhgjldrzj/201207/t20120705_6457.htm。

编》中,经邓小平同意,收入了邓小平自1978年12月至1982年7月的16篇文稿。1982年9月,党的十二大召开,广大干部群众更加迫切地要求学习邓小平关于建设有中国特色社会主义的论述。根据中共中央的决定,中央文献研究室于1983年7月编辑出版了第一部邓小平的综合著作集——《邓小平文选(1975—1982年)》。"这是一项对于党的思想理论建设具有重大意义和深远影响的工作,为把全党的思想统一到十一届三中全会确立的正确路线上,开创改革开放历史新时期起到了巨大作用。这本书发行量达4700万册。"[1]

1982年9月,党的十二大召开后,编者根据十二大精神和有关负责同志的意见,将邓小平在十二大上致的开幕词收入文选,作为全书的结束篇。到1983年7月1日,《邓小平文选(1975—1982年)》出版发行,在党内外、国内外引起巨大反响。这本文选收入了邓小平在1975年至1982年十二大这段时间内的重要讲话、谈话,共47篇,26万字,其中39篇是第一次公开发表。

所收入的47篇文稿,反映了邓小平在1975年针对"四人帮"的破坏,领导进行的全面整顿;粉碎"四人帮"后,为纠正"两个凡是"的错误,重新确立党的实事求是的思想路线、政治路线和组织路线而进行的斗争;为正确总结新中国成立以来党的历史经验特别是"文化大革命"的教训,正确评价毛泽东和肯定毛泽东思想的指导地位所作出的历史性的伟大贡献;为开启一条建设有中国特色社会主义新道路而作出的一系列重大决策。这本文选的出版,为把全党的思想统一到十一届三中全会确立的路线上来,开创社会主义现代化建设新局面,发挥了重要作用,并在短时间内形成了一个学习和宣传《邓小平文选》的热潮。

1983年7月12日,中共中央发出《关于全党学习〈邓小平文选〉的通知》,通知中指出:《邓小平文选》系统地反映了以邓小平

---

[1] 中共中央文献研究室科研管理部编:《邓小平著作是怎样编辑出版的》,中央文献出版社2010年版,第1—2页。

为代表的党的正确领导，在1975年针对"四人帮"的破坏，为整顿各方面的工作而进行的斗争；在粉碎"四人帮"以后至十一届三中全会召开以前，为纠正"两个凡是"的错误，重新确立马克思主义的思想路线、政治路线和组织路线而进行的斗争；在十一届三中全会以后，为全面进行拨乱反正，深刻总结历史经验，特别是"文化大革命"及其以前的"左"倾错误的教训，确定以进行社会主义现代化建设为全党工作的重心，建设具有中国特色的社会主义而进行的斗争。

党的十二大以后，中央文献研究室继续按预定的计划先着手收集、整理邓小平在新中国成立前和新中国成立后17年这两个时期的文稿。1989年5月，人民出版社出版了《邓小平文选（1938—1965年）》。这本文选收入了邓小平在"文化大革命"前28年中的重要文稿、讲话共39篇，近25万字。这39篇文稿是从数千件文稿中精选出来的，其中30篇没有公开发表过。这本文选反映了邓小平在抗日战争、解放战争、新中国成立后17年这几个历史时期，在军事、政治、经济、党的建设等几个方面作出的贡献。这本文选的出版不仅为总结和研究中国革命和建设的历史经验提供了珍贵的历史文献，而且文选中一些富有创造性的思想和见解，对于正在进行的改革开放和现代化建设事业也有重要的借鉴和启迪作用。

根据领导同志的批示，中央文献研究室从邓小平在十二大以后发表的数十篇讲话、谈话稿中进行挑选并做文字整理。最后选定22篇，文稿起止时间从1982年9月至1984年12月；书名定为《建设有中国特色的社会主义》。这本小册子在1984年年底出版，发行了几百万册，引起很大反响。

此后，中央文献研究室对邓小平不断发表的讲话、谈话都及时地进行研究，并对有的文稿及时做了整理。1985年7月，根据形势的需要，经邓小平同意，将他当年3月至6月的五篇谈话汇编成《有理想有道德有文化有纪律》一文在内部出版。1987年年初，对邓小平《建设有中国特色的社会主义》一书进行增补，将邓小平

1983年10月在十二届二中全会上的讲话《党在组织战线和思想战线上的迫切任务》和1984年12月至1987年2月发表的21篇文稿收入这本书，篇目由22篇增加到44篇，报经邓小平同意后，出版了这本书的增订本。增订本的出版，为坚持改革的社会主义方向，全面贯彻十一届三中全会的路线，发挥了重要作用。

1987年上半年，邓小平提出我国经济发展分三步走实现现代化的战略目标，要求加快改革的步伐，阐明我国的方针政策有两个基本点，即坚持改革开放和坚持四项基本原则，这两个基本点相互依存。他还提出社会主义首先要摆脱贫穷等重要观点。鉴于这些思想观点对于即将召开的党的十三大有十分重要的指导作用，中央文献研究室将含有这些思想内容的九篇文稿整理汇编成《邓小平同志重要谈话（1987年2月—7月）》，报经邓小平同意后于8月由中央文献出版社内部出版。这本书出版后，受到党内同志高度重视。到10月十三大召开前夕，又改由人民出版社公开出版发行。《建设有中国特色的社会主义》（增订本）和《邓小平同志重要谈话（1987年2月—7月）》，是在《邓小平文选（1975—1982年）》出版后和《邓小平文选》第三卷出版前，反映邓小平建设有中国特色社会主义有关重要论述的最重要的两个版本。①

《邓小平文选》第三卷的编辑工作，是从1990年4月开始着手准备的。1992年年初邓小平视察南方，发表重要谈话；同年召开的党的十四大，把邓小平理论归纳为九个方面，提出用邓小平建设有中国特色社会主义理论武装全党。在这种形势下，编辑出版《邓小平文选》第三卷成为一项紧迫的政治任务。同年11月，邓小平同志办公室正式通知，决定编辑出版《邓小平文选》第三卷。邓小平非常重视这本书的编辑工作，亲自主持编辑和逐篇审定了拟收入这本著作的119篇文稿。在审完全部文稿后，他又指示将文选清样本，

---

① 闫建琪：《邓小平著作的编辑与邓小平理论的研究》（2014年5月22日），中共中央文献研究室网站（www.dswxyjy.org.cn）。

分送中央政治局常委和其他有关的同志征求意见。1993年11月，《邓小平文选》第三卷出版发行。

1993年10月，人民出版社出版了《邓小平文选》第三卷。这一卷收入了邓小平在1982年9月至1992年2月这段时间内的讲话、谈话共119篇，25万字，其中60篇是第一次公开发表。曾经在《建设有中国特色的社会主义》（增订本）、《邓小平同志重要谈话（1987年2月—7月）》等文集发表过的文稿，这次编入文选时，又做了文字整理，许多篇目根据记录稿增补了内容。邓小平亲自指导了这一卷的编辑工作，对收入的文稿逐篇审定。本卷以邓小平在党的十二大上致的开幕词为开卷篇，以南方谈话为终卷篇。建设有中国特色社会主义是全书的主题。

在《邓小平文选》第三卷出版后，经邓小平同意，中央文献研究室对《邓小平文选（1938—1965年）》和《邓小平文选（1975—1982年）》进行了修订增补。这两卷修订增补后，改称《邓小平文选》第一卷、第二卷，于1994年11月出版发行。至此，《邓小平文选》三卷本，共约85万字。

第一卷增补了4篇文稿，其中3篇是邓小平担任中共中央总书记期间的讲话。从中可以更清楚地看到邓小平的思想发展的轨迹。特别是他担任中共中央总书记期间的著作，包含着建设有中国特色社会主义的思想萌芽。

第二卷增补了14篇文稿，绝大部分是第一次公开发表，原收入本卷的《中国共产党第十二次全国代表大会开幕词》移入《邓小平文选》第三卷。这次增补，比较充分地反映了邓小平在20世纪70年代至80年代初就已经提出的关于建设有中国特色社会主义理论的某些重要思想。

这两卷文选再版时对正文的文字、标点和题解做了少量校订和统一体例的工作，同时增补了一些新的注释。第二卷部分文稿根据记录稿对个别地方做了必要的修订和增补。

邓小平在十二大上致的开幕词移入第三卷后，第二卷的篇目需要调整。这两卷文选对全书正文的文字、标点和题解做了少量校订和统一体例的工作，同时增补了一些新的注释。第二卷有的文稿根据原记录对个别地方做了必要的修订和增补。如邓小平在《目前的形势和任务》一文中，有一句在第一版的表述是："在计划经济指导下发挥市场调节的辅助作用"，第二版根据人民出版社1980年2月出版的单行本，恢复了作者当时的说法："计划调节和市场调节相结合"。

《邓小平文选》第一、二、三卷的出版，为学习和研究邓小平理论提供了最权威的版本，进一步推动了从20世纪90年代初兴起的编辑邓小平专题文集和有关论述摘编的热潮。据不完全统计，目前出版的各种邓小平专题文集和摘编共有40多种，大多数是由中央有关部委编辑的。内容有：论党的建设、论民主与法制、论教育、论改革、论人事、论行政管理、论工会、论财经、论青年工作、论精神文明、论旅游、论侨务、论党风廉政建设等；在这些著作集中，也陆续发表了不少未收入《邓小平文选》的重要论述。

在《邓小平文选》三卷本出齐后，中央文献研究室编辑了两本重要图书，一本是《邓小平建设有中国特色社会主义论述专题摘编》（新编本）。这本书把邓小平的有关论述分20个专题做了集纳，既有助于全面把握邓小平理论体系，又为读者学习和查阅提供了方便。另一本是《邓小平思想年谱（1975—1997）》。这本书虽然不是文献集，但它公布了许多未公开发表的论述，是对《邓小平文选》的重要补充，也是研究邓小平理论必不可少的重要读物。1994年11月，《邓小平文选》第一、二、三卷电子版出版。它是由人民出版社和北京大学共同制作的。它将已出版的《邓小平文选》第一、二、三卷的全部内容存储在两张软盘上，阅读和检索都十分方便。读者可以组合任意关键字、词，准确地检索到所需要的《邓小平文选》中的句子，以及它们所在页码、所属段落和篇目、背景出处、发表时间、有关注释等。这种新的图书载体为深入学习和研究邓小平著作，提供了一个新的工具。

1995年9月，《邓小平文选》三卷本线装版由线装书局出版，全套共12册。这部书以人民出版社出版的《邓小平文选》为版本，16开、线装、繁体大字直排，用上等宣纸精印，书皮为蓝色真丝绢面，分装三函。其采用独特的印刷手段和精美的纸张，装帧典雅别致，具有浓厚的中国韵味，为我国传统线装典籍增添了一部重要的文献。

1996年7月，由人民出版社和读书·生活·新知三联书店（香港）有限公司联合出版的《邓小平文选》一卷本繁体字版在香港发行。《邓小平文选》一卷本收入的邓小平在1956年至1992年期间的80篇文稿，是从《邓小平文选》一至三卷中挑选出来的，着重反映了邓小平建设有中国特色社会主义理论。在香港出版这卷文选，是为了方便香港同胞和海外侨胞了解邓小平一些最有代表性的著作，并通过他的著作了解中国共产党和中国政府的政策。[①]

民族出版社和外文出版社分别出版了多种少数民族文本和英、法、西班牙、俄、日、德等外文本。

2.《邓小平文集》的编辑出版

《邓小平文集》由中共中央文献研究室编辑，人民出版社于2014年8月出版，共3卷，80余万字。本书选入邓小平1949年至1974年的文稿406篇，上卷编入1949年10月至1952年8月上旬的文稿106篇；中卷编入1952年8月中旬至1958年9月的文稿135篇；下卷编入1959年1月至1974年11月的文稿165篇。大部分文稿是第一次公开发表。编入本文集的文稿，包括讲话、报告、谈话、文章、批语、书信、题词等。集中反映了这一时期邓小平关于新中国经济、政治、文化建设和民族、统战及党的建设等方面的重要思想。特别是集中反映了邓小平作为以毛泽东同志为核心的党的第一代中央领导集体的重要成员，在参与一系列重大决策的制定与实施

[①] 马京波：《十一届三中全会以来邓小平著作出版情况概述》，《邓小平研究述评》，中共中央文献研究室网站（www.dswxyiy.org.cn）。

过程中，对中国社会主义建设道路的思考和探索。这部文集，是对《邓小平文选》的重要补充，对于深入学习邓小平理论，了解邓小平开创中国特色社会主义的历史和理论渊源，理解邓小平理论与毛泽东思想一脉相承、继承发展的关系，具有重要意义。

3.《邓小平思想年谱（1975—1997）》的编辑出版

1998年11月，由中共中央文献研究室编撰，中央文献出版社出版的《邓小平思想年谱（1975—1997）》，共26万字。本书是根据邓小平1975年至1992年的大量文稿及其他档案资料编写的，共600余条。文稿包括讲话和谈话的记录、批示、书信、题词等，其中大部分是第一次公开发表。本书首条是1975年1月邓小平任中共中央副主席、中央军委副主席、国务院副总理，实际上开始主持党中央和国务院的日常工作；最后一条是1997年9月党的十五大确立邓小平理论为全党的指导思想。邓小平1975年至1992年的主要著作已经收入《邓小平文选》第二、三卷，还有许多重要内容散见在他大量的讲话、谈话、批示、书信、题词中，没有收入文选。这本思想年谱将这部分内容同《邓小平文选》的文章摘要编辑在一起，公开发表。在经济、政治、文化、科技、教育、外交、军事、统一战线、党的建设等各个方面，对《邓小平文选》做了进一步的丰富和补充，更详细地反映了邓小平把马克思列宁主义的普遍真理同中国社会主义建设的具体实际相结合，同时代特征相结合，形成邓小平理论科学体系的历史发展过程。

4.《邓小平年谱（1975—1997）》的编辑出版

2004年，在邓小平同志诞辰100周年之际，中央文献出版社出版了《邓小平年谱（1975—1997）》，由中共中央文献研究室编撰，冷溶、汪作玲主编，分上、下两卷，全书102万字。本书是一部记载邓小平生平、思想和业绩的编年体著作。这部年谱，以大量文献档案资料为依据，翔实准确地记述了邓小平自1975年至1997年的22年中的主要活动，反映了他主持整顿工作、领导拨乱反正和改革开放、推进社会主义现代化建设事业的伟大实践和发挥的决策作用，反映了邓小平理论的丰富内容及其形成、发展和完善的过程，反映了邓小平的革命精神和崇高的品格风范。本书再现了邓小平领导全党、全军和全国各族人民开辟中国特色社会主义道路建立的丰功伟绩，再现了改革开放这一段波澜壮阔的历史。年谱具有较强的思想性和理论性。书中不仅把《邓小平文选》等著作中的重要思想编写进去，同时尽可能收入没有发表过的有重要思想内容的讲话、谈话、文章、批示等，从中可以清楚地看到，邓小平提出并不断丰富关于中国特色社会主义的经济、政治、文化、军事、外交以及祖国统一和党的建设等各个方面的重要理论观点的来龙去脉。同时，年谱还收录了十分丰富的历史资料。这些历史资料，来自中央档案馆等中央和地方的档案部门，有些是邓小平身边工作人员和亲属提供的，还有一些是同邓小平有过接触的老同志的笔记、日记和对他们的采访记录等。本书获第十四届中国图书奖特别奖和首届中国出版政府奖（图书奖）。

5.《邓小平年谱（1904—1974）》的编辑出版

2009年12月，中央文献出版社出版《邓小平年谱（1904—1974）》，中共中央文献研究室编撰，杨胜群、闫建琪主编，分三册，全书151万字。本书上册主要记述邓小平早年在法国勤工俭学和在莫斯科学习，1926年回国后不久在党中央机关工作，领导百色起义，到中央苏区工作和参加长征，在太行坚持抗战八年直至解放战争初期的重要经历。中册主要记述邓小平在解放战争中率部挺进大别山，指挥淮海战役、渡江战役、进军大西南，新中国成立初期主持西南局工作，1952年后调中央工作，1956年在党的八大当选为中共中央总书记等重要经历。下册主要记述邓小平担任中共中央总书记十年和在"文化大革命"中被打倒及复出工作后的重要经历。全书以大量文献档案资料为依据，较全面地反映了一代伟人邓小平的成长历程；反映了他从新民主主义革命时期到社会主义革命和建设时期，为民族独立、人民解放和国家富强奋斗的业绩和作出的重大贡献；反映了他在各个时期的思想发展脉络和始终保持的革命精神与崇高的品格风范。

三 江泽民著作的编辑出版情况

2003年11月，党中央作出由中共中央文献编辑委员会编辑出版《江泽民文选》的决定。《江泽民文选》的编辑工作，是在中央政治局常委会领导下进行的。按照胡锦涛同志的指示，由中央政策研究室、中央文献研究室、中央办公厅组织了专门写作班子。从2003年12月开始工作，2006年8月出版发行，一共用了近三年的时间。中央政治局全体同志认真阅读了《江泽民文选》送审本，对编选工作提出了重要建议。江泽民审定了收入文选的全部著作。

2000年7月，中国科学院党组、中国工程院党组向中央写报告，建议组织各级领导干部和科教工作者学习江泽民为《院士科普书系》写的序言和在中国科学院第十次院士大会、中国工程院第五次院士大会上的讲话。中央办公厅建议中央文献研究室将江泽民关于科学技术问题的文章、讲话编辑成册，按照程序审批后出版，以便大家学习。经中央和江泽民同意，中央文献研究室于2001年1月编辑出版了江泽民的第一本专题文集《论科学技术》。此后，又先后编辑出版了《论"三个代表"》《论党的建设》《江泽民论有中国特色社会主义（专题摘编）》《论社会主义市场经济》等专题文集，这些工作为编辑出版《江泽民文选》做了一些准备。

现在收入《江泽民文选》的203篇著作，是从2000多篇、上千万字的文稿中选出来的，是江泽民最有代表性的重要著作。《江泽民文选》分为三卷，第一卷以1980年8月21日江泽民在五届全国人大常委会第十五次会议上所做的关于在广东、福建两省设置经济特区和广东省经济特区条例的说明《设置经济特区，加快经济发展》为开卷篇，以1997年8月5日江泽民的批示《再造一个山川秀美的西北地区》为结束篇，收入江泽民的著作81篇。

党的十五大以后的著作，共122篇，分为两卷。第二卷的开卷篇是1997年9月12日江泽民在中国共产党第十五次全国代表大会上所做的报告《高举邓小平理论伟大旗帜，把建设有中国特色社会主义事业全面推向二十一世纪》，以2000年2月1日江泽民在中央政治局常委会会议上的讲话《正确引导青少年健康成长》为结束篇，收入江泽民的著作59篇。

第三卷以2000年5月2日江泽民在广东省考察工作时的讲话《在新的历史条件下更好地做到"三个代表"》为开卷篇，以2004年9月20日江泽民辞去中共中央军委主席的职务后、在经过调整充实的中央军委举行的第一次扩大会议上的讲话《我的心永远同人民军队在一起》为结束篇，收入江泽民的著作63篇。

《江泽民文选》所录文稿时间从1980年8月到2004年9月，长达25年。其中，最主要的是从党的十三届四中全会到党的十六大这13年。收入文选中的这13年的重要著作有192篇，另有3篇是十六大以后到辞去中央军委主席期间的重要著作。内容涉及经济、政治、文化、外交、国防、党建等各个方面。这部文选还对这个历史阶段所经历的国内国外的重大事件、中央作出的重大战略决策和重大措施，也做了充分的反映。

四 《胡锦涛文选》的编辑出版

《胡锦涛文选》三卷本由中共中央文献编辑委员会编辑，于2016年9月19日由人民出版社出版。《胡锦涛文选》收入了胡锦涛在1988年6月至2012年11月这段时间内具有代表性、独创性的重要著作，共有报告、讲话、谈话、文章、信件、批示等242篇，很大一部分是第一次公开发表。

《胡锦涛文选》第一卷以1988年6月8日胡锦涛在贵州省毕节地区开发扶贫、生态建设试验区工作会议上的讲话《建立毕节开发扶贫生态建设试验区》为开卷篇，以2002年9月2日胡锦涛在中共中央党校秋季开学典礼上的讲话《以扎实工作迎接党的十六大召开》为结束篇，收入了胡锦涛同志的著作74篇。

《胡锦涛文选》第二卷以2002年12月6日胡锦涛在西柏坡学习

考察时的讲话为开卷篇，以 2007 年 10 月 15 日胡锦涛在中国共产党第十七次全国代表大会上的报告《高举中国特色社会主义伟大旗帜，为夺取全面建设小康社会新胜利而奋斗》为结束篇，收入了胡锦涛同志的著作 82 篇。

《胡锦涛文选》第三卷以 2007 年 12 月 17 日胡锦涛在新进中央委员会的委员、候补委员学习贯彻党的十七大精神研讨班上的讲话《深入学习领会科学发展观》为开卷篇，以 2012 年 11 月 8 日胡锦涛在中国共产党第十八次全国代表大会上的报告《坚定不移沿着中国特色社会主义道路前进，为全面建成小康社会而奋斗》为结束篇，收入了胡锦涛的著作 86 篇。

习近平总书记在学习《胡锦涛文选》报告会上的讲话中指出，"《胡锦涛文选》生动记录了以胡锦涛同志为总书记的党中央团结带领全党全国各族人民在新的起点上坚持和发展中国特色社会主义的历史进程，科学总结了我们党依靠人民战胜一系列重大挑战、推动改革开放和社会主义现代化建设取得新的重大成就的宝贵经验，集中反映了我们党坚持以马克思列宁主义、毛泽东思想、邓小平理论、'三个代表'重要思想、科学发展观为指导，坚持把马克思主义基本原理同当代实际和时代特征相结合创造性提出的重大理论成果。"[①]《胡锦涛文选》全面展示了科学发展观孕育、形成、发展的历史过程，是学习贯彻科学发展观的最好教材。

五 习近平著作的编辑出版情况

党的十九大提出了习近平新时代中国特色社会主义思想。这一思想是马克思主义中国化的最新成果，是中国特色社会主义理论体系的重要组成部分。这一思想的形成与习近平长期的理论与实践思考紧密相连。

习近平的第一本著作是 1992 年出版的《摆脱贫困》。1988 年 9

---

① 习近平：《在学习〈胡锦涛文选〉报告会上的讲话》，人民出版社 2016 年版，第 2 页。

月至 1990 年 5 月，习近平在宁德任地委书记。到任 3 个月，习近平同志走遍了下辖的 9 个县，提出并倡导实施"四下基层"工作制度，全力推动闽东地区摆脱贫困。1992 年 7 月，《摆脱贫困》首次出版。该书收录了习近平在宁德工作期间的讲话和文章，共 29 篇。全书围绕闽东地区如何脱贫致富、加快发展这一主题，涉及经济建设、政治建设、文化建设、社会建设、生态文明建设和党的建设等重要内容，思想丰富深刻，文风生动亲切，具有很高的理论价值和长远的指导意义。2014 年 8 月，该书再版。2017 年 8 月 23 日，由外文出版社翻译出版的《摆脱贫困》英文版、法文版在第二十四届北京国际图书博览会上国内首发。

2006 年 12 月，习近平出版第二本政论性文集《干在实处走在前列——推进浙江新发展的思考与实践》。该书辑录了习近平在 2002 年至 2006 年担任中共浙江省委书记期间的重要报告、讲话、文章和批示。此书约 53.4 万字，分 8 个章节，书中绝大部分内容都已公开发表，也有少数内容是首次对外披露。2013 年 10 月，该书由中共中央党校出版社重印发行。

2007 年，《之江新语》出版，该书是习近平在任浙江省委书记期间，在《浙江日报》所发的专栏结集。2003 年 2 月 25 日，《浙江日报》头版开辟专栏"之江新语"，习近平以笔名"哲欣"，在该专栏发表一篇 300 字的文章《调研工作务求"深、实、细、准、效"》。此后 4 年多，习近平共在"之江新语"发表 232 篇短评。

党的十八大以来，习近平总书记围绕治国理政发表了大量讲话，提出了许多新思想、新观点、新论断，这些内容集中体现在两卷本的《习近平谈治国理政》和《习近平谈治国理政》第二卷里。

《习近平谈治国理政》翔实记录了习近平总书记在治国理政新的实践中发表的一系列重要论述，包括了许多新思想新观点新论断，深刻回答了新的时代条件下党和国家发展的重大理论和现实问题，集中展示了中央领导集体的治国理念和执政方略，也反映了党的十八大以来，以习近平同志为核心的党中央，带领全党全国各族人民开启了改革开放和现代化建设的新征程。

2014年9月28日,《习近平谈治国理政》由外文出版社以中、英、法、俄、阿、西、葡、德、日等多语种出版发行。《习近平谈治国理政》收录了习近平总书记在2012年11月15日至2014年6月13日期间的讲话、谈话、演讲、答问、批示、贺信等79篇,以及习近平各个时期的照片45幅。全书共分18个专题,分别为,坚持和发展中国特色社会主义;实现中华民族伟大复兴的中国梦;全面深化改革;促进经济持续健康发展;建设法治中国;建设社会主义文化强国;推进社会事业和社会管理改革发展;建设生态文明;推进国防和军队现代化;丰富"一国两制"实践和推进祖国统一;走和平发展道路;推动构建新型大国关系;做好周边外交工作;加强与发展中国家团结合作;积极参与多边事务;密切党同人民群众联系;推进反腐倡廉建设;提高党的领导水平。

2014年10月8日在当天开展的法兰克福国际书展上,《习近平谈治国理政》多语种图书举行首发式,向国际社会更好地介绍中国的治国理念和执政方略。《习近平谈治国理政》一书多语种版的出版发行,对全面准确地阐释以习近平同志为核心的党中央治国理念和执政方略,增进国际社会对中国发展理念、发展道路、内外政策的认识和理解,回应国际社会关切,具有重要意义。

党的十九大后,为帮助国内外读者系统了解掌握习近平新时代中国特色社会主义思想的精神实质和丰富内涵,应广大读者需要,对第一卷进行再版。2018年1月,由中央宣传部(国务院新闻办公室)会同中央文献研究室、中国外文局修订,改称《习近平谈治国理政》第一卷,由外文出版社面向海内外再版发行。截至2018年1月,《习近平谈治国理政》第一卷以中、英、法、俄、阿、西、葡、德、日等24个语种、27个版本面向海内外出版发行,受到广泛关注和好评,为广大干部群众学习领会习近平新时代中国特色社会主义思想发挥了重要作用,为国际社会了解当代中国和中国共产党提供了重要文献。

《习近平谈治国理政》第二卷于2017年11月7日,由外文出版社以中英文版出版,面向海内外发行。该书中文版全书569页,分为17个专题,每个专题内容按时间顺序编排,收入了习近平总书记在2014年8月18日至2017年9月29日期间的重要著作,共有讲话、谈话、演讲、批示、贺电等99篇。为了便于读者阅读,编辑时做了注释,附在篇末。本书还收入习近平总书记的图片29幅。本书收入的最早一篇文章为《真刀真枪推进改革》,是2014年8月18日习近平总书记在中央全面深化改革领导小组第四次会议上的讲话要点;最后一篇文章为《继续推进马克思主义中国化时代化大众化》,是2017年9月29日习近平总书记在主持党的十八届中央政治局第四十三次集体学习时的讲话要点。

本书17个专题分别为:坚持和发展中国特色社会主义,实现中华民族伟大复兴的中国梦;决胜全面建成小康社会;将改革进行到底;建设社会主义法治国家;推动全面从严治党向纵深发展;坚定不移贯彻新发展理念;适应、把握、引领经济发展新常态;发展社会主义民主政治;坚定文化自信;在发展中保障和改善民生;建设美丽中国;开启强军兴军新征程;坚持"一国两制",推进祖国统一;推进中国特色大国外交;坚持和平发展,促进合作共赢;促进"一带一路"国际合作;推动构建人类命运共同体。

2018年4月11日,《习近平谈治国理政》第二卷多语种图书首发式在英国伦敦隆重举行。截至2018年2月2日,《习近平谈治国理政》第二卷中英文版全球发行已突破1300万册。《习近平谈治国理政》第二卷除中英文版,法、俄、西、阿、德、日、葡等语种的版本正在陆续翻译出版外,2017年11月27日,16个国家的知名出版机构同中国外文局外文出版社在京签署《习近平谈治国理政》第二卷国际合作翻译出版备忘录,共同翻译出版这些国家语种版本的《习近平谈治国理政》第二卷。这16个国家分别是:意大利、波兰、乌克兰、阿尔巴尼亚、罗马尼亚、肯尼亚、塔吉克斯坦、越南、巴基斯坦、孟加拉国、柬埔寨、老挝、蒙古国、尼泊尔、斯里兰卡和阿富汗。推进《习近平谈治国理政》第二卷的国际合作翻译出版,将帮助世界各国读者更好地了解习近平新时代中国特色社会主义思想的丰富内涵，客观认识和理解中国特色社会主义道路、理论、制度、文化，促进中外文化交流和治国理政经验互鉴。

《习近平谈治国理政》第一卷、第二卷是有机统一的整体，集中反映了习近平新时代中国特色社会主义思想的发展脉络和主要内容，生动记录了以习近平同志为核心的党中央团结带领全党全国各族人民在新时代坚持和发展中国特色社会主义的伟大实践，充分体现了中国共产党为推动构建人类命运共同体、促进人类和平与发展崇高事业贡献的中国智慧和中国方案，是国内外读者学习掌握习近平新时代中国特色社会主义思想和党的十九大精神的权威读本。

为帮助民族地区广大干部群众全面准确学习理解习近平新时代中国特色社会主义思想，切实用习近平新时代中国特色社会主义思想武装头脑、指导实践、推动工作，中央宣传部会同国家民族事务委员会，组织中国民族语文翻译局和民族出版社，完成五种民族文字版《习近平谈治国理政》第二卷翻译出版工作。2019年5月，《习近平谈治国理政》第二卷蒙古、藏、维吾尔、哈萨克、朝鲜5种少数民族文字版，在全国出版发行。

《知之深　爱之切》《习近平的七年知青岁月》《习近平在正定》等作品的出版，是党员干部锤炼党性、提升素质的生动范本，也是国际社会全面深入了解中国共产党领导人的珍贵历史资料。《习近平用典》（现两辑）、《习近平讲故事》对更好地理解和学习习近平新时代中国特色社会主义思想，提供了宝贵的资料。

习近平新时代中国特色社会主义思想的相关内容还以论述摘编的形式出版，涵盖经济、政治、文化、社会、生态文明、党建、国防、外交等各个领域。目前这些出版的论述摘编主要有：《习近平关于严明党的纪律和规矩论述摘编》《习近平关于全面从严治党论述摘编》《习近平关于社会主义经济建设论述摘编》《习近平关于社会主义政治建设论述摘编》《习近平关于社会主义文化建设论述摘编》《习近平关于社会主义社会建设论述摘编》《习近平关于社会主义生态文明建设论述摘编》《习近平关于"三农"工作论述摘编》《习近平关于全面深化改革论述摘编》《习近平扶贫论述摘编》《习近平关于总体国家安全观论述摘编》《习近平关于科技创新论述摘编》《习近平关于全面建成小康社会论述摘编》《习近平关于党的群众路线教育实践活动论述摘编》《习近平关于青少年和共青团工作论述摘编》《习近平关于实现中华民族伟大复兴的中国梦论述摘编》《习近平关于协调推进"四个全面"战略布局论述摘编》《习近平关于党风廉政建设和反腐败斗争论述摘编》，以及《习近平谈"一带一路"》《习近平关于国防和军队建设重要论述选编》《习近平论坚持推动构建人类命运共同体》《习近平论坚持全面深化改革》《习近平关于"不忘初心、牢记使命"重要论述选编》等。这些论述摘编所涉问题相当广泛，有很强的针对性，是广大群众与不同行业工作者普遍关注的问题，为广大群众学习和理解习近平新时代中国特色社会主义思想提供了理论指导。

为了加深对习近平治国理政思想的学习，中央宣传部先后组织编写了《习近平总书记系列重要讲话读本》（2014年版）和《习近平总书记系列重要讲话读本》（2016年版）。这两个读本围绕习近平提出的一系列治国理政新理念新思想新战略展开论述，是学习习近平总书记系列重要讲话精神的重要辅导材料。党的十九大以后，2018年中央宣传部又组织编写了《习近平新时代中国特色社会主义思想三十讲》，这本书紧紧围绕新时代坚持和发展什么样的中国特色社会主义，怎样坚持和发展中国特色社会主义这个重大时代课题，分三十个专题全面系统深入阐释了习近平新时代中国特色社会主义思想的重大意义、科学体系、丰富内涵、精神实质、实践要求，是学习习近平新时代中国特色社会主义思想的重要辅助读物。

2019年6月，中央宣传部组织编写的《习近平新时代中国特色社会主义思想学习纲要》一书出版，全书共21章、99目、200条，近15万字。全书紧紧围绕习近平新时代中国特色社会主义思想是党和国家必须长期坚持的指导思想这一主题，以"八个明确"和"十四个坚持"为核心内容和主要依据，对习近平新时代中国特色社会主义思想做了全面系统的阐述，有助于广大干部群众更好理解把握这一思想的基本精神、基本内容、基本要求，更加自觉地用以武装头脑、指导实践、推动工作。这部著作的出版必将把学习贯彻习近平新时代中国特色社会主义思想进一步引向深入。

第二章

马克思主义中国化发展与研究 70 年

新中国成立 70 年来,在社会主义革命、建设、改革的不同历史时期,中国共产党人始终坚持把马克思主义基本原理同中国具体实际和时代特征相结合,不断推进马克思主义中国化的历史进程,形成了一系列重大理论创新成果,丰富和发展了马克思主义理论宝库,为党领导人民进行社会主义建设的实践探索提供了理论指南。在马克思主义中国化过程中,学术界对于不同时期形成的中国化马克思主义最新理论成果,从不同方面都进行了全方位的研究、探讨,以更好地促进理论成果的大众化,推进马克思主义的进一步中国化。

第一节 马克思主义中国化发展 70 年

70 年来,在马克思主义中国化持续推进中,毛泽东思想得到进一步丰富和发展;实现并不断深化马克思主义中国化的第二次飞跃,相继形成了邓小平理论、"三个代表"重要思想、科学发展观和习近平新时代中国特色社会主义思想。

一 毛泽东思想的丰富和发展

新中国成立后,中国进入了一个全新的历史时期,伴随着新型政权建设、国家治理实践和社会制度变革的深度全面展开,一系列重大的理论问题必须要作出回答,马克思主义中国化思想发展又到了一个新的历史关节点上。以毛泽东同志为核心的第一代中央领导集体在实践过程中,把马克思主义普遍原理同中国具体实际的新的创造性结合,形成了一系列重大理论创新观点,丰富和发展了毛泽东思想的科学体系。

(一)发展中国化马克思主义的国家理论

新中国成立前后,以毛泽东同志为核心的第一代中央领导集体,依据马克思主义基本原理,借鉴国际社会主义运动的基本经验,吸收国外政治文明发展的优秀成果,从中国国情和时代特征出发,推进了马克思主义国家理论和制度理论的创新。

把马克思主义国家学说同中国具体实际相结合,创立人民民主专政这一中国化的无产阶级专政的具体形式。1954年,新中国的第一部宪法把人民民主专政作为我国的国体制度确立下来。70年来,人民民主专政作为我国的根本制度不断得到巩固和完善。

把马克思主义民主学说同中国具体国情创造性结合,创立人民代表大会制度这一根本政治制度。人民代表大会制度与西方的议会制度有着本质区别,与苏联的苏维埃制度也有所不同,是完全立足于中国具体实际而创立的政治制度,是实现中国人民当家做主的重要途径和最高形式,体现了中国社会主义民主政治的鲜明特点。70年来,人民代表大会制度作为我国的根本政治制度不断得到巩固。

把马克思主义政党学说同中国具体实际创造性结合,创立中国共产党领导的多党合作和政治协商制度这一中国特色的新型民主制度和政党制度。人民政协在全国人民代表大会召开以后延续下来,成为一种在中国共产党领导下的具有中国特色的各民主党派、各人民团体和各界人士进行民主协商、参政议政的民主政治制度和政党制度，中国共产党提高执政能力的重要途径，发展社会主义民主政治的重要政治组织形式。

把马克思主义民族理论同中国的民族特点创造性结合，创立了民族区域自治制度这一解决民族问题的重大制度安排。经过几十年的历史发展，民族区域自治制度已经成为我国的一项基本政治制度，在维护国家统一、民族团结、社会稳定等方面，发挥着举足轻重的作用。

高度重视人民群众依法行使民主权利、管理国家事务问题，为创立基层民主和群众自治制度积累经验、奠定基础。由于各方面原因，基层民主和基层群众自治制度直到改革开放后才真正得到了确立和发展，成为我国基本政治制度的有机组成部分。

（二）创立具有中国特色的社会主义革命理论

新中国成立后，经过三年努力，恢复国民经济的任务胜利完成。中国共产党人开始思考过渡时期问题。这个问题涉及对中国社会主义革命特殊道路的理论探索，是新中国成立后马克思主义理论发展的重要组成部分。

新中国成立伊始，毛泽东已经开始思考由新民主主义向社会主义转变的时间、步骤、方法等，思考中国社会发展是否需要一个新民主主义社会阶段，是否应该从国民经济恢复以后就开始向社会主义过渡而不是在新民主主义社会结束后才开始过渡。在国民经济恢复时期，毛泽东多次谈到过渡时期问题，在自己深入思考后，又反复征询他人意见，逐步形成了比较明确的观点。1953年12月13日，在审阅修改《为动员一切力量把我国建设成为伟大的社会主义国家而斗争》的宣传提纲时，毛泽东对过渡时期总路线做了完整准确的表述："从中华人民共和国成立，到社会主义改造基本完成，这是一个过渡时期。党在这个过渡时期的总路线和总任务，是要在一个相当长的时期内，逐步实现国家的社会主义工业化，并逐步实现国家对农业、对手工业和对资本主义工商业的社会主义改造。这条总路线是照耀我们各项工作的灯塔，各项工作离开它，就要犯右倾或

'左'倾的错误。"①

过渡时期总路线确立后,党开始领导人民进行社会主义改造运动,即对农业、手工业和资本主义工商业的社会主义改造。对于农业的社会主义改造,充分考虑到中国农村、农民的实际情况,着力调动和发挥广大农民的积极性,及时领导农民走上互助合作的道路,有力地防止了农村的两极分化;在农业发展问题上采取先实现合作化再实现机械化的办法,正确解决了国家工业化与小农经济之间的矛盾;在农业合作运动的方法步骤上,采取自愿互利、典型示范、国家帮助的原则,贯彻积极领导、稳步前进的方针,创造了从临时互助组和常年互助组,发展到半社会主义性质的初级农业生产合作社,再发展到社会主义性质的高级农业生产合作社的过渡形式;消灭富农阶级没有采用行政手段和暴力措施,而是创造了消灭富农阶级与改造富农分子相结合的办法,通过同工同酬的劳动,把富农分子改造成为自食其力的劳动者;走了一条依靠贫下中农、团结中农、限制并逐步消灭富农的阶级路线,引导农民自愿地放弃私有制走上集体所有制的道路,既避免了对农村生产力的破坏,又保证了顺利地完成对个体农业的社会主义改造。对于资本主义工商业的社会主义改造,根据中国资本主义发展的具体实际,资产阶级不同群体的具体特性及其对于中国革命的实际态度,严格区分官僚资本与民族资本的界限,对于官僚资本采取没收的方式,对于民族资本则采取利用、限制与改造的政策;创造了委托加工、计划订货、统购包销、委托经销代销、公私合营、全行业公私合营等一系列从低级到高级的国家资本主义形式,通过和平赎买政策,把资本主义企业改造成为社会主义的全民所有制企业,实现了和平方式的生产关系变革;高度重视把生产关系改造同对人的改造有机结合起来,把资本家阶级逐步改造成为自食其力的劳动者,保证了社会主义改造的顺利进行,促进了社会生产力的发展。这条道路既坚持了马克思主义的基

---

① 《毛泽东文集》第6卷,人民出版社1999年版,第316页。

本原理，又根据中国经济社会发展的具体实际进行了创造性发展。

经过全党和全国人民的共同努力，我国的社会主义改造运动取得了巨大成功。到1956年党的八大召开前夕，基本上完成了社会主义改造，社会主义基本制度确立下来。

中国的社会主义改造道路富有特色，是中国共产党人把马克思主义的社会主义革命理论同中国具体实际相结合的伟大创造。对于中国社会主义革命的方法和道路，毛泽东曾说过："我们进行社会主义革命所用的方法是和平的方法。……在我国的条件下，用和平的方法，即用说服教育的方法，不但可以改变个体的所有制为社会主义的集体所有制，而且可以改变资本主义所有制为社会主义所有制。"[①]

（三）探索适合中国国情的社会主义建设理论

20世纪50年代中期，我国社会主义事业即将全面开展，国内和国际形势发生了重大变化，苏联社会主义建设实践中的弊端逐渐暴露，寻找适合中国国情的社会主义建设道路的必要性和紧迫性凸显出来。在此情况下，中国共产党明确提出要走自己的路，独立自主地探索适合中国国情、具有中国特点的社会主义建设道路，实现马克思主义同中国具体实际的新的创造性结合，形成了关于社会主义建设的一系列重要理论创新成果。

第一，明确提出要实现马克思主义同中国具体实际的新的第二次结合。1956年4月4日，毛泽东在中央书记处会议上发表了一段很长的讲话。根据吴冷西的记载，他在会上强调：中国共产党一定要吸取苏联的经验教训，"最重要的是要独立思考，把马列主义的基本原理同中国革命和建设的具体实际相结合。民主革命时期我们在吃了大亏之后才成功地实现了这种结合，取得了中国新民主主义革命的胜利。现在是社会主义革命和建设时期，我们要进行第二次结合，找出在中国怎样建设社会主义的道路。……我们应从各方面考

[①] 《毛泽东文集》第7卷，人民出版社1999年版，第1—2页。

虑如何按照中国的情况办事,不要再像过去那样迷信了。……现在更要努力找到中国建设社会主义的具体道路。"[1] 1956年4月25日,在《论十大关系》的讲话中,毛泽东指出:"我们要学的是属于普遍真理的东西,并且学习一定要与中国实际相结合。如果每句话,包括马克思的话,都要照搬,那就不得了。我们的理论,是马克思列宁主义的普遍真理同中国革命的具体实践相结合。"[2] 1956年8月30日,在党的八大预备会议上,他再次强调:"马克思主义的普遍真理一定要同中国革命的具体实践相结合,如果不结合,那就不行。这就是说,理论与实践要统一。理论与实践的统一,是马克思主义的一个最基本的原则。"[3] 1956年9月15日,在党的八大开幕式上,毛泽东提到:我国的革命和建设的胜利,都是马克思列宁主义的胜利。把马克思列宁主义的理论和中国革命的实践密切地联系起来,这是我们党的一贯的思想原则。[4]

第二,科学分析社会主义建设中的重大关系,创立十大关系理论。1956年4月25日,毛泽东在中央政治局会议上做了《论十大关系》的报告,总结了中国社会主义建设的初步经验,对适合中国国情的、具有中国特点的社会主义建设道路问题进行初步的理论探索。研究社会主义建设中的重大关系,都是围绕着一个基本方针,就是要把国内外一切积极因素调动起来,为社会主义事业服务,为把我国建设成为一个强大的社会主义国家而奋斗。根据这些因素及它们之间的关系,毛泽东着重论述了十个方面的问题即十大关系。十大关系理论是中国共产党人把马克思主义的唯物辩证法运用到中国社会主义建设道路探索的典范。一方面,既重视了社会主义建设中的一系列重大关系,又没有把它们等量齐观,而是根据中国社会主义

---

[1] 吴冷西:《忆毛主席》,新华出版社1995年版,第9—10页。
[2] 《毛泽东文集》第7卷,人民出版社1999年版,第42页。
[3] 同上书,第90页。
[4] 同上书,第116页。

建设的具体情况有所侧重；另一方面，对于每一个重要关系，不是简单地进行罗列，而是根据中国具体实际，特别是每一组关系不同侧面的情况做了具体的分析，提出了有针对性的对策。

第三，科学把握社会主义建设矛盾问题，创立正确处理人民内部矛盾学说。1957年2月27日，毛泽东发表了《如何处理人民内部的矛盾》的讲话，经反复讨论和修改补充于6月19日以《关于正确处理人民内部矛盾的问题》为题正式发表。这篇文章，把马克思主义的矛盾分析学说用于分析社会主义制度，围绕着如何处理人民内部矛盾这个中心内容，对社会主义社会矛盾问题做了系统深入的阐述，创立了社会主义基本矛盾和人民内部矛盾学说，丰富和发展了科学社会主义理论，是一篇极其重要的马克思主义文献。

第四，形成一系列重要观点。作出我国处于不发达社会主义阶段的初步判断；提出了只有社会主义能够救中国的伟大论断；制定了建设社会主义强国的奋斗目标，谋划了实现四个现代化的发展战略；提出要创造中国自己的经济学理论，强调价值法则是一个伟大的学校，要大力发展社会主义商品经济；领导制定了社会主义经济、政治、文化建设和外交工作等方面的方针政策；科学论述党在社会主义建设中的领导核心地位，提出了执政党建设的重要观点，探索了执政党建设的规律，等等。

二 中国特色社会主义理论体系的创立和发展[①]

党的十一届三中全会开启了改革开放的伟大社会革命。伟大的社会革命实践推动党的理论创新快速发展。以邓小平、江泽民、胡锦涛等为杰出代表的中国共产党人，继承和创新马克思列宁主义、

---

① 这里主要侧重讲邓小平理论、"三个代表"重要思想、科学发展观。党的十八大以来创立的习近平新时代中国特色社会主义思想，是中国特色社会主义理论体系的重要组成部分。但为了强调和突出习近平新时代中国特色社会主义思想，专门把"习近平新时代中国特色社会主义思想的创立"单列出来。

毛泽东思想，创造性地把马克思主义普遍原理同中国具体实际和时代特征结合起来，着力解决"什么是社会主义、怎样建设社会主义"，"建设一个什么样的党、怎样建设党"，"实现什么样的发展，怎样发展"等核心问题，创立了邓小平理论、"三个代表"重要思想、科学发展观等重大理论创新成果，不断丰富和发展中国特色社会主义理论体系，成功实现并不断推进马克思主义中国化的第二次历史性飞跃。

（一）邓小平理论

邓小平理论，牢牢立足于中国特色社会主义的伟大实践，紧紧围绕着"什么是社会主义和怎样建设社会主义"这个核心问题，第一次比较系统地初步回答了中国这样的经济文化比较落后的国家如何建设社会主义、如何巩固和发展社会主义的一系列基本问题，用新的思想、观点，继承和发展了马克思主义，是贯通哲学、政治经济学、科学社会主义等领域，涵盖经济、政治、科技、教育、文化、民族、军事、外交、统一战线、党的建设等方面的完备的科学体系。

邓小平理论的形成、提出和系统阐述，经历了比较长的过程。1997年10月，党的十五大提出"邓小平理论"的科学概念，系统论述它的历史地位和重大意义，并把它写进了党章。

邓小平理论是一个完整的科学体系。党的十四大报告从发展道路、发展阶段、根本任务、发展动力、外部条件、政治保证、战略步骤、党的领导和依靠力量以及祖国统一九个方面对邓小平理论的主要内容和基本框架进行了概括。

邓小平理论具有重要的历史地位。邓小平理论是以邓小平同志为核心的第二代中央领导集体，领导人民开创中国特色社会主义的过程中形成的重大理论创新成果，在党的理论发展史上具有重要历史地位，对中国特色社会主义事业具有长远指导意义。对此，党的十五大作出了高度概括："马克思列宁主义同中国实际相结合有两次历史性飞跃，产生了两大理论成果。第一次飞跃的理论成果是被实践证明了的关于中国革命和建设的正确的理论原则和经验总结，它的主要创立者是毛泽东，我们党把它称为毛泽东思想。第二次飞跃的理论成果是建设有中国特色社会主义理论，它的主要创立者是邓小平，我们党把它称为邓小平理论。这两大理论成果都是党和人民实践经验和集体智慧的结晶"①。

（二）"三个代表"重要思想

党的十三届四中全会后，以江泽民同志为核心的第三代中央领导集体，勇担重任、勇于创新，坚持改革开放、与时俱进，深刻认识和准确把握世情、国情、党情的发展变化，牢牢立足于中国特色社会主义的伟大实践，进一步回答了"什么是社会主义、怎样建设社会主义"的问题，创造性地回答了"建设什么样的党、怎样建设党"这个核心问题，创立"三个代表"重要思想。

2000年2月，江泽民在广东考察期间提出了"三个代表"。2月25日，发表的《在新的历史条件下如何更好地做到"三个代表"》讲话，标志着"三个代表"重要思想正式提出。讲话指出：总结我们党七十多年的历史，可以得出一个重要的结论，这就是：我们党所以赢得人民的拥护，是因为我们党在革命、建设、改革的各个历史时期，总是代表着中国先进生产力的发展要求，代表着中国先进文化的前进方向，代表着中国最广大人民的根本利益，并通过制定正确的路线方针政策，为实现国家和人民的根本利益而不懈奋斗。②之后，"三个代表"重要思想的科学内涵、基本要求、历史地位等得到进一步发展和完善。

2001年7月1日，在庆祝建党80周年大会上江泽民发表重要讲话，系统阐述"三个代表"重要思想的科学内涵。他指出：我们党要始终代表中国先进生产力的发展要求，就是党的理论、路线、纲领、方针、政策和各项工作，必须努力符合生产力发展的规律，体现不断推动社会生产力的解放和发展的要求，尤其要体现推动先进

---

① 《江泽民文选》第2卷，人民出版社2006年版，第8页。
② 《江泽民文选》第3卷，人民出版社2006年版，第2页。

生产力发展的要求,通过发展生产力不断提高人民群众的生活水平。我们党要始终代表中国先进文化的前进方向,就是党的理论、路线、纲领、方针、政策和各项工作,必须努力体现发展面向现代化、面向世界、面向未来的,民族的科学的大众的社会主义文化的要求,促进全民族思想道德素质和科学文化素质的不断提高,为我国经济发展和社会进步提供精神动力和智力支持。我们党要始终代表中国最广大人民的根本利益,就是党的理论、路线、纲领、方针、政策和各项工作,必须坚持把人民的根本利益作为出发点和归宿,充分发挥人民群众的积极性主动性创造性,在社会不断发展进步的基础上,使人民群众不断获得切实的经济、政治、文化利益。

2002年,党的十六大对"三个代表"重要思想的地位做了高度概括:开创中国特色社会主义事业新局面,必须高举邓小平理论伟大旗帜,坚持贯彻"三个代表"重要思想。"三个代表"重要思想是对马克思列宁主义、毛泽东思想和邓小平理论的继承和发展,反映了当代世界和中国的发展变化对党和国家工作的新要求,是加强和改进党的建设、推进我国社会主义自我完善和发展的强大理论武器,是全党集体智慧的结晶,是党必须长期坚持的指导思想。

2003年6月,中共中央印发中央宣传部组织编写的《"三个代表"重要思想学习纲要》,从十六个方面对"三个代表"重要思想的科学理论做了全面阐述,系统展示了"三个代表"重要思想的科学体系,是一个内涵丰富、博大精深,涵盖了经济、政治、文化和党的建设各个领域,体现在改革发展稳定、内政外交国防、治党治国治军各个方面的系统的科学理论。

2006年8月15日,胡锦涛在学习《江泽民文选》报告会上发表讲话,再一次阐述了"三个代表"重要思想的丰富内涵和重要地位。

(三)科学发展观

在新世纪新阶段,以胡锦涛为总书记的党中央,顺应国内外形势发展变化,抓住重要战略机遇期,发扬求真务实、开拓进取精神,坚持理论创新和实践创新,牢牢立足于中国特色社会主义的伟大实践,进一步回答了"什么是社会主义、怎样建设社会主义"的问题,创造性地回答了"实现什么样的发展、怎样发展"这个核心问题,创立了科学发展观。

2003年4月,胡锦涛在广东考察时提出和强调了"加快发展、率先发展、协调发展""坚持全面的发展观"、切实维护广大人民群众利益等重要思想,包含着科学发展观的基本内容,成为科学发展观的理论雏形。2003年8月28日至9月1日,在江西考察工作时,胡锦涛把科学发展观与完善社会主义市场经济联系起来,第一次明确使用"科学发展观"概念:"各级领导干部一定要深刻认识发展是党执政兴国的第一要务这个重大命题,切实把第一要务抓紧、抓实、抓好。要牢固树立协调发展、全面发展、可持续发展的科学发展观,积极探索符合实际的发展新路子,进一步完善社会主义市场经济体制。"[①] 此后,胡锦涛和其他中央领导多次在不同场合强调科学发展观的重大意义,阐发科学发展观的基本内涵和历史地位。

2004年3月10日,在中央人口资源环境工作座谈会上,胡锦涛对科学发展观的地位和内涵进行了比较详细的阐发。他指出:"坚持以人为本、全面协调可持续的发展观,是我们以邓小平理论和'三个代表'重要思想为指导,从新世纪新阶段党和国家事业发展全局出发提出的重大战略思想。科学发展观总结了二十多年来中国改革开放和现代化建设的成功经验,吸取了世界上其他国家在发展进程中的经验教训,概括了战胜非典疫情给我们的重要启示,揭示了经济社会发展的客观规律,反映了我们党对发展问题的新认识。全党同志都要……深刻认识树立和落实科学发展观的重大意义,坚定不移地树立和落实科学发展观,更好地完成新世纪新阶段我们肩负的

[①] 胡锦涛:《继承发扬党的优良革命传统 加快全面建设小康社会步伐》,《人民日报》2003年9月3日。

历史任务。"①

2007年10月，党的十七大报告对科学发展观的历史地位、理论内涵、根本要求等做了系统阐述。报告指出：科学发展观，是对党的三代中央领导集体关于发展的重要思想的继承和发展，是马克思主义关于发展的世界观和方法论的集中体现，是同马克思列宁主义、毛泽东思想、邓小平理论和"三个代表"重要思想既一脉相承又与时俱进的科学理论，是我国经济社会发展的重要指导方针，是发展中国特色社会主义必须坚持和贯彻的重大战略思想。报告指出，科学发展观是立足社会主义初级阶段基本国情，总结我国发展实践，借鉴国外发展经验，适应新的发展要求提出来的；它的第一要义是发展，核心是以人为本，基本要求是全面协调可持续，根本方法是统筹兼顾。2012年11月，党的十八大报告指出：科学发展观同马克思列宁主义、毛泽东思想、邓小平理论、"三个代表"重要思想一道，是党必须长期坚持的指导思想。

三　习近平新时代中国特色社会主义思想的创立

党的十八大以来，以习近平同志为核心的党中央围绕"新时代坚持和发展什么样的中国特色社会主义、怎样坚持和发展中国特色社会主义"这个重大时代课题，进行艰辛理论探索，取得重大理论创新成果，创立了习近平新时代中国特色社会主义思想。习近平新时代中国特色社会主义思想是对马克思列宁主义、毛泽东思想、邓小平理论、"三个代表"重要思想、科学发展观的继承和发展，是马克思主义中国化的最新成果，是中国特色社会主义理论体系的重要组成部分。这一思想内涵丰富、逻辑严整的重要科学体系，实现了马克思主义基本原理与中国具体实际相结合的又一次飞跃，开辟了马克思主义新境界、中国特色社会主义新境界、治国理政新境界、管党治党新境界，在马克思主义中国化进程中具有里程碑的意义。

---

① 《胡锦涛文选》第2卷，人民出版社2016年版，第166页。

（一）坚持和发展新时代中国特色社会主义：习近平新时代中国特色社会主义思想的根本主题

中国特色社会主义，是党和人民历尽千辛万苦、付出巨大代价取得的根本成就，是长期以来我们党全部理论与实践创新的根本主题。

党的十八大以来，以习近平同志为核心的党中央一以贯之地坚持根本主题，紧密结合新时代条件和新实践要求，以全新的视野，紧紧抓住并科学回答了"新时代坚持和发展什么样的中国特色社会主义、怎么坚持和发展中国特色社会主义"这一重大历史课题，创立了习近平新时代中国特色社会主义思想，把中国特色社会主义理论体系推到了一个新的高度。

（二）"八个明确"和"十四个坚持"：习近平新时代中国特色社会主义思想的核心内容

习近平新时代中国特色社会主义思想创造性地把马克思主义基本原理同当代中国具体实际运用有机结合起来，对新时代坚持和发展中国特色社会主义的总目标、总任务、总体布局和战略布局及发展方向、发展方式、发展动力、战略步骤、外部条件、政治保证等一系列基本问题进行了系统阐述，形成了"八个明确"的精辟概括。

"八个明确"从理论层面上高度概括和凝练了习近平的主要创新观点，构成了习近平新时代中国特色社会主义思想的核心要义。其中，第一个明确从国家发展的层面上，阐明了坚持和发展中国特色社会主义的总目标、总任务和战略步骤。第二个明确从人和社会发展的层面上，阐明了新时代我国社会主要矛盾，以及通过解决这个主要矛盾促进人的全面发展、全体人民共同富裕的社会理想。第三个明确从总体布局和战略布局的层面上，阐明了新时代中国特色社会主义事业的发展方向和精神状态。第四至第七个明确分别从改革、法治、军队、外交等方面，阐明了新时代坚持和发展中国特色社会主义的改革动力、法治保障、军事安全保障和外部环境保障等。第八个明确从最本质特征、最大优势和最高政治领导力量角度，阐明了新时代坚持和发展中国特色社会主义的根本政治保证。

"八个明确"涵盖了新时代坚持和发展中国特色社会主义的最关键、最核心、最重要的理论和实践问题。既包括中国特色社会主义最本质特征，又包括决定党和国家前途命运的根本力量；既包括中国大踏步赶上时代脚步的法宝，又包括解决我国一切问题的基础和关键；既包括社会主义政治发展的必然要求，又包括中国特色社会主义的本质要求和重要保障；既包括国家和民族发展中更基本、更深沉、更持久的力量，又包括发展的根本目的；既包括中华民族永续发展的千年大计，又包括我们党治国理政的一个重大原则；既包括实现"两个一百年"奋斗目标的战略支撑，又包括实现中华民族伟大复兴的必然要求；既包括实现中国梦的国际环境和稳定的国际秩序，又包括我们党最鲜明的品格。这"八个明确"逻辑上层层递进，内容上相辅相成，集中体现了习近平新时代中国特色社会主义思想的系统性、严谨性和科学性。

"十四个坚持"构成新时代坚持和发展中国特色社会主义的基本方略。

习近平新时代中国特色社会主义思想从行动纲领和重大对策措施的层面上，对经济、政治、法治、科技、文化、教育、民生、民族、宗教、社会、生态文明、国家安全、国防和军队、"一国两制"和祖国统一、统一战线、外交、党的建设等各方面内容作出了科学回答和战略部署，形成了具有实践性、可操作性的"十四个坚持"基本方略。

"十四个坚持"是习近平新时代中国特色社会主义思想的重要组成部分，是新时代坚持和发展中国特色社会主义的基本方略。其主要内容就是：坚持党对一切工作的领导，坚持以人民为中心，坚持全面深化改革，坚持新发展理念，坚持人民当家做主，坚持全面依法治国，坚持社会主义核心价值体系，坚持在发展中保障和改善民生，坚持人与自然和谐共生，坚持总体国家安全观，坚持党对人民军队的绝对领导,坚持"一国两制"和推进祖国统一,坚持推动构建人类命运共同体,坚持全面从严治党。

"十四个坚持"基本方略,从新时代中国特色社会主义的实践要求出发,涉及中国全方位的发展又要言不烦,深化了对共产党执政规律、社会主义建设规律、人类社会发展规律的认识;体现了坚持党对一切工作的领导和坚持全面从严治党的极端重要性,以坚持党对一切工作的领导牵头、以坚持全面从严治党收尾,首尾呼应紧紧扭住和高度聚焦中国共产党是当今中国最高政治领导力量;渗透了坚持以人民为中心的根本立场和坚持全面深化改革的根本方法;包含了中国特色社会主义"五位一体"总体布局的基本要求;突出了关键和特殊领域的基本要求,即坚持总体国家安全观体现了国家安全领域的基本要求,坚持党对人民军队的绝对领导体现了军队和国防建设方面的基本要求,坚持"一国两制"和推进祖国统一体现了港澳台工作方面的基本要求,坚持推动构建人类命运共同体体现了外交工作方面的基本要求。

(三)习近平新时代中国特色社会主义思想是内容丰富、逻辑严密的科学理论体系

习近平新时代中国特色社会主义思想,既是科学的理论指南,又是根本的行动纲领。"八个明确"侧重于回答新时代坚持和发展什么样的中国特色社会主义的问题,科学阐述了新时代中国特色社会主义发展中生产力与生产关系、经济基础与上层建筑、发展目标与实践进程等的辩证关系,涵盖了经济建设、政治建设、文化建设、社会建设、生态文明建设以及国防、外交、党的建设各个领域,是习近平新时代中国特色社会主义思想最核心最关键的组成部分,是架构这一科学理论体系的四梁八柱。"十四个坚持"侧重于回答新时代怎么坚持和发展中国特色社会主义的问题,根据新时代的实践要求,从领导力量、发展思想、根本路径、发展理念、政治制度、治国理政、思想文化、社会民生、绿色发展、国家安全、军队建设、祖国统一、国际关系、党的建设等方面,作出深刻的理论分析和明

确的政策指导，是习近平新时代中国特色社会主义思想的理论精髓和核心要义的具体展开，同党的基本理论、基本路线一起，是党和人民事业发展的根本遵循。

（四）习近平是习近平新时代中国特色社会主义思想的主要创立者

习近平新时代中国特色社会主义思想，既是全党集体智慧的结晶，又以习近平为主要创立者。习近平以非凡的政治智慧、顽强的意志品质、强烈的责任担当、巨大的创新勇气，团结带领全党全国各族人民进行具有许多新的历史特点的伟大斗争，推进党的建设新的伟大工程，发展中国特色社会主义伟大事业，实现中华民族复兴的伟大梦想，推动党和国家事业全面开创新局面，赢得全党全军全国各族人民高度评价和衷心爱戴，成为党中央的核心、全党的核心。

在领导全党全国推进党和国家事业的实践中，习近平以马克思主义政治家、理论家、战略家的深刻洞察力、敏锐判断力和战略定力，提出了一系列具有开创性意义的新理念新思想新战略，对新时代中国特色社会主义思想的创立发挥了决定性作用，作出了决定性贡献。

第二节 毛泽东思想研究

新中国成立70年来，从最初主要以官方为主到改革开放后官方和学界良性互动，以及到新时代迎来毛泽东思想研究的新的春天，毛泽东思想研究大致分为三个阶段。

一 改革开放前毛泽东思想的学习、宣传

新中国成立之初，全党、全军和全国各族人民自觉坚持毛泽东思想，这个时期对毛泽东思想的理解主要以党的七大对毛泽东思想的界定和《关于若干历史问题的决议》的精神为准，同时结合社会

主义革命和建设的伟大实践进一步深化。为了满足全党、全军和全国各族人民积极学习毛泽东著作，自觉把毛泽东思想运用于社会主义革命和建设的热切期盼和急切需求，1950年春，党中央决定将解放战争时期就决定的编辑出版《毛泽东选集》这一重要事情尽快付诸实施，成立了"中共中央毛泽东选集出版委员会"，由刘少奇任主任。1951年10月12日，《毛泽东选集》第一卷正式向全国发行。

《毛泽东选集》第一卷出版发行后，深受全党、全军和全国各族人民欢迎，大家纷纷踊跃购买。到1953年，《毛泽东选集》第一卷的维吾尔文、哈萨克文、蒙古文单行本相继出版，满足了少数民族群众的期盼。后来，《毛泽东选集》第二、三、四卷也相继出版，并出版了一系列专题本、单本。《毛泽东选集》的出版，为学习、宣传、实践毛泽东思想提供了最好的蓝本，也掀起了毛泽东思想研究的热潮。其中，除了刘少奇、周恩来等一些党中央领导同志对毛泽东思想的阐述外，在理论研究方面有建树的主要有李达、艾思奇、胡乔木等。李达专门为毛泽东的《实践论》和《矛盾论》两部哲学著作撰写出版了《〈实践论〉解说》和《〈矛盾论〉解说》两书，并在写作过程中每写完一章都寄给毛泽东审阅，毛泽东对李达的解说深表满意，大家赞赏"这解说极好"；艾思奇不仅撰写了《毛泽东同志发展了真理论》《从〈矛盾论〉看辩证法的理解和运用》等文章阐释《实践论》《矛盾论》的基本思想和理论贡献，而且为配合党中央发出学习毛主席的《实践论》《矛盾论》《关于正确处理人民内部矛盾的问题》和《人的正确思想是从哪里来的？》四篇哲学著作的号召在中央党校内外做了多次辅导报告，阐述毛泽东哲学思想在马克思主义哲学史上的贡献和地位；1951年6月出版的新中国第一本具有开创性的简明党史——《中国共产党的三十年》是毛泽东、刘少奇亲自修改、审定的，胡乔木在其中对毛泽东思想进行了深入、全面地进一步阐释，不仅论述了毛泽东如何成功地将马克思列宁主义与中国革命实践相结合的历史进程，扼要地介绍了毛泽东主要代表作的历史背景、思想理论价值及其伟大作用，更系统地阐述了毛泽东思想形成、发展的过程及其历史地位和伟大意义，形成了比较完整的理论体系。李达还在担任武汉大学校长期间，亲自主持武汉大学哲学系毛泽东思想研究室的工作，为深入研究毛泽东哲学思想作出了重大贡献。

二　改革开放时期毛泽东思想研究的不断深化

"文化大革命"结束以后，特别是对"两个凡是"予以否定后，国内对毛泽东思想的研究在以中央文献研究室、中央党史研究室等主导的同时，一些社科研究机构、党校、高校的专家学者推动研究逐渐走向学术化。邓小平建议"除了做好毛泽东著作的整理出版工作之外，做理论工作的同志，要花相当多的功夫，从各个领域阐明毛泽东思想的体系"。[①] 并在起草《关于建国以来党的若干历史问题的决议》的意见中强调："毛泽东思想这个旗帜丢不得。丢掉了这个旗帜，实际上就否定了我们党的光辉历史。"[②] "对毛泽东同志的评价，对毛泽东思想的阐述，不是仅仅涉及毛泽东同志个人的问题，这同我们党、我们国家的整个历史是分不开的。"[③] 改革开放新时期，一方面学术理论界对毛泽东思想的研究开始出现分化甚至出现较大的分歧；另一方面不少专家学者开始从多个领域、不同角度开始深化毛泽东思想研究，涉及毛泽东思想研究的方方面面，取得了比较丰硕的成果。

这一时期，在党中央的正确指引下，特别是以江泽民在纪念毛泽东同志诞辰100周年大会上的讲话等重要讲话为指导，以中央文献研究室、中央党史研究室为代表的官方研究机构为深化毛泽东研究推出了一些非常重要的文献和著作，推动着毛泽东思想研究不断深化。大量文献的出版，为深化毛泽东思想研究提供了极其丰富的

---

① 《邓小平文选》第2卷，人民出版社1994年版，第43—44页。
② 同上书，第298页。
③ 同上书，第299页。

资源，也推动着学术理论界不少优秀成果的出现。其中，邓力群主编的《伟人毛泽东》丛书是最集中的代表，丛书由国家新闻出版总署、中共中央文献研究室审定，分《伟人的一生》《政治战略家毛泽东》《经济战略家毛泽东》《外交战略家毛泽东》《文化巨人毛泽东》等 11 部、24 册，共计 1400 万字，郑培民、肖贞堂、高逊、张云岗、罗小凡、过毅担任副主编，编委会由毛泽东思想研究领域的著名专家、学者沙健孙等人组成，被誉为是新中国成立以来介绍与研究毛泽东的著作中最全面最权威的一套丛书，是国内研究毛泽东高水平著作的集成。此外，还有薄一波的《关于若干重大决策与事件的回顾》、李维汉的《统一战线问题与民族问题》、吴冷西的《十年论战》、《缅怀毛泽东》《胡乔木文集》《胡乔木回忆毛泽东》《在历史巨人身边——师哲回忆录》、沙健孙主编的《毛泽东思想概论》、杨超主编的《毛泽东思想史》、许全兴的《毛泽东晚年的社会主义探索与试验》、刘嵘的《毛泽东哲学思想概述》、王立胜的《晚年毛泽东的艰苦探索》等。其他代表性学者还有沧南、庄福龄、郑德荣、孙克信、韩树英、侯树栋、杨瑞森、宋一秀、杨焕章、冉昌光、石仲泉、杨春贵、余品华、雍涛、梁柱、王伟光、李捷、李慎明、陈晋、唐洲雁、薛广洲、于良华、徐素华、徐俊忠、李佑新、毕剑横、曾敏等。

  关于毛泽东、毛泽东思想的研究机构开始多起来，相关的研讨会、论坛在这个时期也开始逐渐出现，主要研究机构有全国毛泽东哲学思想研究会、中国中共文献研究会毛泽东思想生平研究分会、全国毛泽东文艺思想研究会、中国社会科学院马克思主义研究院毛泽东思想研究室、湘潭大学毛泽东思想研究中心、东北师范大学毛泽东思想研究所。重要活动主要有纪念毛泽东同志诞辰 100 周年大会、纪念毛泽东同志诞辰 100 周年学术研讨会、纪念毛泽东同志诞辰 110 周年座谈会等，还有全国毛泽东哲学思想研究会年会、全国毛泽东思想与生平研讨会、全国毛泽东论坛。四川省 1983 年创办了《毛泽东思想研究》、上海市 1994 年创办了《毛泽东邓小平理论研究》，这些大型学术理论刊物对研究、宣传毛泽东思想起到了重要推动作用。

三 新时代毛泽东思想研究的深化拓展

党的十八大以来，以习近平同志为核心的党中央对毛泽东思想坚定坚持、大力弘扬。随着中国特色社会主义进入新时代，毛泽东思想研究迎来一个新的春天。2012年11月17日，在主持第十八届中共中央政治局第一次集体学习时，习近平总书记指出，中国特色社会主义理论体系"同马克思列宁主义、毛泽东思想是坚持、发展和继承、创新的关系"①。"马克思列宁主义、毛泽东思想一定不能丢，丢了就丧失根本。"② 这段旗帜鲜明的话不仅强调了中国共产党的根本所在，而且向全世界宣告了中国共产党人绝不忘本，意义可以说是重大而深远，也奠定了新时代毛泽东思想研究的基调。新时代，随着中国社会科学院毛泽东思想论坛的创办并连续举行，毛泽东思想研究持续升温，吸引着更多专家学者加入研究队伍中来。

2013年1月5日，习近平总书记在新进中央委员会的委员、候补委员学习贯彻党的十八大精神研讨班上发表重要讲话，提出"两个不能否定"思想，其核心就是正确评价毛泽东的历史地位和毛泽东思想的指导作用。习近平总书记在纪念毛泽东同志诞辰110周年座谈会大会上的讲话则是新时代毛泽东思想研究的一个纲领性文献，讲话中不仅重申：毛泽东思想这个旗帜丢不得，丢掉了实际上就否定了我们党的光辉历史；任何时候都不能动摇高举毛泽东思想旗帜的原则，我们将永远高举毛泽东思想的旗帜前进，而且还进一步指出："毛泽东同志的革命实践和光辉业绩已经载入中华民族史册。他的名字、他的思想、他的风范，将永远鼓舞我

---

① 《习近平谈治国理政》，外文出版社2014年版，第9页。
② 同上。

们继续前进。"① 在习近平新时代中国特色社会主义思想指引下，学术理论界坚持以历史唯物主义立场研究毛泽东、毛泽东思想，队伍不断壮大、成果日益加强，不只是把毛泽东、毛泽东思想作为学术化、理论化的研究对象，而且将毛泽东作为党、国家、民族的伟大领袖和马克思主义中国化的伟大开拓者来深化研究，逐渐回归到本来的、真实的、本质的毛泽东思想研究层面。

新时代最重要的毛泽东思想研究成果就是《毛泽东年谱（1949—1976）》，这是一部记述毛泽东从中华人民共和国成立到逝世的生平、业绩的编年体著作，是研究毛泽东、毛泽东思想的珍贵文献。沙健孙的《毛泽东思想通论》、李捷的《毛泽东对新中国的历史贡献》、李慎明的《忧患百姓忧患党——毛泽东关于党不变质思想探寻》、金民卿的《青年毛泽东的思想转变之路——毛泽东是怎样成为马克思主义者的？》、齐得平的《我管理毛泽东手稿》等专著和陈晋主编的《毛泽东读书笔记精讲》等是这个时期的代表性著作。

中国社会科学院毛泽东思想论坛是新时代毛泽东思想领域最具影响力、号召力的论坛，是中国社会科学院马克思主义理论学科建设和理论研究工程领导小组统一领导、中国社会科学院马克思主义研究院承办的全国性高端学术论坛，旨在加强全国毛泽东思想研究领域的学者交流，推进毛泽东思想研究的深入开展。2014年4月12日，第一届中国社会科学院毛泽东思想论坛在北京召开，主题是"毛泽东·毛泽东思想与当代中国"，时任中国社会科学院副院长、当代中国研究所所长、毛泽东思想论坛主席李捷研究员作题为"毛泽东对科学社会主义创新发展的历史贡献"的主题报告，120多位专家学者参加了本次论坛。论坛每年举办一次，2019年举办了第六届，第二至六届的主题分别是"毛泽东与中国特色社会主义道路""毛泽东与中国共产党""毛泽东与中国共产党的

---

① 《十八大以来重要文献选编》（上），中央文献出版社2015年版，第692页。

理论创新""毛泽东思想与改革开放""毛泽东思想与新中国70年"。几年来一步一个台阶,中国社会科学院毛泽东思想论坛已经成为毛泽东思想研究、毛泽东生平研究领域有重要影响力的权威性论坛,取得了许多成果,作出了较大贡献,起到了引领作用,被誉为是全国毛泽东思想研究领域最具有影响力、号召力的论坛。已经举办11届的全国毛泽东论坛影响和规模也日益扩大,特别是由全国毛泽东哲学思想研究会和韶山管理局联合主办,湘潭大学毛泽东思想研究中心和韶山毛泽东纪念馆联合承办后,与中国社会科学院毛泽东思想论坛一南一北相互呼应,成为毛泽东、毛泽东思想研究领域的两大全国性著名论坛。

新时代,在《毛泽东思想研究》《毛泽东邓小平理论研究》等继续承担着毛泽东思想研究的主战场、主阵地作用的同时,由湖南省社会科学院主管主办的专业理论期刊《毛泽东研究》于2014年9月正式创刊,并在创刊后迅速崛起,对于正确认识和评价毛泽东及毛泽东思想的历史地位,深化毛泽东思想和中国特色社会主义理论体系研究具有积极的意义。《中共党史研究》《马克思主义研究》《湖南科技大学学报(社会科学版)》《湘潭大学学报(哲学社会科学版)》《现代哲学》等期刊也发表毛泽东思想研究的有关文章较多,逐渐形成了毛泽东思想研究的期刊群体,推动着毛泽东思想研究在新时代不断取得更多更好的丰硕成果。

第三节　中国特色社会主义理论体系研究

随着中国特色社会主义道路的开辟和发展,从党的十二大起,15年间对中国特色社会主义理论进行了11次概括和论述,党的十五大正式将这个理论命名为"邓小平理论"。以江泽民同志为核心的党的第三代中央领导集体提出并阐述了"三个代表"重要思想,把中国特色社会主义理论推进到一个新阶段。党的十六大以来,以胡锦涛为总书记的党中央围绕建设中国特色社会主义这个主题，提出科学发展观的思想、建设全面小康社会的目标、构建和谐社会的任务，丰富和发展了中国特色社会主义理论。党的十七大报告对中国特色社会主义理论体系做了深刻论述，是马克思主义中国化的最新成果。[①]

一 邓小平理论研究

邓小平理论是在建设中国特色社会主义实践过程中产生的马克思主义中国化的伟大理论成果，是中国特色社会主义理论体系的开篇之作和重要组成部分。党的十一届三中全会之后，以邓小平同志为核心的党中央深刻总结新中国成立以来正反两方面经验教训，研究国际经验和世界形势，开创了中国特色社会主义道路。1982年，邓小平在党的十二大开幕词中明确提出"把马克思主义的普遍真理同我国的具体实际结合起来，走自己的道路，建设有中国特色的社会主义"[②]的历史性命题。

自其产生，邓小平理论一直是学术界高度关注和深入研究的重大问题，学者们围绕邓小平理论的形成、发展、内涵、实质、主要内容、伟大历史地位和历史意义等重要问题发表了一系列科研成果，提出了一些有影响的观点。冷溶所著《邓小平理论与当代中国基本问题》、靳辉明主编《中国特色社会主义理论体系研究》、许志功所著《邓小平理论：马克思主义在中国发展的新阶段》、杨春贵主编《邓小平理论纲要》等著作可谓是其中的精品力作。在邓小平理论的形成背景、理论内涵、历史影响等一些重要问题上，学者们达成了共识。学者们认为：邓小平理论是20世纪70年代至90年代，在国际社会主义出现前所未有的严重困难的背景下产生的；是和平和发

---

① 程中原：《中国特色社会主义理论体系形成过程的历史回顾》，《当代中国史研究》2008年第5期。

② 《十二大以来重要文献选编》（上），人民出版社1986年版，第3页。

展成为时代主题,世界从两极格局走向多极化的背景下产生的;是科学技术以前人难以想象的速度向前发展,深刻地影响和改变着人类社会的生活方式和思维方式的背景下产生的。[1] 邓小平理论贯通哲学、政治经济学、科学社会主义等领域,是涵盖经济、政治、科技、教育、文化、民族、军事、外交、统一战线、党的建设等方面比较完备的科学体系。[2] 邓小平理论不仅上承毛泽东思想,下启"三个代表"重要思想,而且对马克思列宁主义的科学社会主义的形态进行了创新,形成了科学社会主义新的理论形态,这就是邓小平的中国特色社会主义理论。[3] 关于邓小平理论的历史地位与伟大历史贡献,学者们认为:学通了邓小平理论,了解它的形成发展过程,就把握了当代中国的历史和现状,也就把握了解决中国问题的关键。[4]

2014年是邓小平同志诞辰110周年,习近平总书记在纪念邓小平同志诞辰110周年座谈会上的讲话中指出:"邓小平同志留给我们的最重要的思想和政治遗产,就是他带领党和人民开创的中国特色社会主义,就是他创立的邓小平理论。"

二 "三个代表"重要思想研究

2000年2月,江泽民提出了"三个代表"的重要思想:只要我们党始终成为中国先进社会生产力的发展要求、中国先进文化的前进方向、中国最广大人民的根本利益的忠实代表,我们党就能永远立于不败之地。2001年,在庆祝中国共产党建党八十周年发表的

---

[1] 逢先知、冷溶:《创造性地发展马克思主义的伟大历史进程——邓小平理论的形成发展和对马克思主义的历史贡献》,《党的文献》1999年第1期。

[2] 李君如:《最好的纪念——坚定不移地高举邓小平理论伟大旗帜》,《求是》1998年第5期。

[3] 赵智奎:《邓小平理论——科学社会主义新的理论形态》,《马克思主义研究》2004年第5期。

[4] 冷溶:《邓小平理论与当代中国基本问题》,《马克思主义与现实》2000年第2期。

"七一"讲话中，江泽民对"三个代表"重要思想进行了全面阐释。同年，中央文献出版社编辑出版了江泽民《论"三个代表"》一书，其英文版亦于2003年由外文出版社出版。为推动开展"三个代表"重要思想的学习、研究和宣传，各地开始成立"三个代表"重要思想的研究机构。中央宣传部多次组织召开理论研讨会，提出要把深入研究阐述"三个代表"重要思想作为崇高责任，充分发挥理论研究在思想引导中的重要作用。各种学习纲要和读本纷纷出版，比如《"三个代表"学习纲要》《"三个代表"重要思想党建理论学习纲要》《"三个代表"重要思想学习纲要》《"三个代表"学习读本》等。

2003年7月，胡锦涛在学习贯彻"三个代表"重要思想理论研讨会上发表重要讲话。此后，更大规模、更大范围的理论研讨会在各地举行，比如：2003年7月，中央宣传部、中央政策研究室、中央党校、中央文献研究室、中央党史研究室、教育部、中国社会科学院、解放军总政治部联合召开"三个代表"重要思想理论研讨会；2003年9月，中国社会科学院召开学习贯彻"三个代表"重要思想理论研讨会；2003年10月，北京大学召开"'三个代表'重要思想与中国特色社会主义"理论研讨会；2003年10月，首届"高校学生邓小平理论和'三个代表'重要思想学习研讨会"在上海召开；2004年6月，中组部、中央宣传部在京召开党委中心组学习贯彻"三个代表"重要思想座谈会；等等。

随着"三个代表"重要思想的学习和研究在全国范围内广泛展开，涌现出了一大批具有一定影响力的研究性论著。比如《"三个代表"重要思想与中国特色社会主义——邓小平理论研究前沿报告》《"三个代表"重要思想与党的先进性建设》《"三个代表"思想：领航二十一世纪的中国》《"三个代表"重要思想：发展着的马克思主义》《"三个代表"重要思想——现代化视角的解读》《从"三个代表"重要思想到科学发展观——21世纪马克思主义中国化的新进展》《"三个代表"思想源流和理论创新》《"三个代表"重要思想与马克思主义中国化》等。以"三个代表"重要思想为主题的教材和辅助读本也大量出版。在学习、研究和宣传"三个代表"重要思想的过程中，各地采取了生动活泼、灵活多样的形式。比如：中央宣传部理论局编写了"三个代表"重要思想学习纲要音像教材《航标》。国家行政学院出版了《干部培训精品课堂》系列 VCD 讲座。中国人民大学"三个代表"重要思想研究中心策划和组织了《"三个代表"重要思想 12 讲》，收录了 12 位知名教授宣讲"三个代表"重要思想的录像。

通过一系列学习、研讨和宣传，社会各界形成了对"三个代表"重要思想的高度认同。"三个代表"重要思想全面、深刻地回答了在新的历史条件下建设一个什么样的党和怎样建设党的问题，表明党对共产党执政规律、社会主义建设规律和人类社会发展规律的认识达到了新的理论高度。

三　科学发展观研究

2003 年 7 月 28 日，胡锦涛在全国防治非典工作会议上的讲话中提出"要更好地坚持全面发展、协调发展、可持续发展的发展观"。2003 年 10 月，党的十六届三中全会通过的《中共中央关于完善社会主义市场经济体制若干问题的决定》中明确提出："坚持以人为本，树立全面、协调、可持续的发展观，促进经济社会和人的全面发展。"2003 年 10 月，胡锦涛在党的十六届三中全会第二次全体会议上的讲话中对科学发展观的科学内涵做了初步的论述。十六届四中、五中全会都强调了要"全面落实科学发展观"的问题。2006 年 10 月党的十六届六中全会通过的《中共中央关于构建社会主义和谐社会若干重大问题的决定》再一次强调：要坚持以科学发展观统领经济社会发展全局作为重大的指导思想在工作中加以贯彻落实。2007 年以后，胡锦涛等中央领导同志在重要会议、重要讲话、重要文件、重要活动、重要场合，都从各个方面各个角度论述科学发展观，进而使科学发展观的内容更加全面，表述更加准确，体系更加完整。

为推动科学发展观的宣传教育工作顺利开展，切实贯彻落实中央提出的用科学发展观武装全党、教育人民的战略任务的要求，实现了提高思想认识、解决突出问题、加强基层组织、推动科学发展的目标。2006年中央宣传部理论局组织近百名专家、学者和理论工作者着手编写《科学发展观学习读本》工作。

2008年10月，为配合全党开展深入学习实践科学发展观活动，中央宣传部组织编写了《科学发展观学习读本》，由学习出版社出版发行，为广大党员、干部深入学习领会科学发展观提供重要辅助材料。2013年9月30日，中共中央政治局召开会议，审议并同意印发《科学发展观学习纲要》，并于10月23日由学习出版社、人民出版社联合出版。全书共七万多字，一百条，分四个部分系统阐述了科学发展观的历史地位、指导意义、科学内涵、精神实质以及深入贯彻落实科学发展观的基本要求，为广大党员、干部、群众学习和掌握科学发展观提供了重要参考。

围绕科学发展的学术交流活动如火如荼展开，围绕党的基本理论、基本路线、基本纲领、基本经验深化了理论认识，增强了贯彻落实科学发展观的自觉性和坚定性。2005年9月，中央宣传部、中央政策研究室、中央党校、国家发改委、中国社会科学院在北京联合召开学习贯彻科学发展观理论研讨会。会议强调，要深刻领会和全面把握科学发展观的深刻内涵和基本要求，进一步深化对科学发展观的理论研究，为树立和落实科学发展观提供有力的理论支撑；要广泛开展宣传教育，为树立和落实科学发展观营造良好的舆论氛围。2007年11月，中国科学社会主义学会在杭州召开"学习贯彻十七大精神暨中国特色社会主义理论研讨会"，主题是深入学习党的十七大的精神，推动中国特色社会主义理论研究。与会代表围绕"党的十七大的理论创新点""中国特色社会主义理论体系的内涵与外延""科学发展观提出的国内与国际背景""马克思主义中国化的历史进程及其理论成果"等专题进行了深入的探讨，提出了许多闪光的思想。①

　　根据中央领导同志的指示精神和中央宣传部、教育部的决定，为充分贯彻党的十七大精神，努力体现十七大精神"进教材、进课堂、进学生头脑"的要求，2007年11月，中央宣传部、教育部组织教材编写组进行了《毛泽东思想、邓小平理论和"三个代表"重要思想概论》教材的修订工作，并于2008年年初正式出版。该版教材集中阐释十七大报告和党章关于中国特色社会主义伟大旗帜、中国特色社会主义道路、改革开放历史进程所取得的宝贵经验，特别是中国特色社会主义理论体系的内容，不仅整个改写第一章第五节"科学发展观"，并在全书各章节中融入科学发展观的指导精神。②

　　学术界从整体上把握科学发展观的指导精神，围绕科学发展观的形成历史、理论渊源、理论内容和方法论贡献等基本问题展开深入探索，取得一系列有分量有价值的研究成果。学者们认为，既要充分肯定科学发展观是以胡锦涛同志为总书记的党中央对邓小平理论和"三个代表"重要思想有关发展思想的重大发展，又要明确指出科学发展观是对邓小平理论和"三个代表"重要思想有关发展思想的坚持和继承。③科学发展观是在借鉴国外发展经验和理论的基础上④，在对现代历史发展模式和发展观念认真反思的基础上⑤，适应

---

①　万军：《改革创新精神推动中国特色社会主义理论研究——全国科学社会主义学会2007年年会综述》，《科学社会主义》2007年第6期。

②　吴树青、本刊记者：《高校思想政治理论课教材（2008年修订版）系列访谈之一〈毛泽东思想、邓小平理论和"三个代表"重要思想概论〉教材修订的有关问题——访教材修订课题组首席专家（召集人）吴树青教授》，《思想理论教育导刊》2008年第3期。

③　李君如：《科学发展观是对邓小平理论和"三个代表"重要思想有关发展的思想的继承和发展》，《中国特色社会主义研究》2005年第3期。

④　徐崇温：《科学发展观：提出的背景和根据》，《广东社会科学》2008年第5期。

⑤　陈学明、罗骞：《科学发展观与人类存在方式的改变》，《中国社会科学》2008年第5期。

解决如何实现经济社会又好又快发展的基础上产生的[1]。科学发展观的方法论内容丰富，是由根本方法、基本方法、具体方法三个组成部分相互联系构成的有机理论整体。必须全面而不是片面、系统而不是零碎地掌握科学发展观的方法论体系。[2] 科学发展观，把我们对中国特色社会主义规律的认识提高到了新的水平，开辟了当代中国马克思主义发展新境界。[3]

四　中国特色社会主义理论体系研究

中国特色社会主义理论体系，是中国共产党领导人民在中国特色社会主义新道路的开辟和拓展中，经过多次概括、提炼而成。党的十七大提出了中国特色社会主义理论体系的科学命题，明确指出："中国特色社会主义理论体系，就是包括邓小平理论、'三个代表'重要思想以及科学发展观等重大战略思想在内的科学理论体系"。党的十八大删除了"等重大战略思想"这几个字，对这一命题作出新的表述："中国特色社会主义理论体系，就是包括邓小平理论、'三个代表'重要思想以及科学发展观在内的科学理论体系，是对马克思列宁主义、毛泽东思想的坚持和发展"。党的十九大报告明确提出，习近平新时代中国特色社会主义思想是中国特色社会主义理论体系的重要组成部分。

2008年3月，中共中央政治局常委、中央书记处书记、中央党校校长习近平在中央党校2008年春季学期开学典礼上从五个方面谈了对中国特色社会主义理论体系的学习体会和认识。第一，中国特色社会主义理论体系是改革开放历史新时期我们党推进马克思主义

---

[1] 罗文东：《科学发展观对中国特色社会主义理论体系的丰富和发展》，《甘肃社会科学》2008年第2期。

[2] 辛向阳：《科学发展观的方法论价值》，《中国青年报》2012年8月6日第2版。

[3] 中国社会科学院马克思主义研究院：《科学发展观纲要学习读本》，红旗出版社2013年版。

中国化所取得的理论创新成果，是沿着中国特色社会主义道路实现中华民族伟大复兴唯一正确的理论；第二，中国特色社会主义理论体系围绕探索和回答三大基本问题展开，深化和丰富了对三大规律的认识，是内涵丰富、思想深刻、系统科学的理论体系；第三，中国特色社会主义理论体系同马克思列宁主义、毛泽东思想既一脉相承又与时俱进，以新的思想、观点继承、丰富和发展了马克思主义；第四，在新的历史起点上坚持和发展中国特色社会主义理论体系，必须深入贯彻落实科学发展观，必须继续解放思想，必须推进改革开放，必须准确把握初级阶段的基本国情，必须以改革创新精神全面加强党的建设；第五，大力推进中国特色社会主义理论体系的学习和研究，进一步提高全党的马克思主义理论水平。这些认识和体会体现了党对中国特色社会主义理论体系认识的深化，也成为理论界学习宣传贯彻中国特色社会主义理论体系的重要指导。

中国特色社会主义理论体系研究，是一篇大文章。党中央对这项研究很重视，中央宣传部把深入研究中国特色社会主义理论体系作为马克思主义理论研究和建设工程的重点任务，作为国家社科基金的重大选题方向，向全国中国特色社会主义理论体系研究基地、各省区市研究中心等布置了一批重点研究课题，组织开展多学科、多领域的研究。

党的各级组织积极开展中国特色社会主义理论体系宣传普及活动，推动当代中国马克思主义大众化。中央宣传部等单位通过优秀通俗理论读物推荐等各种活动，充分发挥通俗理论读物在宣传中国特色社会主义理论体系、弘扬社会主义核心价值体系方面重要作用。全国涌现出一批宣传中国特色社会主义理论体系的优秀读物或平台。比如，西安政治学院研发的"中国特色社会主义理论体系学习研究系统"，被中央宣传部列入全国马克思主义理论研究和建设工程重大课题。这套信息资源总量达230G，其中文字资料5亿多字，视频资料2600多条，750余小时，面向全国全军推广使用。中国特色社会主义理论体系"三进"工作也不断取得新进展。2008年，按照中央要求,将"毛泽东思想、邓小平理论和'三个代表'重要思想概论"改名为"毛泽东思想和中国特色社会主义理论体系概论"(以下简称"概论")。① 2018年最新修订的版本对教材体系进行全面变革与调整,全面深入贯彻习近平新时代中国特色社会主义思想和党的十九大精神。

全国思想理论界对党的十七大提出中国特色社会主义理论体系这个科学概念和科学命题反响热烈,对这个理论体系的研究踊跃、积极,召开了一系列专题研讨会,报刊上发表了大量理论文章。特别是在一些基本问题和重大问题上不断深化研究,形成了一批有价值的研究成果。比如:关于深化对中国特色社会主义理论体系科学内涵和重大意义的研究;关于深化对中国特色社会主义理论体系形成的思想渊源和历史条件的研究;关于深化对中国特色社会主义理论体系与马克思列宁主义特别是毛泽东思想关系的研究;关于深化对中国特色社会主义理论体系主要内容和逻辑结构的研究;关于深化用中国特色社会主义理论体系武装全党、教育人民的研究。代表性的著作主要有顾海良主编的《中国特色社会主义理论体系研究》、中国社会科学院中国特色社会主义理论体系研究中心主编的《中国特色社会主义理论体系研究》、徐崇温主编的《中国特色社会主义理论体系研究》、赵智奎主编的《什么是中国特色社会主义》(英文版)、辛向阳著的《中国特色社会主义为什么行?》、罗文东主编的《中国特色社会主义理论体系新论》、教育部高等学校社会科学发展研究中心主编的《中国特色社会主义理论体系研究述评》等,在国内外反响较大。

---

① 《思想理论教育导刊》编写组:《关于〈毛泽东思想和中国特色社会主义理论体系概论〉教材最新修改的几点说明》,《思想理论教育导刊》2008年第9期。

第四节　习近平新时代中国特色
社会主义思想研究

习近平新时代中国特色社会主义思想，是推进新时代中国特色社会主义伟大事业、实现中华民族伟大复兴中国梦的行动指南。中央提出，要以高度的政治自觉，切实在学懂弄通做实上下功夫，要在读原著、学原文、悟原理基础上，不断学、反复学、深入学、系统学，不断往深里走、往实里走、往心里走，真正做到学深悟透、融会贯通，切实用习近平新时代中国特色社会主义思想武装头脑，指导行动。

一　编《读本》、出《纲要》，建机构、出教材

为了准确地学习和理解习近平新时代中国特色社会主义思想，做好理论武装全党和教育人民的工作，有关部门组织编著了《党的十九大报告辅导读本》（人民出版社2017年10月版）、《习近平新时代中国特色社会主义思想三十讲》（中央宣传部编，学习出版社2018年5月版）。

为把学习贯彻习近平新时代中国特色社会主义思想进一步引向深入，根据党中央要求，中央宣传部组织编写了《习近平新时代中国特色社会主义思想学习纲要》（学习出版社、人民出版社2019年6月版）。此《纲要》是历次纲要中篇幅最大、条目最多的，包括绪论、结语和十九章，共计99目、200条，约15万字。《纲要》对习近平新时代中国特色社会主义思想做了全面系统阐述，有助于更好地理解把握习近平新时代中国特色社会主义思想的基本精神、基本内容、基本要求，是广大干部群众深入学习领会习近平新时代中国特色社会主义思想的权威辅助读物。

为进一步深化习近平新时代中国特色社会主义思想的研究阐释，

经党中央批准，十家习近平新时代中国特色社会主义思想研究中心（院），在中央党校、教育部、中国社会科学院、国防大学、北京市、上海市、广东省、北京大学、清华大学和中国人民大学成立。各级地方和各类高校也相应成立了专门研究机构，有的地方还成立了学习、解读、宣讲习近平新时代中国特色社会主义思想的讲习所，如"新时代湖北讲习所"。

为了使习近平新时代中国特色社会主义思想"进教材、进课堂、进头脑"，组织修改高校思政课教材，形成2018版教材。为了用好、讲好新修订的思政理论课教材，上好高校思想政治理论课，2018年5月14日，举办了全国性的高校思政教师2018版教材使用培训班。

为了更好地用习近平新时代中国特色社会主义思想理论武装全党教育人民，中央组织部组织编写了第五批全国干部学习培训教材，习近平总书记亲自为教材作序。他在序言中指出，这批教材阐释了新时代中国特色社会主义思想的重大意义、科学体系、精神实质、实践要求，各级各类干部教育培训要注重用好这批教材。教材包括《新时代新思想新征程》《建设现代化经济体系》《发展社会主义民主政治》《推动社会主义文化繁荣兴盛》《改善民生和创新社会治理》《推进生态文明建设美丽中国》《决胜全面建成小康社会》《将改革进行到底》《建设社会主义法治国家》《全面加强党的领导和党的建设》《全面践行总体国家安全观》《全面推进国防和军队现代化》《坚持"一国两制"推进祖国统一》《全面推进中国特色大国外交》共14本，由人民出版社、党建读物出版社于2019年出版。

为深入学习贯彻习近平新时代中国特色社会主义思想，中国社会科学院组织专家学者编写了"习近平新时代中国特色社会主义思想学习丛书"，由中国社会科学出版社于2019年出版发行。该丛书由中国社会科学院原院长王伟光担任名誉总主编、现任院长谢伏瞻担任总主编、副院长王京清和蔡昉担任副总主编。丛书分十二个专题，分别是：《习近平新时代中国特色社会主义外交思想研究》（张宇燕主编)、《建设新时代社会主义文化强国》(张江主编)、《深入推进新时代党的建设新的伟大工程》(王京清主编)、《开辟当代马克思主义哲学新境界》(王伟光主编)、《全面从严治党永远在路上》(张英伟主编)、《生态文明建设的理论构建与实践探索》(潘家华主编)、《实现新时代中国特色社会主义文艺的历史使命》(张江主编)、《习近平新时代治国理政的历史观》(卜宪群主编)、《构建新时代中国特色社会主义政治经济学》(蔡昉、张晓晶著)、《坚持以人民为中心的新发展理念》(李培林主编)、《走中国特色社会主义乡村振兴道路》(陈锡文主编)、《全面依法治国　建设法治中国》(李林、莫纪宏著)。丛书详细地阐释了习近平新时代中国特色社会主义思想的重大意义、主要观点、精神实质，阐明了这一思想为发展马克思主义作出了中国的原创性贡献，分析了这一思想蕴含的马克思主义立场观点方法，呈现其当代中国马克思主义、21世纪马克思主义的理论形态及其伟大意义。

二　对习近平新时代中国特色社会主义思想的科学体系的研究

习近平新时代中国特色社会主义思想内容丰富、博大精深，是一个完整系统的理论体系，实现了马克思主义基本原理与中国具体实际相结合的又一次飞跃，是21世纪马克思主义。

学界从研究视角，梳理出了习近平新时代中国特色社会主义思想的主题、主线、目标和精神实质。王伟光认为，习近平新时代中国特色社会主义思想的鲜明主题是"新时代坚持和发展什么样的中国特色社会主义、怎样坚持和发展中国特色社会主义"；突出主线是新时代如何治国理政、实现国家治理能力和治理体系现代化；明确目标是建设富强民主文明和谐美丽的社会主义现代化强国；精神实质是新时代中国特色社会主义的质的规定性，其构成有这些系列论述：中国特色社会主义是既坚持科学社会主义基本原则，又具有鲜明实践特色、理论特色、民族特色、时代特色的社会主义，是中国特色社会主义道路、理论、制度、文化四位一体的社会主义,是统揽伟大斗争、伟大工程、伟大事业、伟大梦想的社会主义,是根植于中国大地、反映中国人民意愿、适应中国和时代发展进步要求的社会主义。①

学界对习近平新时代中国特色社会主义思想的主要内容"八个明确"与"十四个坚持"之间的关系进行了论证。有学者认为,基本内涵是"八个明确",实际上解决的是坚持和发展什么样的中国特色社会主义问题,从理论上回答中国特色社会主义"是什么"的问题;"十四个坚持"基本方略是思想的具体化,实际上讲的是怎样坚持和发展中国特色社会主义,从实践上回答中国特色社会主义"怎么办"的问题。同时,有学者指出,习近平新时代中国特色社会主义思想虽成体系,但还需要完善发展,"八个明确"的主体内容、"十四个坚持"的基本方略主要是破题。习近平新时代中国特色社会主义思想是开放的,随着中国特色社会主义实践的发展,随着理论创新和实践创新的深入推进,未来还将不断发展,体系框架将更加清晰,概括表述将更加精炼。②

学界对深刻把握习近平新时代中国特色社会主义思想的核心要义进行了重点概括。有学者从十个方面概括了指导中国实现由大国成为强国的习近平新时代中国特色社会主义思想的核心要义,即历史方位论、民族复兴论、人民中心论、发展理念论、两大布局论、战略安排论、强军战略论、命运共同论、深化改革论、强大政党论。十个方面具有内在逻辑关系:历史方位论好比一座高楼大厦的坚实"地基";民族复兴论和人民中心论既是初心又是使命,分别是坚持和发展中国特色社会主义的根本目标和价值取向,体现着历史尺度

---

① 王伟光:《当代中国马克思主义的最新理论成果——习近平新时代中国特色社会主义思想学习体会》,《中国社会科学》2017年第12期。

② 韩庆祥、陈曙光:《中国特色社会主义新时代的理论阐释》,《中国社会科学》2018年第1期。

和价值尺度，因而好比一座高楼大厦"地基"中牢固的"两大基石"；发展理念论、两大布局论、战略安排论，分别是"道、术、行"，是在"两大基石"上立起的三根顶天立地的"柱子"和"栋梁"；强军战略论，好比一座高楼大厦的挡风遮雨的"房顶"和"铜墙铁壁"；命运共同论，好比一座高楼大厦的"进出口"和"外部环境"；深化改革论，好比建造一座高楼大厦的"建筑师"；强大政党论，好比建造一座高楼大厦的"设计师"。①

三 对习近平新时代中国特色社会主义思想的理论地位和理论贡献的研究

习近平新时代中国特色社会主义思想的理论地位和贡献，应置于马克思主义中国化的历史进程、中华民族复兴的历史进程、世界社会主义运动的历史发展、人类思想发展的历史进程中来评价。

习近平新时代中国特色社会主义思想，既是中国特色社会主义理论体系的组成部分，又是中国特色社会主义理论体系的发展和丰富。一方面，它继承和发展了包括邓小平理论、"三个代表"重要思想、科学发展观在内的中国特色社会主义理论体系，继续牢牢抓住中国特色社会主义这个根本主题，进行深入的理论探索。另一方面，它科学把握中国特色社会主义进入新时代的历史方位和社会主要矛盾，从实践和理论的结合上科学回答新时代坚持和发展中国特色社会主义这个重大时代课题，阐述了新时代中国共产党的历史使命，确定了决胜全面建成小康社会、开启全面建设社会主义现代化国家新征程的目标，对新时代推进中国特色社会主义伟大事业和党的建设新的伟大工程作出了全面部署，创造性地阐述了党的基本理论、基本路线和基本方略，形成了一个主题鲜明、逻辑严谨、系统完整的科学理论体系，进一步丰富和发展了中国特色社会主义理论体系，

---

① 韩庆祥：《习近平新时代中国特色社会主义思想的核心要义及其内在逻辑》，《党委中心组学习·专稿》2018年第2期。

是中国特色社会主义理论体系的最新成果,是当代中国马克思主义和21世纪马克思主义。中国社会科学院院长谢伏瞻认为,习近平新时代中国特色社会主义思想创造性地提出一系列新的思想观点和论断,丰富发展了科学社会主义、马克思主义政治经济学、马克思主义政党建设学说、马克思主义国家学说和马克思主义哲学,是当代中国马克思主义、21世纪马克思主义。①

四 对习近平新时代中国特色社会主义思想重大意义的研究

习近平新时代中国特色社会主义思想作为新时代党和国家的指导思想,无论在理论创新、实践指导还是认识世界上,都具有重大意义,学界从不同层面在不断地深化认识。较为一致的看法是,习近平新时代中国特色社会主义思想为实现中华民族伟大复兴中国梦提供行动纲领,为科学社会主义在21世纪的发展提供了强大动力,为开辟人类更加美好发展前景指明了方向。

但是在具体表述上,还是存在细微差异。从全局意义来看,冷溶认为习近平新时代中国特色社会主义思想开辟了马克思主义、中国特色社会主义、治国理政、管党治党等"四个境界"。② 李慎明认为,其拓展了中国道路、传递了中国理念、提供了中国方案、发展了21世纪马克思主义。③ 靳诺认为,习近平新时代中国特色社会主义思想的重大意义是不忘初心、牢记使命、继续前进的政治宣言,是实现历史性变革、开创中国特色社会主义新时代的理论纲领,是开启强国新征程、实现中国梦的行动指南。④ 张国祚认为,新思想在

---

① 谢伏瞻:《马克思主义是不断发展的理论》,《中国社会科学》2018年第5期。
② 冷溶:《深刻领会习近平新时代中国特色社会主义思想的历史地位和丰富内涵》,《党的文献》2017年第6期。
③ 李慎明:《习近平新时代中国特色社会主义思想的历史地位与世界意义》,《求是》2018年第1期。
④ 靳诺:《习近平新时代中国特色社会主义思想的划时代意义》,《中国高等教育》2017年第21期。

时代背景、实践基础、历史使命、理论贡献、人民至上、文化自信、社会治理、尊重自然、强军之路、外交理念、从严治党十一个方面有重大创新。① 陈金龙认为，开辟了马克思主义中国化的新境界，是实现中华民族伟大复兴的行动指南，展现世界社会主义的生机和活力，奉献国际社会的中国智慧和中国方案。②

秦宣则从本质意义的视角指出，习近平新时代中国特色社会主义思想的实践意义在于它是关于我国发展起来使大国成为强国的行动指南；其世界意义在于它为解决中国问题和世界问题贡献了中国理论。③

五 关于习近平新时代中国特色社会主义思想的研究展望

当前，围绕习近平新时代中国特色社会主义思想的研究已经取得系列丰硕成果，基本上揭示和总结了习近平新时代中国特色社会主义思想的形成逻辑、科学体系、主要特质、重要意义，对全面把握习近平新时代中国特色社会主义思想具有重要参考价值。但是也客观存在宏观研究全面展开，而微观研究跟进不足的问题；对如何运用习近平新时代中国特色社会主义思想指导实践工作和思想政治教育的具体研究较少；理论研究解读角度较多，而从哲学深入进行学理建构的少；整体性、系统性还有待进一步完善等问题。下一步习近平新时代中国特色社会主义思想研究需要重点关注以下几个方面。

一是把握研究的整体性 习近平新时代中国特色社会主义思想博大精深，涉及新时代坚持和发展什么样的中国特色社会主义、怎

---

① 张国祚：《习近平新时代中国特色社会主义思想的十一新》，《思想理论教育导刊》2017年第12期。

② 陈金龙：《关于习近平新时代中国特色社会主义思想的若干思考》，《思想理论教育》2017年第12期。

③ 秦宣：《习近平新时代中国特色社会主义思想的特色》，《教学与研究》2017年第12期。

样坚持和发展中国特色社会主义的方方面面，需要从总体上把握、研究理论的整体性，构建逻辑严谨、体系完备的科学体系。要把握时间整体性，揭示中国特色社会主义的历史发展逻辑与习近平新时代中国特色社会主义思想的形成、发展、成熟的时间脉络；把握空间整体性，洞察国际国内形势与潮流，从新的历史方位阐明中国特色社会主义建设的现实逻辑；把握实践整体性，从中国革命、建设与改革历史凸显中国特色社会主义的实践逻辑，从总体上把握总体布局、战略布局等顶层设计；把握理论整体性，从历史逻辑、理论逻辑、实践逻辑、现实逻辑研究马克思主义中国化最新成果，让新思想转化为走向民族伟大复兴的行动指南。

二是重视研究的基础性 进一步与马克思主义的经典理论紧密结合，充分应用马克思主义基本原理，科学总结和凝练习近平新时代中国特色社会主义思想的科学内涵、体系结构、哲学基础，[①] 对习近平新时代中国特色社会主义思想从哲学、政治学、经济学、社会学、文化学、生态学等不同学科进行学理诠释，使体系更完备、理论更系统、内容更丰富。进一步深入推进习近平新时代中国特色社会主义思想的分类研究，如习近平新时代中国特色社会主义经济思想、生态文明思想、强军思想、外交思想等。加强新的历史条件下的纵横比较研究，从纵向上加强同毛泽东思想、邓小平理论、"三个代表"重要思想、科学发展观的理论传承与创新比较研究，从横向上与国外马克思主义研究、西方治国理政思想的比较，关注国外关于习近平新时代中国特色社会主义思想的研究动态，以开阔研究的格局和视野。

三是聚焦实践的应用性 习近平新时代中国特色社会主义思想是 21 世纪的马克思主义，如何在每一个领域都学懂弄通做实，需要理论工作者和实践工作者有机融合，探索学习践行新思想的新方法、

[①] 孙熙国：《习近平新时代中国特色社会主义思想与马克思主义基本原理研究的新境界》，《思想理论教育导刊》2018 年第 3 期。

新路径，提升学习贯彻新思想的实效性。理论学习上，要在历史和现实的统一中理解新时代，在理论和实践的统一中领会新思想，在变与不变的统一中把握新矛盾。① 理论宣传上改进方式方法，积极拓展实践途径、创新途径、间接途径、隐性途径、自主途径、对外宣传途径等，实现习近平思想理论武装的"深入人心"。② 讲好"新成就""新时代""新矛盾""新使命""新思想""新方略""新征程""新政策"。③ 要掌握需求侧、优化供给侧、强化实效性，不断增强青年对新思想的政治认同、思想认同、情感认同。④ 争做新思想的学习者、新方略的践行者、新时代的参与者、新伟业的奋斗者。

六 国外对习近平新时代中国特色社会主义思想的研究

在国内学者如火如荼地研究习近平新时代中国特色社会主义思想的同时，国外关于习近平新时代中国特色社会主义思想的研究也很热烈。自习近平新时代中国特色社会主义思想提出以来，国外媒体、学者和政界人士对其产生背景、内容及意义等问题展开了研究，提出了一系列基本符合客观事实的见解。从研究内容看，国外对习近平新时代中国特色社会主义思想的研究更多地停留在一般性的感性认知层面。但是，了解国外关于习近平新时代中国特色社会主义思想的研究现状，有利于我们进一步认识该思想，继续坚持和发展中国特色社会主义，讲好中国故事，传播好中国声音。⑤

---

① 邵维正：《深刻领会习近平新时代中国特色社会主义思想》，《中共党史研究》2017年第11期。

② 佘双好：《推动习近平新时代中国特色社会主义思想深入人心的路径选择》，《马克思主义理论学科研究》2018年第1期。

③ 秦宣：《扎实推进习近平新时代中国特色社会主义思想"三进"工作》，《中国高等教育》2017年第22期。

④ 唐国富、张为民：《推动理论武装走深走实走心》，《求是》2018年第6期。

⑤ 邹洋：《国外关于习近平新时代中国特色社会主义思想研究综述》，《社会主义研究》2018年第6期。

第 三 章

马克思主义哲学研究 70 年

哲学是时代精神的精华。70 年来，随着社会主义革命、建设、改革和新时代的推进，不断发展的实践不断提出新问题新挑战，我国马克思主义哲学研究不断繁荣发展，并在不同的阶段表现出不同的特点。

第一节 社会主义革命和建设时期的马克思主义哲学

中国新民主主义革命的胜利充分证明，只有马克思主义才能救中国，只有马克思主义哲学才能为中国人民提供科学的世界观和方法论。加强马克思主义哲学的学习、研究、宣传，批判各种错误思潮，用思想改造推动社会主义实践改造，这是新中国成立以后中国共产党在思想战线上的首要任务。在社会主义革命、建设时期，围绕着经济文化落后国家如何建设社会主义的问题，如何把马克思主义哲学和中国实际相结合，如何用马克思主义哲学的基本观点分析社会主义改造、建设中遇到的新情况新问题新矛盾，这是学术界在加强马克思主义哲学学习的同时遇到的重大挑战。

一　新中国成立与马克思主义阵地的巩固

（一）加强理论教育和确定马克思主义哲学在意识形态领域中的主导地位

我们党在延安时期就高度重视社会发展史和历史唯物论的学习，并积累了宝贵的经验。新中国刚刚成立，党和政府就把马克思主义理论课程的学习、教学提到了日程上。1949年10月12日华北人民政府高等教育委员会颁布《华北专科以上学校一九四九年度公共必修课过渡时期实施暂行办法》。在1950年6月召开的七届三中全会上，毛泽东明确指出："对知识分子，要办各种训练班，办军政大学、革命大学，要使用他们，同时对他们进行教育和改造，要让他们学社会发展史、历史唯物论等几门课程。"[1] 1952年10月教育部发出《关于全国高等学校马克思列宁主义、毛泽东思想课程的指示》，1953年2月高教部发出《关于确定马列主义基础自1953年度起为各类型高等学校及专修科（二年以上）二年级必修课程的通知》，明确规定了各高校开设《辩证唯物论与历史唯物论》等马克思主义理论课程的要求。在苏联学者的帮助下，我国初步建立了高等学校马克思主义理论的课程体系。

另外，从1951年秋开始，由北京、天津的高校率先，全国高校师生先后掀起了一场以改造思想、改造高等教育为目的的思想改造学习运动，通过听取报告、阅读文件、组织讨论等形式具体学习毛泽东的著作、党的历史等，并联系本人思想状况和学校工作实际，进行批评与自我批评。1951年年底和1952年年初，全国各高校又先后结合"三反"运动和"五反"运动的开展，进一步加强思想改造学习。这场学习运动是新中国成立以来在高校师生中进行的第一次较为系统的学习马克思主义的自我教育运动，主要学习了马列主义、毛泽东思想、党的文件和有关方针政策，涉及社会发展史、中国革

---

[1] 《毛泽东文集》第6卷，人民出版社1999年版，第75页。

命史、马列主义和毛泽东著作等，为高校传播马列主义理论作出了重要贡献。

1955年3月中共中央发出了《关于宣传唯物主义思想批判资产阶级唯心主义思想的指示》，全国广大干部群众学习马克思主义哲学的热潮进入了一个新阶段，进一步巩固了马克思主义哲学在意识形态领域中的主导地位。

（二）高等院校的哲学学科的调整和哲学教学研究机构的建立

1952年，全国高等院校调整，六个大学的哲学系教师都集中到北京大学哲学系，北京大学哲学系成为全国唯一的哲学系，第一任系主任是金岳霖，哲学系下设哲学和心理学两个专业。于是，北京大学哲学系精英云集，人才荟萃，盛极一时，自此成为马克思主义哲学教学、研究和宣传的重要基地。

1954年12月，中国科学院院务会议决定出版独立的哲学专业理论刊物——《哲学研究》，作为哲学研究领域最权威的期刊。1955年3月《哲学研究》（季刊）创刊号出版，此后又相继创办了《哲学译丛》《自然辩证法研究通讯》，为加强哲学研究提供了广阔的学术活动园地。

1955年，中国科学院哲学研究所成立，作为全国最高的哲学理论研究机构。潘梓年为第一任所长，金岳霖奉调任该所副所长。下设辩证唯物主义、历史唯物主义、中国哲学史、西方哲学史、自然辩证法、逻辑学六个研究组。《哲学研究》为其下辖期刊。哲学研究所的成立，为在全国范围内有计划地开展马克思主义哲学理论研究，并指导其他学科开展研究，提供了重要的组织保证。1956年，中国人民大学、武汉大学、中山大学、复旦大学先后恢复成立哲学系，中共中央直属高级党校也设立哲学教研室。

（三）群众学哲学、用哲学活动深入开展

党的八大以来，毛泽东号召"让哲学从哲学家的课堂上和书本里解放出来，变为群众手里的尖锐武器"，全国范围长时间大规模地掀起了工农兵学哲学、用哲学的活动，极大地促进了马克思主义哲学的大众化，促进了哲学和现实的结合，促进了人民群众思想方法和工作方法的科学化。第一阶段的活动，从1958年到1962年，从上海求新造船厂修造车间的工人发起组织的第一个业余学哲学小组开始，强调学以致用，表现了"学习哲学、解放思想、提高生产三位一体"的突出特点。第二阶段从1962年到1966年。在1962年10月党的八届十中全会提出的"千万不要忘记阶级斗争"的口号、"以阶级斗争为纲"的"左"倾思想影响下，特别是在林彪提出"活学活用、学用结合、急用先学、立竿见影"提出十六字诀后，学哲学、用哲学活动日渐滋长了实用主义、形式主义和简单化、庸俗化的倾向。

二　毛泽东对马克思主义哲学的创新和研究

1956年2月苏共二十大召开，批判了对斯大林的个人崇拜，全盘否定斯大林执政时的各种理论，对世界形势和社会主义阵营产生了重大的影响，促使我们党开始反思苏联的社会主义模式。1956年，在党的八大召开前夕，毛泽东在巡视调研和充分听取中央和地方各部门汇报的基础上，对我们过去由于没有经验而不得不照搬苏联模式进行了反思，明确提出了"以苏为戒"的思想，试图探索一条中国自己的路，提出了把马克思主义和中国实际第二次结合的任务。《论十大关系》《关于正确处理人民内部矛盾的问题》等作为毛泽东对这一探索实践的初步哲学总结，是毛泽东在社会主义时期最重要的著作。此外，毛泽东还对辩证法和认识论问题进行了探索。

（一）《论十大关系》及其哲学思想

《论十大关系》是毛泽东在中共中央政治局扩大会议上做的一次具有重要意义的讲话，运用唯物辩证法对中国社会主义建设的经验进行了初步总结，重点论述了我国当时社会主义建设中亟待改进的十种辩证关系。《论十大关系》提出了探索中国社会主义道路的指导思想，要求以苏为戒，进一步把马克思主义普遍真理和中国实际相结合，走一条适合中国国情的社会主义道路。正确处理十大关系，目的是要努力把党内党外、国内国外的一切积极的因素，直接的、间接的积极因素，全部调动起来，把我国建设成为一个强大的社会主义国家，针对的都是苏联社会主义模式的弊端，也充分表明了中国社会主义建设的独特性。

（二）社会主要矛盾的探索和《关于正确处理人民内部矛盾的问题》

新中国成立之初，面临着非常复杂的社会形势，各种矛盾错综复杂，科学把握社会的主要矛盾，这是制定正确的路线方针政策的依据。1957年2月，毛泽东在最高国务会议第十一次（扩大）会议上发表了《关于正确处理人民内部矛盾的问题》的重要讲话，后来毛泽东根据原始记录加以整理，做了若干补充，1957年6月19日在《人民日报》发表。毛泽东在文章中运用马克思主义矛盾学说，对我国过渡时期结束、社会主义制度建立后的矛盾状况进行了系统的分析和说明，第一次提出了正确处理人民内部矛盾的重大命题，阐述了社会主义建设中的一系列重大问题，为我国社会主义事业的发展奠定了理论基础，是对马克思主义的科学社会主义理论的重要丰富和发展。全文阐述了12个问题，贯穿全文的基本思想是：把正确区分和处理人民内部矛盾，作为社会主义国家政治生活的主要内容。

毛泽东首次论述了社会主义社会的基本矛盾。毛泽东指出，"在社会主义社会中，基本的矛盾仍然是生产关系和生产力之间的矛盾，上层建筑和经济基础之间的矛盾"[①]。但同阶级社会的对抗性矛盾根本不同，它是一种又相适应又相矛盾的情况，不具有对抗性，可以经过社会主义制度本身，不断地得到解决。

毛泽东阐明了两类社会矛盾的不同性质、内容和不同解决方法。毛泽东全面地分析了各种类型的人民内部矛盾，系统地论述了正确处理各种矛盾的方针政策。如要用民主的方法，用"团结—批评—

---

① 《建国以来毛泽东文稿》第6册，中央文献出版社1997年版，第326—327页。

团结"的公式，作为从政治上处理人民内部矛盾的原则；解决经济领域中的矛盾，应依据发展生产，统筹安排，兼顾国家、集体和个人三者利益的原则；科学文化上的问题，应采取"百花齐放，百家争鸣"的方针；民族关系中的矛盾，应采取加强民族团结，帮助各少数民族发展经济文化的方针；在与民主党派关系上，应实行"长期共存，互相监督"的方针；等等。毛泽东还指出，敌我矛盾和人民内部矛盾既有严格的区分，又相互影响、相互制约，在一定条件下还相互转化。

《关于正确处理人民内部矛盾的问题》，是对马克思主义矛盾学说的丰富和发展。但由于社会主义制度刚刚建立，其固有的矛盾和规律尚未充分暴露，人们对它的认识还处于浅层次，不可避免地具有一定的局限性。

（三）毛泽东对辩证法和认识论的探索

在社会主义建设时期，毛泽东对辩证法和认识论也进行了很多思考，提出了一些重要的思想。如，"哲学就是认识论"；"认识规律要有一个过程"，"在实践中必须采取马克思主义的态度来进行研究，而且必须经过胜利和失败的比较。反复实践，反复学习，经过多次胜利和失败，并且认真进行研究，才能逐步使自己的认识合乎规律"[1]；"物质可以变精神"，"精神也可以变物质"，"认识过程的第一个阶段，即由客观物质到主观精神的阶段，由存在到思想的阶段"，就是"物质可以变精神"，"认识过程的第二个阶段，即由精神到物质的阶段，由思想到存在的阶段"，就是"精神可以变成物质"[2]；"人类的历史，就是一个不断地从必然王国向自由王国发展的历史"[3]；事物的发展都是波浪式的[4]；"物质是无限可分的"；"辩

---

[1] 《毛泽东文集》第 8 卷，人民出版社 1999 年版，第 105 页。
[2] 同上书，第 320—321 页。
[3] 同上书，第 325 页。
[4] 同上书，第 200 页。

证法的核心是对立统一规律"①；在总的量变过程中有部分质变②。

除了上述问题外，在这一时期，毛泽东还对相对真理和绝对真理、思维与存在的关系、社会主义时期的"伟大斗争"等问题进行了探索，提出了一些富有启发的观点。

总的来说，毛泽东的这些哲学探索是对"大跃进"和人民公社化运动的曲折历程和经验教训的总结，对于这些认识，理论界评价不一，总体上认为其有积极意义。另外，不可否认，毛泽东这一时期在一些问题的认识上也出现了一种主观主义倾向。如忽视了中国生产力不发达的现实，照搬《共产党宣言》关于"消灭私有制"的结论，用旧的经验来解决新问题，制定了一些超越了生产力发展的阶段的"左"的政策。

三 马克思主义哲学重大问题的研究

（一）《实践论》和《矛盾论》的发表和研究、宣传

《实践论》和《矛盾论》是毛泽东在1937年讲授的《唯物辩证论（讲授提纲）》中的两节。这两篇论文的写作和发表，标志着中国化的马克思主义哲学——毛泽东哲学思想的形成。新中国成立后，为了适应群众性的学习马克思主义哲学基本理论的需要，也为了编辑《毛泽东选集》和宣传毛泽东思想的需要，毛泽东先后对"两论"做了精心修改和补充。

1950年12月，《实践论》的俄文版首次发表于苏共中央的理论刊物《布尔什维克》杂志第23期。苏共中央机关报《真理报》于同月的18日进行全文转载，并发表了题为《论毛泽东同志的〈实践论〉》的编辑部文章对《实践论》给予了高度评价。1950年12月29日《人民日报》全文重新发表了《实践论》，次日又全文翻译转载了苏联《真理报》的评论文章。为了推动对《实践论》的学习，

---

① 《毛泽东文集》第8卷，人民出版社1999年版，第326—327页。

② 同上书，第107页。

《人民日报》于1951年1月29日、2月16日先后发表了《学习毛泽东同志的〈实践论〉》《〈实践论〉开辟了我们学术革命的思想道路》的社论，强调了学习《实践论》的重要性，并要求坚持理论联系实际，把实际工作和改造思想结合起来。在社论的号召下，全国掀起了学习辩证唯物主义认识论的新高潮。

为了进一步用唯物辩证法武装广大人民群众。1952年4月1日，《人民日报》又重新发表了《矛盾论》。1952年4月19日艾思奇在《人民日报》发表的《学习〈矛盾论〉，学习具体分析事物的科学方法》一文中指出："《矛盾论》是毛泽东同志长期应用马克思列宁主义的唯物辩证法来研究和解决中国革命问题而达到的理论总结。""我们应当借此学习的机会，进一步努力提高自己的马克思列宁主义思想水平，进一步锻炼我们应用唯物辩证法来提出问题、分析问题和解决问题的能力。"全国理论界又掀起了宣传研究《矛盾论》的热潮。①

在全国对"两论"的学习活动中，最有代表性的文章是时任湖南大学校长李达专门写作的《〈实践论〉解说》《〈矛盾论〉解说》等相关文章。②《〈实践论〉解说》《〈矛盾论〉解说》分别于1951年和1953年由生活·读书·新知三联书店出版了单行本。这两个《解说》作为系统、准确研究和宣传毛泽东哲学思想的范本，在当时具有深远的影响，1978年生活·读书·新知三联书店、人民出版社

---

① 代表性的文章有：陈元晖的《〈矛盾论〉——毛泽东同志对唯物辩证法的实质所作的天才概括》(《新建设》1952年第5期)，艾思奇的《从〈矛盾论〉看辩证法的理解和运用》(《新建设》1952年第6期)，胡绳的《马克思主义辩证法的科学性和革命性——学习〈矛盾论〉笔记》(《学习》1952年第6期)等文章。

② 围绕《实践论》，李达先后发表了《〈实践论〉——毛泽东思想的一个基础》(《人民日报》1951年2月1日)、《〈实践论〉解说》(《新建设》1951年第3卷第6期及第4卷第1、2、3期连载)、《怎样学习〈实践论〉》(《新建设》1951年第4卷第4期)等文章；围绕《矛盾论》，李达撰写了《〈矛盾论〉解说》(《新建设》1952年7月号至12月号连载)。1979年，生活·读书·新知三联书店将《〈实践论〉解说》和《〈矛盾论〉解说》以及相关系列文章合编为《〈实践论〉、〈矛盾论〉解说》。

又再次出版。在两个《解说》中，李达运用通俗易懂的语言，详细而准确地阐释了毛泽东"两论"中的哲学思想，提出了一系列学习毛泽东哲学思想的科学方法，对其中一些重要的观点给予了补充和发挥①，首开新中国系统解读、宣传毛泽东思想的先河，并且受到毛泽东本人的高度评价和称赞。

《实践论》和《矛盾论》的学习讨论，使广大干部群众和知识分子初步掌握了辩证唯物主义认识论和唯物辩证法的基本观点，并自觉运用这些观点和方法来指导工作和学术研究，努力清除唯心主义和形而上学的影响。

（二）对马克思主义哲学的一些研究

杨献珍：《什么是唯物主义》 该书原是中共中央直属高级党校党委书记、校长杨献珍为辅导普通班学员学习恩格斯《路德维希·费尔巴哈和德国古典哲学的终结》和列宁的《唯物主义与经验批判主义》等经典著作的讲稿，1955年作为中央党校内部教材印发，1980年由河北人民出版社出版。该书紧紧围绕思维与存在的关系这个哲学的基本问题，密切联系中国共产党革命和建设实践经验，以及干部的现实思想问题，从理论上系统地阐明了唯物主义和唯心主义两条认识路线的根本对立，实事求是和主观主义的界限。

艾思奇：《辩证唯物主义讲课提纲》 本书是艾思奇在1956年讲授辩证唯物主义的过程中写成的，作为教材在校内印发，后来于1957年由人民出版社出版。它是新中国成立以后我国理论工作者编写的第一部比较系统的马克思主义哲学教材，在新中国成立初期有

---

① 如在解说《矛盾论》中关于"对抗在矛盾中的地位"这一部分时，李达提出，生产力和生产关系的矛盾仍然是社会发展动力，但"社会主义下，不会发展为对抗，社会有可能做到使生产关系适合于生产力的性质，能够及时地改进落后了的生产关系使适合于生产力的性质，使生产力不断地向上发展"。（李达：《〈矛盾论〉解说》，人民出版社1978年版，第211页。）

很大的影响。他认为,"掌握正确的认识方法或思想方法是学习哲学的中心任务,因此也可以说,认识论的问题,就是哲学的中心问题"①。在这个讲课提纲中,艾思奇突破了当时苏联一些教材的教条主义框架,紧密联系中国革命的理论和实践,把毛泽东《实践论》和《矛盾论》中的许多具有创见的观点,融会到辩证唯物主义的理论体系之中,对认识过程中的辩证规律和对立统一规律作出了新的阐发。

冯定：《平凡的真理》 《平凡的真理》最初写作于1948年5月至10月间,由光华书店在大连出版。为了适应新的形势需要,冯定在总结革命斗争经验和新的科学成就的基础上,对原作进行了大量修改和重写,具体生动地阐述了马克思主义的世界观、认识论、辩证法、历史观和伦理学的基本原理,1955年10月由中国青年出版社出版。全书共分四编,分别论述了真理与智慧、真理和谬误、真理和规律、真理和实践问题。作者认为,真理是实实在在的、是平凡的,智慧就是真理的认识和遵从；人人都能够认识真理,但认识真理的道路是艰难的；客观真理其实就是物质运动的客观规律,这些规律既是抽象的又是具体的,人的认识要受到各种规律的制约。《平凡的真理》的出版,对于广大读者树立科学世界观和共产主义人生观,发挥了积极作用。

（三）关于人民群众在历史上的地位

中国革命胜利后,我国建立了人民民主专政的国家政权,人民成了国家的主人,人民群众的地位和作用发生了翻天覆地的变化。党中央也多次强调,反对把个人放在组织之上,反对不适当地过分地强调个人的作用,反对骄傲情绪和个人崇拜。理论界围绕人民群众和个人在历史上的作用的重大问题进行了探讨,发表了不

---

① 艾思奇：《辩证唯物主义讲课提纲》,人民出版社1957年版,第2页。

少论著。① 这些著作指出：人民群众是历史的创造者；必须反对个人崇拜，但并不否认个人在历史上的作用，先进人物、领袖人物对历史发展所起的作用比一般人要大一些，但也是有限的，不能代替人民群众在历史发展中所起的决定作用；个人崇拜现象是封建腐朽思想意识，是唯心史观作祟，必须坚决反对。

（四）关于经济基础和上层建筑的讨论

在社会主义过渡时期，由于经济、政治以及思想意识各个方面的情况和关系急剧变动，错综复杂，向人们提出了如何正确认识经济基础和上层建筑的问题。

1952年，斯大林的《马克思主义和语言学问题》一书对社会主义经济基础和上层建筑问题进行了讨论，在中文版出版后，马克思主义列宁主义学院（中央党校前身）组织学员进行了学习和讨论。1953年，在讨论会上，杨献珍作了《关于中国新民主主义社会的基础与上层建筑的问题》的长篇报告，认为中国新民主主义社会的经济基础是由五种经济成分综合组成的，这种观点被称为"综合经济基础论"。讨论会上，艾思奇等学者同杨献珍展开了激烈的争论。1953年过渡时期总路线公布以后，这个问题受到了学术界的重视，开始了公开的讨论。

1955年6月，已是马列学院院长的杨献珍将自己的讨论发言稿加以充实、整理成讲稿《关于中华人民共和国在过渡时期的基础与上层建筑的问题》。他认为，在综合的经济基础上，形成中国工人阶级领导的、以工农联盟为基础的人民民主专政的政治上层建筑和以马克思列宁主义的共产主义世界观为指导的思想上层建筑。整个中

---

① 主要的著作有：张香山的《人民群众和个人在历史上的作用》（中国青年出版社1954年版）和《为什么要反对个人崇拜》（中国青年出版社1956年版）；张语吾的《反对个人崇拜》（辽宁人民出版社1956年版）；舒的《人民群众是历史的创造者》（山东人民出版社1956年版）；凌雨轩的《反对个人崇拜》（上海人民出版社1956年版）。

国社会的上层建筑包含两个部分：一为政治上层建筑，即人民民主专政的政权；二为思想上层建筑，即马克思列宁主义的共产主义世界观。它不是一视同仁地为"基础"中所包含的各种所有制服务，它的任务和作用，就在于把包括多种经济成分的"基础"改造成为只包括单一的社会主义经济的"基础"。

1955年8月，哲学教研室主任艾思奇撰写了一篇长文——《对杨献珍同志的〈关于中华人民共和国在过渡时期的基础与上层建筑的问题〉一文的意见》，较为全面地阐述了对过渡时期经济基础和上层建筑问题的见解，对杨献珍的"综合经济基础论"提出了商榷。艾思奇认为，全民所有制和劳动人民的集体所有制是日益发展的，而劳动人民的个体所有制和资本家的私有制是日益走向消灭和衰亡的。"所以我们的国家政权就不是同时以四种所有制作为自己的统一的经济基础。我们的政权所依以建立的经济基础，只能是正在建立中的社会主义经济基础，它包括全民所有制和劳动人民的集体所有制。"[①] 这种观点被称为"单一经济基础论"。

杨献珍、艾思奇的报告、文章虽然都未在报刊上公开发表，但在理论工作者中广为流传，产生了很大的反响，很多学者先后加入了讨论的行列，有的支持"单一经济基础论"，有的支持"综合经济基础论"。

在参与争论的学者中，严北溟、徐琳、肖前、林青山、张如心等人的观点在总体上与杨献珍的观点不相同，可以说是"单一经济基础论"的代表。[②] 严北溟主要是批判新民主主义的"综合经济基

---

① 艾思奇：《对杨献珍同志的〈关于中华人民共和国在过渡时期的基础与上层建筑〉一文的意见》，《艾思奇文集》，人民出版社1983年版，第294—295页。

② 严北溟：《我国过渡时期的基础和上层建筑》，湖北人民出版社1955年版；徐琳、肖前：《关于我国从新民主主义社会到社会主义社会的过渡时期中基础和上层建筑问题》，《教学与研究》1955年第5期；林青山：《我国过渡时期的经济基础与上层建筑》，《哲学研究》1955年第3期；张心如：《论我国过渡时期的经济基础与上层建筑》，人民出版社1956年版。

础论";徐琳、肖前主要是批判所谓综合性、过渡性的经济基础和上层建筑,以及单一社会主义上层建筑论;林青山主要是赞成单一经济基础论,并认为过渡时期的上层建筑是未完成的社会主义类型;张如心则是批判综合经济基础论和综合上层建筑论。所有论者基本上都是以斯大林的经济基础与上层建筑定义为主要理论根据。[①] "综合经济基础论"以肖范模、张建等人为代表[②],他们认为,这五种经济成分在过渡时期都存在着,过渡时期的经济基础是"五种经济形态的矛盾统一体",社会主义经济是主体,资本主义及个体经济是两翼,后者要向前者过渡、转变。新民主主义社会的过渡性正是由它的经济基础的过渡性决定的。

"单一经济基础论"者认为,与正在形成和发展的社会主义经济基础相适应,我国过渡时期的上层建筑也是单一的社会主义性质,它只为巩固和发展社会主义经济基础服务,不为其他非社会主义经济成分服务。"综合经济基础论"者,除杨献珍主张上层建筑持单一论观点以外,绝大多数人都认为,我国过渡时期的上层建筑由综合的、统一的经济基础所决定,是复杂的矛盾的统一体。由于争论具有很强的政治性,后来蜕变为一场政治批判,"综合经济基础论"受到了批判。

公允地说,"综合经济基础论"较好地贯彻了理论联系实际的原则,全面客观地反映了我国过渡时期经济基础和上层建筑的复杂性、过渡性,其基本观点是正确的。"单一经济基础论"强调了过渡时期必须以社会主义的经济和政治制度为主导的必要性,这也是合理的。

---

① 胡为雄:《1950年代中国哲学界有关经济基础和上层建筑的争论》,《毛泽东邓小平理论研究》2009年第1期。

② 肖范模:《我国过渡时期社会的基础和上层建筑问题》,《哲学研究》1956年第3期;张建:《论我国过渡时期的经济基础与上层建筑》,《哲学研究》1956年第5期。

（五）关于生产力和生产关系的讨论

1955年至1956年，农业的社会主义改造进入了高潮，一些人对从初级合作社过渡到高级社是否符合生产关系一定要适合生产力发展的规律表示怀疑。这引起了理论界对农业合作化过程中的生产力与生产关系之间的关系的讨论。理论界[1]主要围绕两个问题进行了讨论：一是我国农业合作化运动的发生发展是否符合生产关系一定要适合生产力性质的规律？二是我国高级农业生产合作社的生产关系是否走到了它的生产力前面？

对于我国农业社会主义改造是否符合生产关系一定要适应生产力发展的规律问题，学者们大多给予了肯定回答，认为这是我国工业化迅速发展的要求，是农业生产力本身发展的要求，是防止农民两极分化的内在需要。也有少数学者认为，广大农村的生产工具落后、劳动力分散，看不到新的生产力，推进社会主义改造，不是生产力决定生产关系，而是生产关系决定生产力。

对于高级农业生产合作社的生产关系是否已经走在生产力前面的问题，学者们大致有两种意见。一种意见认为我国高级农业生产合作社的生产关系已经跑到生产力前面去了。如关梦觉认为，社会主义的物质基础应该是机器大生产，社会主义农业应当先有机械化，后有合作化，而我国过渡时期的实际情况恰好相反；高级农业合作社的改造，消灭了个体私有制，提高了社员劳动的积极性，虽然其

---

[1] 主要的代表作有：陈仰青：《关于"生产力"和"生产关系"问题》，《中国金融》1953年第9期；韩国磐：《生产关系一定要适合生产力性质的法则——对于研究中国封建经济史的重大指导作用》，《厦门大学学报（财经版）》1954年第2期；陈克俭：《农业合作化高潮和生产关系一定要适合生产力性质的规律》，《厦门大学学报（社会科学版）》1956年第4期；黄枬森、王庆淑：《生产关系一定要适合生产力性质的规律在我国农业合作化运动中的作用》，《北京大学学报》（人文科学）1956年第3期；庄鸿湘：《农业合作化与生产关系一定要适合生产力性质的规律》，《经济研究》1956年第3期；谷春帆：《从中国农业合作化运动来研究生产关系一定要适合生产力性质这一规律的某些内容》，《经济研究》1956年第6期；关梦觉：《历史唯物主义的原理与我国高级农业生产合作社的现实》，《经济研究》1957年第1期。

技术基础是手工业的，仍然比较低，但生产资料的所有制性质决定了其依旧具有社会主义性质。生产关系暂时跑到前面去，并不违反客观规律，也并不是说生产关系可以脱离生产力而单独前进。对于生产力决定生产关系不能机械理解，认为任何时候都是生产力走在前面；在社会主义社会，生产关系的改造总要先走一步，暂时跑到生产力前面，是必然的。

另一种意见认为，我国高级农业生产合作社的社会主义生产关系是完全适合于生产力性质的。张光灿比较系统地论述了这种意见。[①] 他认为，社会生产力不可分割，社会主义工业的迅速发展能够促进农业生产力的不断提高；生产力不仅包括物质因素，也包括劳动力的因素，高级社的集体劳动虽然仍是建立在手工业技术基础上，但与分散经营的个体劳动有本质区别；生产关系改造与技术改造密不可分，由于我国的工业农业的技术基础都比较落后，只能先合作化后机械化，但是在合作化的同时也在逐步推进农业的技术改造，简单地说"走在前面"，实际上是离开技术改造单纯地看生产关系的改造，是把高级社的生产关系抽象化了。

关于高级农业生产合作社的生产关系和生产力之间的问题争论，促进了人们对生产关系一定要适应生产力发展规律的理解，而且在一定程度上触及了农业合作化运动出现的一些偏差和"左"的错误，也为党的八大提出社会主义建设时期的主要矛盾问题提供了某些理论准备。

(六) 辩证唯物主义体系的初步构建和争论

在新中国成立之初，因为受到苏联派来的广大学者的影响，我国的马克思主义哲学教学教材基本上搬用苏联的教科书体系。随着教学和研究的深入，我国学者开始对这个体系提出了一些不同的意见。在1956年第3期的《哲学研究》上，发表了赵纪彬撰写的《关

---

① 张光灿：《高级农业生产合作社的生产关系是否已走在生产力的前面》，《新建设》1956年第9期。

于辩证唯物主义的体系与内容问题——一个"提纲草案"的提出及其若干说明》一文，对辩证唯物主义的体系和内容进行了探讨。赵纪彬认为，"理论是方法的内容，方法是理论的形式，二者在辩证唯物主义中是互相渗透的有机统一体，绝对不允许截然分割"，因此主张在辩证唯物主义这个总标题下用"原理、规律、范畴"三个部分来构建辩证唯物主义的体系，并认为哲学史也应该属于辩证唯物主义的内容，放在"范畴"之后。他认为原理是规律与范畴的根据，范畴则进一步阐明原理与规律的内容及实质，并对原理与规律给以深化充实，这一顺序表现了科学体系的内在逻辑。他还主张用毛泽东的《实践论》来代替马克思主义认识论，认为《实践论》"在理论上最正确，在经典上有根据，而又适合民族形式的要求"。①赵纪彬的文章引起了强烈的反响。田华在《哲学研究》1957年第3期发表了《对赵纪彬同志提出的哲学"提纲"及其说明的意见》，提出了反对意见，认为"辩证唯物主义的内容，就是辩证唯物论和唯物辩证法"，"绝不能由此把哲学史了解为辩证唯物主义的内容之一"；唯物主义认识论主要是反映论，而不是实践论。辩证唯物主义体系和内容的讨论，是中国学者突破苏联教科书体系的初步尝试。

（七）关于真理诸问题的讨论

对真理问题的讨论有两次热潮，分别在1956年前后和1964年前后，围绕着真理的内涵，真理的客观性、阶级性，相对真理和绝对真理等问题。

关于真理的内涵或客观真理的问题，主要有三种不同的观点。一是认为真理可分为客观的真理，即对象的真理，以及对客观世界

---

① 参见赵纪彬《关于辩证唯物主义的体系与内容问题——一个"提纲草案"的提出及其若干说明》，《哲学研究》1956年第3期。

的正确认识,即思维真理;① 二是认为真理或客观真理是对客观世界的正确认识,是一种具有客观内容的观念形态,和客观事物并不等同;② 三是认为真理是被认识了的客观存在,是认识中的客观内容,既不等同于正确认识,也不能与物质世界、客观事物混为一谈。③ 李洪林指出,客观世界是从来就存在的,而真理是自从有了人的认识才出现的,正确的认识才是真理,错误的认识则是谬误,不能把客观真理和客观世界混为一谈。④ 通过讨论,第二种观点得到大多数人的认同。

关于真理的阶级性,主要有三种看法。一是认为真理没有阶级性,但对真理的发现、利用和解释受到一定阶级利益的限制。⑤ 二是认为真理有阶级性,特别是社会科学方面的真理。真理是主观和客观的统一,真理的客观性和阶级性之间并不矛盾,阶级社会里人们对社会发展规律的认识都打上了阶级的烙印。⑥ 三是认为真理既有阶级性的,也有没阶级性的,马列主义的真理也有阶级性。⑦ 随着党的八届十中全会后主张"以阶级斗争为纲",真理有阶级性被认为是哲学党性、阶级性的体现,逐渐占了上风。

关于相对真理是否包含错误的讨论。学者们都一致认为,相对真理包含绝对真理的颗粒。关于相对真理包含错误的观点,最初是陈翰柏于1962年首次提出。相对真理是否包含错误的讨论,主要有三种观点。第一种观点认为,相对真理虽然也是正确地反映了现实,但存在不完备性,因此可能包含着错误。认识的过程性,实践检验

---

① 参见王仁达《不应当对客观真理作片面的理解》,《光明日报》1956年5月30日;《关于客观真理的一些问题》,《光明日报》1956年9月19日。
② 李学琨:《为什么客观真理不是客观存在》,《光明日报》1956年6月13日。
③ 庞朴:《真理愈辩愈明》,《光明日报》1956年7月11日。
④ 李洪林:《辩证唯物主义的认识论》,《哲学研究》1957年第1期。
⑤ 参见康定中《真理本身没有阶级性》,《实践》1964年第4期。
⑥ 参见孙常立《社会科学方面的真理是有阶级性的》,《实践》1964年第6期;康鼎贤《不能说真理没有阶级性》,《实践》1964年第7期。
⑦ 银福禄:《也谈真理的阶级性问题》,《建设》1964年第1期。

真理的相对性，都说明相对真理中可能包含着错误，许多先前的相对真理被后来的实践所推翻便是证明。① 第二种观点认为，相对真理不包含错误，因为任何情况下，相对真理都是绝对真理的一部分，不包含任何错误。如果说相对真理是包含错误的真理，就会取消真理的客观内容，混淆真理与错误的界限。相对真理包含错误与人们的认识过程有错误是不同的，错误是难免的，但错误不是真理。② 第三种观点认为，真理与错误对立，既是绝对的，也是相对的。在真理是具体的、有条件的这个限度内，就真理与错误的对立是绝对意义而言，可以说相对真理不包含错误。这个限度之外，就真理与错误的相对意义而言，也可以说相对真理最终会被证明有错误。③ 通过讨论，相对真理不能包含错误的观点为大多数人所接受。

真理标准问题的讨论，主要有两种不同的看法。一种观点认为，实践作为检验真理的标准，并非都是直接的，有时是通过唯物辩证法等间接方式来论证的。不过，唯物辩证法的原则，也是经过实践检验的。所以，在归根结底的意义上说，实践仍是检验真理的唯一标准。④ 另一种观点认为在实践之外提出辩证法标准，就使得真理检验有两个标准，就会动摇实践检验的唯一标准。逻辑证明最终也要有实践检验，这实质上证明实践检验的唯一性。⑤ 真理标准的讨论，因为种种原因，范围比较小，但也为后来1978年发生的真理标准大讨论提供了思想基础。

---

① 参见陈翰柏《关于科学史上的错误》，《文汇报》1962年4月12日；陈翰柏《真理是一个过程》，《文汇报》1962年9月27日。

② 参见余源培《错误观点是相对真理吗？》，《文汇报》1962年5月15日；阎长贵《绝对真理和相对真理的辩证关系》，《江汉学刊》1964年第4期。

③ 参见《真理问题讨论集》，上海人民出版社1964年版，第53页。

④ 参见陆魁宏《检验真理的一种间接方式》，《光明日报》1962年8月24日。

⑤ 参见道哲《辩证法是检验真理的间接方式吗？》，《光明日报》1962年12月28日；王正萍《真理的标准只能是社会实践》，《学术月刊》1963年第7期。

（八）关于主观能动性与客观规律性的讨论

随着"大跃进"运动的开展，学术界掀起了对主观能动性与客观规律性的讨论热潮。学者大多认为，主观能动性是人类有目的、有意识的活动，是人区别于动物的特点。[①] 但是，也有学者指出，主观能动性与是否正确反映客观世界没有关系。先进的理论、思想，以及在此基础上制定的政策，只有当他们正确反映了社会发展的客观需要时，当人民群众为这些思想所鼓舞而投入实践斗争时，才能成为创造奇迹的伟大力量；而没有真正反映客观情况时，也能发挥"主观能动性"，不过是表现为盲动性和脱离实际的主观主义。[②] 特别是随着"大跃进"运动中的主观主义在实践中遭受挫折之后，更多的学者认识到，主观能动性的发挥也有正确和错误之分，正确发挥主观能动性必须从客观实际出发，尊重客观规律。

关于客观规律，陶德麟在《理论战线》1958年第9期发表了《发挥上层建筑的力量，为过渡到共产主义准备条件》一文，提出了只要消灭产生规律的前提，规律是可以消灭的观点。多数人认为，人只能认识、利用客观规律，而不能凭主观愿望去创造或消灭某一规律，即使是产生规律的前提，也是不以人的意志为转移的客观存在，只能被事物本身所产生的新的条件所否定，人可以促进它的否定，但不能随心所欲地去消灭它。[③] 因此，当有人主张"规律可以转化"[④] 时，也遭到了众多学者的反对。学者认为，规律的作用是由事物固有的属性及共同的条件决定的，没有直接转化的关系。[⑤] 规律是客观的，没有积极和消极作用之分，也没有自觉和自发之分，规律的客观性质也就是规律的自发性质。[⑥]

[①] 参见徐崇温《从人与动物的区别看主观能动性》，《光明日报》1959年7月。
[②] 参见李洪林《辩证唯物主义的认识论》，《哲学研究》1957年第1期。
[③] 冯定：《掌握客观规律，充分发挥主观能动性》，《新建设》1959年第2期。
[④] 参见马俊芝《略谈主观能动性》，《学术月刊》1959年第3期。
[⑤] 参见戚若文《人能转化客观规律吗?》，《学术月刊》1959年第8期。
[⑥] 参见于光远《关于经济规律的客观性质的一些问题》，《新建设》1959年第8期。

关于主观能动性与客观规律性的关系，一种观点认为二者又矛盾又统一，矛盾在于主观能动性是人的有目的的、有意识的活动，客观规律具有客观性；统一在于人的意识能反映、运用客观规律，在不断的实践发展过程中使二者相一致，达到预期的目的。① 另一种观点认为，人的主观能动性对于客观规律的发展具有巨大的积极作用，"大跃进"运动就是掌握规律充分发挥人的主观能动性的结果。②

（九）关于思维与存在的同一性的讨论

恩格斯提出，哲学的基本问题是思维与存在的同一性问题。在教学中，艾思奇认为恩格斯的话肯定了"思维与存在的同一性"，并认为这个"同一性"是唯物主义的。③ 杨献珍则认为，"思维与存在的同一性"是唯心主义的命题，是思维存在等同论。④《哲学研究》1958年第1期发表的郭月争的《"思维与存在的同一性"是哲学基本问题的第二个方面》，引发了学术界的激烈争论。郭月争认为，恩格斯对于哲学基本问题的观点，是简洁而明确的。辩证唯物主义所主张的思维与存在的同一性，是指思维能够正确地反映客观存在，不能只抓住唯心主义所说的同一，而忘记了辩证唯物主义所说的"同一"，质疑恩格斯关于哲学基本问题第二个方面的观点。同年8月，杨献珍在《略论两种范畴的"同一性"》一文中提出，思维与存在的同一性是黑格尔的唯心主义命题，这在历史上早有定论，说成是唯物主义观点是错误的。他认为，唯心主义的"思维与存在的同一性"的"同一性"和辩证法的"同一性"即"矛盾的同一性"

---

① 参见王立纲《实践和主观能动性》，《光明日报》1959年10月4日。

② 参见郭德远等《从实际工作中体验主观能动性与客观规律性的关系》，《光明日报》1959年8月16日。

③ 参见艾思奇《恩格斯肯定了思维与存在的同一性》，《人民日报》1960年7月21日；艾思奇《再论恩格斯肯定了思维和存在的同一性》，《哲学研究》1962年第5期。

④ 参见《杨献珍传》，中共党史出版社1996年版，第236页。

的"同一性",是含义不同的两种范畴,不能混为一谈。杨献珍的文章当时没有发表,1979年才发表。① 于世诚也撰文摘引了马克思主义经典作家批评"思维与存在的同一性"的许多论述,据此认为这个命题从来都是唯心主义的命题,是唯心主义认识论的核心,是和唯物主义反映论根本对立的。② 由此掀起了公开的争论。支持郭月争的观点的学者有艾思奇等③,支持于世诚的学者有李唯一、杨献珍等④。在争论的后期,由于康生等人的操纵,不同学术观点的争论演变为一边倒的政治批判,"思维与存在同一性"问题的争论上升到"彻底的唯物主义一元论和二元论倾向之争、唯物辩证法与形而上学之争、马克思主义的认识论与旧的即形而上学唯物论之争",认为否定"思维和存在的同一性"就是否定"三面红旗",就是否认革命的辩证法。

(十)关于"一分为二"与"合二为一"的讨论

"一分为二"和"合二为一"讨论的核心,涉及的是对立统一规律的中国化、大众化表述问题。毛泽东在20世纪五六十年代曾多次用"一分为二"来通俗表述对立统一规律。⑤ 1963年2月,杨献珍在给中央党校学员讲授《唯物主义引言》时指出,事物既是一分

---

① 杨献珍:《略论两种范畴的"同一性"——唯心主义范畴的"同一性"和辩证法范畴的"同一性"》,《学术月刊》1979年第10期。

② 参见于世诚《"思维与存在的同一性"是唯物主义的原理吗?》,《光明日报》1959年10月11日。

③ 参见郭月争《再论思维和存在的同一性问题》,《哲学研究》1960年第3期。

④ 参见李唯一《关于"思维与存在的同一性"命题的探讨》,《哲学研究》1960年第2期;腾云起《"思维和存在的同一性"这个哲学命题只能作唯心主义的解释》,《哲学研究》1960年第3期;世诚《试论唯物主义的反映论同唯心主义的"思维和存在的同一性"的根本对立,乃是哲学上两条基本路线的斗争——兼评王若水同志的"思维和存在没有同一性吗"一文》,《哲学研究》1960年第3期。

⑤ 1957年11月18日,在莫斯科共产党和工人党代表会议上的讲话中,毛泽东指出:"一分为二,这是个普遍的现象,这就是辩证法。"(《毛泽东文集》第7卷,人民出版社1999年版,第333页。)

为二的，也是合二为一的，首次提出了"合二为一"概念。此后，他又一再谈到，"合二为一"是中国古代关于对立统一的光辉思想的表述。中央党校教员恒武、林青山受此启发，首次在报刊上公开提出并阐发了"合二为一"思想①，认为事物都是"合二为一"的，"合二为一"表述了唯物辩证法的最基本规律——对立统一规律。在认识事物时要"一分为二"，在制定改造世界、处理工作的方针、政策时，又要"合二为一"，在对立面中把握统一，在统一中把握对立面，这就是唯物辩证法的最基本的观点和方法。项晴则认为，真正表达对立统一规律的不是"合二为一"，而是"一分为二"，"合二为一"的思想与对立统一规律是针锋相对的。② 又有学者认为，这两篇文章都有片面性和主观性，真正能表达对立统一规律的是"一分为二"与"合二为一"的统一。③

四　简要总结

在社会主义过渡时期，国际国内形势的错综复杂，经济和文化的落后现状，以及多种经济成分、思想观念的存在，使得我们在把马克思主义哲学运用于分析现实问题时遇到了前所未有的挑战。唯物辩证法告诉我们，事物是不断发展的，是量变和质变的统一，是稳定和变化的统一。过渡时期的动态性、变革性，告诉我们在分析生产力和生产关系、经济基础和上层建筑的关系时不能教条化、简单化。过于夸大过渡时期的稳定性，不求发展，或者把变革绝对化，急于求成，都是片面的。

在社会主义建设时期，毛泽东揭开了马克思主义和中国实际第二次结合的序幕。初期的《论十大关系》《关于正确处理人民内部

---

① 恒武、林青山：《"一分为二"与"合二为一"——学习毛主席唯物辩证法思想的体会》，《光明日报》1964年5月29日。
② 项晴：《"合二为一"不是辩证法》，《光明日报》1964年6月5日。
③ 潘庆斌：《"一分为二"与"合二为一"是矛盾规律不可分割的两个方面》，《光明日报》1964年6月19日。

矛盾的问题》等学习开了一个好头，促进了马克思主义哲学的普及和研究。但是随着"以阶级斗争为纲"作为指导思想，正常的学术探讨受到了严重影响。

第二节　改革开放时期马克思主义哲学研究繁荣发展

20世纪70年代末，中国进入改革开放新时期。适应时代发展新要求，马克思主义哲学研究不断拓展新领域，在深化原理研究的同时，解决新矛盾，回答新问题，取得了重要成果。

一　改革开放初期马克思主义哲学研究开创新局面

20世纪70年代末至90年代初期，马克思主义哲学研究从"实践是检验真理的唯一标准"大讨论开始，在深入阐释马克思主义实践观的基础上，探讨了马克思主义主体性与认识论、人道主义与异化问题、价值哲学等一系列问题，并深入美学、心理学、伦理学、社会学等更广阔领域，为现代马克思主义哲学学科完整体系的建立打下了基础，奠定了根基。今天马克思主义哲学研究的很多问题都可以追溯到20世纪80年代。这一时期的马克思主义哲学研究与改革开放、开拓创新的伟大实践相呼应，有气魄、有视野、有深度，能直面改革开放社会实践中的新情况、新问题，开辟新领域，提出新观点，为社会主义改革开放开拓思路、提供理论支撑。

（一）改革开放初期中国共产党的理论创新

1. 改革开放前的社会经济状况及社会变革的迫切要求

改革开放前，由于国际上经济封锁、政治孤立，再加上"文化大革命"十年动乱等种种原因，我国社会生产力发展总体落后，人民群众的生活水平大大低于发达国家。"文化大革命"结束后，我国社会面临的最紧迫任务就是整顿秩序，促进国民经济发展，保障、提高人民群众的生活水平，实现"四个现代化"的目标。但是"文化大革命"虽然结束了，禁锢人们思想的旧观念并没有被同时解除，"以阶级斗争为纲""高度集权的计划经济体制""两个凡是"等，这些精神枷锁依然禁锢着人们的头脑。

2. 以邓小平同志为核心的党中央的理论创新

为发展社会主义事业、推进实现"四个现代化"建设目标，回应人民群众改革开放的迫切要求，以邓小平同志为核心的党中央力破"两个凡是"思想禁锢，在全国范围内开展了广泛而深入的思想解放运动。1978年12月，具有重要历史意义的党的十一届三中全会召开，邓小平做了题为《解放思想、实事求是、团结一致向前看》的讲话，强调只有打破思想僵化、打破从本本出发的迷信思想，一切从实际出发，以实践作为检验真理的根本标准，才能有生机，才能推动社会主义现代化顺利进行。

在解放思想、开拓创新思想引领下，首先，基于对社会主义社会主要矛盾的科学认识——即社会主义制度建立后，社会主要矛盾不再是阶级斗争，而转化为人民日益增长的物质文化需要同落后的社会生产之间的矛盾——邓小平提出了"以经济建设为中心"的科学论断，强调国家建设的中心工作是大力发展生产，实现社会主义现代化。要大力发展经济，必须要依靠科学技术的进步，邓小平高度重视科学技术和人才的重要性，他充分肯定并发挥了马克思"生产力中也包括科学"[①]的思想，提出"科学技术是第一生产力"的著名论断，以及"尊重知识、尊重人才"的大人才观。邓小平在提出"以经济建设为中心"的同时，提出"以改革开放、四项基本原则为基本点"；在强调社会主义物质文明建设的同时，强调社会主义精神文明建设；在强调社会主义真理性原则的同时，强调社会主义价值性原则。真理性与价值性原则的辩证统一性体现在他提出的"三个有利于"判断标准、社会主义本质论等一系列思想之中。"三

---

① 《马克思恩格斯全集》第46卷下，人民出版社1980年版，第211页。

个有利于"标准即"是否有利于发展社会主义社会的生产力,是否有利于增强社会主义国家的综合国力,是否有利于提高人民的生活水平"①,表明发展生产力、提高综合国力是以人民群众为价值立场和目标的,而社会主义本质是"解放生产力,发展生产力,消灭剥削,消除两极分化,最终达到共同富裕"②,同样表明了发展生产力与人民群众共同富裕的辩证统一性。此外,邓小平提出的"社会主义初级阶段"理论、"社会主义市场经济"理论等,都是把马克思主义基本原理创造性地应用于中国实际,而得出的科学结论。

3. 马克思主义哲学研究进入繁荣时期

哲学是时代精神的精华。党的十一届三中全会之后,随着改革开放的推进,从真理标准讨论开始,马克思主义哲学理论研究进入了繁荣时期。党中央、国务院非常重视哲学社会科学的研究。邓小平反复强调,"马克思主义是科学","老祖宗不能丢","我们是一个马克思主义的大党,我们自己不重视马克思主义的研究,不按照实践的发展来推动马克思主义的前进,我们的工作还能够做得好吗?"③ 在党中央、国务院直接领导和推动下,1977年正式成立的中国社会科学院,是由党中央直接领导的、国务院直属的国家级哲学社会科学研究机构。随后各地方的社会科学院纷纷成立。各级社会科学院的马列所、哲学所以及高校的哲学系、马列部等机构承担了马克思主义哲学研究的主要任务,培养了大批的马克思主义哲学研究专业人才,并逐渐构建、不断完善了具有马克思主义精神实质和时代特征的马克思主义哲学学科体系。1982年中共中央转发了《全国哲学社会科学规划座谈会纪要》,特别提出,我国哲学社会科学事业今后必须有一个大的发展,没有哲学社会科学的发展,要开创社会主义现代化建设事业的新局面是不可能的。1983年成立了全国哲

---

① 《邓小平文选》第3卷,人民出版社1993年版,第372页。
② 同上书,第373页。
③ 《邓小平文选》第2卷,人民出版社1994年版,第181页。

学社会科学规划领导小组，1986年设立了国家社会科学基金。这一系列举措有力地促进了马克思主义哲学研究走向繁荣。

（二）马克思主义重大哲学问题探讨

1. 真理标准大讨论

真理标准大讨论起源于对马克思主义的僵化、教条式理解的批判。1976年10月26日华国锋在讲话中提出"两个凡是"思想，1977年2月7日，《人民日报》、《红旗》杂志、《解放军报》发表社论《学好文件抓住纲》强调："凡是毛主席作出的决策，我们都坚持拥护，凡是毛主席的指示，我们都始终不渝地遵循。""两个凡是"思想是典型的教条主义，受到党内很多同志批评，后来邓小平指出"两个凡是"不符合马克思主义。1978年5月11日《光明日报》发表了特约评论员文章：《实践是检验真理的唯一标准》，强调检验真理的标准只有一个即社会实践。文章引起强烈反响，全国各大报纸杂志及时进行转载，并积极刊发相关文章，引发了全国范围空前规模的真理标准大讨论。

马克思主义哲学理论工作者积极参与了这场思想解放大讨论。中共中央党校、中国社会科学院哲学所等组织了系列研讨会，撰写了大量相关论文。"据不完全统计，到1978年底，中央及省级报刊共发表了六百五十多篇支持和论述实践是检验真理唯一标准的文章。"[①] 例如《哲学研究》仅从1978年第7期至1979年第1期，连续多期发表多篇关于真理标准的论文，代表性学者及其成果如陶德麟：《关于真理标准的几个问题》（1978年第10期）；李秀林、丁叶来、郑杭生：《实践标准与理论指导》（1978年第10期）；黄枬森：《列宁论真理的实践标准》（1978年第9期）；侯外庐：《坚持实践是检验真理的唯一标准——读毛泽东同志给李达同志的三封信》（1979年第1期）等。

---

① 任俊明主编，李立新、普元副主编：《新中国马克思主义哲学50年》，人民出版社2006年版，第177页。

关于真理标准大讨论的主要内容包括：重述经典作家关于"实践是检验真理的唯一标准"的思想，阐释相关经典论述，论证了实践为什么是认识的来源又是检验真理的唯一标准，阐明了实践标准的确定性和不确定性、相对性和绝对性，说明了实践标准与马克思主义理论指导的关系，并解释了人们容易混淆的一些问题，如已经被实践检验为真理的理论能否作为检验真理的标准等。

真理标准大讨论的重大意义，绝不仅仅体现在它恢复了马克思主义哲学的一个常识性理论的权威，更重要的是它恢复、重新确立了党的实事求是的思想路线，正如邓小平所评价的："关于真理标准问题的争论，的确是个思想路线问题，是个政治问题，是个关系到党和国家的前途和命运的问题。"①

2. 关于人道主义和异化问题的讨论

真理标准大讨论解放了人的思想，改革开放促进了人们对新价值观的思考，促进了人们对人性、人的本质、人的幸福、人的价值、人的需要、人的异化、人的发展等问题的探讨，人道主义和异化问题成为20世纪80年代理论界的研讨热点。

20世纪70年代末期，随着朱光潜的《文艺复兴至十九世纪西方资产阶级文学家艺术家有关人道主义、人性论的言论概述》②、邢贲思的《怎样识别人道主义》③等论文的发表，人道主义和异化问题引起人们普遍关注。1980年至1983年间，全国众多马克思主义学者参与了本次讨论，众多杂志发表了相关论文，"此间，召开了各种类型的讨论会、报告会、座谈会，发表的文集有20余种，发表的文章总数在750篇以上"。④ 1983年3月13日，中央宣传部、中共中央

---

① 《邓小平文选》第2卷，人民出版社1994年版，第133页。

② 朱光潜：《文艺复兴至十九世纪西方资产阶级文学家艺术家有关人道主义、人性论的言论概述》，《社会科学战线》1978年第3期。

③ 邢贲思：《怎样识别人道主义》，《百科知识》1980年第1期。

④ 侯成亚、吕国欣主编，张秀芬副主编：《新中国马克思主义哲学五十年》，人民出版社2001年版，第246页。

党校、中国社会科学院、教育部联合召开"全国纪念马克思逝世100周年学术报告会",周扬作了题为《关于马克思主义的几个理论问题的探讨》的报告,掀起了本次会议讨论高潮。在各种关于人道主义与异化问题的讨论中,有正确思想,也有错误思想。因此,1983年10月12日,邓小平在党的十二届二中全会上的《党在组织战线和思想战线上的迫切任务》讲话中强调,我们要"宣传和实行社会主义的人道主义(在革命年代我们叫革命人道主义),批评资产阶级的人道主义。""不能抽象地讲人的价值和人道主义",不能超出资本主义的范围来讨论异化①,批评了抽象人道主义和社会主义异化论。1984年1月,胡乔木撰写了《关于人道主义和异化问题》②,强调人道主义有两个方面的含义,一是作为世界观和历史观;二是作为伦理原则和道德规范,只能从伦理道德原则而不能从世界观历史观出发,才能讨论社会主义人道主义。而异化是马克思不成熟著作中使用的概念,不能用异化理论分析社会主义社会关系,等等。对上述讨论做了总结,大规模讨论就此结束。

1984年以后大规模讨论虽然终止,但关于人性、人的问题的研究继续延续,并随着实践发展、人们对人自身认识的不断深入而不断取得新成就。

3. 关于主体性与哲学认识论问题的研究

从理论上讲,检验真理的标准问题,本身就是一个认识论问题,与主体认知结构、认识能力等密切相关。从实践上讲,不同于传统的计划经济体制,社会主义改革开放与发展市场经济,需要劳动者个体主体的积极性、能动性和创造性以及对现实利益的追求。正是在这种时代背景下,随着真理标准及人道主义和异化问题大讨论的不断深入,马克思主义哲学研究转向主体性与哲学认识论问题。

哲学认识论是20世纪80年代马克思主义哲学研究的热点课题。

---

① 《邓小平文选》第3卷,人民出版社1993年版,第41页。

② 胡乔木:《关于人道主义和异化问题》,人民出版社1984年版。

各大报纸杂志和出版机构发表了大量相关研究成果；各高校和科研机构等组织召开了多次相关研讨会，如《哲学研究》1981 年在上海、大连、北京等地组织的"马克思主义认识论与现代自然科学"系列座谈会，对马克思主义认识论问题进行专题研讨。从内容看，主要是探讨了关于认识的来源，认识的本质，认识的发生机制，认识的发展过程及一般规律，认识的结构、图式，人的认识能力等。代表性成果如肖前主编的《马克思主义认识论研究与我国社会主义现代化建设》[1]，齐振海著的《认识论新论》[2]，等等。这些研究强调了实践的重要性，阐述了实践是认识的来源、是认识发展的动力、是检验真理的唯一标准。

与认识论研究密切相关，主体性问题是 20 世纪中期以后马克思主义哲学研究的重点课题。学者们探讨了主客体的关系、主体性原则的内涵、主体性与受动性关系等。代表成果如黄枬森的《关于主体性和主体性原则》[3] 等。主体性研究强调人作为主体在实践活动中的重要作用，对促进人的解放和主体性、能动性和创造性的发挥，具有重要意义。

4. 关于马克思主义哲学体系建设及实践唯物主义、实践本体论等的争论

"文化大革命"结束后，理论界开始反思传统的苏联僵化模式的马克思主义哲学教科书体系，旨在构建新的中国马克思主义哲学体系，为改革开放提供马克思主义基本原理支持。1981 年，肖前、李秀林、汪永祥主编的马克思主义哲学教材《辩证唯物主义》出版，1983 年《历史唯物主义原理》出版，以及李秀林、王于、李淮春主编的简化版《辩证唯物主义和历史唯物主义原理》等的出版，代表

---

[1] 肖前：《马克思主义认识论研究与我国社会主义现代化建设》，中国人民大学出版社 1986 年版。

[2] 齐振海：《认识论新论》，上海人民出版社 1988 年版。

[3] 黄枬森：《关于主体性和主体性原则》，《哲学动态》1991 年第 2 期。

了当时的马克思主义哲学教材水平。1988年1月马克思主义哲学专家们在天津召开了"哲学体系改革讨论会",肖前作了主题报告:"实践唯物主义对于改造现行哲学体系的意义",引起普遍关注。其后涌现出了众多以实践为中心概念改造旧哲学体系的文章。例如,王于、陈志良、杨耕的《我们时代的哲学旗帜——实践唯物主义》[①]等。1988年9月,《哲学动态》编辑部与中国人民大学哲学系等在天津联合举办了"全国实践唯物主义讨论会",会后讨论会专辑在《哲学动态》1988年第12期发表。1989年《光明日报》《哲学动态》等开辟了"实践唯物主义"讨论专栏,各大报刊也陆续发表了大量相关研究成果。

构建新的马克思主义哲学教材体系涉及对马克思主义哲学的对象和性质的理解,实践唯物主义强调:实践是构建马克思主义哲学体系的实质性、关键性概念;实践作为总体性范畴是马克思主义哲学的出发点,不同于其他唯物主义以抽象的"物质"范畴为出发点,马克思主义哲学体系创新应该以实践为中心进行构建。有些学者进一步提出了"实践本体论"思想,如王于、陈朗的《"实践本体论"及其革命意义》[②]等,强调实践是全部世界的基础和本质,是人的一切关系产生的源泉,因而实践具有本体论意义。显然,实践唯物主义对马克思主义哲学对象、性质的理解与传统的辩证唯物主义对马克思主义哲学的对象、性质的理解出现分歧。实践唯物主义特别是实践本体论受到激烈批评,代表学者是黄枏森、陈先达,他们强调辩证唯物主义的物质第一性原则,强调外部世界的客观存在是人的实践和认识的发生的前提和基础,认识依赖主体而不是认识对象依赖主体;实践对于人和人类社会来说,诚然是最基本和最重要的,"实践改造了世界,但把实践夸大成整个世界赖以存在的基础,就太

[①] 王于、陈志良、杨耕:《我们时代的哲学旗帜——实践唯物主义》,《江海学刊》1989年第2期。

[②] 王于、陈朗:《"实践本体论"及其革命意义》,《哲学动态》1988年第3期。

过分了"①。

直到今天，关于实践唯物主义的争论一直都存在，实践本体论的观点也一直受到批评。如何把实践在马克思主义哲学体系中的重要地位与辩证唯物主义的物质世界观内在统一起来，还有待于理论界努力。

5. 价值哲学研究

实践活动与主体的需要、愿望、价值追求内在相联。改革开放后，随着商品生产的发展和市场经济体制建设，现实生活中出现了日益复杂的价值问题亟待理论研究给予解答。随着认识论、实践观以及主体性、人道主义等问题研究的深入，20世纪80年代中期以后，价值论研究掀起热潮，成为马克思主义哲学研究的一个重要领域和思想生长点。

价值哲学研究开始于20世纪80年代初期关于事实与价值、真理观与价值观的讨论。随着李连科的《世界的意义——价值论》《哲学价值论》②、李德顺的《价值论——一种主体性的研究》③、袁贵仁的《价值学引论》④ 等著作出版，中国马克思主义价值论理论研究建立起来，并不断取得重要成果。

20世纪八九十年代价值论研究经历了一个从起步到不断深入的发展过程，1986年之前，学者们主要是从认识论角度探讨包括事实与价值、价值与真理的关系等问题；1987年以后，价值论研究进一步推进，重点是探讨关于价值概念的界定、价值的本质和来源等问题。20世纪90年代中期以后，价值研究重点进一步拓展、延伸到生活领域，涉及价值评价论、市场经济体制下价值观建设等。21世纪

---

① 黄枬森：《十年来马克思主义哲学在中国的发展》，《高校社会科学》1989年第1期。

② 李连科：《世界的意义——价值论》，人民出版社1985年版；《哲学价值论》，中国人民大学出版社1991年版。

③ 李德顺：《价值论——一种主体性研究》，中国人民大学出版社1987年版。

④ 袁贵仁：《价值学引论》，北京师范大学出版社1991年版。

以来价值论研究继续全面推进，取得了系列成果。价值研究要突破的关键是要对价值、价值的实现、价值观三个范畴及其各自本质特性进行深入探讨，讲清楚三者之间的联系和区别。

二 面向新世纪的马克思主义哲学研究拓展新领域

1992年党的十四大正式确立了建立社会主义市场经济体制的目标和要求，我国传统的高度集中的计划经济体制开始向市场经济体制转变，这是一场来自社会经济领域的根本变革，因而是一场的伟大的社会革命。经济体制的转变从根本上促进了政治体制、文化体制、社会建设等上层建筑各个领域的转变，社会发展日新月异，整个社会处于急速转型的过程中，不断出现新情况、新问题，亟须马克思主义理论及时给予解答。在这种背景之下，马克思主义哲学不辱使命，自觉地将研究的视野迅速深入各个领域内部，针对经济、政治、文化、社会发展等各领域出现的新情况、新问题，进行分门别类专门研究。与此同时，也正是在解答时代问题过程中，在促进理论与现实相结合的努力中，马克思主义哲学不断提升自身的深度和广度。

（一）面向新世纪中国共产党的理论创新与哲学发展

1. 从高度集中的计划经济到市场经济的转变

中国共产党经过多年理论探索，特别是改革开放十几年的实践摸索，最终确定了建立社会主义市场经济体制为我国经济体制改革目标。党的十四大报告明确提出了建设社会主义市场经济体制的任务。社会主义市场经济体制是一种前所未有的体制，是古今中外经济学从来没有的一个概念。我国历史上曾长期存在自然经济形式，新中国成立后实行高度集中的计划经济体制，都是与市场经济不同的经济模式。将在长期自然经济发展基础上建立起来的高度集中的计划经济体制转向社会主义市场经济体制，这是一个以经济基础变革为基础的整个社会根本转变的伟大创举，是一个前无古人的崭新事业，是一项艰难繁重的浩大工程。在社会转型过程中，随着经济领域的市场经济体制的全面建构,政治领域、文化领域、日常生活领域、人的发展等,都必然发生不同于以往的全新变革。在这个剧烈转型期,社会各个领域、各个行业以及人们的思想观念都在短时间内发生了剧烈的变化,中国社会在这个大变革的时代里经历着浴火重生。

2. 以江泽民同志为核心的党中央的理论创新

社会大变革的复杂性,考验着中国共产党的执政能力和勇气。以江泽民同志为核心的中国共产党领导集体运用马克思主义辩证唯物主义和历史唯物主义,创造性地把社会主义市场经济体制与社会主义基本经济制度统一起来,把公有制的主体地位、国有经济的主导作用与公有制的多种经济实现形式辩证统一起来,建构起了社会主义性质的市场经济体制框架。这是中国共产党又一次伟大的理论创新。在发展社会主义市场经济过程中,江泽民提出了改革、发展和稳定的辩证统一关系,提出了物质文明、精神文明、政治文明"三个文明"协调发展的观点。同时,在对外开放和社会主义市场经济条件下,在复杂的国内国际局势下,保持中国共产党的先进性是保证社会主义事业不断走向胜利的关键,由此,建设什么样的党、怎样建设党的问题迫切地摆在面前。以江泽民为核心的中国共产党领导集体创新理论,提出了"三个代表"重要思想,即中国共产党要"始终代表中国先进生产力的发展要求,代表中国先进文化的前进方向,代表中国最广大人民的根本利益"。加强党的建设,始终保持中国共产党的先进性,"三个代表"思想是党的立党之本、执政之基、力量之源,是中国社会主义自我完善、不断发展的强大思想武器。

3. 马克思主义哲学研究开拓新领域

以江泽民同志为核心的党中央重视哲学社会科学研究。2002年江泽民在考察中国社会科学院发表的重要讲话中指出,哲学社会科学和自然科学,犹如"车之两轮、鸟之双翼",共同推动着人类社会的发展进步。为了适应社会发展的客观要求,马克思主义哲学研究自觉地以现实问题为导向，有针对性地对社会发展各个领域的新情况、新问题进行专题式的研究。这种专题式研究最早常被称为"应用哲学"，后来随着研究的深入和不断系统化，形成了相对独立的研究领域，如马克思主义人学、社会发展哲学、经济哲学、政治哲学、文化哲学、艺术哲学、教育哲学，管理哲学、日常生活哲学等，学者们常称之为"部门哲学"或"领域哲学"。这是一个庞大而又复杂的研究任务，马克思主义哲学研究开疆拓土，学者们付出了辛苦努力，也取得了重要成绩。

（二）马克思主义哲学研究：部门（领域）哲学研究的勃兴

1. 马克思主义人学

人学理论研究孕育于20世纪80年代初关于人道主义与异化问题的讨论，90年代以后逐渐发展为一个相对独立的研究领域。这种研究一方面是为了回应西方学者对马克思哲学中存在所谓"人学空场"的责难；另一方面则是适应社会发展的需要：改革开放的深入和社会主义市场经济的发展，内在要求发挥人的主动性、积极性、创造性，也就相应突出了人的权利、人的品质、人的能力、人的个性、人的自由、人的发展等问题。马克思主义哲学研究把目光聚焦于这些问题，形成了对人的综合性研究，即人学研究。

20世纪80年代末90年代初期是人学学科建设的起步期，这一时期相关研究成果，如1990年中国国际广播出版社出版的由黄枬森、夏甄陶、陈志尚主编的我国第一部《人学词典》等为大规模人学研究做了准备。20世纪90年代至21世纪初期，人学研究成果丰硕，成绩显著，代表成果如袁贵仁的《马克思的人学思想》、黄枬森的《人学的足迹》等。2002年年初中国人学学会正式成立，人学学会成立后组织编著了一套"人学理论与历史"丛书，包括陈志尚主编的《人学原理》，赵敦华主编的《西方人学观念史》，李中华主编的《中国人学思想史》，都是这一时期人学研究的重要成果。此外，中国人学学会每年还通过组织召开学术研讨会等活动，推动人学学科建设。

从研究内容看，首先是关于人学的界定，学者们从不同角度提出了很多定义，如有学者认为，人学是研究与人相关的学问的总称等。关于人学与哲学的关系，也有不同观点，如有学者认为哲学就是人学，有学者认为人学只是哲学的一个分支等。关于人学的基本内容或体系构架，不同学者具体列举的内容也不相同，但总体来说，人与自然、社会的关系，人的本质论，人的自由全面发展，人的价值，人的现代化以及社会主义市场经济与人等，是讨论比较多的问题。特别是"人的本质"是贯穿在人学研究中的重点问题，也是研究成果集中、讨论最为深入的问题。

总之，我国马克思主义人学研究起步虽然晚，但取得的成果很显著。不过，总体来说，有一些基础性问题还有待进一步研究。

2. 社会发展哲学

社会发展理论兴起于20世纪80年代中后期，90年代以来成为理论界关注的热点。发展理论通常是与现代化研究结合在一起的。80年代中后期，随着改革开放的深入和现代化建设实践的要求，我国理论界加强了对马克思社会发展理论研究，旨在探讨中国社会发展的本质、规律、目标等问题。这一时期，理论界关注的热点问题首先是社会形态理论，包括社会形态的类型、划分标准、社会形态演进规律以及"社会形态跨越发展"等问题。

进入20世纪90年代后，随着我国社会主义市场经济的建立、发展，改革、发展的任务越来越繁重。随着社会发展进程的加速、发展矛盾的暴露和发展代价的突出，理论界关于社会发展理论研究不断深化，形成了社会发展论研究热潮。研究的主要问题包括：一是关于社会发展一般理论问题的探讨，如社会的结构、形态，社会发展的本质、规律，社会发展的条件、方法、途径等，代表成果如丰子义的《现代化的理论基础——马克思现代社会发展理论研究》[①]

[①] 丰子义：《现代化的理论基础——马克思现代社会发展理论研究》，北京大学出版社1995年版。

等。二是关于社会转型问题的讨论，包括社会转型过程中的效率与公平问题、新旧价值观念的冲突等。如陈晏清主编的《当代中国社会转型论》[1]、王南湜的《从领域合一到领域分离》[2] 等。三是以社会自身为研究对象的社会哲学研究，如较早出版的有吴元梁的《社会系统论》[3]、王锐生等的《社会哲学导论》[4]，稍后出版的陈晏清主编的"社会哲学研究丛书"（山西教育出版社1998—1999年）则更具系统性。四是关于现代化问题的讨论，包括中国现代化的目标、道路选择、如何避免资本主义现代化缺陷等内容，如丰子义的《现代化进程的矛盾与探求》[5]。

3. 经济哲学

经济哲学研究兴起于20世纪90年代。一方面，随着社会主义市场经济的确立和发展，社会经济发展出现了一系列新现象、新情况和新问题。为了认清和解决问题，需要从更高层次把握经济活动的规律，因而需要运用辩证思维方法，从哲学层面进行梳理和研究，才能取得突破性的进展。另一方面，马克思主义哲学不是抽象哲学，它是时刻关注现实、解决现实问题因而改造世界的哲学，而现实的秘密就在人们的经济活动之中，马克思主义哲学的生命力就在解决现实问题，特别是经济问题之中。

早在20世纪80年代中后期，经济哲学研究就已被很多学者关注，到1993年以后被推到学术研究前沿，成为热点。这一时期各大报纸杂志、出版机构发表、出版了大量相关成果。各科研机构、高校等举办相关研讨会，例如1998年5月由中国社会科学杂志社、上海市哲学学会、上海市经济学学会等单位联合主办的"现代经济哲学高级研讨会"汇聚了众多经济学家和哲学家，提出了一些启发性

---

[1] 陈晏清主编：《当代中国社会转型论》，山西教育出版社1999年版。
[2] 王南湜：《从领域合一到领域分离》，山西教育出版社1998年版。
[3] 吴元梁：《社会系统论》，上海人民出版社1993年版。
[4] 王锐生等：《社会哲学导论》，人民出版社1994年版。
[5] 丰子义：《现代化进程的矛盾与探求》，北京出版社1999年版。

的命题和观点，推动了经济哲学研究的发展。

经济哲学研究的主要内容包括，一是关于经济哲学的基本理论问题，包括经济哲学的性质、研究对象、研究背景与意义、研究方法等问题，如俞吾金的《经济哲学的三个概念》[①] 等。二是关于经济哲学研究的重大问题，包括所有权与产权问题、经济学人性假设、市场与政府、市场经济与道德建设、公平与效率等，例如余源培的《经济哲学成为新的学科生长点》[②] 等。

4. 政治哲学

马克思主义政治哲学研究兴起于20世纪90年代，随着社会主义市场经济体制的建立和发展而成为理论研究热点。市场经济体制从根本上改变了中国社会的经济基础，也改变了政治上层建筑。政治体制改革面临的一系列困难、问题，需要进行哲理上的提炼、概括和分析，从而提高政治判断力，为政治体制改革顺利进行提供理论指导和智力支持。

这一时期马克思主义政治哲学研究的主要内容，首先是政治哲学的性质和定位，有学者认为政治哲学属于政治学，有学者认为属于哲学，有学者认为是政治学与哲学两大学科相互交叉、相互作用而形成的，兼具两个学科的特点。其次，从总体上揭示政治哲学研究的任务、目标、功能以及如何构建等基本理论问题。最后，从多个角度对马克思政治哲学展开研究，挖掘、梳理其丰厚思想，揭示马克思对西方政治思想的批判、继承和超越。此外，针对改革开放、市场经济发展过程中出现的收入差距拉大、分配不公等社会现象，探讨了效率与公平、公平与正义等问题。

5. 文化哲学

20世纪90年代文化哲学之所以兴起，从理论上讲，从国际背景

---

① 俞吾金：《经济哲学的三个概念》，《中国社会科学》1999年第2期。
② 余源培：《经济哲学成为新的学科生长点》，上海社会科学院出版社2001年版。

看，是20世纪80年代以后随着国际文化交流的普遍开展和冷战结束后文化（文明）冲突的凸显，文化问题日益成为人们关注的对象。从国内背景看，改革开放后，我国20世纪80年代曾经出现过全国范围的"文化热"（主要是中西文化比较研究），90年代以后又兴起了"传统文化热"。在这种背景下，文化问题进入哲学视野，形成了文化哲学这个相对独立的研究领域。从实践上讲，这是我国社会主义市场经济体制建立之后，经济体制变革带来的思想文化上层建筑发展的客观要求。90年代中期后，文化哲学研究进入热潮，理论界召开了一系列相关研讨会；各大高校和科研机构成立了专门研究部门，如2000年，中国社会科学院成立了文化研究中心等。哲学界以重大现实问题为主攻方向，以基础理论研究为支撑，旨在推动当代中国的文化变革。

文化哲学的核心概念是文化，如何理解文化的本质和特征、文化的类型、文化传统及其变革等基本问题，是文化哲学研究的首要内容。马克思主义文化哲学的突出特点是立足于实践解释文化的本质，学者们运用马克思人化自然、主体对象化思想，阐述了文化哲学的本质、特性等理论问题。代表性成果如：李鹏程的《当代文化哲学沉思》[1]，陈筠泉、刘奔主编的《哲学与文化》[2]，等等。同时，学者们对文化哲学的时代建构、文化发展方向等战略性问题和文化体制改革等对策性问题都进行了广泛而深入的探讨，取得了重要成绩。

三　站在新起点的马克思主义哲学解决新问题

进入21世纪，马克思主义哲学研究方式发生了根本转换，超越了传统的对经典原著和教科书所阐述的原理的机械理解和运用，从马克思主义哲学的学术性与现实性及其辩证统一性角度，深化了马

---

[1] 李鹏程：《当代文化哲学沉思》，人民出版社1994年版。
[2] 陈筠泉、刘奔主编：《哲学与文化》，中国社会科学出版社1996年版。

克思主义哲学研究。

（一）新起点上中国共产党的理论创新与马克思主义哲学发展

1. 新世纪新要求

进入新世纪后，我国社会主义事业进入新时期，社会主义市场经济体制初步建立，但是影响发展的传统的体制机制障碍还存在；经济实力显著增强，但是结构性矛盾和粗放式发展方式还存在，造成资源紧张、环境危机问题，生态建设任务紧迫；人民群众生活显著提高，但是贫富差距、城乡差别等不断拉大；民主法制建设不断推进，但跟人民群众对平等正义的要求相比还有差距；社会环境总体向好，但是人们之间的利益分配还存在不公平，甚至矛盾冲突；对外开放日益扩大，但国际竞争与不确定因素增多，等等。总之，改革进入关键时期，深化改革，解决这些深层次的矛盾，是推动社会主义事业发展的必然要求。

2. 以胡锦涛同志为总书记的党中央的理论创新

机遇前所未有，挑战也前所未有，面对新世纪新阶段新问题，以胡锦涛为总书记的党中央领导集体既立足于国情，又放眼世界，创新理论，提出了科学发展观。首先，科学发展观的第一要义是发展，这是我国社会主义初级阶段的国情决定的，这一时期社会的主要矛盾仍然是人民日益增长的物质文化需要同落后的社会生产之间的矛盾，党的中心工作仍然是以经济建设为中心，促进生产力快速发展。其次，科学发展观强调，发展的核心是以人为本，发展为了人民，发展依靠人民，发展成果由人民共享，突出了人民群众的价值主体地位。最后，科学发展观强调全面协调可持续的发展，强调发展以经济建设为中心的同时，促进经济建设、政治建设、文化建设和和谐的社会建设的全面发展；强调城乡之间，区域之间，经济与社会，发展与资源，环境等之间的协调发展；强调发展是人与自然和谐友好的可持续发展，是每一代人的发展都为子孙后代留下空间和条件的发展。党的十七大提出了我国现代化建设的总体布局，即经济建设、政治建设、文化建设、社会建设四位一体，推动社会主义物质文明、精神文明、政治文明、生态文明全面协调发展。

3. 马克思主义哲学研究进入新世纪

进入新世纪以来，党中央高度重视马克思主义理论研究和学科建设。胡锦涛在主持中共中央政治局集体学习时，多次强调中国特色社会主义事业的兴旺发达离不开以马克思主义为指导的哲学社会科学的繁荣发展。2004年1月中共中央发出《关于进一步繁荣发展哲学社会科学的意见》，提出实施马克思主义理论研究和建设工程。之后，中共中央办公厅转发《中央宣传思想工作领导小组关于实施马克思主义理论研究和建设工程的意见》，对工程具体实施作出部署。这是党中央的一项重要战略决策，也是一项重大的理论创新工程。与此同时，为了进一步加强马克思主义理论研究和学科建设，2005年12月23日国务院学位委员会和教育部发出了《关于调整增设马克思主义理论一级学科及所属二级学科的通知》，正式设立马克思主义理论一级学科，下设六个二级学科。马克思主义理论研究和建设工程的实施、马克思主义理论学科的设立，促进了马克思主义哲学学科的建设和发展，推动了马克思主义哲学研究再创新成绩。与此同时，国家明显加大了对哲学社会科学研究的经费投入力度。据报道，2008年，国家社科基金达到了3.06亿元，2009年接近3.9亿元，是20世纪90年代的30多倍。[①] 这一时期，全国高校、科研单位等组织了多种形式的相关论坛，极大促进了马克思主义哲学研究。例如2001年，《中国社会科学》杂志社联合全国马克思主义哲学博士点共同创办了"马克思哲学论坛"，每年召开论坛会议，已经成为国内马克思主义哲学学者深入探讨重大问题的高端学术会议，在学术界享有盛誉。

（二）新世纪马克思主义哲学研究主题

1. "以人为本"研究

从理论上讲，"以人为本"研究是20世纪80年代人性、人道主

---

① 参见祝晓风、李春艳《十问国家社科基金》，《中国社会科学报》2008年10月9日。

义问题及 90 年代至 21 世纪初的人学研究的延续，乃至是新中国成立 70 年以来，马克思主义哲学对人的发展的理论与实践的反思成果。从实践讲，党的十六大之后提出了"以人为本"的执政理念，在实践过程中，需要理论界对"以人为本"思想进行更深层面的学理分析和哲学阐释，以开拓思维，促进"以人为本"执政理念的具体实行。马克思主义哲学研究与时代要求相呼应，"以人为本"即成为理论界研究热点。

马克思主义哲学关于"以人为本"的研究包括：一是结合社会主义建设实践，深入梳理、阐发马克思"从现实的人出发"和"人的自由全面发展"等思想，探讨马克思关怀人、谋求人类彻底解放的思想。二是从马克思主义基本原理出发，深刻阐释"以人为本"理念的深刻内涵，主要是"以人为本"中的"人"的内涵，"人"即人民群众，与过去的"以神为本""以物为本""以 GDP 为本"等有本质区别。三是"以人为本"理念的理论与现实意义，以及实现路径、方法，等等。代表成果如薛德震的《以人为本构建和谐社会 20 论》[①] 等。

2. 生态哲学

在 20 世纪 90 年代，随着社会主义市场经济体制建立，我国经济迅猛发展，粗放式的发展方式使得人与自然环境关系也日趋紧张。在这种背景下，探讨人与自然关系的生态哲学逐渐兴起。进入 21 世纪，随着科学发展观可持续发展战略的提出，生态哲学研究成为理论界讨论的热点问题。

这一时期，马克思主义生态哲学讨论的重点，首先是关于马克思、恩格斯等经典作家关于生态和环境思想的梳理和挖掘。在马克思主义经典著作中，有很多关于人与自然关系、生态和环境的论述，学者们深入研究马克思的环境思想，挖掘这一宝贵的思想资源，为生态建设提供理论支撑。同时，结合中国经济社会发展实践，研究

---

① 薛德震：《以人为本构建和谐社会 20 论》，人民出版社 2006 年版。

生态哲学的理论意义、生态文明建设的现实价值，探讨生态文明建设的路径、方法，以及相关制度建设、理论宣传等。代表成果如李崇富的《马克思主义生态观及其现实意义》，①陈学明的《在马克思主义指导下进行生态文明建设》②等。

3. 马克思主义哲学中国化

马克思主义哲学中国化兴起于 21 世纪初。随着社会主义市场经济的发展，中国社会经济迅猛发展，社会处于急速转型期，出现了很多新情况、新问题，实践对更好地运用马克思主义哲学原理指导具体实际提出更高要求。但另外，由于一段时间以来对马克思主义哲学的抽象理解，降低了马克思主义哲学理论的现实解释力和解决实际问题的能力。如何把马克思主义哲学与当代中国具体实际、与中国传统文化有机融为一体，创造出中国化的马克思主义哲学，摆脱中马与西马、以中为主还是以西为主等的争论，成为新时期马克思主义哲学研究的重点。

马克思主义哲学中国化研究受到党中央高度重视，全国各大高校、科研机构等组织了大量相关学术研讨会，纷纷把马克思主义哲学中国化作为重点课题研究，各大报纸杂志组织专家进行专题研讨，学者们撰写了大量相关论文和专著，发表了大量相关成果。

研究的主要内容包括：一是马克思主义哲学中国化的内涵，学者们一般从与中国传统哲学、与中国实际相结合的角度来理解"中国化"，并以此为基础进行了多方探讨。如赵剑英的《马克思主义哲学"中国化"的内涵》③等。二是关于"马克思主义哲学中国化"的历程、规律等，学者们进行了梳理、探讨，并在此基础上进行了

---

① 李崇富：《马克思主义生态观及其现实意义》，《湖南社会科学》2011 年第 1 期。

② 陈学明：《在马克思主义指导下进行生态文明建设》，《江苏社会科学》2010 年第 5 期。

③ 赵剑英：《马克思主义哲学"中国化"的内涵》，《马克思主义与现实》2005 年第 5 期。

深入研究，代表成果如安启念的《马克思主义哲学中国化：规律和形态》[①]，陶德麟、何萍的《马克思主义哲学中国化：历史与反思》[②]等。三是马克思主义哲学中国化途径、方法等，多数学者都强调，关键在于理论创新。代表成果如陶德麟的《马克思主义哲学中国化研究的方法论问题》[③]。四是关于马克思主义哲学中国化的目标、任务，也就是如何建构中国化的马克思主义哲学新形态，学者们一般强调，要构建具有中国风格、中国形式、中国气派的马克思主义哲学。实现这个目标就必须坚持马克思主义哲学的民族化、具体化，使马克思主义哲学融入中国人日常生活的人生观和价值观之中，使马克思主义哲学不再是书本上的哲学，而是人们的生活哲学。代表成果如郭湛编写的《马克思主义哲学中国化教程》[④]等。

4. 现代性哲学

"现代性"是西方话语，"现代"指的是欧洲文艺复兴之后，随着资本主义市场经济的确立和发展而形成的不同于传统封建社会的现代社会。"现代性"是西方理论界对资本主义发展中所具有的机器化大生产、资本化与资本扩张、世界市场体系与全球化、城市化等特性的总称。马克思曾经对资本主义现代社会进行了既肯定又否定的全面批判。我国马克思主义哲学所讨论的现代性问题兴起于21世纪之初，它是随着我国社会主义市场经济的建立和快速发展，对取得的显著成就、同时各种矛盾也日益暴露等现象的深刻反思；当然也是随着中国全面融入世界体系、受西方语境的影响而形成的对现代性问题的讨论热潮。

---

① 安启念：《马克思主义哲学中国化：规律和形态》，《中国人民大学学报》2005年第3期。

② 陶德麟、何萍：《马克思主义哲学中国化：历史与反思》，北京师范大学出版社2007年版。

③ 陶德麟：《马克思主义哲学中国化研究的方法论问题》，《学术月刊》2003年第11期。

④ 郭湛编：《马克思主义哲学中国化教程》，人民出版社2008年版。

这一时期,理论界对现代性的研究全面而充分,学者们发表了大量的论文和专著,讨论的问题也逐渐深入、拓展。研究的内容,首先,是对西方理论界关于现代性研究的代表人物和学派的相关观点的介绍和评价。其次,是对马克思、恩格斯关于现代性思想的梳理和挖掘,探讨马克思对现代性问题的思考方法和逻辑。最后,是面对当代中国问题的马克思主义现代性研究,旨在从总体上认识和把握当代中国的现代社会发展进程,对所出现的问题的反思、对未来的预见及发展对策等。代表成果有丰子义的《马克思现代性思想的多维透视》①,孙承叔的《资本与现代性——马克思的回答》②。

5. 马克思主义文本研究

21世纪以来,马克思主义文本研究之所以成为理论界关注热点,一方面是随着我国社会主义市场经济的发展,我国社会实践发生了翻天覆地的变化,需要我们超越传统文本研究思路,进一步深化对马克思恩格斯原本思想的研究,接近或还原马克思恩格斯思想的本真内涵,坚持真正的而不是被误解甚至被歪曲的马克思恩格斯思想,这是马克思主义哲学研究的最基础性工作,也是时代发展的客观要求;另一方面,与《马克思恩格斯全集》MEGA^{2}先行版的出版密切相联,MEGA^{2}版每一卷都不仅包括正文卷,还包括附属资料卷,资料卷中有大量的文献学信息,通过对文献资料的系统整理和研究,可以获得比原来逐字逐句阅读正文更大更多的信息,从而可以更准确地把握马克思恩格斯原本思想。

理论界一般认为,张一兵在《回到马克思——经济学语境中的哲学话语》③提出"回到马克思"的口号,是这一时期马克思文本研究兴起的标志。"返本开新",回到马克思恩格斯文本的原初语境,

---

① 丰子义:《马克思现代性思想的多维透视》,《中国社会科学》2005年第4期。
② 孙承叔:《资本与现代性——马克思的回答》,《上海财经大学学报》2006年第4期。
③ 张一兵:《回到马克思——经济学语境中的哲学话语》,江苏人民出版社1999年版。

成为理论界普遍共识。中国社会科学院、中央编译局、北京大学、南京大学、清华大学等成立了相应的研究机构,或设立相关课题,进行专门研究,各大报纸杂志、出版社也发表了大量相关成果,马克思主义文本研究进入了新阶段。

从研究内容看,首先是关于马克思文本研究的方法和路径,理论界普遍认为,只有创新方法论,才能达到新的水平和高度。其次,在《马克思恩格斯全集》MEGA^2 版基础上,对马克思恩格斯思想进行新挖掘、梳理和阐释。代表成果例如聂锦芳的《马克思文本研究方法再省思》《清理与超越——重读马克思文本的意旨、基础与方法》[1],韩立新主编的《新版〈德意志意识形态〉研究》[2],等等。

(三) 简要总结

改革开放时期,马克思主义哲学研究从"真理标准"大讨论开始,在结合时代发展、改革开放实践要求的基础上,一方面不断深化马克思主义理论研究;另一方面,结合实践需要不断拓展研究领域,回答时代课题,取得了重要成果。

从主体角度看,20世纪80年代对主体性和认识论问题,对人的认识结构、认识能力及主体能动性和创造性等进行了深入研究;同时,深刻反思了"文化大革命"时期对人性的抽象理解,对现实人性的轻视、蔑视,探讨了人道主义和异化问题、价值哲学问题等,这是对主体利益和需要、主体价值目标等的深入思考。20世纪90年代,对主体问题的关注,随着社会主义市场经济体制的建立和发展,演化为对人学问题的深入研究。21世纪以来,"以人为本"等思想的研究是关于人的问题、主体问题研究的继续。

从基本原理角度,20世纪80年代,学界提出了超越苏联哲学教

---

[1] 聂锦芳:《马克思文本研究方法再省思》,《学术研究》2003年第9期;《清理与超越——重读马克思文本的意旨、基础与方法》,北京大学出版社2005年版。

[2] 韩立新主编:《新版〈德意志意识形态〉研究》,中国人民大学出版社2008年版。

科书模式、创立中国的马克思主义哲学体系的课题，旨在摆脱对马克思主义基本原理的教条理解，回归原本的马克思主义。进入新世纪，学界加强了文本研究，不断深化马克思主义经典著作、经典文本的学习和研读，旨在通过对马克思、恩格斯原初文本和思想语境的考古式研读和梳理，把握马克思、恩格斯的原本思想，尊重马克思主义哲学原理的科学性和真理性，通过对原理的准确把握来解决现实问题。

从现实问题角度，改革开放时期，马克思主义哲学研究关注现实，直面现实，注重运用马克思主义原理解释和解决现实问题。在这一过程中，充分发挥了马克思主义哲学原理现实性力量，表现出马克思主义哲学的引领思潮、创新理论的作用。

第三节　新时代马克思主义哲学迎接新挑战

党的十八大以来，中国特色社会主义进入了新时代，时代发展给马克思主义哲学研究提出一系列新课题，需要马克思主义哲学研究及时予以解答。

一　新时代新挑战与中国共产党的理论创新

（一）党的十八大以来中国社会主义建设面临的新挑战、新问题

党的十八大以来，一方面，经过长期努力，我国社会主义事业取得了辉煌的成就，经济发展世人瞩目，在世界主要国家中名列前茅，国内生产总值稳居世界第二，对世界经济增长贡献率超过百分之三十；人民生活不断改善、显著提高，获得感明显增强。另一方面，新时代新征程又面临着更复杂的矛盾和问题，主要是发展不平衡、不充分带来的问题突出，环境保护任重道远，某些地方存在尖

锐的矛盾；民生领域还有很多短板，人民群众在就业、教育、医疗、居住、养老等方面仍然面临很多难题；城乡差距、收入分配差距仍然较大；民主法制建设与人民群众对公平正义的要求差距仍然较大；价值观、意识形态领域的斗争仍然纷繁复杂，等等。新时代、新征程面临新矛盾、新问题，需要不断奋斗才能再创辉煌。

（二）以习近平同志为核心的党的新一届中央领导集体的理论创新

党的十八大以来，随着我国综合国力全面提升，人民生活根本改善，人民群众对未来充满更美好的向往。以习近平同志为核心的党中央在深刻分析了世情、国情的基础上，提出了"两个一百年"的奋斗目标和实现中华民族伟大复兴中国梦的重大战略构想，生动描绘了中国人民一百多年来的热切期望和共同理想。中国梦的基本内涵就是"实现国家富强、民族振兴、人民幸福"[1]。

为实现伟大复兴的中国梦，需要开拓创新，奋斗进取。党中央创造性提出了"一带一路"倡议、"五位一体"总体布局、"四个全面"战略布局，以及"创新、协调、绿色、开放、共享"的新发展理念等。同时，面对国内国际复杂局势，敌对势力对我国意识形态领域的虎视眈眈和恶意破坏，党中央提出了加强意识形态和社会主义核心价值观建设，努力达成价值共识，形成大家普遍认可的价值观，凝聚力量，团结一致，维护社会的和谐有序，谋求共同的生存发展。

2017年10月，根据我国社会发展进入新常态、新阶段，党的十九大报告创造性地提出"中国特色社会主义新时代的历史方位"的战略判断，指出："经过长期努力，中国特色社会主义进入了新时代，这是我国发展新的历史方位。"这是党中央对当前所处的历史方位作出的重大战略判断，对指导我国未来社会发展方略谋断、政策制定、制度安排等都具有极为重大的意义。

---

[1]《习近平关于实现中华民族伟大复兴的中国梦论述摘编》，中央文献出版社2013年版，第6页。

（三）马克思主义哲学研究进入新时代

21世纪以来，随着马克思主义理论研究和建设工程的实施、马克思主义理论学科及马克思主义哲学学科建设的推进，马克思主义哲学研究进入了新时代。新时代，党中央高度重视哲学社会科学的研究工作。习近平总书记在多次讲话中强调哲学社会科学的重要性，强调学好用好马克思主义哲学的重要性，指出："要原原本本学习和研读经典著作，努力把马克思主义哲学作为自己的看家本领"。[①] 这一时期，学界应时代发展新要求，全面加强了马克思主义哲学研究，取得了重要成果，例如，王伟光主编的《新大众哲学》[②] 是代表性成果。此外，各高校、科研单位等组织了系列相关论坛，定期召开研讨会，有力地推动了马克思主义哲学研究及马克思主义哲学学科建设的发展。

二 新时代马克思主义哲学研究主题

（一）社会主义核心价值观研究

党的十八大正式提出社会主义核心价值观之后，中央加强了学习和宣传社会主义核心价值观的力度，强调要把培育和践行社会主义核心价值观融入国民教育全过程。理论界就此进行了广泛而深入的研究。一方面，就社会主义核心价值观24字内容进行了深入阐释，结合价值观建设实践进行了全面解读；另一方面，就如何践行社会主义核心价值观，进行了多方探讨，特别是在大数据互联网条件下如何加强社会主义核心价值观建设，提出了诸多建议。如袁贵仁强调，价值观教育是个系统工程，需要注意价值观的层次性和差异性，把思想教育、舆论导向、政策调节、制度约束结合起来，把价值观教育与社会文明生活方式建设结合起来，使价值观教育落到

---

① 《学习习近平总书记系列讲话精神干部读本》，浙江人民出版社2014年版，第9页。

② 王伟光:《新大众哲学》，中国社会科学出版社、人民出版社2014年版。

现实生活之中。①

在价值观研究中，涉及最多的是关于普世价值争论。普世价值争论源于长期以来西方国家把资本主义民主、自由、平等、人权等价值观包装成"普世价值"，向我国大力渗透、宣传，造成了一定思想混乱。全国各个高校、科研单位召开大量相关学术会议，大批学者参加了讨论，发表了大量学术成果。马克思主义哲学在批判普世价值过程中，运用马克思主义基本原理、立足于人民群众立场，通过深刻揭示普世价值的内涵及本质，从更深层次清浊激扬，发挥了极为重要作用。到底有没有普世价值存在？有些学者肯定普世价值客观存在；有些学者认为没有永恒存在、普遍适用的绝对价值。但是普世价值争论的实质并不在此。具有客观性、普遍性的价值并不是西方国家所宣扬的"普世价值"；西方国家宣扬的"普世价值"实质上是西方资产阶级的"普世价值观"，"'普世价值'争论的本质不是有无普世价值的抽象理论争论，而是关于资本主义制度是否具有普世性和永恒性、中国政治制度是否要'全盘西化'的重大政治原则问题。"②

（二）意识形态问题研究

党的十八大以来，一方面，随着我国国力增强，社会主义事业繁荣昌盛，西方敌对势力把我国视为对西方价值体系和制度的挑战，诬蔑、丑化马克思主义意识形态，无限夸大中国社会主义改革中出现的一些问题，挑拨事端，煽动和怂恿反对社会主义的情绪，动摇人们对马克思主义的信仰和对社会主义的信心，最终试图颠覆社会主义制度；另一方面，随着我国改革不断深入、对外开放不断扩大，价值主体利益和需要的多元化使得人们的价值追求多样化、复杂化，思想文化多元化，拜金主义、利己主义与从国外涌入的民主社会主

---

① 袁贵仁：《价值观的理论与实践——价值观若干问题的思考》，北京师范大学出版社 2013 年版，第 8 页。

② 侯惠勤：《再辨"普世价值"的理论实质》，《光明日报》2017 年 5 月 19 日。

义思潮、新自由主义思潮、历史虚无主义思潮等相混杂、相呼应，混淆是非，难辨真假，造成思想混乱。

在这种背景下，马克思主义哲学研究对意识形态建设问题给予了高度重视，掀起了意识形态研究热潮。各大科研机构和高校等组织召开了系列相关"意识形态"问题的研讨会，各大报纸杂志和出版机构发表了大量相关成果。学者们围绕着意识形态理论渊源、意识形态建设的重要性和紧迫性、意识形态的性质和内容、加强意识形态建设的方法和路径等问题进行了深入探讨。从内容看，意识形态话语权是学者们讨论的重点。"话语权"是"意识形态思想领导权的实现方式"（侯惠勤），学者们围绕着意识形态话语权的基本内涵、意识形态话语权建设的重要性、当代中国意识形态话语权面临的机遇和挑战，以及建设路径和方法等展开了深入研究。代表成果如侯惠勤的《意识形态的历史转型及其当代挑战》《意识形态话语权初探》[①] 等。

（三）马克思公平正义问题研究

公平正义问题是学界讨论的热点问题。一方面，随着我国经济发展，温饱问题的解决，人民群众开始不仅关注物质生活，而且对公平、正义、食品安全、环境等方面的要求也日益提高；另一方面，随着我国市场经济的发展，出现贫富差距拉大等现象，引发人们不满。对此，学界对社会公平正义问题进行了深入探讨。

关于马克思公平正义问题的讨论，比较深也比较难的问题是马克思是否存在"正义悖论"。马克思、恩格斯没有专门研究过"正义"，他们相关正义的思想主要是在批判当时各种正义理论、揭露资本主义非正义事实而阐发的。在马克思、恩格斯相关正义问题的大量讨论中，表面上似乎存在相互矛盾的现象和观点，由此有学者认为马克思存在"正义悖论"。多数学者强调，马克思不存在"正义

[①] 侯惠勤：《意识形态的历史转型及其当代挑战》，《马克思主义研究》2013年第12期；《意识形态话语权初探》，《马克思主义研究》2014年第12期。

悖论",马克思、恩格斯肯定普遍性正义原则,反对的是永恒不变的绝对正义,反对资产阶级正义价值观。同时,学者们通过对马克思正义理论进行梳理和挖掘,积极构建马克思主义正义理论,取得了重要成果。此外,学界探讨了社会主义正义原则问题,学者们普遍认为,公平正义是社会主义法制建设的价值原则,是解决社会不公正现象的基本原则。

(四)辩证唯物论与唯物辩证法

马克思主义辩证唯物论与唯物辩证法是马克思主义哲学研究的重点内容。习近平总书记多次强调,辩证唯物主义是中国共产党人的世界观和方法论,"必须不断接受马克思主义哲学智慧的滋养"[1],自觉地坚持和运用辩证唯物主义世界观和方法论,把各项工作做得更好。近些年来,理论界加强了马克思主义辩证唯物主义及辩证方法的研究。中国特色社会主义实践进一步丰富了辩证唯物主义的深刻内涵,表现为中国共产党的一系列理论创新,正如谢伏瞻所指出,中国共产党创造性地将辩证唯物主义和历史唯物主义运用于党和国家的一切工作中,形成了一系列新思想新观点新方法,在新的时代条件下赋予了辩证唯物主义和历史唯物主义基本原理和方法论新的时代内涵,光大了马克思主义哲学的实践性品格,将马克思主义哲学的创造性运用提升到一个新的境界。[2]

另外,学界深刻批判了否定或虚化辩证唯物主义世界观的思想,强调了毫不动摇地坚持辩证唯物主义世界观方法论的重要意义。侯惠勤指出,有些学者搞所谓马克思主义哲学的"实践论转向"、否定物质本体论、取消哲学基本问题等,这样将导致世界观上的颠覆性错误。强调要捍卫马克思主义关于哲学的党性立场,回击当代污名

---

[1] 习近平:《辩证唯物主义是中国共产党人的世界观和方法论》,《求是》2019年第1期。

[2] 谢伏瞻:《赋予辩证唯物主义和历史唯物主义新内涵》,《中国社会科学报》2019年5月17日。

化唯物主义哲学的倾向。①

（五）社会主要矛盾研究

党的十九大报告指出：经过长期努力，我国社会主要矛盾已经转化为人民日益增长的美好生活需要和不平衡不充分的发展之间的矛盾。党的十九大对我国社会主要矛盾作出适时、准确的新概括，具有极为重大的历史意义和现实意义。这个判断一提出，理论界即对此进行了广泛研讨。马克思主义哲学研究立足于历史唯物主义和唯物辩证法，对新时代我国社会主要矛盾提出的理论依据、时代背景与现实依据进行了深入分析，对社会主要矛盾的科学内涵进行了多方探讨，例如，李慎明指出："社会主要矛盾是社会基本矛盾在一定社会各种具体矛盾的表现中居于支配的地位，起着规定或影响其他矛盾的矛盾，其他矛盾则是非主要矛盾。"② 此外，学界深入探讨了新时代社会主要矛盾提出的重大意义，学者们普遍认为，按照矛盾分析方法，只有抓住社会的主要矛盾，才能抓住解决问题、推动社会发展的关键。最后，针对我国社会主要矛盾变化给党和国家的工作提出的新要求，学者们也从多个方面提出破解方法，提出了一系列应对措施、方略及具体办法，表明今后党的中心任务、战略措施、政策制定、制度设计等，将摒弃以前的物品匮乏年代的思维方式，转向提升人的精神境界、促进人的自由全面发展的思维方式。

三 简要总结

这一时期，马克思主义哲学研究的特点有：一是面对复杂的国际局势，面对西方敌对势力对我国意识形态、价值观领域的渗透和破坏，马克思主义哲学研究强化了意识形态和价值观等问题的研究；

---

① 侯惠勤：《坚持辩证唯物主义世界观与改造世界观》，《世界社会主义研究》2019年第4期。

② 李慎明：《正确认识和科学把握中国特色社会主义新时代社会主要矛盾》，《世界社会主义研究》2018年第2期。

二是直面现实，努力解决现实问题。熟练掌握马克思主义基本原理，深入分析和解决现实问题，这是对马克思主义理论的本质追求。这一时期马克思主义哲学研究突出强调学术性与现实性的辩证统一性，强调现实研究要有更多针对性，不是套用原理、硬说现实，而是在精通基本原理精神的基础上，对现实问题的准确分析和实际解决。

第四章

马克思主义经济学研究 70 年

新中国成立以来的 70 年，我国取得了举世瞩目的伟大成就。综合国力大幅增强，人民生活水平在总体上大幅度跃升。70 年来，中国实现了从农业国家向工业化国家的转变，减贫人口占同期全球减贫人口总数的 70% 以上，完成了向世界第二大经济体和许多关键领域技术领先者的飞跃，化身为国际舞台上一支举足轻重的力量，在促进全球经济增长方面扮演着重要角色。新中国 70 年来经济建设的光辉历程表明，中国社会主义改造和建设的胜利，中国特色社会主义道路的开辟和中国奇迹的创造，是与我国坚持马克思主义经济学的指导地位，在经济理论上不断探索与创新分不开的。70 年来，我国的马克思主义经济学研究随着实践的发展日益深化，充分诠释了社会主义初级阶段理论、社会主义市场经济理论、习近平新时代中国特色社会主义经济思想等理论创新成果。随着新发展理念和以人民为中心的发展新思想的确立，马克思主义经济学在指导中国经济建设实践中正日益展现其强大生命力，在世界范围内正产生越来越深刻的影响。

第一节　新中国 70 年来马克思主义经济学研究主要脉络与简要回顾

新中国成立 70 年来，中国的社会主义经济建设历程大致经历了三个阶段。其中每一个时期内，中国经济学者都针对当时社会主义经济建设中出现的各种问题进行了不懈的理论探索，并从不同角度深化阐释或丰富发展了马克思主义经济学的思想。

一　改革开放前我国马克思主义经济学研究的开展

新中国的成立是开天辟地的大事，结束了旧中国落后混乱的局面，开启了建设社会主义的新征程。1950 年 6 月 30 日，《中华人民共和国土地改革法》公布施行，逐步展开土地改革运动，至 1952 年基本结束。1953 年 6 月 15 日，毛泽东提出党在过渡时期的总路线和总任务。面对新的历史任务，经济理论界积极介绍马克思主义经济学理论，并立足实践开始探索社会主义经济建设规律，1959 年 4 月理论界召开了新中国成立以后第一次全国经济研讨会。

从 1953 年过渡时期总路线的提出到 1956 年社会主义改造基本完成，我国对社会主义发展阶段的认识经过了一个曲折反复的过程。一般认为，过渡时期是从资本主义向社会主义的过渡，中华人民共和国的成立标志着我国正式进入过渡时期。经济学界对此展开了讨论。胡镜白提出，过渡时期是从无产阶级建立自己的政权开始，到社会主义建成才宣告结束；[①] 狄超白则认为，社会主义改造胜利后我国仍然处于过渡性质，在社会主义公有制基础上发展成为先进的工

---

① 胡镜白：《过渡时期究竟有多长？》，《新华日报》1956 年 6 月 27 日。

业国，过渡时期才能宣告结束。① 关于社会主义建成的标志，仇知白等人提出，社会主义只有在建成一个基本完整的工业体系之后才能从根本上实现。②

　　1956年4月，毛泽东作《论十大关系》报告，总结了我国社会主义建设的经验，提出了调动一切积极因素为社会主义建设事业服务的基本方针。报告系统论述了重工业和轻工业、农业，沿海工业和内地工业、经济建设和国防建设，国家、单位和个人，中央和地方等之间的关系，提出不能照搬苏联经验，对适合中国情况的社会主义建设道路进行了初步的探索。1956年9月，党的八大进一步指出，国内的主要矛盾已经是先进的社会制度同落后的社会生产力之间的矛盾。由此展开了对社会主义制度下商品生产和价值规律作用的讨论。1956年，陈云在《社会主义改造基本完成以后的新问题》中提出，在社会主义经济中要有市场调节作为补充。顾准则认为，社会主义经济可以设想让价值规律自发调节企业的生产经营活动。③于光远在1959年提出，凡是加入交换的产品都是商品，社会主义经济中存在的几种交换关系，都是商品交换关系。应成旺则认为，社会主义生产也会出现生产比例失调的矛盾，这个矛盾会通过产品的积压、脱销、滞销等表现出来，影响到不同企业的收入或各项指标的完成。这些关于商品和价值规律的理论探索，为我国走出困难时期、正确认识经济规律开拓了视野。

　　1958年，党的八大二次会议通过了社会主义建设总路线。1958年年底，党的八届六中全会通过了《关于人民公社若干问题的决议》。在学习决议的过程中，围绕社会主义过渡到共产主义的问题展

---

　　① 狄超白：《我国过渡时期社会主义经济的发展和经济规律》，《经济研究》1956年第4期。

　　② 仇知白、陈烈、马锡锌：《怎样才算建成社会主义》，《浙江日报》1956年12月15日。

　　③ 孙冶方：《把计划和统计放在价值规律的基础上》，《经济研究》1965年第6期。

开了激烈讨论。一种意见认为,从中华人民共和国成立到社会主义建成,是一个过渡时期。它不是一个独立的社会形态,而是属于过渡性质的社会。① 另一种意见认为,我国已经处于共产主义的第一阶段——社会主义社会。② 还有一些学者主张,我国没有进入共产主义的第一阶段,而仍处在由资本主义到社会主义的过渡时期。

在此期间,由于教条化的理解,我国经济理论中一些"左"的主张开始出现。1957 年,理论界开展对马寅初"新人口理论"的批判。同年,基于建立和巩固社会主义生产关系的现实需要,对李平心等人的"生产力论"展开了批判。1963 年 10 月,工作组以"张(闻天)、孙(冶方)反党联盟"的罪名对孙冶方进行批斗,孙冶方在经济理论上的错误被定性为两个方面:一是反对无产阶级国家统一管理经济,主张企业独立自治;二是反对按社会需要调节生产,主张以利润调节生产。

在 1958 年 11 月的郑州会议和 1959 年 8 月的庐山会议上,毛泽东两次向全党干部建议读斯大林的《苏联社会主义经济问题》和苏联科学院经济研究所编写的《政治经济学教科书》第三版"社会主义部分"。1959 年毛泽东指出了"一平二调"的错误,提出价值规律是"伟大的学校"。同年 12 月至 1960 年 2 月,毛泽东对苏联《政治经济学教科书》下册即"社会主义部分"的研读意见被汇编成《毛泽东读社会主义政治经济学批注和谈话》并被印发,推动了对政治经济学的学习研究。此后,国内开始着手编写我国自己的政治经济学教科书。

针对以优先发展重工业为核心的苏联工业化道路,中国的学者结合本国的实际进行了探讨。很多学者提出,中国现在进行工业化

---

① 高树本:《关于由社会主义社会向共产主义过渡的一点看法》,《光明日报》1959 年 4 月 5 日。

② 波涛、剑超:《我们对于由社会主义向共产主义过渡问题的认识——与高树本同志商榷》,《光明日报》1959 年 4 月 19 日。

建设要以农业为基础,以工业为主导,两者并重。与此相联系,20世纪60年代经济学界围绕速度和比例、经济核算和经济效果、资金利润率和生产价格展开了进一步研究。孙冶方提出,利润的多少是反映企业技术水平和经营管理好坏的最综合的指标。此后,中国学者研究的重点转向社会主义社会的商品范畴、商品生产存在的原因、全民所有制经济内部所交换的生产资料是不是商品等问题,提出了不少新的观点。卓炯在1962年进一步提出,商品经济与社会主义不矛盾,可以成为建设社会主义的有力工具。[①] 也有学者认为,公有制条件下存在交换,这些交换的产品就是商品。还有学者提出,国民经济有计划按比例发展规律必须建立在价值规律的基础上才能实现。计划经济体制下的另一个重大现实问题,是社会主义的按劳分配。围绕这一问题有的学者提出,劳动力归个人所有是按劳分配的直接依据;也有观点提出,商品经济条件下按劳分配的实现程度受价值规律的影响,按劳分配只能以计量社会必要劳动为依据。这些观点为20世纪70年代末开始的中国经济体制改革提供了理论准备。

二 改革开放时期我国马克思主义经济学研究的探索与创新

改革开放是决定当代中国历史命运的伟大抉择。1979年6月的《政府工作报告》中指出:我国传统体制的要害问题,是"在生产和流通领域中忽视了商品生产的价值准则"。这一论断为重新认识和评介商品经济及市场作用指出了方向。20世纪80年代前期理论界关于社会主义经济与商品经济关系的讨论,为改革开放提供了理论支持。1984年10月,党的十二届三中全会通过了《中共中央关于经济体制改革的决定》,内容虽然还没有超越计划经济的框架,但提出了一系列创新的理论观点。如:"商品经济的充分发展,是社会经济不可逾越的阶段";[②] 不能单靠行政命令;不能忽视经济杠杆的重要

[①] 卓炯:《论社会主义商品经济》,广东人民出版社1981年第1版,前言第1—3页。
[②] 《十三大以来重要文献选编》(上),人民出版社1991年版,第14页。

作用，等等。

（一）正确认识我国社会主义发展阶段

1981年6月，党的十一届六中全会《关于建国以来党的若干历史问题的决议》提出："我们的社会主义制度还是处于初级阶段。"[①] 1982年9月，党的十二大报告又重申"我国的社会主义社会还处在初级发展阶段"。1987年11月，党的十三大报告指出，"我国正处在社会主义的初级阶段"。[②] 此后，理论界关于这个问题的研究与讨论逐步趋向高潮。其中项启源的观点具有代表性。他认为，从"五形态论"的角度来看，中国社会已经进入了社会主义社会。但是我国的商品经济、市场经济还很不发达，自然经济和半自然经济还占有较大比重；从"三形态论"来看，我国是处于第二大社会形态，即商品经济阶段，商品经济、市场经济在我国将长期存在，这是我国还处于社会主义初级阶段的根本原因。[③] 随着理论研究的深入，党的十三大报告作出我国还处在社会主义初级阶段的科学论断，并对社会主义初级阶段的性质、任务、特点和基本路线做了全面深刻论述。

（二）在所有制问题上的理论创新，是中国经济改革的重要突破口

1981年10月17日，党中央、国务院作出《关于广开门路，搞活经济，解决城镇就业问题的若干决定》指出，在社会主义公有制经济占优势的根本前提下，实行多种经济形式和多种经营方式长期并存，是我党的一项战略决策。这一决策突破了生产资料所有制单一化、公有化程度越高越好的传统观念。此后，我国对公有制与非公有制的关系在认识上进一步深化，邓小平强调以公有制为主体，非公有制为辅助或补充。始于1992年2月关于建立社会主义市场经

[①] 《三中全会以来重要文献选编》（下），人民出版社1982年版，第838页。
[②] 《十三大以来重要文献选编》（上），人民出版社1991年版，第9页。
[③] 项启源：《论我国社会主义初级阶段的历史定位》，经济科学出版社2001年第1版，第126页。

济体制的讨论和决策，是一次新的理论飞跃。1992年年初邓小平的南方谈话，再次强调计划经济不等于社会主义，市场经济不等于资本主义，计划和市场都是经济手段，不是社会主义与资本主义的本质区别。[①] 同年10月，依据邓小平的南方谈话精神，党的十四大报告正式提出经济体制改革的目标是建立社会主义市场经济体制。[②] 次年11月14日，党的十四届三中全会通过《关于建立社会主义市场经济体制若干问题的决定》，勾画了社会主义市场经济体制的基本框架。该《决定》指出，社会主义市场经济体制是同社会主义基本制度结合在一起的，建立社会主义市场经济体制，就是要使市场在国家宏观调控下对资源配置起基础性作用。1997年9月12—18日，中国共产党第十五次全国代表大会提出，党在社会主义初级阶段的基本纲领，明确公有制为主体、多种所有制经济共同发展是我国社会主义初级阶段的一项基本经济制度，提出"非公有制是社会主义市场经济重要组成部分"的论断。

（三）国有企业改革是与所有制问题密切相关的一个领域

1986年12月5日，国务院在《关于深化企业改革增强企业活力的若干规定》中指出，全民所有制小型企业可积极试行租赁、承包经营，全民所有制大中型企业要实行多种形式的经营责任制，并选择少数进行股份制试点。此后，关于构造多元市场主体及国有企业改革模式的讨论日渐受到关注。理论界的主要思路是，推动国有企业所有权与经营权的适当分离。由此，开启了从承包制到股份制再到把股份制作为公有制主要实现形式的认识深化过程。1997年9月始，针对公有制经济的地位和作用这一核心问题，理论界展开了大讨论。讨论的主题是公有制的实现形式问题。党的十五大报告提出，公有制实现形式可以而且应当多样化。股份制是现代企业的一种经营方式和资本组织形式，资本主义可以用，社会主义也可以用。关于所有制实现形式的

[①] 《邓小平文选》第3卷，人民出版社1993年版，第373页。
[②] 《江泽民文选》第1卷，人民出版社2006年版，第198页。

讨论，促使经济体制改革快速进入攻坚阶段。

1999年9月22日，党的十五届四中全会通过的《关于国有企业改革和发展若干重大问题的决定》指出，要从战略上调整国有经济布局，推进国有企业战略性改组，建立和完善现代企业制度，加强和改善企业管理，提高国有经济的控制力，使国有经济在关系国民经济命脉的重要行业和关键领域占支配地位。这些探索，对如何在社会主义市场经济体制下奠定充满活力的市场微观主体，提供了理论性指导。

（四）经济体制改革中的一个核心问题就是要如何处理计划和市场的关系

改革之初，我国经济学术界就围绕计划调节与市场调节的关系进行了深入的研究。从确立社会主义有计划商品经济体制，到社会主义商品经济，再到确立社会主义市场经济思想，最终把建立社会主义市场经济作为经济体制改革目标。这一创新为马克思主义经济学的发展开辟了空间，为中国经济快速发展营造了有利的制度环境。

（五）收入分配问题的探讨伴随所有制结构演变不断深入

在传统经济体制下，按劳分配与生产资料公有制是统一的。党的十一届三中全会第一次提出，要克服平均主义。分配制度改革启动后，我国突破了把按劳分配视为社会主义唯一分配原则的观点。1987年党的十三大报告中，首次系统地提出了社会主义初级阶段实行以按劳分配为主体、其他分配方式为补充的分配制度。理论界继而出现了研究社会主义初级阶段分配方式的热潮。党的十七大报告进一步提出，要健全劳动、资本、技术、管理等生产要素按贡献参与分配的制度。中国经济学者在市场经济体制改革过程中形成的个人收入分配理论，丰富了社会主义市场经济条件下的分配观。虽然还需要探讨和完善，但其本身标志着社会主义市场经济体系的发展和深化。

（六）经济发展的效益与质量问题的研究

20世纪末，在科学技术是第一生产力的基础上，江泽民提出科学技术"是先进生产力的集中体现和主要标志",① "科技创新是提高科技实力的中心环节"。② 这些观点,推动了理论界对科技创新问题的研究,科教兴国战略和可持续发展战略被提上日程。新世纪新阶段向我们党提出了"发展什么,怎样发展"的事关中国特色社会主义事业发展的重大问题。2003年8月28日—9月1日,胡锦涛在江西考察工作期间明确提出"科学发展观",科学发展观坚持以人为本,将全面、协调、可持续作为发展的内在要求,将经济社会和人的全面发展作为发展的内容,在方法论上要求"统筹城乡发展、统筹区域发展、统筹经济社会发展、统筹人与自然和谐发展、统筹国内发展和对外开放"。2005年3月,胡锦涛在中央人口资源环境工作座谈会上指出要把"控制人口、节约资源、保护环境放在重要战略位置",大力推进循环经济,建设资源节约型、环境友好型社会。人口、资源和环境的协调发展问题成为我国经济发展中的实践要求,推动了对生态环境问题研究的深入。

(七)对社会主义国家对外经济关系的研究,伴随着我国开放进程逐渐深化

改革开放后,我国于1979年7月在广东、福建两省的对外经济活动中实行特殊政策和灵活措施;同年7月15日,党中央、国务院决定在深圳、珠海、汕头、厦门试办特区,1980年5月16日,我国将特区命名为"经济特区"。此后于1988年,又建立了海南经济特区。实践的发展,需要从理论上说明社会主义商品经济条件下的对外经济关系。对此,我国学者进行了认真的探讨,焦点集中在引进外资、引进技术和管理、中外合作的方式和渠道等方面。2001年11月,中国加入世界贸易组织,表明中国对外开放进入一个崭新的阶段。此后,学界针对引进外资和保护民族工业发展、适度外向型和国家经济安全、培育知识产权优势等问题展开了研究。2005年7月

---

① 江泽民:《论"三个代表"》,中央文献出版社2001年版,第67页。
② 同上书,第68页。

21 日，我国开始实行以市场供求为基础、参考一篮子货币进行调节管理的浮动汇率制度。人民币汇率形成更富弹性的汇率机制，中国融入世界经济一体化的进程进一步加快。

三 习近平新时代中国特色社会主义经济思想的形成与发展

经过 40 年的改革开放，中国成功地进入中等收入国家行列。与此同时面临的形势和任务也发生了重大变化。围绕中国经济发展新阶段面临的新问题和新任务，马克思主义经济学界的研究进入新阶段。以习近平同志为核心的党中央指出，中国特色社会主义进入了新时代，并明确了新时代的奋斗目标和面临的主要矛盾。[①] 进入新时代，我国面临的主要任务是如何将社会主义建设推向更高阶段、实现高质量发展。习近平新时代中国特色社会主义经济思想系统地回答了这些问题，是马克思主义政治经济学在新时代的重大发展和创新。

不断发展生产力，在深化改革基础上更快和更好地提高人民生活水平，仍然是新时代社会主义经济建设的首要任务。坚持从全体人民根本利益、共同利益和长远利益出发推动全面深化改革，仍然是新时代社会主义经济建设要坚持的原则。2014 年 1 月 2 日，党中央、国务院印发《关于全面深化农村改革加快推进农业现代化的若干意见》指出，把饭碗牢牢端在自己手上，是治国理政必须长期坚持的基本方针；提出抓紧构建新形势下以我为主、立足国内、确保产能、适度进口、科技支撑的国家粮食安全战略。2015 年 10 月，党的十八届五中全会通过的《中共中央关于制定国民经济和社会发展第十三个五年规划的建议》强调，必须坚持以人民为中心的发展思想，把增进人民福祉、促进人的全面发展作为发展的出发点和落脚点。从"以人为本"转向"以人民为中心"，反映了我国对中国特色社会主义经济发展的认识进一步升华。针对经济发展中不协调、

---

① 洪银兴：《习近平新时代中国特色社会主义经济思想引领经济强国建设》，《红旗文稿》2018 年第 1 期。

不均衡的突出问题，习近平适时提出了精准扶贫、精准脱贫的思想。2018年6月15日，党中央、国务院印发《关于打赢脱贫攻坚战三年行动的指导意见》。

全面深化改革仍然是我国经济发展的必然要求。2013年11月12日，党的十八届三中全会通过《关于全面深化改革若干重大问题的决定》指出，全面深化改革的总目标是完善和发展中国特色社会主义制度，推进国家治理体系和治理能力现代化。经济体制改革的核心问题是处理好政府和市场的关系，使市场在资源配置中起决定性作用和更好发挥政府作用。针对改革开放要走回头路的担心，2016年3月4日习近平在看望参加全国政协十二届四次会议的民建、工商联委员并参加联组会时讲话指出，非公有制经济在我国经济社会发展中的地位和作用没有变，鼓励、支持、引导非公有制经济发展的方针政策没有变，致力于为非公有制经济发展营造良好环境和提供更多机会的方针政策没有变。同时强调要着力构建"亲""清"新型政商关系。针对"国进民退"的质疑和否定社会主义公有制经济主体作用的声音，2016年10月10日，习近平在全国国有企业党的建设工作会议上讲话指出，要坚持党对国有企业的领导不动摇，坚定不移把国有企业做强做优做大。积极适应新发展阶段经济增长的要求，科学判断和理性定位，积极寻找转变经济发展方式的出路成为我国经济理论界面临的一个重大问题。2014年12月9日，习近平在中央经济工作会议上讲话指出，我国经济正在向形态更高级、分工更复杂、结构更合理的阶段演化，经济发展进入新常态，这是我国经济发展阶段性特征的必然反映。2015年3月5日，习近平在参加十二届全国人大三次会议上海代表团审议时讲话进一步指出，创新是引领发展的第一动力。适应和引领我国经济发展新常态，关键是要依靠科技创新转换发展动力。2015年5月8日，国务院印发《中国制造2025》，提出通过"三步走"实现制造强国的战略目标。2016年1月18日，党中央、国务院印发了《国家创新驱动发展战略纲要》。

随着中国在世界经济中的地位提升，全面深化改革与扩大开放更加密切相关。如何寻找新的开放思路，有效化解开放中的难点成为中国对外贸易理论面临的新难题。2013年9月7日和10月3日，习近平分别在哈萨克斯坦纳扎尔巴耶夫大学、印度尼西亚国会发表演讲，先后提出共同建设"丝绸之路经济带"与"21世纪海上丝绸之路"，即"一带一路"倡议。2014年12月2日，党中央、国务院印发《丝绸之路经济带和21世纪海上丝绸之路建设战略规划》。

2017年12月，中央经济工作会议指出，我国在实践中形成了以新发展理念为主要内容的习近平新时代中国特色社会主义经济思想。习近平新时代中国特色社会主义经济思想的提出，为经济理论界总结和研究新时代条件下我国经济发展规律奠定了基础，[1]开拓了中国特色"系统化的经济学说"探索的新境界。

在十八届中共中央政治局第二十八次集体学习的讲话中，习近平首次对党的十八大以来中国特色"系统化的经济学说"的基本内容做了六个方面的概括：一是坚持以人民为中心的发展思想，二是坚持新发展理念，三是坚持和完善社会主义基本经济制度，四是坚持和完善社会主义基本分配制度，五是坚持社会主义市场经济改革方向，六是坚持对外开放基本国策。这六个方面内容的概括，凸显了新时代中国特色社会主义"系统化的经济学说"的理论成就。

第二节　改革开放前我国马克思主义经济学研究的开展与探索

1949年，随着解放战争的胜利和中华人民共和国的成立，新民主主义革命取得胜利，我国历史的发展进入了新纪元。从新中国的

---

[1] 刘伟：《习近平新时代中国特色社会主义经济思想是历史与思想、理论与实践的逻辑统一》，《中国高校社会科学》2018年第2期。

成立，一直到改革开放，围绕如何开展和组织社会主义经济建设这一核心理论命题，我国理论界进行了长期的理论探索，极大地丰富和促进了马克思主义经济学的发展。

一 围绕社会主义条件下商品经济问题的理论探讨

新中国成立后，1953年6月15日毛泽东在中央政治局扩大会议上正式提出了党在过渡时期的总路线和总任务，标志着我国进入了由新民主主义向社会主义过渡的历史时期。这一阶段我国理论界围绕社会主义过渡阶段的建设目标与任务，以及国家组织社会经济建设的模式与方法等基本问题，进行了相对广泛的理论探索，其中，关于过渡时期商品经济理论的研究与探索，出现了一些突破传统苏联斯大林思想的有价值的理论创新观点。

（一）国民经济恢复时期关于国营经济的商品经济性质的理论研究

我国的社会主义经济建设是在战争废墟上开始起步的，而且是在没有任何经验可以直接借鉴的背景下开始的，尽管苏联的社会主义建设经验在一定程度上可以借鉴，但我国与苏联毕竟在国情上有极大差异。需要从我国实际出发，以马列主义的基本经济原理为指导，探索我国的社会主义经济建设道路。

新中国成立初期，关于新民主主义时期国营经济的商品经济性质问题的研究，一些学者在当时作出了一些独创性的分析。代表性成果是许涤新的《论人民经济的价值法则》[①]一文，许涤新基于我国当时国营经济的实际运营环境和目的，主要从四个方面论证了国营经济的商品经济性质。首先，立足新民主主义时期多种所有制并存的现实，指出国营经济只有采取商品经济形态，才可能与私人资本、个体经济发生交换关系；其次，从国有企业资产的独立性及其参与社会分工的现实需求来看，许涤新认为只有建立在

[①] 许涤新：《论人民经济的价值法则》，《新建设》1951年第4期。

商品经济的基础上，才可能促进国营经济与非国营经济之间的有效社会分工；再次，从当时国营经济与半社会主义性质的合作社经济的关系来看，无论是商品还是生产要素的交换都是在独立核算的基础上以商品经济的形式存在，且只能以商品经济的形态存在；最后，即使从国营经济的内部关系来看，工人的薪酬获取形式依然是货币工资的形式，其生活用品的取得是以支付工资收入、购买商品的形式取得，即使是工人与国有企业之间同样是一种商品经济关系。许涤新对当时过渡时期的国有经济商品经济属性的论证，不仅仅局限于国有经济与非国有经济之间关系的常规思路，而且从国有经济内部之间的关系上也予以了较透彻的分析，在当时具有理论上的独创性。

（二）围绕价值规律问题的理论探讨

按照《苏联社会主义经济问题》中的观点，价值规律是与社会主义国民经济有计划按比例发展的规律相矛盾的。因此，在社会主义国家的经济建设中，必须对价值规律发生作用的范围及其对生产的影响予以限制，一旦实现了单一的全民所有制，价值规律也就消亡了。这一论点作为社会主义政治经济学的权威观点，当时得到理论界的普遍接受与认同。

孙冶方是第一个对上述理论观点提出不同观点的学者。1956年，孙冶方在《经济研究》杂志当年第6期发表《把计划和统计放在价值规律的基础上》一文，肯定了价值规律在社会主义经济中的地位和作用，提出了产品价值论。孙冶方认为价值规律即使是在共产主义社会，无论是低级阶段还是高级阶段，都始终存在且发挥作用，只是存在和发挥作用的形式不同。他论述了价值规律在社会主义经济中的两个主要作用，一是商品价值决定于社会必要劳动时间，在社会主义经济中，必须计算产品的社会平均必要劳动量，并据此推进社会主义社会生产力的发展；二是通过价值规律的作用，调节社会劳动在国民经济不同生产部门之间的分配比例，其作用的实现在计划经济中依赖于对不同产业部门社会必要劳动量的准确计算。

孙冶方也分析了价值规律与社会主义国民经济有计划按比例发展规律的联系，认为价值规律是国民经济计划的依据和基础，国民经济有计划按比例的发展只有建立在价值规律的基础上才是可行的。孙冶方的观点是基于社会主义经济建设实践中的经验总结和大量观察得出的，在当时对于指导社会主义经济建设具有极强的现实意义。但是由于其对传统的斯大林社会主义经济理论形成了挑战，引发了后来全国性的关于社会主义价值规律和商品经济的大讨论。

（三）过渡时期关于基本经济规律的理论争鸣

早在1952年，斯大林的《苏联社会主义经济问题》在我国翻译出版后，其关于社会主义基本经济规律的论述就引起了国内学者对我国过渡时期基本经济规律问题的大讨论。讨论的起点是1953年，《新建设》杂志在当年第10期发表王学文的文章《中国新民主主义的几个经济法则》，文章中心思想原本只是从客观上说明过渡时期不同的经济成分都存在各自的主要经济法则。却由此引发了理论界对于基本经济规律的广泛讨论。其中的主要观点，总体上可以概括为以下四种。

第一种即为王学文的文章所代表的论点，认为过渡时期多种所有制经济共存的经济条件决定了过渡时期还不能形成一个基本的经济规律，而是多种基本经济规律在起作用，多种经济成分都有其"主要法则"。持这一论点的学者还有林里夫。林里夫认为在具有单一生产方式的社会只能有一个基本的经济法则；而在具有多种生产方式的社会，不能没有多种基本经济法则。在这里，林里夫将多种不同所有制经济的差异主要界定为生产方式的不同。[①]

第二种观点以苏星和徐禾为代表。苏星在1954年4月提出，过渡时期没有一个单一的、特有的基本经济规律，而是存在社会主义的和资本主义的两种基本经济规律，其中社会主义基本经济规律是

[①] 林里夫：《论决定我国过渡时期的各种生产的社会形态的基本经济法则》，《经济研究》1955年第2期。

起主导作用的规律。① 同年9月，徐禾在《学习》杂志1954年第9期发表《关于我国过渡时期经济领域内的基本经济法则问题》一文，阐述了类似的观点。苏星和徐禾的文章发表后，得到了许多学者的认同，使得这种观点成为当时的主流观点。

第三种观点认为，社会主义基本经济规律就是我国过渡时期的基本经济规律。这种观点以骆耕漠、王思华、许涤新等人为代表。持该种观点的学者认为，社会主义经济虽然在过渡时期还没有完全居于统治地位，但随着经济的日益发展和国家对国民经济命脉的掌握，社会主义经济已经在国民经济中占主导地位。因此，社会主义基本经济规律就决定着我国过渡时期生产的一切主要方面和主要过程，基本上已经成为过渡时期的基本经济规律。骆耕漠首先在《经济研究》1955年第1期上发表题为《关于我国过渡时期基本经济法则问题》的文章，提出了上述观点；王思华在《经济研究》1955年第1期，也就是与骆文在同一期杂志上发表的《关于个体经济、合作社经济的经济法则和中国过渡时期经济的基本经济法则问题》的文章中也持相似观点。许涤新认为，每一种社会经济形态都有其基本经济法则，而其基本经济法则是以历史上某一种生产方式为条件的。新民主主义经济本质上就是以社会主义经济为主导的经济，其性质是社会主义的，因此，其基本经济法则就应该是社会主义基本经济法则。②

第四种观点，认为过渡时期是一个社会，就应当有反映其自身的基本经济规律。持这种观点的学者以刘丹岩和陈驰为代表。刘丹岩认为过渡时期是一个客观的社会形态，其基本经济法则为："用建立和发展社会主义经济在全部国民经济中的领导作用和改造作用的

---

① 苏星：《社会主义基本经济法则在我国过渡时期的作用问题》，《学习》1955年第4期。

② 许涤新：《论过渡时期中社会主义基本经济法则——斯大林著作〈苏联社会主义经济问题〉读后》，《新建设》1953年第10期。

办法，用使社会主义经济迅速增长和不断扩大的办法，来保证社会主义经济彻底战胜资本主义经济并把全部国民经济建设成为单一的社会主义经济。"① 陈驰则提出，过渡时期社会是一个由各种生产方式构成的统一的社会整体。两种制度的存在，并不能使这个社会不是一个完整的社会，也就应当有自己的基本经济法则。②

这场讨论客观上推动了马克思主义经济学在我国的传播和发展，在当时甚至引起了中央领导的注意，毛泽东曾在1954年11月18日致刘少奇、周恩来等同志的信中，指示注意阅读讨论过渡时期经济法则的文章③。这场讨论也促进了对马克思主义经济规律思想的研究。

二 社会主义经济制度与基本经济规律问题的讨论

随着三大改造运动的完成和社会主义经济制度的确立，关于社会主义经济制度与基本经济规律问题的研究与讨论成为理论界关注的焦点问题。一直到三大改造完成后的社会主义建设阶段，围绕这一核心命题的理论研究一直是马克思主义经济学的根本主题。

（一）价值规律与计划管理、社会主义经济核算等问题的讨论

在社会主义建设时期，价值规律与国民经济的计划管理的关系问题成为理论与实践中的一个突出问题，对此我国理论界作出了有益的探索。

在这个领域比较系统、深入的研究以孙冶方为代表。孙冶方认为在社会主义经济建设中，采用经济的办法就是指按照客观规律办

---

① 刘丹岩：《关于过渡时期的基本经济法则问题的研究》，《学习》1955年第1辑。

② 陈驰：《关于我国过渡时期基本经济法则的一些意见》，《新建设》1954年第12期。

③ 《毛泽东书信选集》，人民出版社1983年版，第484页。

事，首先是按价值规律办事。价值规律的一个重大作用就是通过社会平均必要劳动量的计算推进社会主义生产力的发展。社会主义生产发展的秘诀在于通过改进技术，改善管理的办法，降低社会平均必要劳动量。社会主义企业之间围绕降低社会必要劳动量的竞赛是发展社会主义经济的必由之路[1]。他还指出，在社会主义经济中，重视价值概念就意味着必须重视经济效果，而评价企业经济效果的核心指标就是利润，利润指标是反映企业技术水平和经营管理好坏的最综合的指标，必须重视利润在国民经济计划管理中的地位，把利润作为国民经济计划和统计工作的中心指标，并重视生产价格的作用。[2] 需要指出的是，尽管孙冶方反复强调了价值规律在社会主义经济中的作用，也主张企业的独立核算，但是却反对企业成为相对独立的商品生产者[3]。

在社会主义经济价值规律问题的研究中，继孙冶方之后提出新见解的是顾准。20世纪50年代，受到普遍接受和认可的关于价值规律的理论是斯大林关于社会主义经济中价值规律作用的基本观点。斯大林认为，价值规律发生作用的范围主要是商品流通，主要是个人消费品的商品交换，而"在国内经济流通领域内，生产资料却失去商品的属性，不再是商品，并且脱出了价值规律发生作用的范围"[4]，"价值规律在我国社会主义生产中，并没有调节的意义"[5]，斯大林据此提出了严格限制价值规律作用的观点。这一观点在当时具有理论权威性，得到我国理论界的广泛接受。对此，顾准提出了自己的见解。他认为，忽视价值规律，"过分强调计划的一面，达到否定价值和价格之间的关系，价格对生产分配与产品转移的影响，因而达到否定经济核算所能发挥作用的程度，企图用计划规定一切

---

[1] 孙冶方：《社会主义经济的若干理论问题》，人民出版社1979年版，第5—13页。
[2] 同上书，第34、72、121页。
[3] 同上书，第265—266、287页。
[4] 《斯大林选集》下卷，人民出版社1979年版，第578页。
[5] 同上书，第552—553页。

的弊病就会出现,而这是阻止社会经济的发展的"。① 他提出,社会主义经济可以设想让价值规律自发调节企业的生产经营活动,即通过价格的自发涨落调节生产。顾准的观点在当时遭到了围攻和批判。后来的历史证明孙冶方、顾准等关于价值规律的分析是正确的,在我国长期的社会主义经济建设中因为忽视价值规律的作用,也付出了惨重的代价。

在社会主义的经济建设时期(1956—1965),除了理论界的探索与争鸣,当时在中央一线实际主持经济工作的党和国家领导人也对社会主义经济建设的基本经济规律问题进行了理论总结探索,集中表现为陈云于1956年在《社会主义改造基本完成以后的新问题》一文中提出的有关社会主义建设的基本原则问题。在这篇文章中陈云基于社会主义经济运行中存在的实际问题,初步阐释了"以计划经济为主,以市场调节作为补充"的社会主义国民经济管理思想。陈云的这一思想,经过后来的不断总结、提炼,成为我国社会主义建设时期占主导地位的国民经济计划管理思想。

(二)围绕斯大林半商品经济论的理论争论

在马克思、恩格斯的经典理论中,关于未来社会主义经济的设想,认为社会主义同商品生产和商品交换是不相容的。在这种设想的影响下,苏联在战时共产主义时期曾一度取消商品货币关系。后来列宁及时发现这种制度不利于社会经济发展,1921年实行新经济政策,恢复商品生产与交换。随着苏联社会主义建设的深入,斯大林在《苏联社会主义经济问题》一文中,主张商品生产与交换只适用于个人消费品生产领域,在生产资料领域则不存在商品生产与交换。也就是说,社会主义经济是一种半商品经济。斯大林这一思想在我国社会主义建设时期是当时关于社会主义商品经济的主导思想。

于光远于1959年提出,凡是加入交换的产品(只要在交换中要

---

① 顾准:《试论社会主义制度下的商品生产和价值规律》,《经济研究》1957年第3期。

比较产品中所包含的社会必要劳动,依据等量劳动与等量劳动交换的原则进行),都是商品,社会主义经济中存在的几种交换关系,都是商品交换关系。并且认为商品经济与私有制并不存在必然的联系。商品生产也可以同公有制联系起来,认为商品一般应该把私有制下的商品和公有制下的商品都包括在内。[①] 1962年,卓炯(于风村)提出,商品经济是由社会分工决定的,只要存在社会分工,就存在商品经济;商品经济与社会主义不矛盾,还可以成为建设社会主义的有力工具。

于光远、卓炯的上述观点以及更早的顾准对商品经济的思考,是我国社会主义建设初期经济理论的初步探索,这对于继续探讨社会主义商品经济和市场经济具有积极意义。

(三) 对生产价格论观点的有益探讨

社会主义建设时期(1956—1965),作为关于价值规律争论的一个构成部分,围绕社会主义生产中的生产价格的争论也曾经是一个极为重要的理论焦点,代表性学者主要是孙冶方、杨坚白、何建章。

孙冶方认为,社会主义需要生产价格,承认生产价格是承认资金利润率的必然的逻辑结论;只有承认了生产价格才能贯彻投资效果的计算,他才能在社会主义经济中,依据平均资金利润率和生产价格定价,这是不以人的意志为转移的客观经济规律的要求[②]。

杨坚白于1963年在《经济研究》当年第12期发表文章《国民经济平衡和生产价格问题》,认为平均利润率、生产价格等基本经济概念不是资本主义社会特有的经济范畴,它们同样存在于社会主义经济中,也是"内在于社会主义经济本身的客观要求"的经济范畴,

---

[①] 于光远:《关于社会主义制度下商品生产问题的讨论》,《政治经济学社会主义部分探索》(一),人民出版社1980年版,第127、154页。

[②] 孙冶方:《社会主义经济的若干理论问题》,人民出版社1979年版,第15—20页。

也同样为社会主义社会"服务"。何建章等在《经济研究》1964年第5期发表文章《试论社会主义经济中的生产价格》，也大致表达了与杨坚白类似的观点。

社会主义建设时期，在理论层面关于生产价格的有益讨论和探索，在当时的历史条件下，都是对传统苏联社会主义经济理论的突破，但囿于历史条件和当时的主流认识的误差，这些观点遭到了广泛的责难与批判，制约了我们对社会主义经济规律的理解与认识，我们党和国家在实践中也为此付出了代价。

（四）围绕社会主义商品经济的理论争鸣

进入社会主义建设时期，尤其经过了"大跃进"运动和党的八届九中全会后对国民经济的调整和恢复，全党和理论界对社会主义经济建设中取消价值规律的负面作用有了相对深刻的认识，否定价值规律和商品经济的势头得到了遏制。但是，关于社会主义商品经济的争论始终存在，并逐渐形成了"窄派""中派"和"宽派"三种不同的理论观点。

持新非商品经济论也即"窄派"理论的代表性学者是骆耕漠。骆耕漠认为，经济活动中的交换方式并不等同于商品交换，也就是说，交换方式有商品交换和非商品交换，区别在于生产资料的所有制。以生产资料私有制为基础的交换是商品交换，而以生产资料公有制为基础的交换则不是商品交换。在骆耕漠看来，这种以公有制为基础，以非商品交换实现流通的经济形态正是马克思、恩格斯早年所设想的社会主义产品经济。骆耕漠观点的核心在于把私有制作为商品定义的质的规定性，认为所谓商品就是"私有的和用来交换的产品"[①]。

骆耕漠关于商品的所有制属性的观点是斯大林社会主义经济论的核心观点，在这一逻辑的指引下，骆耕漠认为我国社会主义阶段

---

① 骆耕漠：《商品经济的消灭及其规律的探索之一》，《学术月刊》1964年第9期。

存在商品经济的原因只能是所有制结构中依然存在私有制的大量残余，集体所有制是一种"内公外私"，且"私有"居于主导地位的一种所有制形式，社会主义经济进一步发展的方向是变"集体所有"为"全民公有"。"窄派"理论从本质上来说是否定社会主义商品经济的。

至20世纪60年代中期，关于商品经济的进一步论争中，相对于骆耕漠为代表的"窄"派理论，薛暮桥所代表的学术观点在当时具有很强的代表性，被称为关于社会主义商品经济研究中的"中派"理论。薛暮桥的主要观点，举其大端，是认为"商品是在社会分工的条件下，不同所有者之间互相交换的劳动产品"[①]，而对于社会主义经济存在商品的原因，薛暮桥认为一方面是因为社会主义还存在社会分工，另一方面是因为社会主义存在两种不同的所有制形式也即集体所有制和全民所有制，因此，在个人消费品的分配上存在按劳分配，在国营经济内部还存在独立核算的必要性。但薛暮桥始终坚持认为商品经济是私有制的必然产物，社会主义存在商品经济的根本原因是存在个人劳动的部分私有。薛暮桥的这一观点与他关于商品的定义是相互矛盾的。

20世纪60年代对社会主义商品经济持"宽派"观点的代表性学者是于光远。在关于商品经济基本理论的研究中，于光远对商品、商品生产、商品交换、商品关系这些基本概念并不做严格的区分，认为商品交换最核心的特点是交换双方的平等地位，也即交易双方的自由权利。关于主流观点中价值规律在社会主义经济中的作用应该受到限制的观点，于光远并不同意，认为价值规律不会造成社会主义生产的无政府状态。于光远提出了价格规律的观点，认为应当区分价值规律与价格规律，价值规律在不同社会制度下是相同的，而价格规律在不同社会制度下则既有相同的部

[①] 薛暮桥：《中国社会主义经济问题研究》，人民出版社1979年版，第101页。

分，也有不同的部分。①

三　社会主义经济管理与劳动组织问题的探究

在基本实现了生产资料的社会主义公有制的前提下，如何有效地进行微观层面的经济管理和劳动组织，以更好、更快地进行社会主义经济建设，成为社会主义建设时期需要认真对待的理论和实践命题。不过，在当时的历史条件下由于受到理论研究泛政治化倾向的干扰，理论界针对这一问题的研究并没有深入进行下去。

（一）关于生产管理和劳动组织具有生产力性质的研究

按照传统的社会主义经济理论，生产管理、劳动组织属于生产关系的范畴，不具有生产力性质。在新中国成立初期，我国也有学者提出了具有新意的研究观点。周勤淑认为，生产管理、劳动组织除了具有生产关系的性质以外，还具有生产力的性质，因为生产管理是直接指导生产过程的，直接涉及生产和劳动的组织，在任何社会条件下，生产管理的具体过程都属于生产力的问题。劳动组织虽然属于生产关系，但任何劳动组织的具体形式都属于生产力问题。周勤淑根据现代机械化大生产过程中的生产管理与劳动组织对生产过程的作用详细论证了这一观点。②

周勤淑这一观点在当时引起了极大的争论，但以后的理论发展证明，在有关生产力理论的研究中，生产管理与劳动组织是否属于生产力范畴的问题是不可回避的。

（二）关于生产力性质问题的进一步讨论

微观层面的生产管理与劳动组织问题由于涉及是否具有生产力性质的问题，自周勤淑的文章发表后引起了理论界的广泛关注，但

---

① 于光远：《政治经济学社会主义部分探索（一）》，人民出版社1980年版，第370页。

② 周勤淑：《生产管理、劳动组织属于生产力范畴还是生产关系范畴》，《学习》1956年总第98期。

在当时的历史条件下，对生产力的研究以普遍地接受斯大林的观点为一尊，生产管理与劳动组织问题被视为生产关系范畴，不容异议与质疑，一时成为研究的禁区，相关讨论受到压制而没有展开。但随着社会主义经济建设的深入，如何提高社会主义经济建设中的管理与组织水平问题成为不可回避的现实问题。

1959年6月，李平心在《学术月刊》当年第6期发表文章《论生产力的性质》一文，旋即引起了学术界的广泛争论，在激烈的争鸣与答辩的过程中，至1961年2月13日，李平心在《光明日报》发表《九论生产力的性质》，在同年召开的一次学术讨论会上，又发表了《十论生产力的性质》的发言，历时两年，李平心完成了关于生产力研究"十论"的写作，成为当时关于生产力研究的最重要的代表人物。

李平心认为，生产力具有二重属性。生产力中的社会联系与生产关系既有联系又有区别。二者的联系在于生产关系并不排除生产力内部的社会联系；区别在于生产关系与生产力的结合是以生产资料的所有制为基础的，而生产力的社会联系主要是由劳动技术结合的需要产生的[①]。基于对生产力二重性的理论分析，李平心认为生产力具有相对独立的基本性质。生产力与生产关系运动具有双重源泉，除了生产力与生产关系的矛盾运动，生产力组成因素之间的矛盾运动也是生产力运动的重要源泉[②]。

当时学术界对李平心的批判，主要针对李平心的上述两个主要观点展开。有学者认为，李平心关于生产力社会属性的构成分析中，有的属于生产关系方面的，有的属于上层建筑方面的因素，不能并入生产力的"社会属性"当中，认为李平心把社会关系划分为生产力的社会关系与生产关系的社会关系，"与经典著作的指示不相符"；有的学

[①] 李平心：《论生产力问题》，生活·读书·新知三联书店1980年版，第40、50、57、59页。

[②] 同上书，第25、27、36页。

者认为,生产力二重性错误理论的认识根源是混淆了基本矛盾与派生矛盾的关系,把本来属于生产关系的内容"硬加给生产力"。

四 社会主义物质利益关系问题的讨论和探索

正确认识和处理社会主义社会的物质利益关系的问题,是政治经济学社会主义部分的重要内容,也是社会主义经济建设实践中的重大问题。本来,承认物质利益在社会经济发展过程中的原动力作用,是历史唯物主义的基本观点。物质资料的生产与消费是人类社会生产和发展的基础。"人们奋斗所争取的一切,都同他们的利益有关"①,物质利益构成了人们社会关系的基础。物质利益不仅是人们从事生产的劳动的根本动因和最终目的,也是人们进行社会活动的重要目的之一。在这个意义上,可以说普遍地对物质利益的追求是人类社会永恒存在的基本规律,只是在不同的社会发展阶段变化的仅仅是社会生产关系的根本内容。根据上述历史唯物主义的观点,物质利益关系具有历史性,且仅仅随着社会生产关系的变化而变化,当社会主义经济取代资本主义经济后,物质利益关系并没有消失,只是以社会主义物质利益关系代替了资本主义物质利益关系。

关于社会主义物质利益关系问题的讨论集中体现在关于社会主义生产目的问题的分析。早在20世纪50年代初期,斯大林在《苏联社会主义经济问题》一书中提出了社会主义生产的目的就是要"最大限度满足整个社会经常增长的物质和文化的需要"的论断,而实现的手段则是"用在高度技术基础上使社会主义生产不断增长和不断完善的办法"。②我国理论界当时对于斯大林的这一表述的完整性进行了探讨,但对于社会主义生产的目的论述并没有分歧。正是在这一共识的基础上,才形成了党的八大关于我国社会基本矛盾问题的正确路线。

---

① 《马克思恩格斯全集》第1卷,人民出版社1956年版,第82页。
② 斯大林:《苏联社会主义经济问题》,人民出版社1961年版,第31页。

一直到20世纪60年代，围绕社会主义物质利益关系问题的讨论在当时曾引起广泛的关注。但学术界对此的基本共识依然是党的八大形成的对社会主义生产目的问题的正确表述，即社会主义生产的目的是满足人民群众日益增长的物质文化需求。

"文化大革命"中，极"左"理论从根本上否定了社会主义物质利益关系问题，对社会主义生产的目的进行了大肆歪曲。在他们看来，物质利益在社会经济发展过程中起着消极的作用。他们鼓吹人民群众实行宗教式的禁欲主义，将精神激励夸大为社会主义生产中的最主要的激励机制，认为在社会主义经济中，带动一切的中心环节只能是无产阶级的政治挂帅。"左"的理论不仅歪曲了社会主义的生产目的，也歪曲了实现生产目的的手段，为实现为极"左"路线张目的政治目的，不惜肆意编造、歪曲马克思主义的经典理论。

五 马克思主义经济学著作的译介与政治经济学教材出版情况

新中国的成立，为马克思主义在我国全方位地传播创造了史无前例的政治和社会条件，在不同的历史时期马克思主义经济学译著与政治经济学教材的出版都存在程度不同的发展。

（一）新中国成立初期马克思主义经济学译著的出版

新中国成立后，为进一步满足广大干部、群众的学习需求，自1949年10月至1956年12月，我国大量出版发行了马克思主义经济学方面的经典著作。一方面是重印和再版新中国成立前已经翻译出版的经典著作，其中具有代表性的重要著作包括：《资本论》（郭大力、王亚男译）、《剩余价值学说史》（郭大力译）、《家庭、私有制和国家的起源》（张仲实译）、《反杜林论》（吴黎平译）、《雇佣劳动与资本》（沈志远译）、《价值价格与利润》（王学文、何锡麟译）、《〈资本论〉通信集》（郭大力译）等。

1953年人民出版社出版了《资本论》修订第一版。随后，由郭大力翻译的《剩余价值学说史》的出版，标志着《资本论》全四卷在新中国得到完整的传播。与此同时，马克思、恩格斯关于《资本论》的通信，以及恩格斯关于《资本论》的评论也在同一时期先后翻译出版。列宁和斯大林经济学著作的出版工作也取得了很大的进展。其中列宁的一些重要的经济学著作如《帝国主义是资本主义的最高阶段》等都发行了单行本。1953年12月至1954年5月，又出版了《列宁文集》第7卷和两卷本的《列宁文选》，列宁的重要经济著作《论粮食税》《论合作制》等都收入其中。1953年9月之前，斯大林的经济学著作如《在联共（布）第十四次代表大会上关于中央委员会政治工作的总结报告》《论苏联经济状况和党的政策》《论苏联土地政策的几个问题》《苏联社会主义经济问题》等有关社会主义经济建设方针的重要著作，多以单行本形式在我国传播。1953年9月，《斯大林全集》中文版第1卷出版，到1956年4月，第1—13卷得以出版。

（二）新中国成立初期，俄文版政治经济学教材的翻译和出版

在教材方面，为适应政治经济学教育、教学需要，新中国成立初期一大批俄文版政治经济学教材被陆续翻译和出版。其中产生较大影响的有：列昂节夫著《政治经济学初学读本》《政治经济学教程》及斯比里顿诺夫著《政治经济学讲义》等。对我国影响最为深远的是苏联《政治经济学教科书》，1955年由人民出版社正式出版中译本，成为我国当时国内大专院校讲授政治经济学课程的主要教材，至今依然有广泛的影响。在翻译、引进苏联政治经济学教科书的同时，我国学术界按照《资本论》的基本原理，编写、出版了一批中国自己的政治经济学教程。代表性成果如王学文著《政治经济学教程绪论》[①]，于光远著《广义政治经济学》[②]，沈志华著《经济学

[①] 王学文：《政治经济学教程绪论》，《人民日报》1949年10月9日—1950年1月3日连载。

[②] 于光远：《广义政治经济学》（第一卷、第二卷），生活·读书·新知三联书店1950年版。

研习提纲》①，蒋学模著《政治经济学常识（初稿）》② 等。产生较大影响的，是由徐禾主编、中国人民大学出版社于1973年出版的《政治经济学概论》。

第三节　改革开放时期的马克思主义经济学研究

自1978年到2012年，是我国马克思主义经济学研究大发展的时期。这一时期，中国坚持以马克思主义经济学为指导，在批判吸收西方市场经济理论的基础上，结合具体实践，推动了马克思主义经济理论的创新。邓小平同志是改革开放的总设计师，是中国特色社会主义理论体系的奠基者，他开启了中国马克思主义经济学创新发展的新征程。

一　对社会主义发展阶段与社会主义商品经济问题的理论探讨

（一）关于社会主义发展阶段的理论研究

十一届三中全会以后，邓小平客观地分析了中国的基本国情，提出了中国还处在社会主义初级阶段的论断。这一理论包括两层含义：其一是我国已经是社会主义；其二是我国的社会主义还处在初级阶段。社会主义初级阶段理论指出了社会主义初级阶段的主要矛盾是人民群众日益增长的物质文化需要同落后的社会生产之间的矛盾；提出了要解决现阶段的主要矛盾，必须大力发展商品经济，提高劳动生产率，逐步实现工业、农业、国防和科学技术的现代化；提出以经济建设为中心，建设现代化国家的发展任务。

关于社会主义初级阶段的界定与内涵、理论界进行了讨论。朱

---

① 沈志华：《经济学研习提纲》，生活·读书·新知三联书店1950年版。
② 蒋学模：《政治经济学常识（初稿）》，学习杂志社1956年版。

述先认为,我国社会主义阶段的经济制度区别于过渡时期,可以称之为"不发达的社会主义社会。"[①] 张进夫提出,我国的特殊过渡时期既要完成向社会主义过渡,还要完成资本主义尚未完成的任务。[②] 卫兴华认为,马克思提出的社会主义模式,是成熟的也就是高级阶段的社会主义模式,是我们社会主义建设所要努力追求的目标模式。但建设需要很长的时间。把社会主义社会划分为初级、中级和高级三个发展阶段可能会更合适一些。初级阶段是指不成熟的社会主义阶段,中级阶段是指正在成熟中的或半成熟的社会主义阶段,高级阶段是指成熟的社会主义阶段。[③] 程恩富提出,在判断一个社会所处的发展阶段是否发生变化时,生产关系比生产力更具有直接的意义。因为生产力的变化只有在引起了生产关系发生部分质变时,才标志着社会发展阶段发生了变化。从所有制、社会经济活动的方式和运行机制、分配制度在不同发展阶段的部分质变,便可以预见社会主义需要经过初级阶段、中级阶段和高级阶段。[④] 这些讨论,深化了我国对社会主义初级阶段基本特征的认识。

（二）对社会主义计划经济与商品经济相互关系的重新认识

传统理论认为,计划经济是社会主义经济制度的本质属性。改革传统体制的弊端,首先要突破将计划经济与商品经济对立起来的传统观念,突破社会主义非商品经济论、生产资料非商品论等观点。1979年4月5日,李先念在中央工作会议上针对发挥市场和价值规律的作用所作的说明中提出,"要自觉运用价值规律来调节生产",要在国家计划指导下,"按照市场供求关系进行生产",并提出国有

---

① 朱述先:《也谈无产阶级取得政权后的社会发展阶段问题》,《经济研究》1979年第8期。

② 张进夫:《特殊的过渡期》,《社会科学辑刊》1980年第1期。

③ 卫兴华、黄泰岩:《关于社会主义初级阶段几个理论问题的探讨》,《教学与研究》1987年第5期。

④ 程恩富:《关于划分社会经济形态和社会发展阶段的基本标志——兼论我国社会主义社会初级阶段的经济特征》,《复旦大学学报》1988年第1期。

企业之间"可以进行竞争"。① 这就从开展竞争的角度，提出了发展社会主义商品经济问题。理论界也围绕商品经济与计划经济的关系展开了大讨论。

将商品经济同样看作社会主义经济的本质属性，为我国改革开放奠定了理论前提。围绕社会主义经济和商品经济的关系，国内学者做了深入研究。如：于光远从交换关系角度分析了社会主义存在商品经济的原因，得出了商品经济和价值规律存在于不同社会形态的观点。张朝薄、项启源等认为，把社会主义全民所有制作为一个整体来观察，企业之间的交换不发生所有权的转移；但各国营企业之间还存在这经济利益上的非对抗性矛盾，它们之间的交换同不同所有者之间具有共性，是实质上的商品关系。② 林子力认为，社会主义商品经济是我国发展的必经阶段。③ 刘明夫则认为，社会主义经济应当明确其性质是社会主义商品经济④等。

1984年10月20日，党的十二届三中全会在《中共中央关于经济体制改革的决定》中提出："要突破把计划经济同商品经济对立起来的传统理念，明确认识社会主义计划经济必须自觉依据和运用价值规律，是公有制基础上的有计划的商品经济，商品经济的充分发展，是社会经济发展不可逾越的阶段，是实现我国经济现代化的必要条件。"党的十三大报告就此提出：明确指出"社会主义经济是公有制基础上的有计划的商品经济，这是我们党对社会主义经济作出的科学概括，是对马克思主义的重大发展，是我国经济体制改革的基本依据。"党的十四大报告进一步指出，《中共中央关于经济体制改革的决定》提出我国社会主义经济是公有制基础上的有计划商品经济，突破把计划经济同商品经济对立起来的传统理念，"是对马克

---

① 《三中全会以来重要文献选编》（上），人民出版社1982年版，第141页。
② 张朝薄、项启源、黄振奇等：《社会主义全民所有制和商品生产》，《经济研究》1979年第4期。
③ 林子力：《社会主义商品经济探讨》，《光明日报》1980年8月30日。
④ 刘明夫：《社会主义经济的经济形式》，《经济研究》1979年第4期。

思主义政治经济学的新发展，为全面经济体制改革提供了新的理论指导"。

（三）社会主义经济体制改革目标的理论探索

1978年，李先念根据陈云的意见提出了"计划经济与市场经济相结合"的改革思想。① 1979年2月，李先念在一次会上说道："我同陈云同志谈，他同意，在计划经济前提下，搞点市场经济作为补充，不是小补充，是大补充。"② 陈云在同年3月8日写的《计划与市场问题》一文中，"市场调节"与"市场经济"是作为含义相同的概念通用的。在此文中，他深刻地评析了传统计划经济体制的弊端，为我国经济体制改革找到了突破口。

在关于改革目标模式的讨论中，于祖尧、刘国光和程恩富等人的意见具有重要预见性。于祖尧是我国社会主义市场经济的最早倡导者。1979年4月，他在江苏省无锡市举行的全国价值规律理论讨论会中提交《试论社会主义市场经济》一文中指出："社会主义既然实行商品制度，那么，社会主义经济在本质上就不能不是一种特殊的市场经济，只不过它的性质和特征同资本主义市场经济有原则的区别。"③ 刘国光同样力主社会主义市场的改革取向，1979年7月他明确提出，高度集权的苏联模式仅是社会主义经济体制模式之一，东欧国家偏重分权、偏于分散的市场体制和用经济办法管理经济的模式，也是社会主义经济体制的重要模式之一，我国经济体制改革在选择模式时，要解放思想，按照实践是检验真理的唯一标准来决定我们的取舍。④ 他认为，市场机制是实行分权管理体制的重要手

---

① 朱佳木：《我所知道的十一届三中全会》，中央文献出版社1998年版，第14页。

② 《陈云年谱》（下卷），中央文献出版社2000年版，第236页。

③ 于祖尧：《试论社会主义市场经济》，《经济研究资料》1979年第50期；参见会议文集《社会主义经济中计划与市场的关系》，中国社会科学出版社1980年版。

④ 刘国光：《对经济体制改革中几个重要问题的看法》，《经济管理》1979年第11期。

段。随后,他在《论社会主义经济中计划与市场的关系》一文中,从生产与需求脱节、计划价格脱离实际、供给制资金分配体制的缺陷、企业结构上自给自足倾向的原因等方面,翔实论证了社会主义经济中计划与市场相结合的必然性,并对计划经济条件下如何利用市场的问题和利用市场机制条件下如何加强经济发展的计划性问题,提出了完整、系统的改革举措与政策建议。这一报告受到当时国内经济学界特别是政府决策部门和中央领导的高度重视,对我国社会主义市场改革取向的抉择产生了重要影响。1988年1月,程恩富发表论文提出,随着有计划商品经济的发展,"当市场体系和市场机制真正发育成熟和完善的时候,这种经济体制实质上是一种新型的计划调控下的市场经济体制"[1]。

同一时期,一些学者围绕体制改革的相关问题也提出了自己的见解。马洪认为,我国经济管理体制改革的原则和方向就是坚持生产资料公有制占优势的条件下,把高度集中的国家决策体系改为以国家为主的国家、经济单位和劳动者个人相结合的决策体系。[2] 王珏、刘海藩等提出,发挥计划调节,同样需要建立在市场机制上,发挥市场的作用。[3] 肖灼基提出,改革经济管理体制的主要方向是把国家和企业之间的关系,从行政的隶属关系改为资金的借贷关系。[4] 薛暮桥则认为,主要采取经济办法,通过经济组织管理经济,在国家计划指导下把权力的相当大一部分下放给企业,重点是扩大企业的管理权力。

经济体制改革的路线设计同样是理论界研究的重点。改革开放

---

[1] 程恩富:《关于划分社会经济形态和社会发展阶段的基本标志——兼论我国社会主义社会初级阶段的经济特征》,《复旦大学学报》1988年第1期。

[2] 马洪:《关于经济管理体制改革的几个问题》,《经济研究》1981年第7期。

[3] 王珏、刘海藩:《计划调节必须充分发挥市场的作用》,《商业研究》1979年第1期。

[4] 肖灼基:《关于改革经济管理体制的若干设想》,《北京大学学报》1981年第5期。

初期，立足于体制变革，刘国光、戴圆晨提出了实现渐进式配套改革论的主张。另一些学者则立足于经济体制改革方面应解决主要的矛盾，提出了其他的观点，如强调宏观经济管理体制的改革优先论，以价格改革作为主线的价格改革论，以国有企业改革为重点的企业优先论，以所有权作为改革方向的产权改革优先论，等等。杨培新、马洪从划分好集权和分权出发，提出了落实企业经营权的改革观点。薛暮桥提出，改革流通制度似乎比改革分配制度更为重要，通过增加流通渠道和减少流通环节，可以使产需双方有可能直接见面。① 孙尚清认为，包括计划机制、财政机制、劳动机制等已经形成一个体系，应该从扩大企业权限这一中心入手，为各个经济管理部门如何进行改革找到突破口。② 孙学文不赞成先从扩大企业自主权入手，认为应推进企业改组，既解决工业管理中的过分分散问题，又避免过分集中现象。③ 还有一种意见认为，物质利益是发展经济的"杠杆"，应该从改革分配制度入手。如果分配制度不改，经济发展就不能有足够的推动力。④ 这些不同的见解，在"摸着石头过河"的改革理念下，很多成为各地区改革尝试的试点方案，并对进一步推动改革的方案选择产生了深远影响。

1984 年，中共十二届三中全会通过《中共中央关于经济体制改革的决定》时，邓小平就说，"这个决定，是马克思主义的基本原理和中国社会主义实践相结合的政治经济学。"⑤ 经济体制改革思路的进一步发展，是 1987 年 2 月 6 日邓小平同几位中央负责人的谈话

---

① 薛暮桥：《关于经济体制改革的一些意见》，《当前我国经济若干问题》，人民出版社 1980 年版，第 216—217 页。
② 孙尚清、陈吉元、张耳：《社会主义经济的计划性与市场性相结合的几个理论问题》，《经济研究》1979 年第 5 期。
③ 孙学文、沙吉才：《谈谈工业全面改革的起步问题》，《光明日报》1980 年 8 月 2 日。
④ 唐宗焜：《关于经济改革的一些不同意见》，《解放日报》1979 年 12 月 1 日。
⑤ 《邓小平年谱（1975—1997）》（下），中央文献出版社 2004 年版，第 1006 页。

和党的十三大报告提出的新观点。邓小平同几位负责人讲：计划和市场都是方法。同年10月党的十三大报告中提出，新的经济体制"应该是计划与市场内在统一的体制"。具体地说，就是计划和市场都覆盖全社会，国家对企业的管理逐步转向间接管理为主，即"国家调节市场，市场引导企业"。邓小平同志在1992年的南方讲话中，最终确立了我国实行社会主义市场经济体制的思想，并通过党的十四大确定下来，将其作为我国经济体制改革的目标模式。

经济体制改革的核心问题是政府和市场的关系问题。党的十四大提出建立社会主义市场经济体制以后，沿着"市场在社会主义国家宏观调控下对资源配置起基础性作用"这一路径，我国经济体制改革不断深入，市场在配置资源中的基础性作用日益凸显，资源配置基本实现由政府计划调节转向市场调节，激发了经济发展活力。但是，对于政府在市场经济体制中的作用，理论上却重视不够。一些学者提出，市场经济离不开政府的干预与调节。刘国光指出："由于有共产党的领导，有公有制为基础，有共同富裕的目标，我们在社会主义市场经济的运行中，更有可能自觉地从社会整体利益与局部利益相结合出发，在处理计划与市场的关系、微观放活与宏观协调的关系以及刺激效率和实现社会公正的关系等方面，应当也能够比资本主义市场经济更有成效，做得更好。"[1] 胡家勇认为，市场经济条件下必然存在外部性问题、垄断问题、公共产品供给问题、收入分配差距拉大问题等，市场经济的这些局限性，必然要求政府对市场经济进行适当的管制。但是，政府的干预也存在局限性，应当将政府干预限制在适当的范围内。[2] 这些研究工作，为在建立社会主义市场经济体制过程中正确处理政府与市场之间的关系提供了理论依据。党的十六届三中全会通过《中共中央关于完善社会主义市场

---

[1] 《刘国光集》，中国社会科学出版社2005年版，第215—216页。

[2] 胡家勇：《市场缺陷与政府干预》，《经济纵横》1994年第1期。

经济体制若干问题的决定》，除了提出进一步完善基本经济制度和更大程度地发挥市场在资源配置中的基础性作用之外，同时提出要建立有利于逐步改变城乡二元经济结构的体制，形成促进区域经济协调发展的机制，建设统一开放、竞争有序的现代市场体系等一系列目标任务。党的十七大报告在强调"在完善社会主义市场经济体制方面要取得重大进展"之外，还特别强调要"从制度上更好发挥市场在资源配置中的基础性作用"。[①] 党的十八大报告基本延续了此前提法，分别提出要"从制度上更好发挥"和"更大程度更广范围发挥"市场在资源配置中的基础性作用。

二 关于社会主义初级阶段基本经济制度与分配制度的理论研究

改革开放后，我国确立并逐步完善了社会主义初级阶段基本经济制度。围绕基本经济制度，经济学界主要探讨了所有制结构、公有制经济的地位与实现形式、非公有制经济发展等问题。与此相关，社会主义初级阶段的基本分配制度也成为理论界争鸣的焦点，这方面的研讨和争论主要围绕按劳分配与按要素分配的关系、收入分配差距以及公平与效率的关系展开。

（一）对公有制经济与非公有制经济关系的再认识

我国对非公有制经济在社会主义初级阶段的地位和作用的认识，是不断发展和放开的。在所有制结构的总体设想问题上，唐宗焜认为，同我国现实的社会生产力相适应的所有制结构，只能是在社会主义公有制占统治地位的条件下多种所有制形式并存的结构。[②] 吴宣恭则指出，"以公有制为主体"包含三重意思。第一，指社会主义公有制是整个社会所有制体系中主要的、基本的部分。第二，指社会主义公有制经济要占有绝对优势，居于统治地位。第三，指全民所

---

① 《十七大以来重要文献选编》（上），中央文献出版社2009年版，第17页。
② 唐宗焜：《从实践看我国所有制结构》，《经济研究》1981年第6期。

有制经济要起主导和决定作用。①

20世纪90年代，我国在所有制研究上实现了两次理论上的突破：第一次是1992年党的十四大提出社会主义市场经济改革目标后，围绕公有制与市场经济的关系展开的讨论；第二次是1997年党的十五大报告对社会主义初级阶段的再一次解释以及与此联系的对公有制经济含义、公有制实现形式以及非公有制合法地位的论述。这引起了理论界对于公有制性质、公有制实现形式、社会主义初级阶段的所有制结构、国有经济改革等问题的大讨论。

在公有制经济方面，我国理论界突破了国有经济在数量上占主体地位的看法，提出了多种所有制结构改革的模式。一些学者主张缩小国有企业比重，大量发展非国有经济，以适应市场经济发展的要求。对于公有制在多元化的所有制结构中的作用，经济学家经过讨论逐步形成共识：公有制的主体地位应体现为质的优势，只要国有经济总体上发挥了对国民经济的控制力，公有经济的主体地位就不会动摇。② 在公有制实现形式上理论界基本形成了共识，认为公有制可以而且应该有多种实现形式，实现形式的多样化不会改变公有制的性质，也不会动摇公有制的主体地位。

与所有制改革相适应，我国对基本经济制度形成了新表述。党的十四大报告中明确指出，我国在所有制结构上以公有制为主体，个体经济、私营经济、外资经济为补充，多种经济成分长期共同发展。1997年的党的十五大报告指出："公有制为主体、多种所有制经济共同发展，是我国社会主义初级阶段的一项基本经济制度。"③相应地，我国对公有制的实现形式、主体地位有了新的认识。认为公有制的实现形式可以而且应当多样化，公有制的主体地位体现在

---

① 吴宣恭：《社会主义所有制问题》，《政治经济学若干问题研究》，经济科学出版社1991年版，第164—178页。

② 董辅礽：《重新认识社会主义经济》，《中国经济日报》1998年1月20日。

③ 《中国共产党第十五次全国代表大会文件汇编》，人民出版社1997年版，第21页。

公有资产在社会总资产中占优势；国有经济控制国民经济命脉。

坚持公有制经济的主体地位，必须与新自由主义划清界限。何秉孟是国内较早批判新自由主义思潮的学者。他指出，科斯的产权理论实质上是资产阶级经济学的私有产权理论，其认定私有制经济的交易成本比公有制经济低，是一种先入为主的主观武断。资源的有效配置不仅取决于单个企业交易成本之高低，还取决于其他诸多因素。资本主义私有制引发的周期性经济危机造成大量的资源浪费是对生产力的巨大破坏，不会带来资源的最优配置。① 吴易风剖析了科斯关于产权界定与经济效率关系的命题，认为理想的有效率的完全竞争市场从来就没有存在过也不可能存在。② 裴小革则认为，即使承认产权清晰对经济效率的重要性，这一理论也并没有从有利于生产力发展的视角论证，为什么在市场交易中一种商品的产权清晰到一方比另一方更合理，也就是说私有产权比公有产权更合理并没有得到有效证明。③ 周新城认为，新自由主义所谓自私人（即"理性经济人"）不是历史的起点，而是历史的结果，不能把自私当作人的本性并以此推断一切经济问题，否则就会陷入历史唯心主义的泥潭。④

新自由主义在政策层面，认为公有制与市场经济是对立和不兼容的，认为建立"真正的"市场经济就必须取消公有经济，实行彻底的私有化或"民营化"。对此，国内学者结合我国国有企业改革成效进行了有力的批驳。一些学者指出，公有制企业在市场经济中可

---

① 何秉孟：《国有企业改革必须坚持以马克思主义产权理论为指导——兼评科斯的产权理论》，《马克思主义研究》2004 年第 5 期。

② 吴易风：《产权理论：马克思和科斯的比较》，《中国社会科学》2007 年第 2 期。

③ 裴小革：《新自由主义产权理论与马克思主义产权理论比较》，《政治经济学评论》2004 年第 2 期。

④ 周新城：《不能让新自由主义误导国有企业改革》，《山西财经大学学报》2004 年第 5 期。

以成为自主经营的主体，国有经济的退出不能解决目前中国所有问题。左大培认为，现行的国有企业改革有"明晰产权"和"产权交易"两种方式，一种是将国有或者集体企业所有权分给许多个人，另一种则是将国营或者集体企业卖给个人。无论是哪种方式，其本质上都是权力资本瓜分国有资产，侵害弱势群体的利益。[①] 还有一些学者指出，应该有专门的法律规定来防止国有企业资产受侵占，国有企业的改制、运行状况和财务报表应当向全社会、全体公民公开。公有财产代管人制在不改变国有企业所有制的前提下，能够有效提高企业的效率，这是国有企业改革的方向。[②] 这些学术争论过程中的反驳，在理论上捍卫了我国社会主义初级阶段的基本经济制度。

（二）围绕国有企业改革展开的理论研究及其争论

改革转向城市以后，国有企业如何作为市场主体成为理论界研究的重点。围绕国有企业自主权的确立，我国在1983年以后分别推行了企业承包制、租赁制、利润递增包干制、利改税等多种改革措施。相应地，从理论上对国有企业改革目标也有一些不同的主张。

何建章认为，承包责任制使企业掌握充分的经营自主权的同时，承担了对国家和全民的责任。承包制保持了国家对生产资料的所有权和必要的管理权，又保障了企业的经营权，排除了不必要的行政干预。因此承包制是两权分离的较好形式，是国有企业改革的基本方向。[③] 杨培新也建议在社会主义经济体制改革过程中，应该将承包制作为一种重要的企业经营模式进行推广。[④] 以沈立人为代表的学者对把承包制当成目标模式持反对态度。他认为"承包经营责任制不是一种理想模式即目标模式。这由于企业内部的机制欠成熟外，更

[①] 左大培：《混乱的经济学——经济学到底教给了我们什么？》，石油工业出版社2002年版，第27—30页。

[②] 毛增余主编：《与中国非主流经济学家对话》，中国经济出版社2004年版，第67页。

[③] 何建章：《认真完善和发展承包制》，《经济研究》1989年第4期。

[④] 杨培新：《承包制——企业发达必由之路》，中国经济出版社1990年第1版。

是由于当前的外部环境不够成熟,缺乏规范化的市场作为其宏观条件"①。

苏星是我国社会主义股份制的最早倡导者。他在1983年7月提出:在生产资料公有制的条件下,企业之间的根本利益是一致的,它们在国家政策的引导下,可以遵循自愿互利的原则,广泛组织公司和其他各种形式的联合体,不存在私有制的限制。② 这一主张,为国有企业改革采取股份制改革提供了理论基础。

从完善公有制实现形式来推动国有企业改革,是我国经济学界提出的一个重要主张。卫兴华是我国社会主义公有制实现形式的最早倡导者,他认为,社会主义经济包括社会主义经济制度运行和实现的具体形式,如公有制的运行和实现形式,按劳分配的运行和实现形式,以及其他社会主义生产关系的运行和实现形式,等等。发展和完善公有制,就需要完善公有制的实现形式。③ 同时,他也指出,股份制成为公有制的主要实现形式,不是否定或取代国有经济和集体经济这两种公有制形式。魏杰、张宇认为,要实现公有制与市场经济的结合,更现实的思路还是改革现行的公有制形式,发展混合经济,在多种所有制的相互融合与竞争中实现公有制与商品经济相互结合。④

20世纪90年代中期,关于深化国有企业改革,中央提出实施"三改一加强"(改组、改制和改造有机结合并加强企业内部管理),学习邯郸钢铁经验、提高管理科学化水平,探索国有资产管理有效形式、设立国有控股公司,进一步进行企业集团试点,"抓大放小"搞活国有小型企业。然而,自1997年开始,面对日益严重的国有企业亏损问题,理论界转向对国有经济布局的战略性调整进行研究。

---

① 沈立人:《承包经营责任制评议》,《经济研究》1989年第4期。
② 苏星:《试论工业公司》,《红旗》1983年第14期。
③ 卫兴华:《关于我国经济体制改革的理论问题》,《江西社会科学》1986年第4期。
④ 魏杰、张宇:《市场经济与公有制体制改革》,《经济研究》1993年第3期。

由于在国有资本退出的过程中出现了较为严重的国有资产流失问题，在社会上产生了著名的"郎顾之争"。围绕国有资产管理体制改革，经济学家内部出现了不同意见。

围绕产权改革的争论，是国有企业改革的一个热点问题。程恩富发表《产权理论与社会主义市场经济——十问张五常先生》十篇系列文章（《学习》杂志1995年第5期开始连载，后合并为四文在《学术月刊》刊发），分别以"私有制是经济发展的独步单方吗""公有制与市场经济不相容吗""高效率可以脱离公平吗""以国有资产换取特权是正着吗""自私人假设是唯一合理的经济分析吗"等问题，与西方产权理论的代表者张五常教授展开商榷，阐明马克思主义的产权理论和企业理论。文章发表后，推动了用马克思主义产权理论评析西方产权理论的讨论热潮，并汇集在《11位知名教授批评张五常》（中国经济出版社2003年版）一书中。陈岱孙、高鸿业、吴易风、丁冰、顾海良等学者发表相关论著，积极推动了马克思主义产权理论及其应用的创新性研究。[①] 2005年12月，《经济观察报》刊登了专访刘国光的文章——《反思改革不等于反改革》。在文章中，针对20世纪90年代特别是21世纪以来新自由主义误导我国经济改革和发展方向的问题，他指出："新自由主义的理论前提与核心理论（如自私人性论、私有制永恒论、自由市场万能论等）整体上不适合于社会主义的中国，不能成为中国经济学的主流和中国经济发展与改革的主导。"[②] 林毅夫等学者指出，国有企业改革的核心应该是为企业创造一个硬预算约束的公平竞争环境，重点是要解决产权问题。[③] 刘诗白指出，建立以公有制为主体、多种经济成分共同发展的所有制结构，要发展国有、集体、中外合资、合作、股

[①] 参见中国社会科学院马克思主义研究学部课题组《改革开放40年中国马克思主义理论发展最具影响力的40件大事》，《马克思主义研究》2018年第11期。

[②] 《刘国光文集》第10卷，中国社会科学出版社2006年版，第637页。

[③] 林毅夫、蔡昉、李周：《国有企业改革的核心是创造竞争的环境》，《改革》1995年第3期。

份制、个体、私营等多元化的市场主体和多样性的市场主体产权结构。产权制度改革不是要进行私有化，而是要以增强公有经济的控制力为目的。① 林岗、张宇则从产权的起源、产权的作用、产权的具体结构、产权的演变规律、私有产权与公有产权的效率比较等出发，分析了马克思主义产权理论和西方产权理论的原则性分歧。② 还有一些学者主张，对于垄断行业改革方面，应放松管制、提高垄断行业的市场竞争度，推进改革重组。针对产权改革尤其是经理融资收购等方式是否会引发国有资产流失，进而是否会私有化等问题，国内学术界进行了大争论。马克思主义经济学者多数主张，中国的经济体制改革是坚持公有制主体上的社会主义制度的自我完善，西方的产权理论不能作为改革的理论依据。相关争论促进了对国有企业产权改革的规范，在改革过程中完善了相关的法律法规。

(三) 关于按劳分配主体地位和分配制度改革的争论

传统体制下的平均分配是制约生产积极性的一个重要因素。改革开放后，随着商品经济的发展和经济激励机制的施行，生产效率得到了提升，但收入分配差距也开始出现。1984年10月，党的十二届三中全会提出，要允许和鼓励一部分地区、一部分企业和一部分人依靠勤奋劳动先富起来，并带动越来越多的人走向富裕。1987年党的十三大报告中，首次系统提出了社会主义初级阶段实行以按劳分配为主体的多种分配方式，理论界围绕按劳分配的实现以及正确处理公平和效率的关系形成了研究热潮。

1. 关于社会主义市场经济中按劳分配原则的研讨。社会主义商品经济条件下，按劳分配的实现过程和形式同马克思所设想的不同。改革开放后，针对按劳分配原则的实施范围和效果，以及生产要素参与分配带来的新问题，理论界进行了广泛的讨论。这一时期，理论界提出了"等同"说（按生产要素分配就是按劳分配）、"相互转

---

① 刘诗白：《主体产权论》，经济科学出版社1998年版。
② 林岗、张宇：《产权分析的两种范式》，《中国社会科学》2000年第5期。

化"说（按生产要素分配是按劳分配的转化形式）、"涵盖"说（按生产要素分配可以涵盖按劳分配）、"统一于贡献"说（按劳分配与按要素分配都是按贡献分配）等观点。这些理论阐释力图说明按生产要素分配与按劳分配的一致性，使按劳分配原则能够在理论上与市场经济保持一致。

按劳分配实现中的原则和实践的矛盾，是商品经济和按劳分配通过商品货币关系而实现的形式所决定的。卫兴华认为，完全解决上述矛盾不太可能，只能通过劳动工资制度的改革将矛盾缩小到最小限度，从而使原则与实践大体上趋于一致。在社会主义初级阶段分配关系中，是以按劳分配为主体，其他分配方式为补充。即使在公有制经济中，由于多种经营方式的存在，除了作为主体的按劳分配收入外，也还存在一些非劳动收入。[①] 针对多种所有制带来的多种收入分配，谷书堂与蔡继明认为，应承认按生产要素贡献分配的合理性。[②] 一些学者对按生产要素分配的理论基础持反对意见。陈德华指出，按生产要素分配以价值共创、价值共分论为基础，否定了马克思的劳动价值论与剩余价值论，混淆了不同性质的分配方式。[③] 程恩富不赞同将个人劳动收入和福利收入的增减与企业税后利润的变动片面挂钩的观点，认为社会主义经济体制改革必须使全体劳动者（至少是占百分之九十几的绝大多数劳动者）的生活水平都有不同程度的提高。[④]

对于非劳动生产要素参与分配，许多学者指出，按要素分配是从属于所有权的，由于社会主义经济中公有制占主体，因此它不应

---

① 卫兴华：《社会主义初级阶段的个人收入分配方式》，《财经研究》1988年第1期。
② 谷书堂、蔡继明：《按贡献分配是社会主义初级阶段的分配原则》，《经济学家》1989年第3期。
③ 陈德华：《评定否定按劳分配的几种观点》，《求是》1950年第5期。
④ 程恩富：《略论经济体制改革中的收入分配问题——与厉以宁同志商榷之二》，《世界经济文汇》1989年第3期。

当成为占主导的分配模式。如卫兴华指出,按劳分配不是从劳动价值论出发的,而是根据社会主义生产资料公有制和人们劳动特点提出的。按生产要素分配,适于与特定的私有制经济相联系的分配方式。① 对于将私有制与高效率相等同、主张效率优先的分配制度改革观点,学术界依据马克思主义经济学原理进行了辨析。顾钰民等认为,市场经济体制内含着效率优先的机制。但市场经济运行本身缺乏实现公平的机制,不能解决公平分配的问题。协调好经济发展过程中公平与效率关系的重点是解决好公平问题。这样才能实现社会主义基本制度的要求和追求的目标。②

2. 关于收入分配领域中公平与效率关系的争论。改革开放后,将公平与效率相对立的思想较为流行,一些学者主张为了快速发展生产力,应将公平置于相对次要的地位。对此,马克思主义经济学者提出了反对意见。杨圣明是平等与效率有机结合思想的最早倡导者。1984年1月,他在《中国经济发展战略问题研究》一文中提出,"我国是社会主义国家,既不能放弃平等,也不能失去效率,要兼而有之。过去我们比较重视平等,但在一定程度上轻视效率。今后我们要重视效率,扩大收入差距,但是,决不能忽视平等问题。……与资本主义各国的情况不同,我国已经实现了生产资料社会主义公有制,通过对居民收入的有计划有步骤地调节,能够把效率和平等有机地结合起来,防止社会的两极分化,使我国最终创造出比资本主义更高的劳动效率。"③ 这一观点,与当时主张的"效率优先、兼顾公平"思路划清了界限,坚持了马克思主义关于社会主义收入分配的基本原则。

从2002年起,很多学者提出"效率优先、兼顾公平"这一提法

---

① 卫兴华:《我国现阶段收入分配制度若干问题辨析》,《宏观经济研究》2003年第12期。
② 顾钰民、周龙根:《两种体制下的公平与效率》,《社会科学》1996年第8期。
③ 杨圣明:《杨圣明文集》,上海辞书出版社2005年版,第440—442页。

已经不能适应科学发展观的要求，应当改变。2005年，我国提出"更加注重社会公平，使全体人民共享改革发展成果"以后，理论界有关公平与效率关系问题的争论更加尖锐。党的十六届三中全会提出，要注重社会公平，加大调节力度，努力缓解收入分配差距扩大趋势，逐步实现全体人民共同富裕。党的十六届五中全会强调更加注重社会公平，加大调节收入分配的力度。对于我国经济发展中公平和效率关系的调整，学术界进行了分析。刘国光认为，党的十四届三中全会关于效率与公平关系的认识，符合当时的实际，是正确的。但随着社会阶层结构的变化，不同利益开始影响经济理论界。有些人以"优先"和"兼顾"的差异，轻视、曲解社会公平和社会公正，这不符合改革的精神。[①] 他指出，"效率优先、兼顾公平"只是一个过渡性的提法，随着条件的变化，应当有所改变。应当把"效率优先"这个提法，放到该讲的地方去讲。不能仅将公平局限于二次分配，初次分配讲公平更加重要。[②] 王伟光认为，"效率优先、兼顾公平"是个一般原则。这个原则是要追求效率与公平的优化组合。平均主义是一种不公平，差距过大也是一种不公平，当前平均主义与差距过大同时存在，差距过大是突出问题。[③] 卫兴华提出，分配的公平并不等于把公平作为分配标准，按劳分配依据的标准是劳动贡献，而不是公平。要把分配标准同衡量分配是否公平区别开来。[④] 这些理论上的探讨，为我国强调实现社会公平正义的目标提供了理论依据。

[①] 刘国光：《进一步重视社会公平问题》，《经济学动态》2005年第4期。

[②] 刘国光：《把"效率优先"放到该讲的地方去》，《经济学动态》2005年第11期。

[③] 王伟光：《在效率优先的前提下，更好地兼顾公平，构建社会主义和谐社会》，《学习时报》2005年8月15日。

[④] 卫兴华：《应重视我国现阶段的分配公平问题》，《理论前沿》2006年第1期。

三 社会主义经济增长和发展问题的政治经济学研究

经济增长与经济发展问题,是社会主义经济中的重要理论问题。中国特色社会主义经济发展道路的选择,既是基于现阶段中国发展所面临问题的考虑,也是基于对整个世界负责任的考虑。中国是世界上最大的发展中国家,具有发展中国家二元结构的典型特征。人口多、底子薄,自然地理条件和人口资源分布差异很大,城乡和区域发展差距也很大。随着改革的深入,中国经济社会发展同人口、资源、环境压力之间矛盾逐渐突出。深刻把握中国发展面临的新课题、新矛盾,自觉走科学发展道路,是中国特色社会主义在实现什么样的发展、怎样发展这个基本问题上的创造性探索。

(一)围绕经济增长速度效益问题及经济发展方式的讨论与反思

改革开放早期,学术界对经济增长的讨论,主要集中于增长的速度与效果两个方面,形成了不同的意见。一种观点认为,发展速度和经济效果应该是统一的,不能把工作重点放在强调速度上。另一种意见则认为,提高经济效益要同一定的增长速度统一起来。还有一种意见认为,在速度与效益的关系上要有重点。片面强调发展速度,在实践中带来了经济过热的弊端。

1992年后,我国经济又出现了高速增长的局面,重新引发了关于经济增长速度的争论。汪海波提出,我国应注重强调提高速度与增进效益相统一。导致经济波动过大的原因,不仅在于片面强调速度、忽视效益的传统经济发展战略的强大惯性作用,更重要的还有体制根源。[①] 郭克莎认为,我国的资源条件、投资特点和结构关系决

---

① 汪海波:《提高速度与增进效益相统一》,《中国工业经济研究》1992年第10期。

定了必须转换增长模式。①洪银兴认为，社会主义初级阶段的经济总体上仍然是供给约束型经济，从防止经济大起大落的要求出发，应当将经济增长转移到依靠科技进步与提高劳动者素质轨道上。②

提出转变经济发展方式后，对中国经济增长模式的转换方向，学界也进行了反思。卫兴华等认为，从马克思关于经济增长规律的揭示看，从粗放型增长转向集约型增长、科技要素在增长中发挥更大作用是一种客观规律。中国经济发展所处的阶段和现实国情，决定了集约型增长仍然是我国经济增长方式的必然选择。转变经济增长方式，重点是要克服资源供给、投资与消费结构协调、产业优化与扩大就业等难点问题，通过科技创新和体制创新，实现经济的良性增长。③逄锦聚持同样的观点，他认为转变经济发展方式就是由粗放型增长到集约型增长，从低级经济结构到高级优化的经济结构，从单纯的经济增长到全面协调可持续的经济发展的转变。④谢伏瞻认为，扩大内需是我国经济发展的基本立足点。正确处理内需与外需的关系，既要坚持立足国内、以我为主，把政策着力点放在全面扩大国内需求上，充分发挥我国经济回旋余地大、内需潜力大的优势；又要坚持统筹国际，趋利避害，认真实施稳定外需的政策。⑤关于转变经济增长方式的难点，张卓元认为，我国经济发展方式转变有三方面难点：一是它同追求经济的短期高速增长相矛盾；二是重要领

---

① 郭克莎：《速度与效益的选择——论我国经济增长模式的转换》，《经济研究参考》1993年第Z4期。

② 洪银兴：《论经济增长的速度、效益与波动》，《社会科学战线》1993年第6期。

③ 卫兴华、侯为民：《中国经济增长方式的选择与转换途径》，《经济研究》2007年第7期。

④ 逄锦聚：《经济发展方式转变与经济结构调整》，《光明日报》2010年2月23日。

⑤ 谢伏瞻：《充分挖掘我国内需的巨大潜力——学习贯彻党的十七届五中全会精神》，《求是》2010年第21期。

域和关键环节改革难启动；三是政策调整阻力重重。①

（二）社会主义生态文明范畴的提出

在改革开放过程中，我国学者从马克思主义经济学基本原理出发，提出了一些新范畴和新概念，丰富了中国特色社会主义经济理论。

生态环境建设是改革开放后中国经济理论界提出的新观点。1980 年和 1983 年，许涤新提出"生态经济学""生态效益"等概念，他从马克思主义经济学立场出发提出，搞好社会主义生产和社会主义建设，必须遵守自然规律和经济规律，生态规律（关于生态系统和生态平衡的规律）是比较基本的规律。② 他还认为，只有把经济效益同生态效益、眼前利益同长远利益很好地结合起来，才能保证社会主义现代化建设的顺利进行。③ 其后，刘思华在 1986 年全国（上海）第二次生态经济学科学研讨会上首次明确提出"生态文明"概念，并提出了"社会主义物质文明、精神文明和生态文明的协调发展"的观点。1989 年，刘思华首次阐述了物质文明、精神文明和生态文明三大文明的建设过程。④ 这些研究成果，对于社会主义生态文明进行了理论上的阐述和论证，拓展了中国特色社会主义经济理论的研究领域和内容，推动了中国经济学理论创新。党的十八大报告明确了生态文明是中国特色社会主义现代化建设的重要组成内容，强调生态文明建设全面贯穿到我国经济、政治、文化、社会建设的各方面和全过程。

（三）社会主义市场经济条件下城市化和工业化问题的研究

党的十六大提出了新型工业化道路。这就是："走新型工业化道

---

① 张卓元：《我国转变经济发展方式的难点在哪里》，《经济纵横》2010 年第 6 期。
② 许涤新：《实现四化与生态经济学》，《经济研究》1980 年第 11 期。
③ 许涤新：《社会主义现代化建设与生态环境》，《学习与思考》1983 年第 4 期。
④ 刘思华：《理论生态经济学的若干问题》，广西人民出版社 1989 年版。

路，大力实施科教兴国战略和可持续发展战略。实现工业化仍然是我国现代化进程中艰巨的历史性任务。信息化是我国加快实现工业化和现代化的必然选择。坚持以信息化带动工业化，以工业化促进信息化，走出一条科技含量高、经济效益好、资源消耗低、环境污染少、人力资源优势得到充分发挥的新型工业化路子。"① 新型工业化道路是对马克思主义工业化道路理论的发展，丰富了马克思主义政治经济学。

新型工业化是中国工业化发展的新阶段。国内学者对中国新型工业化道路的"新"含义进行了深入挖掘，并形成了系统的认识。一些学者指出，与发达国家的工业化相比，中国的新型工业化是以信息化带动的跨越式的工业化，它以充分就业为先导，以可持续发展为基础，把公有制经济与非公有制经济相结合，以政府为主导。②也有学者提出，与中国传统工业化相比较，新型工业化在实现机制上强调市场机制的作用，以政府职能得到切实转变为前提。③此外，还有学者认为新型工业化应当以可持续发展为基础，以集约型经济增长方式为主要的经济增长方式。④

关于新型工业化的实现路径与作用，魏礼群指出，新型工业化过程应当是中国产业结构优化升级的过程，应当处理好可持续发展问题。新型工业化要正确处理好发展高新技术产业和发展传统产业的关系、发展资金技术密集型产业和发展劳动密集型产业的关系、发展虚拟经济和发展实体经济的关系。⑤一些学者将信息化与工业化

---

① 《中国共产党第十六次全国代表大会文件汇编》，人民出版社2002年版，第21—22页。
② 简新华、向琳：《论中国的新型工业化道路》，《当代经济研究》2004年第1期。
③ 吕政：《我国新型工业化道路探讨》，《中国工业经济》2003年第2期。
④ 郭克莎：《中国工业发展战略及政策的选择》，《中国社会科学》2004年第1期。
⑤ 魏礼群：《坚持走新型工业化道路》，《求是》2003年第23期。

结合起来研究。林兆木认为，信息化对工业化的带动作用表现为信息产业对传统产业的渗透与结合。① 黄范章则着重对信息化对工业化的"带动"作用做了解释。② 郑英隆立足于新型工业化与信息化的关系，提出要确立对信息化进步与工业结构升级的信息经济性思维；强化工业信息化与信息产业化的交互作用和共同进步；解决微观企业层面上的企业信息化问题。

新型工业化与城市化的关系也是学者研究的主题。谢伏瞻认为，中国的城市化具有特殊性，不仅城市化滞后于工业化，而且城市化需要转移人口多、任务重、难点多，在推进城市化促进工业化时，需要将发展小城镇作为城市化的战略重点。③ 简新华认为，我国新型工业化要处理好与城市化关系，有效地推动城市化与城镇化的结合，同时还要优化城市结构，提高城市的聚集能力。④ 这些观点，对我国实现新型工业化和可持续发展提供了有益的思路。

四 对社会主义国家对外开放理论与经济全球化问题的研究

对外开放是中国特色社会主义经济理论的重要内容。对外开放缘于1978年9月8日邓小平同志在东北三省及河北、天津调研期间发表的"北方谈话"。在"北方谈话"中，他最早提出了对外开放的思想，指出不能关起门来搞建设，必须重视对外开放。⑤ 此后，我国于1979年7月在广东、福建两省的对外经济活动中实行特殊政策和灵活措施。1980年5月16日，我国将特区命名为"经济特区"。此后于1988年，又建立了海南经济特区。对外开放政策对我国引进

---

① 林兆木：《关于新型工业化道路问题》，《宏观经济研究》2002年第12期。
② 黄范章：《从世界的视野看我国新型工业化道路》，《中国工业经济》2003年第6期。
③ 谢伏瞻：《中国城市化的几个理论问题》，《学习与实践》2002年第7期。
④ 简新华：《新型工业化道路的特点和优越性》，《管理世界》2003年第7期。
⑤ 李正军：《改革开放的前奏：邓小平"北方谈话"》，《党史纵览》2018年第12期。

国外资金、先进技术和管理经验起了促进作用，推动了我国经济快速增长。

围绕对外开放，我国学者提出一些有价值的见解。刘国光提出逐步开放的主张，认为对外开放应该从点到线再到面初步推进，形成"经济特区——沿海开放城市——开放地区和开发区——内地"的格局。高鸿业则认为，对外开放既要自力也要自主，要坚持以取得技术为主要目标，同时减少不利影响。[①] 经济学界对于这些传统的开放观有着不同的认识，王振中认为，在对外经济活动中所谓"无政府干预""无国籍公司"和"无民族工业"等观点具有误导性，我国对外开放应坚持"多极化"和"民族化"，避免"一元化""美国化"。[②] 季崇威从借鉴经验、弥补差距、开拓市场、利用资源等方面，论证了对外开放政策的战略地位，强调了对外开放中自力更生的作用。[③] 程恩富认为，针对目前西方国家主导的全球化进程，中国应加快建立控股（资本）、控牌（品牌）和控技（技术）民族企业集团，只有实行"三控"的企业才是较完全的民族经济。[④]

随着中国于2001年加入世界贸易组织，我国对外开放逐步进入全面开放的新阶段。党的中央领导集体一再提出，要以更加开放的理念应对国内外两个市场，利用好这两种资源。"两个市场"的界定，突破和丰富了马克思所认为的"一个统一的世界市场"和斯大林的"两个平行的世界市场"理论。利用好"两个市场"的理论提出后，学术界围绕对外开放政策的理论阐释进一步深化。左大培提出，社会主义经济面对国内外市场应区别对待，不能全盘接受全面自由贸易主张，我国应当全面放弃对技术含量低，不会产生学习效

---

① 高鸿业：《引入外资是一个利用和反利用的过程》，《当代思潮》1995年第6期。

② 王振中：《非过剩资本型国家海外直接投资的理论探索》，《经济研究》1991年第2期。

③ 季崇威：《论中国对外开放的战略与政策》，社会科学文献出版社1995年版。

④ 程恩富：《当代中国经济理论探索》，上海财经大学出版社2000年版。

应的产品生产部门（农业部门除外）的贸易保护措施，将有限的关税和非关税贸易保护的可能性集中用于技术含量高，又会产生学习效应的产品生产部门。重点保护和扶植国内尚缺乏国际竞争力的高技术产品的生产和市场。①

五　教材体系结构创新与马克思主义经济学教材建设

改革开放时期，随着我国的经济体制改革的深入，马克思主义政治经济学的现实土壤也发生了变化。我国在社会主义市场经济理论等方面的重大理论创新，迫切需要体现在政治经济学教材的内容中。这一时期，我国出版了大量的教材，新的研究成果和党的决议内容被吸收入教材，在培育马克思主义经济学研究队伍方面发挥了巨大作用。

20世纪80年代，我国出版的有重要影响的政治经济学教材是北方十三所大学编写的《政治经济学》（简称"北方本"）和南方十六所大学编写的《政治经济学》（简称"南方本"）。南方本由蒋家俊和吴宣恭负责主编，"北方本"由谷书堂和宋则行担任主编，因发行较广且多次修订，在学术界产生了较大影响。与以前教材相比，该教材在原有的体系框架内纳入了与商品经济和经济体制改革相关的内容。同期有重要影响的教材还包括：蒋学模主编的《政治经济学教材》（上海人民出版社1980年版），宋涛主编的《政治经济学教程》（中国人民大学出版社1981年版），许涤新主编的《广义政治经济学》（第二、三卷），张卓元主编、于祖尧副主编的《政治经济学（社会主义部分）》，卫兴华、顾学荣主编的《政治经济学原理》（经济科学出版社1989年版），等等。

20世纪80年代末90年代初，随着社会主义市场经济的改革方向确立，一系列重大理论问题取得了新突破，政治经济学领域涌现

---

① 左大培：《混乱的经济学——经济学到底教给了我们什么？》，石油工业出版社2002年版，第33—37页。

出了一批教材，在研究对象、研究方法、基本原理和结构体系上作出了一系列探索和创新。如：吴树青等主编的《政治经济学（资本主义部分）》和《政治经济学（社会主义部分）》。同时期，还出现了一些探讨社会主义市场经济运行机制，用市场经济理论取代政治经济学社会主义部分的教材，如伍柏麟的《社会主义市场经济学教程》等。国家教委领导社科司组织编写的《政治经济学》新编教材，在框架上做了重大变革。在资本主义部分，适当压缩了自由竞争阶段的内容，增大了垄断资本主义的理论分析。社会主义部分则在导言中简练地说明在我国建立社会主义制度的必然性、社会主义初级阶段的经济特征与任务。然后，按照社会主义基本制度、社会主义市场经济体制、微观经济运行和宏观经济运行四个层次的顺序展开论述。

进入21世纪后，马克思主义政治经济学教材无论是内容还是体系结构都有了新的变化。市场经济一般范畴、经济运行、经济发展等与我国经济体制改革和经济发展密切相关的内容所占的分量明显增加。2004年，中央决定实施马克思主义理论研究和建设工程，《马克思主义政治经济学概论》被确定为第一批重点教材之一。该教材最大限度地凝聚了我国政治经济学界和实际工作部门专家学者的共识，努力做到了三个"充分反映"：充分反映马克思主义中国化的理论创新成果；充分反映我们党领导全国人民进行社会主义现代化建设和改革开放的生动实践与基本经验；充分反映政治经济学学科建设的最新研究成果。在体系结构上，该教材采用"四篇结构"，即在"导论"之后，分四篇展开："第一篇商品和货币"，"第二篇资本主义经济"，"第三篇社会主义经济"，"第四篇经济全球化和对外开放"。这种框架结构有利于全面把握市场经济的一般特征及其在资本主义和社会主义不同社会制度下的不同特点。同一时期，比较有代表性的教材有：张维达主编的《政治经济学》；蒋学模主编的《高级政治经济学——社会主义本体论》；程恩富主编的《现代政治经济学》,① 该部教材的最大特色,是用统一分析框架来分析资本主义经济和社会主义经济。全书由"导论"和"五编"构成,"五编"分别是"第一编直接生产过程""第二编流通过程""第三编生产的总过程""第四编国家经济过程""第五编国际经济过程";逄锦聚、洪银兴、林岗、刘伟任主编的《政治经济学》。② 从体系结构上看,它由"导论"和"三篇"构成,第一篇论述市场经济的一般理论,涵盖范围较广。该书中具有争议之处,是把"资本"范畴纳入市场经济。此外,还有一些新的教材、具有自身特点的教材出版。如刘诗白主编的《政治经济学(第二版)》密切结合当代国际经济发展的新现实,密切结合中国社会主义市场经济体制改革的新进程,力求及时地反映出新的观点、新的资料。③ 卫兴华主编的《政治经济学概论》是为国内高校政治经济学教学所编写的最新教材,体现了马克思主义政治经济学教材建设的新进展。④

第四节 新时代中国特色社会主义与马克思主义经济学的繁荣发展

党的十八大以来,中国特色"系统化的经济学说"的发展,是以"进行第二次结合"即马克思主义政治经济学基本原理与当代中国实际相结合为基本特征和学理依循,以解放和发展生产力为根本指向和重大原则,以新发展理念为主导理念和主要内容的。习近平新时代中国特色社会主义经济思想的形成,推动了我国马克思主义

---

① 程恩富主编:《现代政治经济学》,上海财经大学出版社 2000 年第 1 版。
② 逄锦聚等主编:《政治经济学》,高等教育出版社 2002 年第 1 版。
③ 刘诗白主编:《政治经济学(第二版)》,西南财经大学出版社 2010 年版。
④ 卫兴华主编:《政治经济学概论》,经济科学出版社 2010 年版。

经济学研究的进一步深化，为马克思主义经济学研究提供了更加丰富的素材和内容，为中国特色社会主义经济理论的再次升华奠定了基础。

一　围绕全面深化改革相关理论问题的进一步研究

全面深化改革和扩大开放是新时代的主旋律，基础经济理论的创新是全面深化改革和扩大开放的前提。新时代我国理论界围绕全面深化改革进行了新一轮的学术探讨，取得了更有时代性价值的理论成果。

（一）对政府和市场关系的重新审视

2013年11月党的十八届三中全会对进一步深化改革作出了全面的战略部署，提出"使市场在资源配置中起决定性作用"的重大理论观点，并以此来替代以往的"基础性作用"的提法。市场和政府关系的科学定位，创新了马克思主义政治经济学关于社会主义条件下资源配置方式的理论。党的十八届三中全会明确提出，"使市场在资源配置中起决定性作用和更好发挥政府作用，二者是有机统一的，不是相互否定的，不能把二者割裂开来、对立起来，既不能用市场在资源配置中的决定性作用取代甚至否定政府作用，也不能用更好发挥政府作用取代甚至否定使市场在资源配置中起决定性作用"。自此，形成了中国特色社会主义政治经济学对于资源配置方式的科学理论。

逄锦聚提出，强调市场在资源配置中起决定性作用，本质上是强调要尊重价值规律，因此政府就不应该介入市场该管的资源配置领域。需要讨论的不应该是政府的作用应不应该发挥的问题，而是政府的作用应该如何发挥的问题。[1]胡乃武认为，在市场经济条件下应当让市场在资源配置中起决定性作用，但这并不意味着政府在资

---

[1] 逄锦聚：《进一步处理好政府和市场的关系》，《光明日报》2013年12月6日。

源配置中的作用就无足轻重了。① 针对对于市场的"决定性"作用的边界，洪银兴认为，明确市场对资源配置的决定性作用不能放大到市场决定公共资源的配置。更好地发挥政府作用除了通过自身的改革退出市场作用的领域外，还要承担起完善市场机制建设的职能。政府行为本身也要遵守市场秩序。② 程恩富等指出："市场决定"和更好发挥政府作用，从总体上是强调双重调节，主要的路径有两条：构建完善的市场体系和完善政府职能。社会主义市场经济中的"市场决定性作用"，不仅具有与资本主义市场经济中的"市场决定性作用"性质不同的经济基础，而且具有与倡导"市场万能论"的新自由主义政策导向不同的政府调节方式和调节领域，从而既能充分发挥价值规律的积极引导作用，又能避免价值规律可能导致的消极后果。② 周新城则认为，发挥市场的决定性作用，必须把经济领域同公益领域区分开来，必须把物质生产领域同精神生产领域区分开来。③

对市场和政府关系的科学定位，将中国特色社会主义经济理论推向了一个新起点。它遵循了马克思主义关于商品经济发展的内在规律，明确了强调市场在资源配置中具有决定性作用。习近平总书记强调："市场决定资源配置是市场经济的一般规律，市场经济本质上就是市场决定资源配置的经济。"他强调，"发挥政府作用不是简单下达行政命令，要在尊重市场规律的基础上，用改革激发市场活力，用政策引导市场预期，用规划明确投资方向，用法治规范市场行为。"因此，对市场的培育和有效监管构成了现代国家治理体系和治理能力的重要内容。习近平新时代中国特色社会主义经济思想准确把握了市场和政府的作用，并将二者有机结合在一起，共同成为

---

① 胡乃武：《市场决定性作用并不排斥发挥政府职能》，《中国社会科学报》2014年1月17日。

② 洪银兴：《关于市场决定资源配置和更好发挥政府作用的理论说明》，《经济理论与经济管理》2014年第10期。

③ 周新城：《怎样理解"使市场在资源配置中起决定性作用"》，《思想理论教育导刊》2014年第1期。

推动社会主义生产力发展的源泉,对经济学长期争论的政府和市场关系问题给出了具有时代特点的科学回答。

(二) 供给侧结构性改革的新思路及其与西方供给学派的界限

经济朝着更高质量方向发展,是全面深化改革的重要任务。2017年1月22日,习近平总书记在主持十八届中共中央政治局第三十八次集体学习时指出:"综合分析,当前制约我国经济发展的因素,有周期性、总量性的,但主要是结构性的。结构性问题,供给和需求两侧都有,但矛盾的主要方面在供给侧。推进供给侧结构性改革,要处理好几个重大关系。"① 供给侧结构性改革创新了马克思主义政治经济学关于生产力和生产关系的理论。"供给侧结构性改革"思想,不同于凯恩斯理论,也不同于西方的供给学派,更不是对"萨伊定律"的回归。供给侧结构性改革的思想是对马克思主义政治经济学关于生产力和生产关系的理论的进一步深化,是根据世界和中国经济发展经验教训提出的推动经济进一步改革发展的新思想。

习近平总书记在省部级主要领导干部学习贯彻党的十八届五中全会精神专题研讨班上强调:"我们讲的供给侧结构性改革,同西方经济学的供给学派不是一回事,不能把供给侧结构性改革看成是西方供给学派的翻版,更要防止有些人用他们的解释来宣扬'新自由主义',借机制造负面舆论。"② 突出强调这一点是十分必要的。在关于结构性改革的分析上,马克思主义政治经济学有天然的优势。马克思对于社会总资本简单再生产和扩大再生产的分析,提出了总量平衡和结构平衡的相关理论,要求各部门必须按照一定实际客观

---

① 《把改善供给侧结构作为主攻方向推动经济朝着更高质量方向发展》,《人民日报》2017年1月23日。

② 《习近平在省部级主要领导干部学习贯彻党的十八届五中全会精神专题研讨班上的讲话》,《人民日报》2016年5月10日。

比例来进行生产,而资本主义生产方式本身是无法直接做到的。我国所面临的产能过剩和有效供给不足的经济现状,其本质上就是结构性失衡所导致的问题。只有围绕物质资料生产这个核心建立起宏观经济的结构性均衡,宏观经济的稳定才有坚实的基础。这就要求将实体经济的发展作为一个国家经济体系发展的根本。供给侧结构性改革强调通过改革来实现供给质量和能力的提高。

供给侧结构性改革与西方供给学派有着本质的区别,国内学术界围绕这方面进行了深入研究。程恩富指出,基于马克思主义政治经济学基本原理的供给侧结构性改革,根本不可能接受和利用基于萨伊定律的美国供给学派的理论。[①]谢地指出,供给侧结构性改革不应该也不可能简单照抄供给学派的理论及政策主张,而应该从中国特色社会主义的实际出发,充分汲取马克思主义政治经济学的理论滋养,在充分认知我国经济供给侧的主要矛盾的基础上,以马克思主义政治经济学指导供给侧结构性改革,化解广泛存在的供给侧结构性矛盾。[②]逄锦聚认为,在适度扩大总需求的同时,着力加强供给侧结构性改革,既不能照搬凯恩斯主义,也不能照搬以供给学派为理论基础的里根经济学,必须坚持以马克思主义政治经济学生产、分配、交换、消费关系和社会总产品实现的原理为指导,坚持中国特色社会主义政治经济学的八项重大原则。[③]

关于供给侧结构性改革面临的主要矛盾,学术界进行了深入讨论。有学者指出,当前中国经济增长的下行压力直接来源于企业的活力不足;而企业活力不足的根源在于企业生产的商品或提供的服

---

① 程恩富:《迪顿对消费的理解与我国当前的消费——兼论供给侧结构性改革》,《福建论坛》(人文社会科学版)2016年第2期。

② 谢地:《用马克思主义政治经济学指导供给侧结构性改革》,《马克思主义与现实》2016年第1期。

③ 逄锦聚:《经济发展新常态中的主要矛盾和供给侧结构性改革》,《政治经济学评论》2016年第2期。

务没有市场，即其供给与市场的需求之间存在矛盾。① 也有学者提出，无效和低端供给过多，一些传统产业产能严重过剩，产能利用率偏低；有效和中高端供给不足，供给侧调整明显滞后于需求结构升级，供给侧调整表现出明显迟滞，生产要素难以从无效需求领域转向有效需求领域、从低端领域转向中高端领域配置，新产品和新服务的供给潜力没有得到释放。另外还有一种观点认为，经济下行矛盾的主要方面在供给侧，主要表现为结构性问题，可以归结为：有效供给不足和产能过剩并存。②

（三）新时代对所有制问题的深化研究

党的十九大报告提出了混合所有制改革后，围绕公有制经济和非公有制经济之间相互关系的争论日趋激烈。2018年11月1日，习近平总书记在民营企业座谈会上强调指出：有的人提出所谓"民营经济离场论"，说民营经济已经完成使命，要退出历史舞台；有的人提出所谓"新公私合营论"，把现在的混合所有制改革曲解为新一轮"公私合营"；有的人说加强企业党建和工会工作是要对民营企业进行控制；等等。这些说法是完全错误的，不符合党的大政方针。非公有制经济在我国经济社会发展中的地位和作用没有变，毫不动摇鼓励、支持、引导非公有制经济发展的方针政策没有变，致力于为非公有制经济发展营造良好环境和提供更多机会的方针政策没有变。他还强调，非公有制经济要健康发展，前提是非公有制经济人士要健康成长。

在争论过程中，理论界关于"所有制中性"的观点有所抬头。这一观点以所谓"竞争中性"对国有企业污名化。国内个别人主张"所有制中性"，要"淡化所有权，强化产权"，"私有企业也是社会主义性质的所有制"。对此，马克思主义学界进行了批驳。简新华指

---

① 邱海平：《供给侧结构性改革解读——马克思主义政治经济学的视角》，《社会科学文摘》2016年第4期。
② 洪银兴：《在发展中推动供给侧结构性改革》，《新华日报》2016年4月8日。

出，"所有制中性论"否定所有制的内涵和特征、违背马克思主义政治经济学基本原理、违反中华人民共和国宪法；提出"所有制中性论"的依据和目的是不正确的，中国经济下行的主要原因和经济体制不完善的主要表现不是企业所有制的划分和区别对待；平等竞争是必要的，但是从"竞争中性原则"得不出"所有制中性论"，两者都不是市场经济规律。①

农村土地所有制是发展集体经济的基础。在新时代，我国仍要积极探索集体经济的有效实现形式。但这种探索不是以土地私有化为目标，不能将三权分置曲解为土地私有。2014年12月，习近平总书记在中央全面深化改革领导小组第七次会议上指出，坚持土地公有制性质不改变、耕地红线不突破、农民利益不受损三条底线。陈锡文认为，坚持和完善农村基本经营制度不是一句空口号，而是有着实实在在的内容。首先是要必须坚持农村土地的集体所有制，因为只有农村土地是集体所有制，才存在家庭去承包集体的土地以实行家庭经营这种形式。习近平总书记特别强调农民家庭承包土地之后可以自己经营，也可以流转给别的经营主体经营。但是农民承包的土地流不流转，流转给谁，怎么流转，一切都应该由农民决定，而不能由行政机关强行推动。土地经营权流转正在逐渐成为越来越多的现象，但是经营权无论如何流转，土地的承包权仍然属于原有的承包者，这一点不能改变。② 这些研究，坚持了公有制经济主体地位这一中国特色社会主义经济制度的底线。

二 新时代背景下经济发展观的进一步升华

在党的十九大报告中，习近平总书记在对党的十八大以来经济

---

① 简新华：《"所有制中性"是市场经济规律还是谬论？》，《上海经济研究》2019年第5期。

② 陈锡文：《坚持和完善农村基本经营制度把握好四个基本要点》，《农村工作通讯》2017年第24期。

建设取得重大成就的论述中,最先肯定的就是在"坚定不移贯彻新发展理念,坚决端正发展观念、转变发展方式,发展质量和效益不断提升"上取得的历史性成就。这是对新发展理念作为习近平新时代中国特色社会主义经济思想的主导理念和中国特色"系统化的经济学说"的主要内容的深刻阐释。从发展路径和发展要求来看,建设现代化经济体系是新时代社会主义经济发展理念的具体化目标。

(一)新发展理念对马克思主义经济发展观的丰富和发展

新发展理念贯穿于党的十八大以来习近平新时代中国特色社会主义思想发展的全过程,也成为习近平新时代中国特色社会主义经济思想对中国特色"系统化的经济学说"探索的主要内容。在党的十八大之后召开的历次中央经济工作会议上,新发展理念一直是中心议题。

在2012年年底召开的中央经济工作会议上,习近平总书记强调:"必须坚持发展是硬道理的战略思想,决不能有丝毫动摇""必须全面深化改革,坚决破除一切妨碍科学发展的思想观念和体制机制障碍"。在2013年年底召开的中央经济工作会议上,习近平总书记对"实施创新驱动发展"的创新理念,对"积极促进区域协调发展""注重永续发展"的协调理念做了阐释,还深入探讨了"让老百姓得到实实在在的好处"的共享理念、"建设21世纪海上丝绸之路,加强海上通道互联互通建设,拉紧相互利益纽带"的开放理念。在2014年年底召开的中央经济工作会议上,习近平总书记在对创新理念和协调理念的阐释中,从"实体产业创新"上提出"创新必须落实到创造新的增长点上,把创新成果变成实实在在的产业活动";从区域协调与协同发展的联动关系上,提出"要完善区域政策,促进各地区协调发展、协同发展、共同发展"。新发展理念的五个方面臻于完善,五个方面的内在联系已呈新见。2015年年底的中央经济工作会议是在即将进入"十三五"时期的重要节点召开的,习近平总书记以"牢固树立和贯彻落实创新、协调、绿色、开放、共享的发展理念"为指导方针，对经济改革发展的"工作总基调"做了阐释。

新发展理念是马克思主义政治经济学原理在中国经济发展中的最新应用，是关于经济发展的系统性理论思维。"创新、协调、绿色、开放、共享"的新发展理念构成了中国特色社会主义政治经济学关于经济发展的核心内容。国内学术界对此从多种角度进行了阐释。张宇认为，五大发展理念是一个完整的逻辑体系。其中，创新发展是动力源泉，协调发展是大国发展的基本原则，绿色发展既是基本方式又是基本约束，开放发展则是全球化背景下的基本发展路径，共享发展是发展的基本目的和追求。五大相辅相成的发展理念，全新阐述了生产、分配、交换、消费关系，是对新时代生产规律的全新把握。其核心是以人民为中心的发展观。中国特色社会主义经济发展的目标是要实现共享发展，包括走共同富裕道路，促进人的全面发展，发展为了人民、发展依靠人民、发展成果由人民共享，加快推进以民生改善为重点的社会建设，等等。[1] 以人民为中心的发展观既继承了马克思主义政治经济学的基本立场，又是社会主义和共产党的基本性质所决定的，更是新时代中国特色社会主义政治经济学的核心创新。以人民为中心的发展观明确了中国特色社会主义政治经济学的主线。

关于新发展理念的理论价值与实践指导意义，国内学术界也进行了探讨。五大发展理念是我们党对新时期社会经济发展规律的深刻认识和理论总结，是中国智慧的集中体现。在理论层面上，五大发展理念相互贯通、相互促进，是具有内在联系的集合体，要统一贯彻，不能顾此失彼，也不能相互替代。[2] 蔡昉认为，五大发展理念的意义在于，它对关于发展的目的、方式、路径、着力点、衡量和

---

[1] 张宇、王亚玄：《书写当代中国马克思主义政治经济学的新篇章》，《马克思主义与现实》2016 年第 1 期。

[2] 任理轩：《全面建成小康社会的决胜纲领》，《人民日报》2015 年 10 月 31 日。

共享等方面的问题作出了全面回应。① 薛澜认为,从历史渊源来看,五大发展理念可以看作是对 2003 年提出的"科学发展观"的进一步深化和拓展,是指导中国特色社会主义经济发展的长期指导思想。从理论价值看,五大发展理念的提出,是中国为全世界人类发展在经济发展理论层面作出的一个重要贡献。② 辛向阳提出,新发展理念现实指导作用,体现在三个方面:将深刻改变中国发展全局,成为我们解放思想的强大武器,为我们描绘出全面建成小康社会后的发展道路。③

(二) 现代化路径的理论研究与现代化经济体系的提出

马克思主义经典作家没有对社会主义经济体系进行过构想,更没有对现代化经济体系构建路径进行分析。面对中国过去 40 年经济发展积累的问题,在清醒分析国际经济发展趋势的基础上,习近平总书记指出,建设现代化经济体系,就要建设创新引领、协同发展的产业体系,实现实体经济、科技创新、现代金融及人力资源的协同发展;就要建设统一开放、竞争有序的市场体系,实现市场准入畅通、市场开放有序、市场竞争充分且秩序规范,加快形成现代市场体系;就要建设体现效率、促进公平的收入分配体系,以逐步缩小收入分配差距;就要建设彰显优势、协调联动的城乡区域发展体系,从而加强区域优势互补,塑造区域协调发展新格局;就要建设资源节约、环境友好的绿色发展体系,形成人与自然和谐发展现代化建设新格局;就要建设多元平衡、安全高效的全面开放体系,发展更高层次开放型经济;就要建设充分发挥市场作用、更好发挥政府作用的经济体制,实现市场机制有效、微观主体有活力、宏观调

---

① 蔡昉:《践行五大发展理念全面建成小康社会》,《光明日报》2015 年 11 月 5 日。
② 薛澜:《五大发展理念对执政能力提出更高要求》,《人民论坛》2015 年第 34 期。
③ 辛向阳:《新发展理念型变中国》,浙江人民出版社 2018 年版,第 7—16 页。

控有度。①

　　学术界对现代化经济体系从多种角度进行了深化研究。高培勇等认为，建设现代化经济体系本质上是从传统经济体系转换到现代化经济体系的过程，包括"四个转向"：社会主要矛盾、资源配置方式、产业体系、增长阶段等方面的特征性变化。与此相对应，现代化经济体系运转体现为"四个机制"，即社会主要矛盾的性质决定了资源配置方式的选择，资源配置方式决定产业体系特征，产业体系特征与经济增长阶段一致，高速增长引起社会主要矛盾转化。② 张俊山认为，物质生产活动在经济体系中占中心地位，合理的经济体系要包括剩余产品的合理使用，即非生产性劳动的发展必须有助于生产的发展、人民美好生活的实现。社会再生产基本框架下的具体比例和交换关系直接由所研究时期的社会生产力的技术特征所决定。因此，我国现代化经济体系将是建立在新兴技术基础之上，在物质内容和数量比例上也要求社会再生产原有的比例关系作出重大调整。③ 关于现代化经济体系的基本特征或主要标志，简新华认为，从产业结构上看，现代化经济体系要以服务业为主体，工业和农业都实现现代化，制造业处于世界产业价值链的高端；以现代化的实体经济为基础，虚拟经济合理发展；普遍采用先进科学技术和现代经营组织方式，创新力和竞争力强；社会经济发展呈现出资源节约、环境友好、高质量、高效益、可持续的特点。④ 石建勋等则提出，现代化经济体系具有微观、中观和宏观三个层面的丰富内涵，在微观

---

　　① 习近平：《决胜全面建成小康社会　夺取新时代中国特色社会主义伟大胜利——在中国共产党第十九次全国代表大会上的报告》，人民出版社2017年版。

　　② 高培勇等：《高质量发展背景下的现代化经济体系建设：一个逻辑框架》，《经济研究》2019年第4期。

　　③ 张俊山：《对新时代中国特色社会主义现代化经济体系建设的几点认识》，《经济纵横》2018年第2期。

　　④ 简新华：《新时代现代化经济体系建设几个关键问题》，《人民论坛》2018年第1期。

层面是要素现代化，在中观层面是产业体系现代化，在宏观层面是经济体制现代化。①

现代化经济体系是由社会经济活动各个环节、各个层面、各个领域的相互关系和内在联系构成的一个有机整体。习近平总书记明确指出了建设现代化经济体系的主要途径，即主要通过深化供给侧结构性改革、建设创新型国家、实施乡村振兴战略和区域协调发展战略、完善社会主义市场经济体制、加快推动形成全面开放新格局构建高水平的开放型经济体系等战略举措来构建社会主义现代化经济体系。建设现代化经济体系的思想，契合了我国经济发展方式从规模速度型增长到质量效益型发展、经济结构从中低端迈向中高端升级、增长动力从要素驱动转向创新驱动这三个转变的要求，顺应了新时代中国社会主要矛盾转化的需要，为建设社会主义现代化国家新征程指明了方向。建设现代化经济体系的理论填补了马克思主义政治经济学的空白，明确了社会主义现代化经济体系建设的目标和途径，构成了社会主义现代化建设的核心目标和内容。

三 新时代的民生建设观拓展了社会主义生产目的理论

在马克思主义经济学看来，不断提高人民群众的物质文化生活水平，是社会主义的生产目的。在实践中，社会主义生产目的的最终实现需要落实在人民生活的各个层面和环节。习近平总书记关于加强民生建设、推动精准脱贫的论述，贯彻了这一思想精髓，成为新时代中国马克思主义经济学研究关注的重点。

（一）关于改善民生和加强社会保障的理论探索

习近平总书记坚持和发展了社会主义本质理论的观点。他指出："改善民生是推动发展的根本目的。我们的发展是以人民为中心的发展，全面建成小康社会、进行改革开放和社会主义现代化建设，就

---

① 石建勋、张凯文、李兆玉：《现代化经济体系的科学内涵及建设着力点》，《财经问题研究》2018 年第 2 期。

是要通过发展社会生产力,满足人民日益增长的物质文化需要,促进人的全面发展。"党的十九大报告强调:"坚持在发展中保障和改善民生。增进民生福祉是发展的根本目的。必须多谋民生之利,多解民生之忧,在发展中补齐民生短板、促进社会公平正义"。

杨承训认为,新民生观是对社会主义基本分配制度实现共同富裕的深化和完善。其特点是采取民生公平正义的措施应在经济发展的过程中而不能等到经济发展起来之后;在内容上覆盖有关人民生计的全部需求,着眼于提高人民生活、提高消费能力、改进消费方式。①

(二) 脱贫攻坚的政治经济学解决方案及其世界意义

全面建成小康社会最艰巨最繁重的任务在贫困地区,习近平总书记结合我国扶贫脱贫的新形势新任务,立足于马克思主义政治经济学的理论基础,创造性地提出了"六个精准""五个一批""三位一体"大扶贫格局思想。2015年10月习近平同志在减贫与发展论坛中指出:"中国在扶贫攻坚工作中采取的重要举措,就是精准扶贫方案。我们注重抓六个精准,即扶持对象精准、项目安排精准、资金使用精准、措施到户精准、因村派人精准、脱贫成效精准,确保各项政策好处落到扶贫对象身上。"② 同年11月习近平总书记在中央扶贫开发工作会议上为打通脱贫"最后一公里"开出破题药方,即实施"五个一批"工程:发展生产脱贫一批,异地搬迁脱贫一批,生态补偿脱贫一批,发展教育脱贫一批,社会保障兜底一批。2015年6月习近平总书记在部分省区市党委主要负责同志座谈会上指出:"坚持专项扶贫、行业扶贫、社会扶贫等多方力量、多种举措有机结合和互为支撑的'三位一体'大扶贫格局,健全东西部协作、党政机关定点扶贫机制,广泛调动社会各界参与扶贫开发积极性。要加大中央和省级财政扶贫投入,坚持政府投入在扶贫开发中的主体和

---

① 杨承训:《中国特色社会主义基本分配制度与新民生观》,《毛泽东邓小平理论研究》2016年第7期。

② 习近平:《携手消除贫困,促进共同发展》,《人民日报》2015年10月16日。

主导作用,增加金融资金对扶贫开发的投放,吸引社会资金参与扶贫开发。要积极开辟扶贫开发新的资金渠道,多渠道增加扶贫开发资金。"①

脱贫攻坚是我们党坚持"以人民为中心"的发展立场的集中体现。对此,国内学者进行了多方面的分析。有学者提出,脱贫攻坚包含着共享发展的价值取向和基本要求,反映中国特色社会主义政治经济学中坚持以人为本的共建共享的过程。②另有学者认为,当前我国的脱贫攻坚工程,力求普遍提高贫困地区基础教育质量和医疗服务水平,推进贫困地区基本公共服务均等化,这是坚持人民主体地位和以人民为中心的发展思想的重要体现。③还有学者指出,基于马克思主义政治经济学的脱贫攻坚是我们党坚持实现好、维护好、发展好人民根本利益的突出表现,是完善国家治理体系和治理能力现代化的现实要求,打赢脱贫攻坚战的基础和前提就是要深入学习领会贯彻习近平扶贫开发战略思想。④从发展生产力角度,有学者提出,脱贫攻坚要坚持将其作为解放和发展生产力的一条重要途径,它不仅体现共享发展的理念,还是走向共同富裕的必经过程。⑤

四 新时代中国特色社会主义马克思主义国际经济学的拓展

人类命运共同体主张是马克思主义政治经济学关于国际经济关系的创新。马克思和恩格斯所处的时代是资本主义刚刚兴起的时代,

---

① 习近平:《在中央扶贫开发工作会议上的讲话》,《人民日报》2015年11月29日。

② 秦刚:《中国特色社会主义道路研究》,中共中央党校出版社2017年版,第202页。

③ 张宇:《中国特色社会主义政治经济学》,中国人民大学出版社2016年版,第336页。

④ 黄承伟:《打赢脱贫攻坚战的行动指南——学习领会习近平扶贫开发的战略思想》,《红旗文稿》2017年第16期。

⑤ 莫炳坤、李资源:《十八大以来党对共同富裕的新探索及十九大的新要求》,《探索》2017年第6期。

自由竞争是主要的经济运行形态。基于这样的历史背景，马克思、恩格斯创立的政治经济学主要揭示了自由资本主义时代资本运行的规律。当今世界已经进入经济全球化时代，国际关系的主流是和平与发展，世界产业链条分工显著，各个国家之间的经济依赖度大幅度上升。同时，社会主义中国已经成为世界第二大经济体，面临着来自国际层面的更严峻挑战。面对新形势，习近平总书记创造性地提出了构建人类命运共同体的思想。他强调，"人类命运共同体"是要求"在追求本国利益时兼顾他国合理关切，在谋求本国发展中促进各国共同发展，建立更加平等均衡的新型全球发展伙伴关系，同舟共济，权责共担，增进人类共同利益"。在党的十九大报告中，习近平总书记强调："构建人类命运共同体，建设持久和平、普遍安全、共同繁荣、开放包容、清洁美丽的世界。"①

"人类命运共同体"是一个饱含中国智慧并且为世界展现更好未来的概念。它在国际权力观、共同利益观、可持续发展观、全球治理观等方面全面提升了原有观念。它能够获得国际社会的最大认同，也清晰展示了中国崛起前景和意图，有利于有效化解各种对中国的误解和曲解，是中国构建国际关系的基本准则。人类命运共同体思想科学确定了社会主义现代化过程中国际经济关系的基本出发点，创新了马克思主义政治经济学关于国际经济关系的理论判断。

五 中国特色社会主义政治经济学范畴的提出与相关教材建设

构建中国特色社会主义政治经济学，是新时代中国经济学的使命。学界普遍认为，马克思主义经济学的基本原理和方法论是中国特色社会主义政治经济学的基础和内核，需要长期坚持，但在中国特色社会主义政治经济学的逻辑起点上，存在着不同的观点。目前主要的观点有：剩余产品的逻辑起点论、产品的逻辑起点论、社会

---

① 习近平：《决胜全面建成小康社会 夺取新时代中国特色社会主义伟大胜利——在中国共产党第十九次全国代表大会上的报告》，人民出版社2017年版，第58—59页。

主义市场经济条件下"变形产品"的逻辑起点论、"人民主体论"逻辑起点论、"现实的人"逻辑起点论等。尽管观点不同，但学界普遍同意"以人民为中心"作为逻辑主线。

进入21世纪以来，对马克思主义劳动价值论是否具有科学性、是否还适应当代社会发展要求一直存在争论。有学者认为，劳动价值理论应该随着实际情况的变化而加以发展，或者将其赋予更具现代性的形式，马克思的劳动价值论的意义不在于其对具体的价值作出直接解释，而在于其作为叙述的逻辑起点，成为经济学体系的基石。[①] 关于马克思主义政治经济学与中国特色社会主义道路的关系，有学者提出，中国道路的成功是在中国特色社会主义伟大的实践中取得的，是在马克思主义政治经济学中国化的指导下取得的。

对新时代马克思主义政治经济学中国化研究的未来发展趋向，学术界普遍认为，首先是要坚持在比较研究中巩固马克思主义政治经济学的主导地位，在理论内容和方法等方面进行创新。其次，确立马克思主义政治经济学中国化研究的核心范式。坚持马克思主义政治经济学的基本假设、基本原理和基本立场及其科学方法论的分析方法等"硬核"思想，借鉴西方经济学的分析方法，以现代经济社会问题为导向，构建马克思主义政治经济学综合范式。最后，推进多学科交叉融合研究，完善和发展马克思主义政治经济学。坚持在理论与实践研究中构建当代中国特色社会主义政治经济学。加强对社会主义初级阶段经济关系以及中国经济体制和经济运行的总体研究，"着力破除对经典马克思主义政治经济学和西方主流经济学的'两个教条主义'"。[②] 也有学者提出，当前要加强对当代中国马克思主义政治经济学的重要理论成果进行归纳和总结，建立能反映和指导中国特色社会主义

[①] 顾海良：《追寻劳动价值论科学革命的路径》，《光明日报》2015年1月7日第15版。

[②] 顾海良：《锻造彰显中国学术话语的新政治经济学》，《人民日报》2015年8月24日。

经济运行的马克思主义"系统化的经济学说"。

新时代中国特色社会主义条件下，政治经济学研究受到高度重视，教材编写和队伍建设进一步繁荣发展。国内主要科研机构和大学开展了中国特色社会主义政治经济学和智库建设工作，中国特色社会主义政治经济学的国际化也取得重要进展。

在教材方面，出现了一些高水平的政治经济学读本和教材，推动了马克思主义政治经济学的理论研究与学科建设。2018年国家启动了马工程重点教材《马克思主义政治经济学概论》的修订工作，该教材以集中反映习近平新时代中国特色社会主义经济思想、马克思主义政治经济学发展的最新成果为特点，即将出版。另有一些代表性的教材包括：顾海良主编的《中国特色社会主义经济学读本》注重从学理的角度，用浅显的语言对中国特色社会主义道理作出分析和介绍，内容涉及坚持和完善中国特色社会主义基本经济制度、现代市场经济体系、改变和优化经济发展方式、转变政府职能完善宏观调控体系、深化财税体制改革、推进金融体制改革、健全城乡发展一体化体制和机制、完善分配制度和健全社会保障体系、构建开放型经济新体制、实现全面建成小康社会的新目标等方面的内容;[①] 洪银兴主编的《学好用好中国特色社会主义政治经济学》是国家马克思主义理论研究和建设工程大众普及读本的先行本，用通俗易懂、生动活泼的语言将马克思主义基本原理、基本知识与习近平学好用好中国特色社会主义政治经济学的讲话精神结合起来，针对实际问题，解释实践经验，为经济改革和发展中的新政策新思路提供学理依据，是各级领导干部学好用好中国特色社会主义政治经济学的优秀通俗读本;[②] 由张宇、谢富胜、刘凤义等撰写的《中级政治经济学》是一本适合经济学专业研究生使用的中级政治经济学教

[①] 顾海良：《中国特色社会主义经济学读本》，江苏人民出版社2016年版。
[②] 洪银兴主编：《学好用好中国特色社会主义政治经济学》，江苏人民出版社2017年版。

材，侧重于对重要理论问题进行专门的深入分析，阐明相关理论的来龙去脉和最新发展，保持理论体系的完整性和知识的系统性；[1] 余斌编著的《中国特色社会主义政治经济学》从社会生产与社会经济形态、社会主义政治经济学、中国特色社会主义经济的形成、社会主义市场经济、中国特色经济管理、中国城乡经济发展、社会主义经济调控、国有企业运营、经济全球化与中国经济九个方面系统阐述了中国特色社会主义政治经济学的理论体系；[2] 陈伯庚、陈承明、沈开艳主编的《中国特色社会主义政治经济学》是一本较为系统全面的专著型教材，适合高校学生和党政干部学习使用，主要内容包括创新与发展中国特色社会主义政治经济学、基本经济制度、经济体制机制、根本任务、微观经济运行、宏观经济运行、国际经济关系。[3]

在智库建设和马克思主义经济学出版物方面，由中国社会科学院经济研究所、曲阜师范大学等联合编写的《中国特色社会主义政治经济学研究报告》智库蓝皮书，自2015年以来每年出版一本，成为中国特色社会主义政治经济学系统出版工程的重要组成部分。在资本论研究方面，由著名经济学家、福建师范大学原校长陈征和原校长李建平共同主编的《资本论》研究丛书，2017年由福建人民出版社出版。丛书共计8种、12册、500多万字，其中，前4种属个人专著，后4种则是集体研究成果的结晶，该项研究是国内较系统地研究资本论的巨著，受到日本学界的关注。

中国马克思主义经济学研究的国际化进程也取得重大进展。程恩富担任会长的世界政治经济学学会，联合40多个国家的马克思主义经济学者，迄今已在世界各国举办14届国际性论坛，在推动中国马克思主义经济学成果的国际化方面取得了积极成效。程恩富主编的英文版

---

[1] 张宇、谢富胜、刘凤义：《中级政治经济学》，中国人民大学出版社2016年版。

[2] 余斌：《中国特色社会主义政治经济学》，人民日报出版社2018年版。

[3] 陈伯庚、陈承明、沈开艳主编：《中国特色社会主义政治经济学》，高等教育出版社2016年版。

《马克思主义研究》每年出版一本，将国内马克思主义学者的研究成果用英文在国内出版，受到国内外同行的关注。由程恩富担任主编，中国社会科学院马克思主义研究院负责编辑、在英国出版世界发行的英文期刊《世界政治经济学评论》（季刊）和《国际思想评论》（季刊）每期均登载了大量研究、介绍中国特色社会主义政治经济学的最新研究成果，在世界上获得了良好声誉。

第五章

科学社会主义研究 70 年

　　科学社会主义作为马克思主义的三大组成部分之一，无疑是一门科学。1848 年《共产党宣言》的出版标示着科学社会主义诞生。科学社会主义之所以科学，在于它揭示出了人类社会发展的一般规律，社会主义必然战胜资本主义，并走向共产主义。社会主义如何战胜资本主义并走向共产主义？必须建立无产阶级自己的政党，领导无产阶级革命，建立无产阶级专政的新型国家政权，依靠国家政权尽快提高社会生产力总量，经过一个从资本主义到社会主义的过渡时期，实现社会主义，等到社会生产力得到极大提高，社会财富极大丰富，就过渡到共产主义。到那时，国家和政党都消亡，"自由人的联合体"实现。但至于如何最终实现共产主义？马克思恩格斯没有给出具体答案，列宁斯大林的探索也出现过失误。中国共产党开辟的中国特色社会主义道路，使科学社会主义在 21 世纪中国焕发出强大生机活力。

　　科学社会主义创立至今，大致经历四个发展阶段。第一阶段，1848 年至 1917 年，科学社会主义思想的传播与实现社会主义的准备；第二阶段，1917 年至 1945 年，科学社会主义由理论变为现实，在苏联一国胜利并广泛传播和影响于世界；第三阶段，1945 年至 1989 年，科学社会主义在十几个国家取得胜利，并在世界范围内引起对社会主义实现道路的探索；第四阶段，世界社会主义运动跌入低谷，但中国特色社会主义中国焕发出强大生机活力，并不断开辟发展新境界。

将科学社会主义作为一门学科来研究，在苏联主要是在1956年苏共二十大以后才得到重视。在中国理论和学术界，1956年虽然有人也提出"要把科学社会主义作为一门独立的科学来研究"，[①] 但因极"左"思想路线的影响而对科学社会主义形成一定的误解甚至背离，科学社会主义最终也未能作为一门独立的科学得到重视和研究。1978年党的十一届三中全会以后，科学社会主义才真正作为马克思主义的三大主要组成部分部分之一，得到高度重视与研究。改革开放40多年来，我们党把科学社会主义基本原则同我国具体实际、历史文化传统、时代要求紧密结合起来，在实践中不断探索总结，形成集道路、理论、制度、文化于一体的中国特色社会主义。在中国特色社会主义的伟大实践中，科学社会主义研究得以不断深化，为科学社会主义新发展作出了重大的历史性贡献。特别是党的十八大以来，习近平新时代中国特色社会主义思想丰富和发展了马克思主义科学社会主义理论。

第一节　社会主义革命和建设时期科学社会主义研究

新中国成立至改革开放前30年，科学社会主义是一门政治性与现实性极强的科学，社会主义革命和建设时期，主要是党的主要领导对科学社会主义的论述和发展，学术界的研究多体现在阐发马克思主义经典作家和党的领导人对科学社会主义的相关论述和发展上，对有些重要问题也有些零星的研究与讨论。

---

① 高放：《科学社会主义应该作为一门独立的科学来研究——兼试谈高等党校"马克思列宁主义基础"课程的改革问题》，《教学与研究》1957年第4期。

一 改革开放前科学社会主义学科建设情况

（一）1949 年至 1965 年科学社会主义学科建设情况

科学社会主义研究和教学机构不断设立，研究队伍和学科体系不断壮大和充实。新中国成立之初，党中央在高校课程设置中明确了开设马克思主义理论课的基本方针，要求在全国各高等学校开设三门公共必修课，即辩证唯物主义与历史唯物主义（马克思主义哲学）、政治经济学、新民主主义论（1953 年后改为中国革命史）。1950 年 8 月，政务院发布《关于实施高等学校课程改革的决定》，要求开设新民主主义的政治课程。1952 年 10 月，教育部发出《关于全国高等学校马克思列宁主义、毛泽东思想课程的指示》，要求高等学校开设"新民主主义理论"等课程。这里的"新民主主义论"应该属于科学社会主义范畴。1952 年，中央宣传部建议在中国人民大学设立马列主义师资研究班，为全国高等学校培养四门马列主义理论课的教师。1953 年 2 月，教育部确定"马列主义基础"为各类型高等学校及专修科二年级必修课程。1954 年，全国高等院校普遍开设了"联共（布）党史""中国革命史"等课程。相应地，全国高等院校相继设立了马列主义教研室，负责马列主义基础课程的教学。1955 年，中国科学院成立哲学社会科学学部，相继成立了文、史、哲、经、法等 15 个研究所，马克思主义理论研究贯穿其中。1956 年，中国人民大学设立了马列主义基础系，为高等院校马列主义基础课程培养师资和研究人员。1957 年之后，中国人民大学等高等院校陆续设立了"国际共产主义运动史"专业，高等院校马列主义基础课程"联共（布）党史"变更为"国际共产主义运动史"，"中国革命史"变更为"中共党史"。1960 年 9 月，中国人民大学把马列主义基础系改名为马列主义政治学系，马列主义政治学讲授的内容就是科学社会主义。1964 年，经中共中央批准，中国人民大学成立了马列主义思想史研究所。

在苏联马克思主义理论教科书体系中，科学社会主义内容被分散在《马克思主义哲学》《政治经济学》和《联共（布）党史》中。新中国成立以来，很长时期内，我们都是把《联共（布）党史简明教程》当作科学社会主义的范本，忽视了科学社会主义的独立研究，都是把科学社会主义的许多问题放在历史唯物主义当中进行研究。20 世纪 50 年代中期，有学者发表文章，认为"科学社会主义应该作为一门独立的学科来研究"。① 由于对此问题存在分歧，意见并未被采纳，但它却是对构建科学社会主义学科的第一次重要尝试。当时，人们一般仍把这门课叫作"马列主义基础"，有的则称为"科学社会主义"或"马克思主义政治经济学"。由于这门课在内容上显得比较抽象，从而被"国际共产主义运动史"这门课所取代。

（二）1966 年到 1978 年科学社会主义学科建设情况

"文化大革命"开始后，马克思主义理论研究机构和研究队伍被破坏，正常的马克思主义研究和教学工作几乎完全停滞，无产阶级专政下的继续革命的理论被作为马克思主义理论的重大发展而广为宣传。

尽管我国马克思主义理论研究工作在"文化大革命"期间遭受严重挫折，但是科学社会主义学科建设却在"文化大革命"刚一结束就得到重视。1977 年，中央党校成立科学社会主义教研室（全国第一家科学社会主义教研机构），迈出了科学社会主义学科建设关键的第一步。之后，各地党校、军队院校以及一些高等院校也都已建立科学社会主义研究室，十几个省市社科院和大学也相继建立科学社会主义研究所，从事科学社会主义教研工作的专业人员迅速增加。

改革开放前，虽然没有独立出科学社会主义学科，但是从中央批准的干部必读马列著作中，可以看出科学社会主义的书目占有很大分量。1963 年中央批准的 30 本读本中，科学社会主义方面的就占一半以上；1971 年中央提出的六本必读著作中，科学社会主义方面

---

① 高放：《科学社会主义应该作为一门独立的科学来研究——兼试谈高等党校"马克思列宁主义基础"课程的改革问题》，《教学与研究》1957 年第 4 期。

的就有四本。这一时期我国主要限于翻译、出版、讲解与宣传科学社会主义，学术界难以开展独立的研究，只能着重阐发马克思主义、列宁主义经典作家和党的领袖对科学社会主义的论述和发展。由于我们长期以来没有把科学社会主义作为一门独立的科学来研究，所以我们没有形成一支稳定的科研教学队伍，以致科学社会主义学科发展比较滞后。

二 以毛泽东为主要代表的中国共产党人对科学社会主义的发展

社会主义革命和建设时期，以毛泽东为主要代表的中国共产党人，把马克思列宁主义基本原理同中国革命具体实践结合起来，丰富和发展毛泽东思想，其中许多思想发展了科学社会主义。

（一）关于社会主义革命时期的社会主要矛盾的判断

新民主主义革命胜利、新中国成立后，我国如何向社会主义过渡，完成社会主义革命，进入社会主义，是中国共产党必须认真回答的重大理论和实践问题。毛泽东领导全党和全国人民进行了艰辛的探索，对社会主义革命的一系列问题作出了深入的阐述。

在不同的革命阶段，社会主要矛盾是不同的。新中国成立后，我国的社会主要矛盾是什么？对于这一问题，毛泽东在党的七届二中全会上指出："中国革命在全国胜利，并且解决了土地问题以后，中国还存在着两种基本的矛盾。第一种是国内的，即工人阶级和资产阶级的矛盾。第二种是国外的，即中国和帝国主义国家的矛盾。"[①]毛泽东在这里指出的这两种基本矛盾，就是社会的主要矛盾。周恩来在其撰写的社论《伟大的十年》中说道："还在1949年3月党的七届二中全会上，党中央和毛泽东就指出，中华人民共和国的成立将是民主革命在全国范围内的胜利，同时也将是社会主义革命的开端。在1949年革命胜利中建立起来的无产阶级领导的、以工农联盟

[①]《毛泽东选集》第4卷，人民出版社1991年版，第1433页。

为基础的人民民主专政的政权,虽然吸收了一部分民族资产阶级的代表人物参加,实际上已经是无产阶级专政的政权。在这个时候,全国范围的民主革命的中心问题,即推翻帝国主义、封建主义和官僚资本主义的反动统治的问题,已经解决了,国内的基本矛盾已经是无产阶级和资产阶级之间的矛盾了。革命不应该在民主革命阶段上停顿下来,必须继续向前发展,向社会主义革命的胜利发展"。① 也就是说,无产阶级政权建立后,无产阶级与资产阶级、社会主义与资本主义之间的矛盾成了社会主要矛盾,社会主义国家与帝国主义国家之间的矛盾成为次要矛盾。刘少奇在党的八大二次会议上也指出:"整风运动和反右派斗争的经验再一次表明,在整个过渡时期,也就是说,在社会主义社会建成以前,无产阶级同资产阶级的斗争,社会主义道路同资本主义道路的斗争,始终是我国内部的主要矛盾。"②

(二) 关于社会主义过渡

关于过渡的起止时间问题。1948 年 9 月,毛泽东就指出:"我国在经济上完成民族独立,还要一二十年时间。我们要努力发展经济,由发展新民主主义经济过渡到社会主义。"③ 1950 年 6 月,毛泽东在全国政协一届二次会议上进一步指出:在全国范围内实行社会主义改造,即实行私营工业国有化和农业社会化,这种时候还在很远的将来。鉴于国民经济恢复时期的成就和外部形势的改善,认为社会主义革命条件具备,可以逐步和平进行。1952 年 9 月,毛泽东提出:10 年到 15 年基本上完成社会主义的过渡,不是 10 年以后才过渡到社会主义。④ 1953 年 6 月 15 日,毛泽东在中央政治局会议上

---

① 《伟大的十年》,《人民日报》1959 年 9 月 3 日。

② 刘少奇:《中国共产党中央委员会向第八届全国代表大会第二次会议的工作报告》(单行本),人民出版社 1958 年版,第 8 页。

③ 《毛泽东文集》第 5 卷,人民出版社 1996 年版,第 146 页。

④ 转引自薄一波《若干重大决策与事件的回顾》(上卷),中共中央党校出版社 1991 年版,第 213 页。薄一波给田家英的信,1965 年 12 月 30 日。

指出："所谓过渡时期，就是很剧烈很深刻的变动。按照它的社会的深刻性来说，资本主义到十五年基本绝种了。"① 在毛泽东看来，过渡时期是从新中国成立开始，经新民主主义建设和社会主义改造，最后进入社会主义，大致 10 年至 15 年时间甚至更多的时间。

关于过渡时期的社会性质问题。毛泽东在《论人民民主专政》一文中讲得非常清楚，他说："我们现在的任务是要强化人民的国家机器……以此作为条件，使中国有可能在工人阶级和共产党的领导下稳步地由农业国进到工业国，由新民主主义社会进到社会主义社会和共产主义社会"。② 他在 1950 年 6 月召开的党的七届三中全会上进一步指出："有些人认为可以提早消灭资本主义，实行社会主义，这种思想是错误的，是不适合我们国家情况的。"③ 当时，党的领导人都认为，新民主主义制度最终肯定要被社会主义制度所取代，但同时又都认为为适应中国相对经济文化落后的现实状况，又应该在一个历史时期内实行以公有经济为主，包括私营资本主义经济和个体经济的多种经济并存的新民主主义制度。也就是说，中国革命胜利后，我们建立的是新民主主义社会，然后由新民主主义过渡到社会主义。

（三）关于社会主义改造

中国共产党人在毛泽东思想指导下，创造一系列从低级到高级的形式，对农业、对手工业进行社会主义改造，特别是对资本主义工商业和民族资产阶级的和平赎买形式的社会主义改造，走出一条中国特色的社会主义改造道路，这是中国共产党人的伟大创新。

怎样过渡？是用暴力的方法还是和平改造的方法？无产阶级建立政权后，必须剥夺资本家占有的全部生产资料，使之变为社会主

---

① 转引自薄一波《若干重大决策与事件的回顾》（上卷），中共中央党校出版社 1991 年版，第 65 页。

② 《毛泽东选集》第 4 卷，人民出版社 1991 年版，第 1476 页。

③ 毛泽东：《为争取国家财政经济状况的基本好转而斗争》，《人民日报》1950 年 6 月 13 日。

义国家的人民所有，这是科学社会主义理论的基本要求。至于采取暴力革命方式还是和平赎买政策？要根据各国情况而定。恩格斯曾说："我们决不认为，赎买在任何情况下都是不容许的；马克思曾向我讲过他的意见（并且讲过好多次！）：假如我们能赎买下这整个匪帮，那对于我们最便宜不过了。"① 俄国十月革命胜利后，列宁提出对那些愿意接受国家资本主义的资本家实行赎买，但因资产阶级的反抗而未果。

当时，党内外在思想上存在一定的模糊认识。周恩来曾讲：究竟中国怎样进入社会主义，"不仅在党外有些人不明白，就是我们党内很多同志，有时在思想上也是模糊的。大概有两种模糊的想法：一种想法，就是认为新民主主义革命胜利了，大概要停顿一个时期，到另外一个时候，有那么一天，宣布社会主义革命，宣布资本主义生产工具国有化、土地国有化，这才叫社会主义革命。这样，中间就造成一种停止状态、不变状态。这是不可能的，也是不应该的。这种想法是错误的。另一种想法，就是认为像东欧兄弟国家一样，人民民主革命胜利了不久，就宣布实行社会主义化，就把多少人以上的工厂没收，国有化，这是一种快的办法，不是经过很长时期"，认为东欧的这种办法"是一种急躁冒进的、盲动的办法"，提出要"根据中国的情况，依照马克思主义的普遍真理，逐步地过渡到社会主义"。② 1953 年 6 月，我们党顺应历史的需要，把马克思主义与中国实际相结合，正式提出过渡时期总路线："从中华人民共和国成立，到社会主义改造基本完成，这是一个过渡时期。党在这个过渡时期的总路线和总任务，是要在一个相当长的时期内，逐步实现国家的社会主义工业化，并逐步实现国家对农业、对手工业和对资本

---

① 《马克思恩格斯文集》第 4 卷，人民出版社 2009 年版，第 529 页。
② 《周恩来在中共第二次全国组织工作会议上的政治报告记录》，1953 年 9 月 29 日。转引自金冲及《二十世纪中国史纲》，社会科学文献出版社 2012 年版，第 786—787 页。

主义工商业的社会主义改造。"①

（四）关于"找到自己的建设社会主义的道路"

1956年，党和国家工作重点转移，开始全面建设社会主义。如何建设社会主义，如何巩固和发展社会主义，成为党和国家面临的历史性课题。根据"一五"计划实施的经验教训和苏共二十大苏联暴露的错误和缺点，以毛泽东同志为核心的第一代中央领导集体决定"以苏为戒"，走一条中国式的社会主义发展道路。毛泽东指出："最近苏联方面暴露了他们在建设社会主义过程中的一些缺点和错误。他们走过的弯路，你还想走？过去我们就是鉴于他们的经验教训，少走了一些弯路，现在当然更要引以为戒。"② 1956年4月，毛泽东在中共中央书记处研究苏共教训的会议上提出："最重要的是要独立思考，把马列主义的基本原理同中国革命和建设的具体实际相结合。民主革命时期，我们吃了大亏之后才成功地实现了这种结合，取得了新民主主义革命的胜利。现在是社会主义革命和建设时期，我们要进行第二次结合，找出在中国怎样建设社会主义的道路。过去我们也不是完全迷信，有自己的创造，现在更要努力找到自己的建设社会主义的道路。"③ "现在我们有了自己的初步实践，又有了苏联的经验教训，应当更加强调从中国的国情出发，强调开动脑筋，强调创造性，在结合上下功夫。"④ 在这里，毛泽东把"努力找出在中国这块大地上建设社会主义的具体道路"，作为马列主义同中国实际的"第二次结合"的主题，这是一个十分深刻而重要的思想。

在探索"自己的建设社会主义的道路"过程中，毛泽东提出许

---

① 《建国以来重要文献选编》第4册，中央文献出版社1993年版，第700—701页。

② 《毛泽东文集》第7卷，人民出版社1999年版，第23页。

③ 《毛泽东年谱（1949—1976）》第2卷，中央文献出版社2002年版，第557页。

④ 吴冷西：《十年论战》，中央文献出版社1999年版，第23—24页。

多重要思想，对科学社会主义理论的发展作出了重要贡献。

第一，社会主义阶段论和我们现在处在不发达的社会主义阶段，他说，"社会主义这个阶段，又可能分为两个阶段，第一个阶段是不发达的社会主义，第二个阶段是比较发达的社会主义。后一阶段可能比前一阶段需要更长的时间"[①]。

第二，在《论十大关系》一文中，对如何进行社会主义经济、民主政治、思想文化建设等方面提出了符合中国实际的重要思想。

第三，提出实现社会主义工业化与现代化的目标和战略步骤。随着社会主义改造任务的完成和社会主义全面建设的即将展开，我们党开始把"四个现代化"作为社会主义现代化的主要内容。1956年9月，党的八大将建设现代化工业、农业、交通运输业和国防的任务写进《中国共产党章程》。1959年年底，毛泽东同志在《读苏联〈政治经济学教科书〉的谈话》中进一步指出："建设社会主义，原来要求是工业现代化，农业现代化，科学文化现代化，现在要加上国防现代化。"这是"四个现代化"目标的第一次完整表述。1964年，周恩来在第三届全国人民代表大会上把"四个现代化"与社会主义强国联结在一起，提出"在不太长的历史时期内，把我国建设成为一个具有现代农业、现代工业、现代国防和现代科学技术的社会主义强国"。"实现四个现代化"成为建设社会主义强国的主要内容和我们党的奋斗目标。不但提出了现代化目标，而且还提出实现目标的"两步走"战略部署。

第四，提出划分"三个世界"理论。在美苏争霸的冷战时期，进入20世纪60年代中苏关系交恶，为了在国际上寻求更大的发展空间，毛泽东提出划分"三个世界"理论[②]。主要内容：第一世界

[①] 《毛泽东文集》第8卷，人民出版社1999年版，第116页。

[②] 毛泽东提出的这一思想萌芽于20世纪40年代的"中间地带论"思想，雏形于20世纪60年代的中间地带论外交战略，形成于20世纪70年代。1974年2月22日，毛泽东在会见赞比亚总统卡翁达时首次公开提出这一思想。1974年4月10日，邓小平在联合国大会第六届特别会议上发言，全面阐述了毛泽东关于三个世界划分的理论。

是指美国和苏联两个具有最强的军事和经济力量，在世界范围内推行霸权主义的超级大国；第二世界是指处于这两者之间的发达国家，如欧洲、日本、加拿大、澳大利亚等国；第三世界是指亚洲（除了日本以外）、非洲、拉丁美洲和其他地区的发展中国家。并指出超级大国之间争夺世界霸权地位是世界局势动荡不安的主要根源，第三世界是反对帝国主义、殖民主义、霸权主义的主要力量。毛泽东关于划分"三个世界"理论，为国际无产阶级、社会主义国家和被压迫民族团结一致，建立最广泛的统一战线，反对苏美两霸和它们的战争政策，提供了强大的思想武器；对中国加强同第三世界国家的团结，加强在世界政治格局中的国际地位，争取第二世界国家共同反霸，发展对外关系，具有重要的指导意义。

三 关于科学社会主义基本原则重大问题的研究

这一时期，对科学社会主义的研究主要集中在阐发马克思主义经典作家和党的领导的相关论述和发展上，但也对科学社会主义基本原则的一些重大理论问题进行过研究与讨论。

（一）关于社会主义革命时期的社会主要矛盾

当时，学术界对社会主义改造时期（1953—1956）的社会主要矛盾基本没有异议，但对国民经济恢复时期的社会主要矛盾存在一些不同看法。胡华对当时的争论观点概括为三种：第一种观点认为，"恢复时期"的主要矛盾仍然是人民大众同民主革命阶段的三大敌人——帝国主义、封建主义和官僚资本主义的矛盾。第二种观点认为，"恢复时期"是社会矛盾的转化时期，没有矛盾的主次之分，甚至有人还认为，"三反""五反"前，国内主要矛盾仍然是人民大众与封建主义、官僚资本主义的矛盾；"三反""五反"后，无产阶级与资产阶级的矛盾上升为国内主要矛盾。第三种观点认为，中华人民共和国的成立，标志着民主革命阶段的终结，社会主义革命阶段的开始，社会主要矛盾已经变化：国外矛盾是中国人民同帝国主义的矛盾,国内矛盾则是无产阶级同资产阶级的矛盾。① 胡华本人认可第三种观点,这个观点与当时党的观点是一致的。

(二) 关于社会主义过渡

关于大过渡与小过渡。无产阶级取得政权后,要经过一个过渡时期,即资本主义向社会主义的"革命转变时期"。马克思在《哥达纲领批判》中指出:"在资本主义社会和共产主义社会之间,有一个从前者变为后者的革命转变时期。同这个时期相适应的也有一个政治上的过渡时期,这个时期的国家只能是无产阶级的革命专政。"② 据此,"我国理论界一种很有影响的观点认为,过渡时期是指从资本主义社会向共产主义社会高级阶段过渡的时期。"③ 但列宁指出:"人类从资本主义只能直接过渡到社会主义,即过渡到生产资料公有和按每个人的劳动量分配产品",④ "从资本主义到社会主义要有一整个过渡时期"。⑤ 顺着列宁的话理解,有学者认为,马克思所指从资本主义到共产主义的过渡是大过渡;也有人认为,马克思所说的从资本主义社会向共产主义社会的过渡时期,就是从资本主义社会向共产主义社会第一阶段即社会主义社会的过渡时期,即从资本主义到社会主义的过渡时期,称其为小过渡。更有学者认为,大过渡与小过渡观点都有失偏颇,过渡时期和社会主义社会是两个不同的阶段,两种不同的范畴,而不是同一阶段的同一范畴;过渡时期是介乎资本主义社会和社会主义社会之间的历史阶段,而这个社会主义应该是已经建成的社会主义社会,而不是基本建立的社会主

---

① 胡华:《关于国民经济恢复时期的社会主要矛盾问题》,《教学与研究》1963年第5期。

② 《马克思恩格斯文集》第3卷,人民出版社2009年版,第445页。

③ 夏维扬:《关于从资本主义到共产主义过渡时期的几个问题》,《陕西师大学报》(哲学社会科学版)1980年第1期。

④ 《列宁选集》第3卷,人民出版社1995年版,第64页。

⑤ 《列宁选集》第4卷,人民出版社1995年版,第494页。

社会。①

我国过渡时期的社会性质是什么？学界有不同的看法。大多数学者认为，共和国成立到社会主义改造完成前的这一过渡期应该叫新民主主义社会，它既和资本主义社会不同，又和社会主义社会有区别。有人则指出，定位于新民主主义社会是不妥当的，会混淆民主主义和社会主义的界限，他们认为从中华人民共和国成立到生产资料私有制的社会主义改造基本完成，我国处在从资本主义到社会主义的过渡时期，这个时期的社会就是从资本主义到社会主义的过渡社会。这个过渡社会也是一种社会形态，不过不是独立的社会形态，而是过渡性的社会形态。②但又有学者认为不应该提"从资本主义到社会主义的过渡时期"，而应该是"从半殖民地半封建社会向社会主义社会的过渡时期"，说此提法更符合我国的实际，更有助于正确认识和解决我们国家在过渡时期的任务。③

至于过渡时期的社会性质问题，当时，党的领导人都认为，新民主主义制度最终肯定要被社会主义制度所取代，但同时又都认为为适应中国相对经济文化落后的现实状况，又应该在一个历史时期内实行以公有经济为主，包括私营资本主义经济和个体经济的多种经济并存的新民主主义制度。也就是说，中国革命胜利后，我们建立的是新民主主义社会，然后由新民主主义过渡到社会主义。

关于过渡的时间问题。列宁曾指出："资本主义愈不发达的社会所需要的过渡时期就愈长。"④ 1950年6月，毛泽东在全国政协一届二次会议上进一步指出：在全国范围内实行社会主义改造，即实行私营工业国有化和农业社会化，这种时候还在很远的将来。鉴于国

---

① 参见周海乐《关于过渡时期的几点看法》，《江西社会科学》1980年第1期。
② 余茂笈：《"为巩固新民主主义制度而斗争"浅议》，《江西大学学报》（社会科学版）1981年第3期。
③ 夏维扬：《关于从资本主义到共产主义过渡时期的几个问题》，《陕西师大学报》（哲学社会科学版）1980年第1期。
④ 《列宁选集》第4卷，人民出版社1995年版，第575页。

民经济恢复时期的成就和外部形势的改善，认为社会主义革命条件具备，可以逐步和平进行。1952年9月，毛泽东提出：10年到15年基本上完成社会主义，不是10年以后才过渡到社会主义。在毛泽东看来，过渡时期是从新中国成立开始，经新民主主义建设和社会主义改造，最后进入社会主义，大致10年至15年时间甚至更多的时间。

（三）关于民族资产阶级的认识

由于中国革命是在经济文化落后的基础上发生的，这就决定了如何认识和对待民族资产阶级的问题，将是革命和建设时期我们始终会遇到的一个重要问题。在革命时期，毛泽东曾运用马克思主义的立场观点方法分析指出，中国民族资产阶级在政治上和经济上具有软弱性和两面性，从而制定了又联合又斗争的正确策略。在过渡时期的新的历史条件下，理论界对民族资产阶级的特点和性质，进行了深入探讨。

在1952年"五反"运动的过程中，中央宣传部主办的《学习》杂志在1952年头3期，连续发表了几篇文章，根本否认了过渡时期民族资产阶级还存在两面性，认为它只有反动、腐朽的一面，否认其具有一定积极性的一面。这引起了理论界和毛泽东的重视。1952年3月24日，冯定在《解放日报》发表了《学习毛泽东思想来掌握资产阶级的性格并和资产阶级的思想进行斗争》一文，阐述了相反的观点，对民族资产阶级的经济地位、政治态度以及它们在中国革命发展各个阶段里的历史演变，做了准确、详尽的剖析，断然否定了那种认为资产阶级只能对国民经济的发展起消极作用的错误观点，认为在新的历史条件下，资产阶级仍然存在两面性，只要它拥护共同纲领，拥护工人阶级的领导，奉公守法，那么，对全国工业化的方针，仍将起到助手作用，对国家仍能有所贡献。此文受到党中央和毛泽东的肯定，并在《学习》杂志第4期转载，标题改为《关于掌握资产阶级性格并和中国资产阶级的错误思想进行斗争的问题》，并批发全党高级干部进行学习。

随着官僚资产阶级和地主阶级被消灭，工人阶级和民族资产阶级的矛盾上升为国内的主要矛盾，关于民族资产阶级的性质问题，自1956年2月到1957年2月，理论工作者在各大报刊又进行了热烈的讨论。归纳起来有四种意见。一是认为这一矛盾是对抗性；二是认为矛盾的性质是非对抗性的；三是认为矛盾的性质基本上是非对抗性，但包含着对抗性的因素；四是认为矛盾具有两重性，一般情况下是对抗的，但不排除其转化为非对抗性的可能。

（四）关于不断革命论与革命阶段论

对无产阶级来说，取得政权只是革命的开始，而不是革命的终结。因为无产阶级建立国家，只不过是达到消灭一切阶级和进入无阶级社会的过渡。无产阶级要实现这个过渡，完成解放全人类的神圣历史使命，必须在无产阶级专政下，坚持不断革命，把社会主义革命进行到底，否则，就谈不到实现人类最美好的理想——共产主义。马克思列宁主义的不断革命论指出：从民主革命到社会主义革命，从社会主义到共产主义，各个革命阶段之间是相互联系、相互衔接、相互渗透的。就是说，工人阶级革命要一个接着一个，永不间断地继续下去，不容许在半路上停顿。要把前一革命的胜利当作后一革命阶段的开始，在完成每一阶段基本任务的同时，既要继续完成上一阶段所遗留的任务，又要为进入下一阶段积极地创造条件，以便使革命永远不停顿地迅速发展。马克思列宁主义的革命发展阶段论指出：各个革命阶段之间不仅相互联系、相互衔接、相互渗透，而且在革命的不断发展过程中又有若干阶段之分，有着不同的质的规定性，不容许把不同性质的阶段混淆起来。

新中国成立后，我们党依据马克思列宁主义的不断革命和革命阶段理论，始终坚持在各条战线上继续开展社会主义革命，对无产阶级专政下社会主义革命的理论与实践进行了可贵的探索。党的八届六中全会"关于人民公社若干问题的决议"指出："我们是马克思列宁主义的不断革命论者，我们认为，在民主革命和社会主义革命之间，在社会主义和共产主义之间，没有隔着也不允许隔着万里长城；我们又是马克思列宁主义的革命发展的阶段论者，我们认为不同的发展阶段反映事物的质的变化，不应当把这些不同质的阶段互相混淆起来。"毛泽东同志在领导中国革命和建设的过程中，一贯坚持不断革命论和革命发展阶段论的原理，并在中国的具体条件下，给予了创造性地运用和发展。[1]

第二节 改革开放时期科学社会主义发展与研究

一 改革开放以来科学社会主义学科建设情况

改革开放以来，科学社会主义作为一门独立的学科获得了快速发展。1978年党的十一届三中全会以后，端正了党的指导思想和基本路线，纠正了长期以来"左"的错误，迎来了我国人文社会科学百花齐放、百家争鸣的春天，科学社会主义在我国成为一门独立的学科，并获得快速发展。

（一）成立科学社会主义教研机构

全国各地的高校、党校、军队院校和社科院等先后成立了科学社会主义教研机构，并招收学生培养人才。1979年3月30日，邓小平在理论务虚会上明确指出："我并不认为政治方面已经没有问题需要研究，科学社会主义、法学、社会学以及世界政治的研究，我们过去多年忽视了，现在也需要赶快补课。"[2] 在邓小平关于科学社会主义要"赶快补课"的指示的鼓舞和推动下，中国的科学社会主义学科建设和研究也开始了新时期。1978年，四川社会科学院建立科学社会主义研究所，中国人民大学恢复后把原来国际政治系改为科

---

[1] 参见姜孝若、郑德荣、崔盛河《毛泽东同志对马克思列宁主义的不断革命论和革命发展阶段论的光辉发展》，《吉林师大学报》1960年第1期。

[2] 《邓小平文选》第2卷，人民出版社1994年版，第180—181页。

学社会主义系,①并于1979年率先开始招收科学社会主义专业硕士研究生。1979年山东大学设立科学社会主义系,开始招收科学社会主义专业的本科生和研究生。华中师范大学于1982年成立科学社会主义研究所,专门从事科学社会主义理论研究和人才培养,并于1985年创办《社会主义研究》双月刊。紧接着,大多省市社会科学研究院(所)设立科学社会主义研究所(室),不少省市先后成立科学社会主义学会。北京市科学社会主义学会从1979年11月开始出版《科学社会主义研究》和《科学社会主义研究参考资料》。《光明日报》从1982年10月11日起创办"科学社会主义"专刊。1983年10月,成立中国科学社会主义学会,挂靠在中共中央党校,主办《中国科学社会主义通讯》季刊(1986年改为《科学社会主义》)。省市自治区的科学社会主义学会相继都建立起来。教研机构的成立和发展,有效推动了科学社会主义学科发展。

1997年国家学科专业目录调整后,把以前国际共产主义运动与科学社会主义两个独立的专业,合并为科学社会主义与国际共产主义运动专业。以此为契机,该学科得到较快发展,从事科学社会主义理论研究人员也大大增加。2002年4月28日,江泽民就哲学社会科学事业的发展问题发表重要讲话,深刻阐述哲学社会科学的特殊地位和重要作用,讲话推动了科学社会主义学科的全面深化建设。

科学社会主义教研机构开始国际学术交流。2002年10月,"21世纪世界社会主义"国际学术研讨会(第一届)在北京召开。这次会议由中国社会科学院世界社会主义研究中心和马列主义毛泽东思想研究所(马克思主义研究院的前身)、中共中央马列著作编译局、中共中央党校科学社会主义教研部等单位举办。来自美国、法国、希腊、俄罗斯、乌克兰、保加利亚、印度和日本8个国家的专家学者,以及全国各地的中国学者共100多人参加了会议。中外学者围绕着21世纪科学社会主义实践的历史经验,苏联解体东欧剧变的原

---

① 因报考的考生少,从1984年起又恢复国际政治系的名称。

因和教训，当代资本主义和社会主义的新变化，21世纪世界社会主义面临的挑战和发展趋势，我国改革开放与中国特色社会主义的发展前景等关系世界社会主义前途命运的问题进行了认真、深入的讨论。会议提交论文85篇，会后汇编成书，由靳辉明主编，以《社会主义的历史·理论·前景》（上、下）为书名，由社会科学文献出版社于2004年5月出版。

（二）出版科学社会主义教材、专著与辞书

20世纪80年代是科学社会主义教材建设的繁荣时期，这一时期有许多种版本教材问世。80年代前期，我国很多省市先后公开出版科学社会主义教材达十多种，还有科学社会主义简明读本等。如，1983年范若愚、江流主编的《科学社会主义概论：中国社会主义基本问题》，1980年高原主编的《科学社会主义》，1980年赵明义主编的《科学社会主义》，1983年中国人民大学科学社会主义系科学社会主义教研室编的《科学社会主义》等。这些教材的框架与内容大同小异。80年代后期也出版了许多种科学社会主义教材，与前一个时期不同的是，这些教材有相当一部分都以"科学社会主义理论与实践"命名，因为教育部在此期间进行了学科和课程调整，把"科学社会主义理论与实践"列为全国高校文科硕士研究生的公共必修的政治课。这一时期主要教材版本有：高放等从1988年开始着手编写、1990年由中国人民大学出版社出版的《科学社会主义的理论与实践》；童星主编、2001年1月由南京大学出版社出版的《科学社会主义的理论与实践》；等等。还有其他方式命名的教材，如：赵曜等主编、1996年由中共中央党校出版社出版的《科学社会主义新论》，王怀超等主编、2003年由中共中央党校出版社出版的《科学社会主义基本理论》，赵曜等主编、2004年由中共中央党校出版社出版的《科学社会主义教程》。2004年赵曜、张式谷、秦德芬主编，由中共中央党校出版社出版的《新编科学社会主义教程》；2010年秦宣主编的由中国人民大学出版社出版的《科学社会主义概论》，以及马克思主义理论研究和建设工程重点教材；2011年由人民出版社出版的《科学社会主义概论》等。我国学者编写、出版科学社会主义教材有一百种之多。其中影响较大的教材有三本，一本是高放等主编的《科学社会主义的理论与实践》（2003年又发行第三版），被众多高等院校选作教本；一本是王怀超等主编的《科学社会主义基本理论》，作为中共中央党校研究生教材，还被不少地方党校选用；另一本就是马克思主义理论研究和建设工程重点教材《科学社会主义概论》，这是目前普遍使用的权威教材。

同时还出版了一批科学社会主义的专著和辞书。主要有：1982年高放著的《社会主义的过去、现在和未来》，1983年钱俊瑞主编的《资本主义与社会主义纵横谈》，1984年徐鸿武主编的《社会主义民主概论》，1984年刘佩弦主编的《科学社会主义史纲》，1985年和1993年于幼军等著的《社会主义四百年》（两卷本），1987年许征帆等编著的《马克思主义学说史》（上中下）（获"国家图书奖荣誉奖"），1987年高放、黄达强主编的《社会主义思想史》，1991年和1998年许征帆主编的《社会主义论库》（上、中、下，中、下册1998年出版），1994年赵建山主编的《科学社会主义百科全书》，1996年何宝骥主编的《世界社会主义思想通鉴》，1996年李宗禹、张文焕主编的《新编世界社会主义词典》，1997年江流主编的《科学社会主义研究系列丛书》、赵曜等主编的《科学社会主义新论》和赵明义主编的《社会主义的历史命运》，1998年肖枫主编的《社会主义向何处去——冷战后世界社会主义运动大扫描》，2000年许征帆、李润海主编的《社会主义发展道路论》（获"国家图书奖"），2000年肖枫著的《两个主义一百年》，靳辉明等主编的《21世纪社会社会主义丛书》（共16本），等等。2002年2月中央文献出版社出版我国科学社会主义专业第一个博士生导师（1983年评定）江流同志（从1986年起连任四届中国科社学会会长）的文集《社会主义论集》，文集收入文稿70篇，开头一篇是当时很有影响的《社会主义在实践中》，最后一篇是总结性的《社会主义在实践中发展》。2004年8月人民出版社出版山东社会科学院院长宋士昌主编的《科学社会主义通论》(全书240万字,分为四卷)。

当然,除了上述教材、专著和辞书等,在各类报刊上发表了大量的关于社会主义的文章。

(三) 创办以社会主义命名的期刊

当今,我国以社会主义命名的期刊有:中国科学社会主义学会主办的《科学社会主义》,中共中央编译局、世界社会主义研究所与中国国际共运史学会主办的《当代世界与社会主义》,华中师范大学主办的《社会主义研究》,山东大学主办的《当代世界社会主义问题》。有两家以马克思主义命名的期刊,即中共中央编译局当代马克思主义研究所主办的《马克思主义与现实》,中国社会科学院马列主义毛泽东思想研究所(2005年12月26日在此基础上成立马克思主义研究院)主办的《马克思主义研究》。这些期刊每期都刊载关于社会主义问题的研究论文。

二 改革开放时期关于科学社会主义若干重大理论问题的研究

(一) 关于社会主义本质的讨论

长期以来,对什么是社会主义这个问题,我们的认识并不十分清楚。改革开放后,在什么是社会主义这个问题上,邓小平同样强调要解放思想,正如他指出的,"不解放思想不行,甚至于包括什么叫社会主义这个问题也要解放思想。"[1] 1992年,邓小平在南方谈话中把社会主义本质概括为"解放生产力,发展生产力,消灭剥削,消除两极分化,最终达到共同富裕。"[2] 此后,学术界围绕邓小平社会主义本质理论进行了深入的讨论。

关于邓小平社会主义本质新概括的特点,有学者认为,主要有六个方面。一是体现了生产力与生产关系的统一。邓小平从生产力与生产关系这一社会基本矛盾的最高层次上,从生产力角度明确社

---

[1] 《邓小平文选》第2卷,人民出版社1994年版,第312页。
[2] 《邓小平文选》第3卷,人民出版社1993年版,第373页。

会主义的根本任务；从生产关系角度明确社会主义的根本目标，从这两方面的有机结合，全面地完整地界定了社会主义的本质，无论哪一方面都不能单独构成社会主义的本质。二是体现了社会主义本质与特征的统一。过去曾将社会主义的本质与特征等同起来。邓小平明确区分社会主义本质与特征，是正确认识社会主义的起点。他的社会主义本质新概括是社会主义本质的一般性与社会主义特征的多样性的结合。三是体现了基础、条件与目标的统一。邓小平的"解放生产力，发展生产力"是基础，是前提，是根本；"消灭剥削，消除两极分化"是条件，是途径；"最终达到共同富裕"是目标，是结果。这三个基本方面是不可分割的有机统一体，离开哪一方面都不可能完整地体现社会主义的本质。四是体现了理论、运动和制度的统一。首先邓小平所揭示的社会主义本质是作为理论形态的社会主义的核心内容。其次，他所揭示的社会主义本质是作为运动形态的社会主义根本任务、根本目标。再次，他所揭示的社会主义本质是作为社会主义制度形态的社会的内在属性和社会功能。三者结合构成了科学社会主义的理论与实践的统一。五是体现了社会主义本质规定性与过程性的统一。邓小平在概括社会主义本质时，用了"解放"、"发展"、"消灭"、"消除"、"达到"一系列动词来阐述社会主义的实现过程。这就表明，一方面，社会主义的本质是既定的，不符合社会主义本质，就不是真正的社会主义。另一方面，社会主义本质的实现又具有过程性。它所体现的是由不够充分到比较充分和最终实现社会主义本质这样渐进的阶段性过程构成的。社会主义本质的实现，既要重视终极目标，又要重视现实可能性。社会主义本质的充分展现，只能是发展的最终结果。六是体现了人的价值与社会价值的统一。邓小平的社会主义本质论，倾注了对人民的高度关怀，集中体现在对共同富裕的追求上，体现在满足人们不断增长的需要和人的最终全面解放。只有将社会主义远大理想与人们的现实需要紧密结合，社会主义才能从根本上取得亿万人民的拥护并自觉为之奋斗①。

关于公有制是否是社会主义的本质。主要有两种观点。多数人认为，公有制是社会主义的本质。其理由如下：一是将公有制作为社会主义的本质特征，是马克思主义的一个基本原则。改革开放以来，邓小平同志一直把公有制视为社会主义的本质规定。邓小平同志视察南方的重要谈话，讲到社会主义的本质时，虽然没有提公有制为主体，但实际已包含了这个根本原则。因为只有在公有制前提下，才能消灭剥削，消除两极分化，最终达到共同富裕。二是公有制是社会主义基础性本质；解放和发展生产力，提高人民生活水平和生活质量，实现共同富裕，是目的性本质。基础性和目的性本质之间是有内在联系的。其中，基础性本质是目的性本质的前提条件，目的性本质是基础性本质的结果和归宿。因为没有基础性本质的存在，就没有目的性本质变成现实在可能性。同样，没有目的性本质的实现，也就没有基础性本质的充分发挥和体现。三是公有制是社会主义本质、原则和特征的辩证统一②。也有一部分人认为不应该把公有制作为社会主义的本质。其理由如下："所有的社会都是私有和公有并存的社会，社会主义社会也是私有公有并存的社会"，因此，"只有不论公有、私有都视作神圣财产，社会主义社会才能存在，才能进步"。"公有制在社会主义中并不具有根本性的决定意义"，"如果公有制被确定为社会主义的本质，必然就是唯意志论、主观主义的泛滥成灾，必然导致旷日持久的'左'倾错误"③。

(二) 关于社会主义初级阶段的讨论

有学者指出，对落后国家建设社会主义所要经历的阶段进行科

---

① 参见华兰英：《邓小平社会主义本质思想研究综述》，《社会科学论坛》1995年第2期。

② 参见龚淑兰：《公有制与社会主义本质——对当前讨论的分歧综述》，《财经科学》1994年第6期。

③ 同上。

学、具体的划分,是社会主义建设与发展避免"左"、右两种错误倾向的重要前提①。自党的十一届六中全会明确提出"我们的社会主义制度还是处于初级阶段"的论断以来,尤其是党的十三大明确提出社会主义初级阶段理论以来,学术界的相关研究就一直持续进行。

关于社会主义初级阶段的性质和特征 关于社会主义初级阶段的性质,学术界有不同的看法。一种观点认为,从其担负的历史任务及作用而言,社会主义初级阶段是中国特色社会主义的起始阶段,是从不够格的社会主义向够格的社会主义过渡的历史阶段②。另一种观点认为,社会主义初级阶段是一个错位整合的社会,即生产力的发展水平、社会经济形态和社会制度之间并不是正向对应关系③。还有学者认为,需要从以下两点把握社会主义初级阶段的性质。第一,它是社会主义的,是社会主义社会发展中的一个阶段,而不是别的什么社会阶段。离开社会主义的前提来谈初级阶段,就会把问题的性质搞混,也就不可能谈得符合我国的实际。第二,它是初级阶段,是不成熟、不完善的社会主义,而不是比社会主义初级阶段高一级的或更高级的阶段。离开初级阶段的现状来谈社会主义,也会把问题的层次搞错,当然也不可能谈得符合我国的实际。该学者根据社会主义的特征来概括社会主义初级阶段的特征,认为主要有以下几个特征:生产资料的公有、按劳分配、国民经济有计划按比例的发展、工人阶级和劳动人民的政权、以马克思主义为指导的社会主义精神文明、能够创造高度发达的生产力和比资本主义更高的劳动生

---

① 王怀超等:《1978年以来我国学术界关于社会主义理论研究的新进展》,中共中央党校出版社2014年版,第21页。
② 南俊英:《社会主义初级阶段是过渡型历史阶段》,《社会主义研究》1988年第2期。
③ 李福海、雷泳雪:《错位整合的社会——对社会主义初级阶段社会结构特点的思考》,《理论导刊》1988年第9期。

产率①。

关于社会主义初级阶段的主要矛盾 理论界普遍认为，关于主要矛盾的概括，必须鲜明地反映出：（1）我国社会主义初级阶段最主要的任务是发展社会生产力，实现社会主义现代化；（2）改革是我国现阶段发展社会生产力的根本出路。学术界普遍认为，我国社会主义初级阶段的主要矛盾，是人民日益增长的物质文化需要同落后的社会生产之间的矛盾。改革是调节社会主义初级阶段基本矛盾的中介，是解决社会主义初级阶段主要矛盾的基本方式，改革必将推动社会主义初级阶段的自我发展、自我完善②。

关于社会主义初级阶段的多种经济成分 社会主义初级阶段在发展多种经济成分以后，产生了一种议论，认为我们国家已经倒退到过渡时期了（指社会主义改造完成之前）。有学者指出，这是一种误解。"社会主义初级阶段"的多种经济成分与过渡时期的多种经济成分有本质的区别。第一，在过渡时期，社会主义公有经济虽是领导成分，但在数量上并不占绝对优势地位；国民经济中占绝对优势的是个体经济。虽然随着改革、开放、搞活方针的继续贯彻，国民经济中的各种非公有制成分会不断增加，在个别部门如农业、商业中的比重也可能增加很大，但是从国民经济的全局来看，在社会主义初级阶段社会主义公有制经济的绝对优势地位是不会改变的，也是不允许改变的。第二，在过渡时期，非公有制经济成分与公有制经济成分之间是一种对抗关系。而社会主义初级阶段的多种经济成分之间的关系尽管也存在这样那样的矛盾，但不是对抗关系。第三，在过渡时期，多种经济成分中的私营经济，是剥削阶级存在的基础。在社会主义的初级阶段，剥削阶级作为一个完整的阶级不再存在③。

---

① 周锡荣：《如何考察我国社会主义初级阶段的特征？》，《学习与研究》1987年第7期。

② 转引自王怀超等《1978年以来我国学术界关于社会主义理论研究的新进展》，中共中央党校出版社2014年版，第24页。

③ 石仲泉：《关于"社会主义初级阶段"三论》，《学习与研究》1987年第8期。

（三）关于改革性质问题的讨论

改革以来，中国学界多次发过市场经济姓资和姓社的争论。在改革的各个发展阶段上发生的这种争论，其情况各有不同。但以市场经济姓资为理论依据，以改革中发生的问题为事实依据，是市场经济姓资观点论的共同点。1992年10月召开的党的十四大依据邓小平理论确立了中国经济体制改革的目标是建立社会主义市场经济体制。其后召开党的十四届三中全会依据这个目标构筑了社会主义市场经济体制的基本框架。至此，有关市场经济姓资姓社的争论大体趋于平静。

两种改革观的分野 有学者认为，在改革的过程中确实一直存在着两种倾向，一种是习惯旧体制的集中统制的功能，一种是加快向新体制的转轨步伐。但问题的实质还在于，转向什么样的"新体制"？一种改革观认为，改革是逐步走向资本主义式的现代化，并由最初借鉴资本主义的经营管理方式，发展到宣扬"私有制"、"多党制"，要求实行资本主义制度。[1] 另一种改革观，即建设中国特色社会主义现代化体制，改革必须是社会主义性质的，邓小平同志在改革初期就提出了这一重大理论命题。[2]

有学者指出，我国实施改革开放的初心是社会主义制度的自我完善和发展。我国的改革开放从一开始就是有方向、有立场、有原则的。方向就是社会主义制度的自我完善和发展；立场就是一切为了人民、一切相信人民、一切依靠人民；原则就是要有利于发展社会主义社会的生产力，有利于增强社会主义国家的综合国力，有利于提高人民的生活水平。[3]

---

[1] 汪海波：《再论改革的社会主义性质及其走向——兼及对〈从发展和改革的经验教训中发现新的思路〉的商榷意见》，《首都经济贸易大学学报》2017年第1期

[2] 高长武：《邓小平关于我国改革的社会主义性质和方向的五个论断及其现实意义》，《党的文献》2017年第4期。

[3] 左鹏：《改革开放的社会主义性质不容置疑》，《前线》2018年第12期。

有学者指出，社会基本矛盾的特点决定了我国改革的社会主义性质。社会主义基本矛盾一方面存在不相适应的地方，所以我们必须坚持改革；另一方面社会主义基本矛盾另一方面又是基本适应的，这就决定了改革必须坚持社会主义方向，必然是不改变社会主义根本制度的前提下的自我完善和发展。①

两个基本点的统一　树立社会主义改革观，本质是把握四项基本原则与改革开放的内在本质联系。有学者指出，四项基本原则保证了改革的社会主义方向。邓小平以伟大的无产阶级革命家战略眼光在1992年初就明确指出："要坚持党的十一届三中全会以来的路线、方针、政策，关键是坚持'一个中心，两个基本点'。不坚持社会主义、不改革开放、不发展经济、不改善人民生活，只能是死路一条。党的基本路线要管一百年，动摇不得。"② 也有学者指出，坚持四项基本原则与坚持改革，在建设有中国特色社会主义的实践中相辅相成，互为因果，并共同为之服务，这种辩证统一的关系及其实践，深刻地揭示了我国改革的本身就是坚持社会主义，是坚持四项基本原则题中应有之义，这就是在根本方面上保证了我国的改革是属于社会主义性质的。③

改革变向的危险性　有学者指出，我们肯定中国改革的社会主义性质，但并不是否定改革有滑向资本主义的危险性。中国多数学者这方面的认识远远不够，特别是忽视了改革有滑向资本主义的危险性。但这是一个关于中国社会主义制度命运的极重要问题。并具体指出了当前这种危险性主要表现在三个方面：经济领域中严重的两极分化，政治领域中严重的贪污腐败和思想领域中资本主义意识

---

① 潘峰、任来成：《我国社会基本矛盾的特点和改革的社会主义性质》，《理论探索》1990年第3期。

② 龚云：《邓小平论坚持改革的社会主义方向》，《当代中国史研究》2014年第5期。

③ 周公文：《我国改革的社会主义性质》，《中国高等教育（社会科学理论版）》1988年第2期。

形态的泛滥①。

改革的其他争论 有学者认为,应将社会主义的基本经济制度(生产资料公有制和按劳分配)同它的具体表现形式区别开来。如果对两者不加区别,把建立和完善富有我国特色的具体的经济制度、经济体制,即社会主义生产关系的具体形式,简单地看成偏离社会主义方向,显然是不正确的。② 也有学者指出,对于这种限定在社会主义生产关系的范围内、作为社会主义制度自我完善的改革,究竟要不要问姓"社"姓"资"呢? 首先应明确讲,它姓"社"不姓"资",然后,在改革的实践过程中,则应再讲两句话:一是在改革的根本方向上,要时时注意姓"社"姓"资"问题,始终坚持社会主义根本制度,坚持生产资料公有制和按劳分配,不能搞私有化,否则就是搞资本主义;二是在改革的具体内容上不要乱问姓"社"姓"资",更不能乱扣资本主义帽子,只要坚持了社会主义根本制度,坚持了公有制为主体,这种改革就姓"社"而不姓"资"。③ 还有学者指出,建设中国特色的社会主义,不能照搬别国的经验和模式。衡量当前改革是否符合社会主义的性质,要将是否有助于建设有中国特色的社会主义的一条重要的标准。④

另有学者指出,邓小平多年来突出地强调发展生产力的问题,提出"贫穷不是社会主义"。我们必须将生产力和生产关系统一起来考察,不能离开生产力的发展,孤立地研究生产关系。应该将是否有利于发展社会生产力,作为判断进步还是倒退和改革是否属于社会主义性质的主要标准。⑤

---

① 汪海波:《再论改革的社会主义性质及其走向——兼及对〈从发展和改革的经验教训中发现新的思路〉的商榷意见》,《首都经济贸易大学学报》2017年第1期。

② 张培臣:《社会主义改革再探》,《科学社会主义》1992年第3期。

③ 同上。

④ 周新城:《运用毛泽东关于矛盾的学说来阐述改革问题》,《思想理论教育导刊》2013年第4期。

⑤ 吴仲沂:《正确认识改革的社会主义性质》,《光明日报》1987年9月3日。

关于姓资姓社的争论要用实践来回答。有学者指出，邓小平在1992年南方谈话中提出::"实践这个标准最硬，它不会做假。要用上百上千的事实回答改革开放姓'社'不姓'资'，有利于社会主义，不利于资本主义。"这些论述涉及多方面内容，其中包含对待改革姓资议论的批判，不能动摇，要长期坚持①。

（四）关于中国模式的讨论

改革开放以来，学术理论界对"中国模式"的理论探讨应该说从来没有停止过，只不过期间经历了一个从缓慢升温到迅速加热的过程。到2008年中国改革开放30周年时，它终于成为国内学界描述中国渐进式改革策略、热议中国经济发展成就的一个重要语汇。"中国模式"的内涵讨论逐渐从经济体制改革，扩展到社会制度建设、政治体制变革等领域；从改革策略领域扩展到改革战略尤其是目标模式选择领域。这次大讨论的内容主要涉及是否存在中国模式，中国模式的内涵、特征、影响、意义和存在的问题等。

国内学术理论界在这次大讨论中，比较关注的问题是应不应该提中国模式，现在是否已经形成了中国模式，中国模式的内涵、成功奥秘、影响和意义是什么，以及中国模式面临的主要挑战和未来走向等。

从国内学者这次对"中国模式"上述问题的大讨论来看，可谓观点纷呈，歧见众多。关于我们党应不应该提"中国模式"，有学者认为，"中国模式"首先是由西方学者提出，意在误导中国发展方向，遏制中国发展，因而不宜使用"中国模式"。中央党校原副校长李君如主张现在慎提"中国模式"。他认为，现在世界上许多人在讲"中国模式"，说明我们的经验已经越来越引人注目、受人重视，这是好事。这对我们的探索是一个鼓励，对于那些盲目留恋过去或盲目崇拜西方的人也是一个教育。但他也指出，我们的体制还没有完全定型，还要继续探索，讲"模式"，有定型之嫌，既不符合事实，

---

① 文宗瑜：《论社会主义改革的性质》，《理论学刊》1991年第3期。

也很危险。危险就在于可能导致自我满足,盲目乐观;甚至会导致转移改革的方向。在他看来,本来我们的改革改的是旧体制,在旧体制还没有完全变革、新体制还没有完善定型的情况下,说我们已经形成了"中国模式",以后就有可能把改革的对象由旧体制变为这个"模式",即把这个"模式"视为改革的对象。因此,他赞成"中国特色"而不赞成"中国模式"[1]。也有学者认为,用"中国模式"来总结中国经验,"能够提供新鲜知识,促进我国学界对本土文明的自觉,从而促进'中国话语系统'的形成,以及'中国学派'的崛起"[2]。中国人民大学秦宣就认为,可以使用"中国模式"这个概念来概括中国的发展道路和发展经验。他的主要理由是,改革开放以来,我们党的领导人和党的文件并没有回避使用"模式"这个概念。经过70年的探索和40年的改革开放,我国在经济、政治、文化和社会等各个方面已经初步形成了比较定型的体制。用"中国模式"概括中国特色社会主义,十分简洁,也有利于开展国际对话。他还认为,应该抓住国际社会热议"中国模式"这一契机,采取多种方式,运用各种手段,向世界"说明中国",让国际社会更多地了解中国的改革开放,了解中国改革开放进程中形成的"中国模式",进一步扩大中国在当今世界的影响,从而有效破除国外人士因不了解中国而对中国的"误读"(如国外学者把中国模式简化为"经济自由+政治专制"),减少这种"误读"和"误解"在国际社会中产生的"误导"(如中国威胁论)[3]。关于现在是否形成了"中国模式",有学者认为,中国的发展尽管已经形成了一些独特的经验,但是尚未定型为一种"模式",因而应该使用"中国道路"、"中国经验"、"中国案例",或者"中国特色"。也有学者认为,中国模式是

---

[1] 李君如:《慎提"中国模式"避免转移改革方向》,北京日报2009年11月16日。

[2] 潘维:《当代中华体制——中国模式的经济、政治社会解析》,载潘维主编《中国模式:解读人民共和国的60年》,中央编译出版社2009年版,第5、6页。

[3] 秦宣:《"中国模式"之概念辨析》,《前线》2010年第2期。

客观存在的，不应该、也没有必要讳言中国模式，应该理直气壮地承认并注释我们自己的发展模式。关于中国模式的影响，国内学者的观点大都比较谨慎，因为他们大都主张不搞中国模式的输出，大都只是强调中国模式的参考与借鉴意义。比如俞可平就认为，虽然"中国模式"所导致的"中国崛起"，是一个具有世界历史意义的重大事件，深刻地改变了国际政治格局，甚至在某种程度上改变着世界历史的进程，但是，关于"中国模式"的意义，他特别强调，不能简单地把"中国模式"的价值，看作是为其他发展中国家提供了可供选择的发展道路。在他看来，中国的国情太特殊了，建立在这种特殊国情基础上的"中国道路"或"中国模式"，恐怕是其他任何国家都不能简单地效仿的[①]。

（五）关于科学发展观研究

2003年10月，党的十六届三中全会上第一次明确完整地提出了科学发展观的概念，即"坚持以人为本，树立全面、协调、可持续的发展观"。它一经提出，特别是2004年2月中共中央举办省部级干部"科学发展观"专题研讨班之后，学术界对科学发展观的研究热情空前高涨，并涌现了大量的成果。

关于科学发展观提出的依据和背景　有学者认为，科学发展观的提出有着其深厚的理论依据和实践背景，在理论上，它与"三个代表"重要思想有着直接的内在联系，是"三个代表"重要思想在现代化建设中的贯彻落实。在实践上，一系列重大事情引起党中央的思考，如非典疫情以及抗击非典的发生，还有这两年群众上访事件的急剧增加等。因此科学发展观既是"三个代表"重要思想的继承和发展，又是对实践中的经验的总结和概括，是马克思主义基本原理和中国具体实际相结合的科学。[②]

---

① 参见《俞可平：我对中国模式充满期待》，《社会科学报》2009年12月24日。
② 李君如：《以科学的态度认识和落实科学发展观》，《江苏行政学院学报》2004年第5期。

有学者指出，科学发展观是适应国际国内形势发展大势，立足于我国社会主义初级阶段的基本国情，总结我国经济社会改革发展的经验，适应我国经济社会发展已经进入新世纪新阶段的阶段性要求而提出来的，也是在深刻分析国际形势，科学总结资本主义发展的历史经验教训，借鉴国外发展经验基础上提出来的。[①]

有学者指出，科学发展观的提出不是偶然的，它不仅凝结着我们几代共产党人带领人民群众建设中国特色社会主义的心血，而且有深厚的思想理论基础。科学发展观与马克思列宁主义有着深厚的理论渊源和深刻的内在联系，科学发展观同毛泽东、邓小平、江泽民关于发展的重要思想一脉相承，以宽广的视野吸收了人类文明的成果。[②]

关于科学发展观的内涵 关于科学发展观的基本内涵，党的十七报告作过明确概括，即：科学发展观，第一要义是发展，核心是以人为本，基本要求是全面协调可持续，根本方法是统筹兼顾。但是，科学发展观的内涵和主要内容并不是一成不变，而是不断丰富和发展的。学术理论界从不同的角度，对科学发展观的内涵、主要内容和基本要求等作了分析和阐述，提出了许多新的见解和思路。

有学者认为，对科学发展观的基本内涵要从广义和狭义两个角度进行理解。广义的科学发展观是指十六大以来我们党的所有理论创新成果。狭义的科学发展观主要是指以人为本、全面协调可持续发展的发展观。同时，狭义的科学发展观又构成了广义科学发展观的核心内容。[③] 有学者认为，科学发展观可以概括为：改革发展、开

[①] 王伟光：《全面理解、深入实践科学发展观》，《马克思主义研究》2009年第1期。

[②] 辛向阳：《科学发展观的三个思想来源》，《中国特色社会主义研究》2006年第8期。

[③] 秦宣：《正确把握科学发展观的科学内涵》，《山东社会科学》2009年第11期。

放发展、科学发展、稳定发展、和平发展、全面发展和人的发展。[1]

有学者认为，我们党所提出的关于"发展才是硬道理"、"必须把发展作为党执政兴国的第一要务"等一系列论断，侧重阐述了为什么要发展的问题。十六届三中全会提出的"坚持以人为本，树立全面、协调、可持续的发展观"又集中地阐述了为谁发展和怎样发展的问题。[2] 还有学者从理论基础、现实依据、时代背景、历史地位、理论主题、第一要义、核心、基本要求、根本方法、落实途径等十个方面把关于科学发展观的基本内涵和主要内容概括为十个"基本点"。[3]

关于科学发展观的理论体系 自科学发展观的概念提出后，经过多年的丰富和完善，科学发展观已经形成了一个由一系列相互联系的基本观点所构成的科学理论体系。中宣部组织编写的《科学发展观学习读本》指出，科学发展观涵盖自然科学、人文科学、社会科学广泛领域，涉及改革发展稳定、内政外交国防、治党治国治军各个方面，贯通中国特色社会主义伟大事业和党的建设新的伟大工程，以丰富的思想内涵和严密的内在逻辑构成了一个系统的科学理论，同时也是在实践中不断发展的开放的科学理论[4]。

有学者把科学发展观理论体系的基本框架概括为：（1）科学发展观的主题：建设中国特色社会主义；（2）科学发展观的价值目标：建设社会主义核心价值体系；（3）科学发展的规律：揭示社会运行的一些基本规律；（4）科学发展观的基本内容：以经济建设、政治建设、文化建设、社会建设和生态文明建设的新形势新任务为依据，

---

[1] 赵曜：《科学发展观和中国特色社会主义发展道路》，《当代世界与社会主义》2007 第 3 期。

[2] 李兴山：《深刻理解精神实质正确把握辩证关系》，《理论动态》2004 年第 3 期。

[3] 韩振峰：《把握科学发展观的十个基本点》，《中国教育报》2008 年 11 月 11 日。

[4] 中宣部：《科学发展观学习读本》，学习出版社 2008 年版。

确立科学发展观的新内容①。

有学者认为,科学发展观是一个关于发展的、汇集了十六大以来我们党理论创新成果的科学理论体系,包括:"发展"是第一要义;"以人为本"是核心;"全面发展"是发展目标;"协调发展"是发展战略;"可持续发展"是本质要求;和平发展是正确途径;健全体制机制和加强党的建设是保障。由此,科学发展观的基本观点可概括为人本发展、全面发展、协调发展、持续发展、和谐发展、和平发展等九个方面。②

关于科学发展观的历史地位 有学者指出,科学发展观的历史地位和重大意义可以归结为四个方面:(1)科学发展观是指导发展的马克思主义世界观和方法论的集中体现。(2)科学发展观是马克思主义中国化的最新成果,是中国特色社会主义理论体系的最新成果。(3)科学发展观是对党的中央领导集体关于发展的重要思想的继承和发展。(4)科学发展观是发展中国特色社会主义必须坚持和贯彻的重大战略思想。③

也有学者认为,中国的成功,归根到底是社会主义的成功;科学发展观,归根到底是社会主义性质的发展观。这一发展观的提出和逐步落实,更加显示了中国特色社会主义发展道路的政治优势,必将给中国的发展带来更大的成功。"④

还有学者认为,科学发展观在新世纪新阶段创造性地探索和回答了"什么是马克思主义、怎样对待马克思主义,什么是社会主义、怎样建设社会主义,建设什么样的党、怎样建设党,实现什么样的发展、怎样发展等重大理论和实际问题",是马克思主义关于发展的世界观与方法论的集中体现,是马克思主义中国化的最新成果,是

---

① 于今:《构建科学发展观的科学理论体系》,《人民政协报》2011年1月26日。
② 江金权:《论科学发展观的理论体系》,人民出版社2007年版。
③ 王伟光:《全面理解、深入实践科学发展观》,《马克思主义研究》2009年第1期。
④ 冷溶:《从政治的高度看科学发展观》,《求是》2005年第21期。

中国特色社会主义理论体系的重要组成部分。①

三 改革开放时期关于科学社会主义若干重大实践问题的研究

（一）关于市场经济问题的讨论

党的十四大提出建立社会主义市场经济体制的目标，这既是改革开放实践的必然结果，也是十一届三中全会以来理论探索的重要成果。它不仅对社会主义的理论和现实产生了巨大冲击，而且也为人们深入认识市场经济和社会主义的关系提供了新的理论思考。

关于市场经济和社会主义市场经济体制关系。有专家指出，市场经济和社会主义市场经济的关系是共性和个性、普遍性和特殊性的关系。社会主义市场经济体制的特殊性可归结为以下几点：第一，社会主义市场经济以公有制为主体。第二，社会主义市场经济是满足人民的需要，追求最大的社会效益。第三，社会主义市场经济体制是以按劳分配为主要分配原则。第四，指导我们建立社会主义市场经济体制的思想是建设有中国特色的社会主义理论。第五，在社会主义市场经济体制中，起主导作用的价值观是社会主义的集体主义。②

关于社会主义市场经济与生产资料公有制 生产资料公有制是社会主义经济制度的基础，生产资料公有制与市场经济能否相容的问题实质上是社会主义制度能否与市场经济相结合的问题。对于这个问题专家们提出了众多的见解，其中一种意见认为社会主义基本制度与市场经济不能相容。在社会主义条件下，搞市场经济就是搞私有化，就是搞资本主义。大部分学者不赞同这一观点，他们从多方面论证市场经济可以与社会主义制度兼容。有学者指出，有五个

---

① 辛向阳：《科学发展观对马克思主义中国化的深化和拓展》，《当代世界与社会主义》2009 年第 4 期。

② 黄楠森：《再论建立社会主义市场经济的哲学问题》，《北京大学学报哲学社会科学版》1994 年第 4 期。

原因：

一是集体所有制和国家所有制的存在，社会生产力尚未高度发展，产品还不是很丰富。[①]

二是市场经济只是不同生产方式共有现象的理论上的抽象，它首先为该经济制度的利益关系的实现服务，其次是作为一种资源配置方式推动资源的优化配置。[②]

三是生产资料公有制与市场经济相容是以马克思主义商品经济理论为基础的。马克思的商品经济理论认为：商品生产和商品流通不是独立存在的社会经济制度，而是多种生产方式所共有的现象。商品关系可以存在于社会主义生产方式中，同生产资料公有制相容。

四是在生产资料公有制条件下，能够造就市场经济运行需要的市场主体。我国经济体制改革的实践找到了生产资料公有制新的实现形式，并造就出市场经济运行需要的市场主体，对国有企业的改革实行所有权同经营权适当分开，使国有企业沿着自主经营、自负盈亏的道路发展，真正成为独立的经济实体，成为相对独立的社会主义商品生产者和经营者。[③]

五是公有制实现形式多样化是与市场经济相结合的重要条件。所有制与所有制的实现形式是两个不同的概念。公有制经济的实现形式可以而且应该多样化。实践证明，单一的所有制实现形式不适应生产力发展。一切反映社会化生产规律的经营方式和组织形式，一切能促进生产力发展的实现形式都可以大胆利用。[④]

关于社会主义市场经济条件下的市场调节与宏观调控　关于计

---

① 周淑芳、梅荣政：《马克思主义中国化过程中的商品经济理论》，《毛泽东邓小平理论研究》2005 年第 8 期。

② 胡钧：《市场经济与社会主义基本制度的矛盾及其结合方式》，《学术月刊》1996 年第 2 期。

③ 梅荣政：《对社会主义市场经济理论的几点认识》，《高校理论战线》2004 年第 10 期。

④ 高尚全：《我国的所有制结构与经济体制改革》，《社会科学》1998 年第 1 期。

划调节与市场调节的认识,有学者认为:计划调节和市场调节,都是一种方法,它们不能反映社会的基本经济特征。不同社会制度的国家,都可以在不同程度上使用计划和市场两种手段来调节经济活动。①

计划和市场都是调节手段,它们的职能首先就在于调节国民经济的运行,它们之间的基本区别在于调节主体和调节方式的不同。计划的主体是政府,政府采取经济的、法律的、行政的诸手段来调节国民经济的总量和结构,引导国民经济的增长和发展;市场的主体是企业,调节的形式是市场机制,市场机制通过供求竞争、价格波动、生产要素流转等中间环节,调节着企业的经济行为以及整个社会的资源配置。迄今为止可供人们选择使用的经济节手段无非两个,一个是计划,一个是市场,只要有助于国民经济保持良性循环,哪一种手段都是可以运用的。②

党的十四大报告指出:"我们要建立的社会主义市场经济体制,就是要使市场在社会主义国家宏观调控下对资源配置起基础性作用。"有学者认为市场的这个基础性作用有两层含义。一是针对市场经济中其他调节手段的作用。市场调节作用是基础性的,即基本的、决定性的。二是针对市场经济中宏观层次上的高层次的调节,政府主要调控宏观经济运行,政府这种高层性的调节又必须以基础性调节为基础,因为政府宏观调控和计划指导,必须以市场为基础。③

由于市场局限的存在,国家必须确立其相应的职能对市场予以干预:建立与市场经济相适应的有效的宏观调控体系,发挥宏观调控作用,当好"调控员";建立和维护市场规则,关键是约束好国家自身的行为,当好"裁判员";提供社会服务,当好"服务员";管

---

① 吴微:《对计划与市场的再认识》,《中国人民大学学报》1989 年第 3 期。
② 谢鲁江:《计划和市场都是经济手段》,《科学社会主义》1992 年第 3 期。
③ 吴振坤:《社会主义市场经济几个基本理论问题》,《科学社会主义》1994 年第 1 期。

理和 监督国有资产，当好"管理员"。①

在市场调节与宏观调控问题上，大多数学者认为，市场的调节生来具有局限性，需要国家机器在市场调节的基础上进行宏观调控。两者的关系是：市场调节是起基础性作用的部分，宏观调控是起全局性作用的部分。②

（二）关于阶级基础问题的讨论

江泽民根据马克思主义建党原理，结合我国经济发展和社会进步的实际，提出了要不断增强党的阶级基础和扩大党的群众基础，不断提高党的社会影响力的科学论断。学术界对此进行了较深入的阐述和探讨。

关于不断增强党的阶级基础和扩大党的群众基础的必要性　有学者指出，作为已掌握全国政权并长期执政的中国共产党，要应对国际国内的复杂形势，保证不失去执政地位，必须团结一切可以团结的力量，调动一切积极的因素。不断增强党的阶级基础和扩大党的群众基础是一个极其重要的问题，必须从巩固党的执政地位的战略高度来看待这一问题。

也有学者认为，看一个政党是否先进，主要应看它的理论和纲领是不是马克思主义的，是不是代表社会发展的正确方向，是不是代表最广大人民的根本利益。江泽民同志在"七一"讲话中提出的这一判断标准，与马克思主义经典作家的思想是一脉相承的。随着我国现代化建设的推进，工人阶级、农民阶级正在发生着深刻的变化，整个社会阶层的构成出现新的变化，这就要求中国共产党，一方面必须始终将工人阶级作为自己的阶级基础并不断增强这个基础，另一方面注意扩大群众基础。中央作出的吸收新的社会阶层中的优

---

①　张岩森：《论市场经济的国家干预作用》，《北京大学学报（哲学社会科学版）》1998年第6期。

②　林自新、安增军：《社会主义公有制同市场经济的兼容性研究》，《科学社会主义》2005年第2期。

秀分子入党的决策，是经过实验检验的毛泽东建党思想和党的历史经验在新的历史条件下的继承和发展。

还有学者认为，我国工人阶级的先进性是随着时代的发展而发展的，在各个历史时期都是社会各阶层中最先进的阶级。共产党作为工人阶级的先进队，集中体现了工人阶级的先进性，因而能够担负起领导新民主主义革命、社会主义建设和改革开放的历史责任。随着改革开放和现代化建设的发展，我国工人阶级队伍不断壮大，思想道德和科学文化素质日益提高，党的阶级基础在增强。我们党必须始终自觉地坚持以工人阶级为自己的阶级基础。

另有学者指出，坚持党的工人阶级基础，并不是在组织上限制和排斥非工人阶级成分的人入党。实践证明，中国共产党领导中国人民取得革命的成功，并不是单靠工人阶级一个阶级实现的。同样，今天的现代化建设，单靠工人阶级也是绝对不可能完成的。因此，必须扩大党的群众基础。一方面，广泛深入地发动群众、组织群众和领导群众；另一方面，应最广泛、最充分地调动一切积极因素，把社会各阶层中的优秀分子吸收到党内来。

关于正确认识增强党的阶级基础和扩大党的群众基础辩证统一的关系 有学者认为，扩大党的群众基础是以增强党的阶级基础为根本的。任何时候，党员队伍的中坚力量必须是工人阶级，决不能因为社会阶层构成的变化而削弱甚至否定党的工人阶级基础。党的阶级基础是党所产生和依托的阶级力量，它决定着党的性质、宗旨和使命，决定着我们党与其他政党的根本区别。

有学者指出，增强党的阶级基础与扩大党的群众基础是统一的。这种统一就在于把我们党建设成为既是中国工人阶级的先进队，又是中国人民和中华民族的先锋队。阶级基础是党的最基本的群众，是带领和影响其他群众的骨干力量。无产阶级政党是通过先进的工人阶级去凝聚广大人民群众，通过增强党的阶级基础而扩大党的群众基础的。

有学者指出，没有先进的阶级基础，扩大群众基础就会失去

"主心骨";党的群众基础是党所代表和依靠的广泛的社会力量。离开了群众基础,将会削弱甚至有可能丧失党的阶级基础。党的群众基础扩大了,将更加巩固党的阶级基础。同时,群众基础中的部分力量发展变化将会充实党的阶级基础;阶级基础决定着党的阶级性,群众基础决定着党的广泛代表性,二者都是党的先进性的体现。

关于增强党的阶级基础和扩大党的群众基础在思想和实践上应重视的几个问题 第一,在思想上,对新的社会阶层成员入党问题必须有一个正确的认识。有学者认为,在我国现代化建设过程中出现新的社会阶层——民营科技企业的创业人员和技术人员、受聘于外资企业的管理技术人员、自由职业人员、个体户、私营企业主等,与工人、农民、知识分子、干部和解放军一样,是有中国特色社会主义事业的建设者,党的大门应该向他们中的优秀分子敞开。有学者认为,有的人担心由此会改变党的性质,这种警觉是必要的,但采取关门主义却是错误的。党的历史已证明,试图以关门主义来保持党的先进性和纯洁性,这对党的事业十分有害。

第二,在发展过程中,要严把"入口"关,加大育管力度。有学者指出,我们党是工人阶级的先锋队,这是党的阶级性与先进性的有机统一,这点绝对不能改变。我们要建设的是一个高举马克思主义伟大旗帜,代表社会发展的正确方向、代表最广大人民的根本利益的工人阶级政党,而不是"全民党"。所以在发展党员上,必须严把"入口"关,坚持党员标准,吸收符合条件的优秀分子。来自新社会阶层的党员不是特权党员,不能游离于党的组织之外,都必须编入党的一个基层组织,接受党组织的管理。对不合格者,决不能姑息,应坚决予以处置,畅通"出口",以保持党员队伍的纯洁性。

第三,要高度重视从思想上建党。有学者指出,不论是谁,要加入中国共产党,必须以自愿为前提,决不能搞动员入党甚至搞"拉人入党"。从新的社会阶层中发展党员,不仅要求其组织上入党,更重要的是思想上入党。必须针对他们的思想政治状况,有计划,有重点地组织他们开展政治理论学习，加强马克思主义世界观以及党的性质、宗旨和"三个代表"思想教育，积极引导他们按照党员标准，立足本职岗位发挥先锋模范作用，自觉接受党组织的监督，使之真正从思想上入党。

（三）关于政治体制改革的讨论

党的十一届三中全会后，邓小平从总结文化大革命的教训入手，从推进中国特色社会主义伟大事业出发，逐步提出了系统的政治体制改革思想。1980年8月18日，邓小平在中央政治局扩大会议上作了题为《党和国家领导制度的改革》的重要讲话，讲话着眼于从制度上解决如何防止"文化大革命"这类历史悲剧重演、实现长治久安的问题，鞭辟入里地分析了我国原有政治体制的弊端、根源、实质。这篇讲话，成为我国政治体制改革的指导性文件。党的十二大以后，经济体制改革，从农村到城市，全面展开，不断深入，对政治体制改革提出了日益迫切的要求。在此背景下，邓小平根据形势的发展，于20世纪80年代中期，再次提出了政治体制改革问题，仅1986年邓小平就有20多次讲话涉及到政治体制改革问题，其中有9次是作为主要谈话内容。对于邓小平提出的政治体制改革的问题，学术界也进行了热烈的讨论。

关于政治体制改革的必要性 对于这个问题，学术界作了多侧面、多角度的阐述。有观点认为，政治体制改革是我国现代化的必由之路。我国的现代化，不仅包括经济的现代化，而且包括政治、科技、教育和观念等全方位的现代化。我国当前面临的政治体制的全面改革，是现代化的必由之路，也是我国政治发展中的一次飞跃。有学者从系统论的角度论述了我国当前进行的改革是包括经济、政治、文化等诸多方面的总体改革，并指出，社会主义社会是处于经常运动之中的生气勃勃的机体，这个活的机体，是由经济、政治、思想、文化等多种因素构成的有机系统。各要素之间是相互制约、相互依存、不可分割的。所以，我们只有在进行经济体制改革的同时，相应地进行政治、文化、观念等方面的全面改革，才能使社会主义社会整个事业得到协调发展。还有学者从经济体制改革需要政治体制改革为之创造良好的外部条件的角度,论述了两者的关系,认为我国的经济体制改革已经取得了明显的成效,然而,这一伟大工程的顺利进展和最终完成,不仅需要探索经济体制改革本身的规律,而且需要为它创造良好的外部条件。政治体制改革就是保证经济体制改革顺利进行的重要政治条件[①]。

关于政治体制改革的实质与根本目标 有论者认为,我国当前和今后相当长时间内政治体制改革的总体目标,应当是邓小平同志提出的进一步实现和完善党和国家政治生活的民主化。具体包含以下几个方面的内容:(1)反对和克服官僚主义,实现党和国家领导体制的民主化;(2)完善政体方面的社会主义民主,切实保障人民作为国家主人的民主权利,(3)肃清封建遗毒[②]。也有观点认为,政治体制改革的根本目标就是要建设高度的社会主义民主。改革的实质就是民主化,改革的过程就是民主化的过程。民主化的问题实质上是涉及能不能充分发挥人民群众在政治上的积极性、主动性,能不能充分发挥社会主义制度优越性的重大原则问题。也有观点认为,政治体制改革的主要目标在于推动政治发展。所谓政治发展,是指政治生活的现代化。政治发展的过程也就是民主化的过程。政治发展的目标可以概括为两点:(1)民主参与的程度(标志着政治发展的广度);(2)制衡机制的完善程度(标志着政治发展的深度)。还有学者把这种目标概括为五个方面:(1)民主参与;(2)健全的法制;(3)行政机构的高效率运行;(4)廉洁;(5)决策与组织的科学化。还有观点认为,政治体制改革主要应解决两方面的问题:一是要调整政府同人民之间的关系。这种关系的调整,是民主化的实质内容,应该从高层次加以研究解决。二是要为经济、社

[①] 载英:《政治体制改革若干理论问题讨论综述》,《国内哲学动态》1986年第10期。

[②] 涂美丽:《政治体制改革理论问题讨论综述》,《学术研究》1989年第1期。

会的发展创造和平稳定与安定团结的政治条件。从这个意义上可以说，政治体制改革就是要寻求一种长治久安之策。国家的长治久安不能靠人治而要靠法治，也就是说要依靠发展社会主义民主、健全社会主义法制，依靠从组织制度上科学地解决分权与制衡的问题①。

关于政治体制改革的突破口 学术界主要有三种观点：一种观点认为政治体制改革的突破口是言论自由。应该按照宪法的规定，实行言论自由、结社自由、出版自由，真正保证人民的民主权利。人民是国家的主人，主人不能没有讲话的权利。二种观点认为政治体制改革的突破口应从政治体制的层次上去寻找。具体地说，就是首先从党中央、国务院的领导体制的改革搞起。因为在国家党、政机关层次中，党中央和国务院是最高层次，若不从最高层次改起，是无法从根本上解决问题的。机构改革、领导体制改革的主要问题在上面，从上面开始减少机构、裁减人员才能进行得彻底②。第三种观点则认为政治体制改革的突破口应着眼于解决权力过分集中和干部人事制度的问题，要对党、政、人大、群众组织、企事业单位进行全面的权力、职责的科学划分，解决权力过分集中的问题，同时废除干部领导职务终身制，使各级干部真正成为人民公仆③。

（四）关于构建社会主义和谐社会研究

2005年2月19日，胡锦涛在中央党校省部级主要领导干部"提高构建社会主义和谐社会能力"专题研讨班上，阐明了构建社会主义和谐社会的基本内涵，指出："我们所要建设的社会主义和谐社会，应该是民主法治、公平正义、诚信友爱、充满活力、安定有序、人与自然和谐相处的社会。""构建和谐社会"这一主题引起社会广

---

① 参见李克敬《我国的政治体制改革与政治学的发展》，《中国社会科学》1986年第4期。

② 参见蔡松《关于当前政治体制改革理论探讨的综述》，《华中师范大学学报（哲学社会科学版）》1986年第6期。

③ 参见柯言《政治体制改革理论讨论观点综述》，《求实》1986年第5期。

泛关注，学术界的专家学者对构建和谐社会的重大理论和实际问题进行了深入研究探讨，取得了多方面的丰硕成果。

关于构建社会主义和谐社会的内涵 有学者认为，由于社会是一个大系统，其中包含若干子系统故和谐社会也是一个大系统。所谓"和谐社会"就是指整个社会系统的全面和谐，这里既要达到人与自然的和谐，达到人与人、人自身的和谐；既要达到宏观上社会整个系统内经济、政治、文化等系统之间的和谐，又要达到中观上经济、政治、文化各子系统内部的和谐，还要达到微观上各子系统内部的和谐；既要达到社会内部各阶层、各利益团体之间的和谐，又要争取外部世界的和谐发展。[1]

有学者认为，中国特色社会主义和谐社会的社会结构，将是一种现代社会结构，即中等收入者的比重将大幅度上升，占到国民的大多数，贫困者阶层和富裕阶层将成为少数，社会结构从金字塔型向橄榄型转变。逐步实现社会公正。[2]

有学者认为，社会主义和谐社会应该是有生机活力、有社会公平、有和睦相处的人际关系、有团结稳定秩序的社会；[3] 有学者认为，社会主义和谐社会包括四个方面的和谐：社会系统内部诸种基本社会关系、社会结构和要素之间关系的和谐；[4] 人与人之间关系的和谐；人与社会之间关系的和谐；人与自然之间关系的和谐。有学者提出从理论、实践和由来三个方面对社会主义和谐社会的内涵进行诠释。[5] 有学者认为，社会主义和谐社会应该包括经济社会诸多方

---

[1] 秦宣：《论和谐社会的科学内涵》，《马克思主义与现实》2007年第1期。
[2] 王怀超：《中国特色社会主义理论的形成和发展》，《科学社会主义》2007年第5期。
[3] 李君如：《社会主义和谐社会论》，人民出版社2005年版，第70页。
[4] 钟秉林：《和谐社会：多元、宽容与秩序化》，《中国特色社会主义研究》2005年第1期。
[5] 郑杭生：《和谐社会与社会学》，《人民日报》2004年11月30日。

面。①有学者认为，社会主义和谐社会的本质内涵是"全体人民各尽其能，各得其所又和谐相处的社会"②有学者认为，应从各种社会基本关系和谐的角度来把握社会主义和谐社会的本质内涵。③有学者认为，社会主义和谐社会应是辩证和谐、理性和谐、法制和谐和动态和谐的统一体。④

关于构建社会主义和谐社会的途径 有学者认为，构建社会主义和谐社会，关键要树立与社会主义和谐社会相适应的和构建实现社会主义和谐社会的制度体系，并指出核心价值观是为和谐社会建设提供思想共识，而制度建设是为和谐社会的构建提供机制基础。前者是"软实力"，后者是"硬保障"，两者相辅相成，共同促进和谐社会的构建。⑤

有学者指出，构建和谐社会，要按照"民主法治、公平正义、诚信友爱、充满活力、安定有序、人与自然和谐相处"的总要求，以解决人民群众最关心、最直接、最现实的利益问题为重点。他还指出，党的领导是构建社会主义和谐社会的根本保证。没有党的坚定正确的领导，构建社会主义和谐社会则根本无从谈起。⑥

有学者指出，构建社会主义和谐社会要牢牢把握建设中国特色社会主义这个主题，把构建社会主义和谐社会置于建设中国特色社

---

① 陆学艺：《构建社会主义和谐社会的内涵与要求》，《中共石家庄市委党校学报》2005年第3期。

② 陈勇：《略论构建社会主义和谐社会》，《毛泽东思想研究》2005年第3期。

③ 贾建芳：《构建社会主义和谐社会的重点难点问题解析》，《马克思主义研究》2006第3期。

④ 张久海：《现代和谐思维涵括的四重意蕴》，《毛泽东思想研究》2006年第3期。

⑤ 辛向阳：《构建社会主义和谐社会的两个途径》，《马克思主义研究》2008年第7期。

⑥ 李慎明：《构建社会主义和谐社会需要讨论的十个问题》，《前线》2007年第1期。

会主义的宏大背景和长期历史过程中，并提出了五点要求。①

有学者认为，建设和谐文化，推动社会主义文化大发展大繁荣，是构建社会主义和谐社会的题中应有之义，要深刻认识和谐文化的作用，牢牢把握和谐文化建设的规律，大力推动和谐文化创新发展，以适应社会主义和谐社会建设要求。②

关于构建和谐社会的重大意义 有学者指出，提出构建社会主义和谐社会，在理论上和实践上都具有重大意义。在理论上，把马克思主义关于社会建设的基本思想、中国特色社会主义发展规律的根本要求、社会主义现代化建设的实际需要有机统一起来，在新的实践中作出新的理论概括，从而进一步丰富和发展了中国特色社会主义理论。在实践上，符合新世纪新阶段开创中国特色社会主义事业新局面的实践需要，符合我国改革发展关键时期客观形势的要求，适应当前我国经济社会发展的阶段性特征，适应我们党在长期执政条件下面临的新挑战和新任务，从经济基础到上层建筑的各个方面，深化和拓展着中国特色社会主义的伟大实践。③

有学者指出，对社会主义的本质属性进行概括，并把这一本质属性明确为社会和谐，这在马克思主义理论发展史上是第一次，是过去没有讲过的"新话"。它是我们党把马克思主义基本原理同我国社会主义现代化建设的具体实践相结合的又一重大理论成果，是对社会主义认识的又一次新的飞跃。④

有学者认为，中国特色社会主义，不仅是经济的发展、政治的

---

① 姜辉：《构建社会主义和谐社会是中国特色社会主义事业发展的必然要求》，《求是》2006年第22期。

② 刘海涛：《深入贯彻落实科学发展观 创新发展社会主义和谐文化》，《理论学习》2008年第1期。

③ 姜辉：《构建社会主义和谐社会是中国特色社会主义事业发展的必然要求》，《求是》2006年第22期。

④ 冷溶：《社会和谐是中国特色社会主义的本质属性》，《党建研究》，2006年第11期。

民主、文化的繁荣，还要有社会的和谐。只有经济、政治、文化、社会建设的协调发展，才能建设和发展中国特色社会主义。并指出，社会和谐体现了中国特色社会主义的根本性质和基本特征，反映了社会主义社会与资本主义社会及以前的社会形态的根本区别，是对社会主义本质属性的精辟概括。①

有学者指出，构建社会主义和谐社会，是党的十六大以来马克思主义中国化最新成果的一个十分重要的组成部分，反映了建设富强、民主、文明、和谐的社会主义现代化国家的内在要求，开辟了中国特色社会主义事业的新境界。②

还有学者从文化和意识形态的角度指出，和谐社会思想是建设中国社会主义核心价值体系的指南。和谐社会思想来源于中国传统文化和马克思主义的创新与发展，核心价值体系作为软实力是中华民族伟大复兴的强大思想武器。③

第三节　新时代科学社会主义的新发展与相关研究

经过长期努力，我国发展到新的历史方位，中国特色社会主义进入新时代。党的十八大以来，习近平总书记在推进中国特色社会主义伟大实践过程中，形成习近平新时代中国特色社会主义思想，其中对中国特色社会主义的重大理论和实践问题提出许多原创性的重要论述，这些论述无疑对发展科学社会主义基本原理具有重要的

---

①　肖贵清：《科学发展观与中国特色社会主义理论体系的关系》，《当代世界与社会主义》2009年第1期。

②　李慎明：《构建社会主义和谐社会需要讨论的十个问题》，《前线》2007年第1期。

③　高放：《和谐社会思想是建设中国社会主义核心价值体系的指南》，《湖南师范大学学报》2010年第5期。

理论贡献。学术界秉承实事求是的科学精神和与时俱进的创新意识，对习近平关于科学社会主义方面的重要论述进行了深入探讨研究和科学阐释，研究成果斐然，著述颇丰。

一 习近平对发展科学社会主义的新贡献

党的十八大以来，以习近平总书记为核心的党中央在历史成就的基础上，把中国特色社会主义推进到了一个全面发展的新阶段，这就是中国特色社会主义新时代。新时代，以习近平同志为核心的党中央关于中国特色社会主义的新认识新发展有许多重要论述，已经达到了一个前所未有的新高度。习近平同志在担任国家副主席时，就曾系统地概括过科学社会主义的基本原则，他说：科学社会主义必须以历史唯物主义为理论基石，必须以实现共产主义为最高理想，必须以无产阶级政党为领导核心，必须以解放和发展生产力为根本任务，必须坚持代表最广大人民的根本利益，必须与社会化大生产相联系、以公有制和按劳分配为社会主义经济制度的基础，必须以人民当家做主为社会主义民主政治的本质特征，必须坚持改革和完善社会主义制度和体制机制，等等。[1] 2013年6月25日，中共中央政治局专门就中国特色社会主义理论和实践进行第七次集体学习。习近平总书记对科学社会主义的相关论述的重大理论贡献主要体现在以下几方面。

丰富和发展了社会主义本质理论 这方面的重要论述有：社会主义核心价值观体现着中国特色社会主义本质规定；共享是中国特色社会主义的本质要求；消除贫困、改善民生、实现共同富裕，是社会主义本质要求；全面依法治国是中国特色社会主义的本质要求和重要保障；中国共产党领导是中国特色社会主义最本质的特征，是中国特色社会主义制度的最大优势；解放和发展社会生产力，增

---

[1] 习近平：《关于中国特色社会主义理论体系的几点学习体会和认识》，《求是》2008年第7期。

强社会主义国家的综合国力，是社会主义的本质要求和根本任务。

深化了社会主义建设规律的认识　这方面的重要论述有：（1）中国特色社会主义作为新时期以来我们党继续推进马克思主义中国化的伟大历史性创造，体现在实践上，就是开辟了中国特色社会主义道路；体现在理论上，就是形成了中国特色社会主义理论体系；体现在政治上，就是要高举中国特色社会主义伟大旗帜。（2）中国特色社会主义在改革开放中产生，也必将在改革开放中发展壮大。只有社会主义才能救中国，只有中国特色社会主义才能发展中国。（3）中国特色社会主义，既坚持了科学社会主义基本原则，又根据时代条件赋予其鲜明的中国特色。中国特色社会主义特就特在其道路、理论体系、制度上，特就特在其实现途径、行动指南、根本保障的内在联系上，特就特在这三者统一于中国特色社会主义伟大实践上。不断丰富中国特色社会主义的实践特色、理论特色、民族特色、时代特色。（4）建设中国特色社会主义，总依据是社会主义初级阶段，总布局是五位一体，总任务是实现社会主义现代化和中华民族伟大复兴。中国特色社会主义是亿万人民自己的事业，解放和发展社会生产力是中国特色社会主义的根本任务，改革开放是坚持和发展中国特色社会主义的必由之路，共同富裕是中国特色社会主义的根本原则，社会和谐是中国特色社会主义的本质属性，和平发展是中国特色社会主义的必然选择。（5）中国特色社会主义，是科学社会主义理论逻辑和中国社会发展历史逻辑的辩证统一，是根植于中国大地、反映中国人民意愿、适应中国和时代发展进步要求的科学社会主义。中国特色社会主义，既是我们必须不断推进的伟大事业，又是我们开辟未来的根本保证。中国特色社会主义是社会主义而不是其他什么主义，科学社会主义基本原则不能丢，丢了就不是社会主义。（6）坚持和发展中国特色社会主义是一项长期而艰巨的历史任务，必须准备进行具有许多新的历史特点的伟大斗争。共产主义远大理想和中国特色社会主义共同理想，是中国共产党人的精神支柱和政治灵魂，也是保持党的团结统一的思想基础；既不能离开发展中国特色社会主义事业、实现民族复兴的现实工作而空谈远大理想,也不能因为实现共产主义是一个漫长的历史过程就讳言甚至丢掉远大理想。构建人类命运共同体,是中国特色社会主义题中的应有之义。(7) 中国特色社会主义是党的最高纲领和基本纲领的统一。中国特色社会主义的基本纲领,概言之,就是建立富强民主文明和谐的社会主义现代化国家。坚持和发展中国特色社会主义,统筹推进"五位一体"总体布局和协调推进"四个全面"战略布局。

还有,中国特色社会主义进入新时代的重大政治判断,发展和丰富了社会主义发展阶段理论;新发展理念的提出,发展和丰富了社会主义发展理论;等等。另外,还大大拓展和丰富了社会主义改革理论、中国特色社会主义道路的内涵等。

二 关于科学社会主义若干重大理论和实践问题的研究

围绕习近平新时代中国特色社会主义思想中关于坚持和发展什么样的中国特色社会主义、怎样坚持和发展中国特色社会主义的相关问题,学界从学术角度、理论角度进行了富有成果的讨论和研究。

(一)关于中国特色社会主义发展新方位——新时代

中国特色社会主义进入新时代的重大政治判断,是在深刻把握我国社会发展新时代及其阶段性特征的基础上,立足于党和国家事业发展的角度,总结改革开放以来特别是党的十八大以来所取得的伟大成就和历史性变革提出的。"新时代"特指中国特色社会主义发展的新的历史定位,具有特有的鲜明特征和中国标志。习近平总书记指出,这个新时代是中国特色社会主义新时代,而不是别的什么新时代,并用"五个是"全面阐述了中国特色社会主义新时代的科学内涵,明确了新时代党和国家事业发展的新定位、新目标和新要求。

新时代是中国特色社会主义的发展新方位　2017年9月29日,习近平总书记在十八届中共中央政治局第四十三次集体学习时强调:尽管我们所处的时代同马克思所处的时代相比发生了巨大而深刻的变化,但从世界社会主义500年的大视野来看,我们依然处在马克思主义所指明的历史时代。辛向阳指出，这个历史时代就是从资本主义向社会主义大过渡的时代，新时代从更小的范围来讲也是中国特色社会主义长时代中的伟大时代。① 王伟光认为，中国特色社会主义新时代，特指中国特色社会主义已经站在一个新的历史起点上，进入一个新的历史阶段，处在一个新的历史方位上，这与马克思主义所判断的大的"历史时代"在唯物史观基础上是一致的。唯物史观的"历史时代"概念是指占统治地位的社会形态所历经的整个历史进程，而"经济的社会形态"则是判断历史时代的根本标准。中国特色社会主义新时代开辟了中华民族伟大复兴的新格局，开启了世界社会主义运动的新境界，拓展了发展中国家通过非资本主义道路走向现代化的新途径。② 贺新元认为，新时代作为中国特色社会主义新的发展历史方位，具有与以往时期不一样的"新"的内在规定性，这些内在规定性又以从新时代社会主要矛盾及解决方法之新理念新思路、党的初心及党的历史使命、重大时代主题及党的指导思想、中国特色社会主义事业总体布局及发展战略、党的历史地位及党的建设新要求等具有全局性、根本性、前瞻性的高度一致的具体内容外在于现实，并作用于中国特色社会主义伟大事业新的发展。③

进入新时代的根据 学者们都认为，中国特色社会主义进入新时代，这一重大政治判断有其充分的根据：我国改革开放和社会主义现代化建设取得了重大历史性成就，党和国家事业发生了历史性变革，我国社会主要矛盾发生了根本性变化。其中，社会主要矛盾的根本性变化是进入新时代的主要根据。社会主要矛盾决定着社会发展的历史方位，社会主要矛盾变了，历史方位也要发生变化。社会主要矛盾的根本性变化是进入新时代的主要根据，基本没有疑义。

---

① 辛向阳：《科学把握"新时代"准确内涵》，《方圆》2018年第11期。
② 王伟光：《唯物史观大的"历史时代"与习近平新时代中国特色社会主义思想》，《马克思主义研究》2019年第1期。
③ 贺新元：《论中国特色社会主义新时代的内在规定与现实体现的一致性》，《人民论坛·学术前沿》2018年7月（上）。

但在对社会主要矛盾的分析上，存在不同的视角与观点。有学者认为，人民日益增长的物质文化需要同落后的社会生产之间的矛盾，实际上是我国所谓"欠发展"时期的历史方位中的社会主要矛盾，且在本质上都是"不发达"带来的矛盾；而人民日益增长的美好生活需要和不平衡不充分的发展之间的矛盾，则是我国所谓"发展起来使大国成为强国"这一历史方位及其历史进程中的社会主要矛盾，是在实现"强起来"的历史进程中需要着力解决的社会主要矛盾。"不发达"在不同历史阶段有不同表现。在中国特色社会主义建设的前半程，"不发达"表现为"落后的社会生产"；在中国特色社会主义进入新时代或后半程，"不发达"表现为"不平衡不充分的发展"。因此，二者是内在统一的，当今社会的主要矛盾不是对以往社会主要矛盾的否定性超越，不是根本性质的变化，而是阶段性的变化，是部分质变，是之前社会主要矛盾基础上的"升级版"。[1] 因此，中国特色社会主义进入新时代，社会主要矛盾发生转化，这并不意味着中国告别了社会主义初级阶段，而是表明中国已经处在社会主义初级阶段新的历史方位上。[2] 对于进入新时代的根本标志，看法不太一致。有学者认为，党的十九大报告提出的"三个意味着"标志着中国特色社会主义进入新时代。[3] 一些学者认为，中国特色社会主义进入新时代的标志是社会主要矛盾发生了新的转变。[4] 还有人认为，中国特色社会主义进入新时代的鲜明标志包括以下五个方面：一是我国社会生产力水平总体上显著提高，社会生产能力在很多方面进入世界前列；二是我国社会主要矛盾已经转化为人民日益增长

---

[1] 韩庆祥、陈曙光：《中国特色社会主义新时代的理论阐释》，《中国社会科学》2018年第1期。

[2] 郝立新、周康林：《马克思主义时代化的新飞跃》，《中国高校社会科学》2018年第1期。

[3] 韩庆祥、陈曙光：《中国特色社会主义新时代的理论阐释》，《中国社会科学》2018年第1期。

[4] 持此观点的学者主要有徐崇温、张利涛、刘良军、王凤芹等。

的美好生活需要和不平衡不充分的发展之间的矛盾；三是确立了未来三十多年的新发展目标；四是形成了习近平新时代中国特色社会主义思想；五是我国日益走近世界舞台中央但遭遇新的阻力。[①] 王伟光认为，"新时代"特指中国特色社会主义发展的新的历史定位，具有特有的鲜明特征和中国标志。这些特征和标志包括：党的十八大以来的历史性新变革标志中国特色社会主义进入新时代，社会主义初级阶段主要矛盾的新变化决定中国特色社会主义进入新时代，中国经济社会发展变化的新特征显示中国特色社会主义进入新时代，历史交汇期新的历史任务和奋斗目标表明中国特色社会主义进入新时代，党的理论和实践与时俱进的创新说明中国特色社会主义进入新时代。[②]

新时代的意义 习近平总书记强调，"中国特色社会主义进入新时代，在中华人民共和国发展史上、中华民族发展史上具有重大意义，在世界社会主义发展史上、人类社会发展史上也具有重大意义。"[③] 中国特色社会主义新时代重大意义体现在哪里？王伟光认为，主要体现在三个方面：开辟了中华民族伟大复兴的新格局，开启了世界社会主义运动走向发展的新纪元，拓展了发展中国家通过非资本主义道路走向现代化的新途径。[④]

（二）关于"市场决定"和更好地"发挥政府作用"

处理好市场与政府的关系一直是中国经济体制改革的核心问题。

---

① 郝清杰：《中国特色社会主义进入新时代的多维辨析》，《思想教育研究》2018年第1期。

② 王伟光：《当代中国马克思主义的最新理论成果——习近平新时代中国特色社会主义思想学习体会》，《中国社会科学》2017年第12期。

③ 习近平：《决胜全面建成小康社会 夺取新时代中国特色社会主义伟大胜利——在中国共产党第十九次全国代表大会上的报告》，人民出版社2017年版，第12页。

④ 王伟光：《当代中国马克思主义的最新理论成果——习近平新时代中国特色社会主义思想学习体会》，《中国社会科学》2017年第12期。

《中共中央关于全面深化改革若干重大问题的决定》提出，要使市场在资源配置中起决定性作用和更好发挥政府作用。这一重大理论观点，标志着对这一问题的探索推进到一个新高度和新阶段，相关观点和举措亦引起了理论界和社会各界的热切探讨和重点解读。其中，一些分歧和争论，对于建立与完善中国社会主义市场经济体制关系重大，必须严肃对待。概括起来，讨论或争论主要沿着两个层面展开：一是在基本经济制度层面探讨资源配置方式新变化与基本经济制度的关系；二是聚焦于实践操作层面，探讨怎样实现"市场决定"和更好地"发挥政府作用"。

1. 关于"市场决定"与基本经济制度

人们对两者关系的理解出现了不同意见。大体可以概括为三类：一类意见认为，"市场决定"包括决定基本经济制度。例如有学者认为，"提出市场起决定性作用，就是改革的突破口和路线图，基本经济制度、市场体系、政府职能和宏观调控等方面的改革，都要以此为标尺"，并认为"需要摸着石头过河的改革"也因此"有了原则和检验尺度"。[1] 另一类意见则坚决反对，认为基本经济制度不能由市场决定。如卫兴华明确提出，不能"将市场的决定性作用泛化到整个经济社会、生态文明等不同领域，甚至泛化到由市场决定基本经济制度"。[2] 第三类表面上不定位二者关系，但在"市场决定"名义下主张重新定位国有经济功能，继续主张"国退民进"，实际上是要淡化或弱化公有制经济主体地位。代表人物有迟福林、周为民、许小年等学者。其中尤其值得注意的是迟福林等学者提出的"国有资本的本质特征是公益属性"论和周为民"国有企业不是一般的市

---

[1] 杨伟民：《党的十八届三中全会的五大亮点》，《理论导报》2013年第11期。
[2] 《更加尊重市场规律，更好发挥政府作用——访著名经济学家、中国人民大学经济学院卫兴华教授》，《思想理论教育导刊》2014年第1期。

场主体"的观点,①是尝试在"市场决定"新背景下为竞争性领域"国退民进"寻找新依据。但这样一来,还要不要发挥国有经济在市场运行中的主导作用、公有制经济还要不要在市场竞争中发展壮大等本来很明确的问题又都成了问题。这些不同观点事实上已涉及公有制经济主体地位和国有经济主导地位是否必须坚持的问题。

2. 关于市场起决定性作用和更好发挥政府作用的讨论

第一,关于市场起决定性作用的范围及市场与政府作用的结合问题。争论的焦点是关于"市场决定"的范围,以及与此相关的市场与政府作用如何结合的问题。主要有五种意见。第一种,分层次分领域论。刘国光提出"微观宏观层次说",认为"资源配置有宏观、微观不同层次,还有许多不同领域的资源配置"。市场的决定作用应限于微观层次,宏观层次的资源配置以及涉及国家社会安全、民生福利(住房、教育、医疗)等领域的资源配置,则需要政府加强计划调控和管理,不能由市场自发决定。②卫兴华提出"两个层面说","一个层面是在资源配置中政府与市场的关系,是由市场而不是由政府起决定作用","另一个层面,是整个经济、社会、文化、生态文明等建设方面的作用。这方面已远超出了资源配置的范围,不能都由市场决定"。不过,卫兴华的观点也是分领域的,认为国防军事工业、战略性新兴产业、基本公共服务体系建设等特定领域的资源配置,应主要由政府决定。③第二种,"中国特色社会主义'市场决定'论"的"双重调节"论。主要内容包括:在资源配置中市场起应有决定作用的同时,也强调国家宏观调控和微观规制;市场

---

① 迟福林:《市场决定:十八届三中全会后的改革大考》,中国经济出版社 2014 年版,第 112 页;周为民:《让市场决定资源配置》,《中国党政干部论坛》2014 年第 2 期。

② 刘国光:《关于政府和市场在资源配置中的作用》,《当代经济研究》2014 年第 3 期。

③ 卫兴华:《把握新一轮深化经济体制改革的理论指导和战略部署》,《党政干部学刊》2014 年第 1 期。

与政府的双重调节应与公有制为主体的混合经济相联系；财富和国民收入初次分配中市场作用大些，再分配中政府作用大些。① 第三种，"市场决定"全覆盖论。这里"全覆盖"一词非指该类观点不注重政府作用，但本质上认为政府发挥何种作用也取决于"市场决定"，是为"市场决定"服务或弥补市场失灵。比如，迟福林等学者认为不仅市场决定增长、市场决定经济转型、市场决定经济活力、市场决定资源配置，"有为政府"也是由市场决定的。② 周为民则提出市场失灵只是"一般规律的例外"，即便市场失灵再好也是以恰当方式补足市场机制的作用条件。③ 第四种，"效率和公平分属论"。主张市场调节遵循效率原则，政府承担促进公平之责。例如，洪银兴将"市场资源"与"公共资源"分开，认为市场不能决定公共资源配置，原因亦是"市场配置资源遵循效率原则，而公共资源配置则要遵循公平原则"。④ 第五种，"动态调整说"。张开认为市场与政府关系的动态调整本来就是一条贯穿世界各国经济改革的主线，政府和市场都只是解放和发展生产力的手段而非目的，因此应"根据不同的发展阶段，动态调整政府和市场的边界，最终达到共同富裕"。⑤ 不过，张开对于动态调整的原则、机制、路径等基本问题缺乏进一步阐述。

第二，关于"市场决定"背景下的政府地位问题。不同的理论主张形成了关于"市场决定"背景下市场与政府不同地位的多种观点。第一种，以程恩富为代表的"市场和政府双高双强论"。他提出

---

① 程恩富：《要分清两种市场决定性作用论》（2013年12月10日），http://inion.huanqiu.com/opinion_china/2013-12/4645519.html，2014年4月15日。

② 迟福林主编：《市场决定：十八届三中全会后的改革大考》，中国经济出版社2014年版，第237—238页。

③ 周为民：《让市场决定资源配置》，《中国党政干部论坛》2014年第2期。

④ 洪银兴：《市场对资源配置起决定性作用后政府作用的优化》，《光明日报》2014年1月29日。

⑤ 张开：《动态调整政府和市场的边界》，《中国社会科学报》2014年1月24日。

要"形成高效市场、强能市场与高效国家、强能国家有机结合的'双高'和'双强'格局",强调效与能的有机结合。"双高""双强"的总体含义,就是"既要用市场调节的优良功能去抑制'国家调节失灵',又要用国家调节的优良功能来纠正'市场调节失灵'"。① 第二种,吴敬琏、厉以宁的"有效市场有效政府论"。吴敬琏说:"在我看来,政府改革的目标应该是建立'有限政府'和'有效政府'。"所谓有限政府,就是政府应限于掌握与公共物品提供有关的资源。所谓有效政府,则是政府应在纳税人监督之下改善政府管理,低成本高效率地为公众提供服务。② 第三种,林毅夫的"有效市场有为政府论"。与吴敬琏等学者类似,林毅夫同样反对"强政府"的提法,"不是强政府,也不是强市场"。但他又指出:"政府不能挑选产业,产业发展应一切由市场自发决定,公平的市场环境自己会决定该发展什么产业。"③ 第四种,迟福林等学者提出了"市场决定的有为政府论"。该观点认为,在中国"政府主导型经济增长模式"难以为继的情况下,必须根据"市场决定"建立有为政府,基本方向是要建设公共服务型政府。④

第三,关于如何实现市场起决定性作用和更好发挥政府作用。市场价格作为实现资源最优配置的信号,是基于完全竞争性市场的假说。在现实中,这些假设不完全存在,这意味着存在各种影响价格成为资源最优配置信号的力量。结合中国现实,这些力量主要有哪些,如何抑制这些力量从而实现"市场决定"?目前主要有两种主

---

① 程恩富、孙秋鹏:《论资源配置中的市场调节作用与国家调节作用——两种不同的"市场决定性作用论"》,《学术月刊》2014 年第 4 期。

② 马国川:《吴敬琏:如何构筑 2.0 版的市场经济体制》(2013 年 11 月 11 日),搜狐财经网(http://business.sohu.com/20131111/n389942781.shtml,2014 年 4 月 19 日)。

③ 林毅夫:《政府与市场的关系》,《中国高校社会科学》2014 年第 1 期。

④ 张雁、周晓菲:《如何处理好政府和市场的关系——专家解读"使市场起决定性作用和更好发挥政府作用"》,《光明日报》2013 年 12 月 2 日。

张。第一种,"综合推进说"。主要代表人为刘国光、程恩富等学者,主要特点是提倡完善市场体系、推进政府改革和其他改革综合推进,并不认同政府改革是"重点"或"核心",在表述上还往往将完善市场体系置于最前端。例如,他们强调,改革中微观层次资源配置的"市场决定"与宏观层次政府加强调控和管理应当并行,但政府职能如行政审批等的缩减,主要发生在微观领域;他同时强调了经济建设和改革中加强意识形态工作的重要性。[1] 第二种,"政府改革核心说"。主张者为吴敬琏、张卓元、佟玉华等学者。比如,佟玉华认为,"中国今天经济社会发展面临的一系列深层问题,其最大的问题是政府的越位、缺位、错位,从而带来的市场主体和社会主体地位不平等,机会不均等问题"。[2]

(三) 关于人类命运共同体与"自由人联合体"的关系

面对"世界怎么了,我们怎么办",中国提出了构建人类命运共同体的全球治理理念。自2013年首次提出构建人类命运共同体以来,习近平总书记在众多的国际场合倡导人类命运共同体思想,并赋予其鲜明的时代蕴含,从国与国之间的命运共同体,到区域内的命运共同体,到最大范围的人类命运共同体;从利益共同体,到责任共同体,再到人类命运共同体,等等,人类命运共同体思想形成了科学完整、内涵丰富、宏大深邃的思想体系。同时,随着这一思想写入联合国文件,受到国际社会的高度评价、热烈响应和广泛传播。

习近平总书记强调,人类命运共同体,是中国特色社会主义的题中应有之义。但人类命运共同体与"自由人联合体"(即马克思所说的"真正的共同体")又是什么关系?学界有不同的认识。

人类命运共同体是走向"真正的共同体"的历史阶梯。有学者

---

[1] 刘国光、程恩富:《全面准确理解市场与政府的关系》,《毛泽东邓小平理论研究》2014年第2期。

[2] 佟玉华:《发挥市场的决定性作用必须加快政府职能转变》,《党政干部学刊》2013年第12期。

指出，这两者是两个性质根本不同的社会历史范畴，不能将二者简单等同起来。但是也不能把它们截然分开。人类命运共同体与"自由人联合体"在社会主体、科学内涵、实践基础、实现形式诸方面，既具有差异性，又具有一致性。看不到一致性，就会割断历史；忽视了差异性，把社会看成"清一色"，就会抹杀世界的丰富多样性。从一定意义上说，提出构建人类命运共同体，既是对马克思"真正的共同体"思想的与时俱进和一脉相承，又是伟大的创新和发展。构建人类命运共同体，是今天人类的共同愿景和社会理想，也可以说它是走向"真正的共同体"的历史阶梯。对于共产党人来说，也可以说就是在今天的共产主义实践，二者高度契合。①

人类命运共同体思想与马克思共同体思想具有价值追求的契合性。有学者指出，马克思共同体思想遵循大写的共同体逻辑，其价值追求是"自由人联合体"，这是人与社会的"真正的共同体"。而习近平人类命运共同体思想作为与马克思共同体思想的"跨时空对话"，首先也是一种价值追求。它站在全人类的角度，以全人类共同的命运为关怀指向，追求建立一个共识、共生、共荣、共建、共享和共赢的世界。其基本价值蕴涵包括：对本国负责也对他国负责的责任共同体、"利本国"也"利他国"的利益共同体、将本国人民与其他国家人民的命运联系到一起的命运共同体、将当代人和后代人的命运联系到一起的发展共同体等。由此观之，人类命运共同体思想的基本价值蕴涵与马克思共同体思想的价值追求是高度契合的。在仍然存在阶级和国家冲突的全球化语境下，习近平人类命运共同体思想无疑朝着人类未来"自由人联合体"的方向设定了一个当下的、务实的目标。从前瞻的视角看，人类命运共同体思想的传播和当代实践，必将为"自由人联合体"的实现提供新路径和新动能，

---

① 石云霞：《人类命运共同体与"自由人联合体"关系之思考》，《学校党建与思想教育》2018 年第 9 期。

将推动人类未来朝向"自由人联合体"的方向不断演进。①

人类命运共同体思想在实践上是实现马克思"自由人联合体"创造现实条件的战略策略。有学者认为,人类命运共同体是人类社会实现现代化的"中国特色"与人类共有价值的辩证统一,是以中国共产党人为代表的人类探索21世纪世界治理方案,实现共生、共担、共建、共享的伟大实践智慧,是人类逐渐实现从"虚幻共同体"向"自由人联合体"的历史跨越的战略策略。"人类命运共同体"在理论上克服了资本主义"修昔底德陷阱",在战略上为解决世界难题提供了"中国方案",在实践上为马克思"自由人联合体"创造了现实条件。构建人类命运共同体必须正确处理自觉坚持与自我发展的关系、民族主体与人类主体的关系、社会主义与资本主义的关系。②

构建人类命运共同体是中国与世界的最大公约数。有学者认为,中国在社会主义初级阶段提出构建人类命运共同体,不是要推翻资本主义体系,而是让资本主义维持现状,让世界各国自主选择发展道路;不是搞所谓的修正主义,而是要与远大目标相结合;并非为了制造新的意识形态对抗或阵营对决,而是通过与中国等社会主义国家合作建设具有战略意义的命运共同体,以实现大联动、大联合、大共享的世界新格局。构建人类命运共同体,从长远看,继承了马克思主义关于自由人联合体的思想,是解构近代西方中心论的一种手段,但在现阶段要聚焦于实现各国命运与共,而不是急于推翻资产阶级统治,防止将其原教旨化。③

人类命运共同体是一个自然共同体,是对马克思"共同体"思

---

① 徐艳玲:《人类命运共同体思想:全球化困境下的理论突围》,《人民论坛》2017年10月(上)。

② 田鹏颖:《马克思主义视野中的"人类命运共同体"》,《哲学分析》2018年第1期。

③ 参见王义桅《热话题与冷思考——关于"人类命运共同体与新时代中国外交"的对话》,《当代世界与社会主义》2018年第3期。

想的延展。马克思认为在这个"自由人联合体"的"共同体"里面，人们超越了长久以来形成的阶级性烙印，超越了人们所处的阶级和地域的界限，取而代之的是以共同利益为前提的、相互依存的新型社会关系。因此，从马克思主义自由人联合体的视角看，国家并不是共同体发展的顶点，人类应当从更高层次上认识人类共同体问题。习近平提出的人类命运共同体理念，并不是要强行把各个国家、各个民族的人民绑在同一辆战车上，而是强调国家不分大小、强弱和贫富的差别，每个国家、民族的地位一律平等，全球性的矛盾与问题需要国际社会齐心协力、共同应对；就是要坚持各国之间合作共赢、相互依存、同舟共济，坚持"发展是第一要务"，让各国人民共享世界发展成果。人类命运共同体反映了大多数国家的期盼，突破了具体国家、民族的界限，打通了不同意识形态的社会制度和价值理念之间的隔阂，为解决人类共同面临的"和平赤字""发展赤字"和"治理赤字"提供了方向。①

（四）关于十月革命与中国特色社会主义研究

没有十月革命，就没有中国革命，就没有中国特色社会主义。2017年是俄国十月社会主义革命胜利100周年。关于十月革命问题，一直有种观点认为，十月革命作为社会主义革命，是历史的早产儿，中国走十月革命的道路，是走不通的。中国共产党近百年历史及辉煌成就证明，马克思主义为什么行、中国共产党为什么能、中国特色社会主义为什么好的问题。

2017年9月26日，为纪念十月革命胜利100周年，中央专门组织召开"十月革命与中国特色社会主义"理论研讨会。刘奇葆在讲话中指出，纪念十月革命，最重要的就是要把中国特色社会主义坚

---

① 宋才发：《人类命运共同体本质解析及全球化治理探讨》，《党政研究》2019年第3期。

持好、发展好。① 中国特色社会主义道路的探索、开创和发展，是创造性地把十月革命经验同中国具体实际和时代特征相结合的结果，都是对十月革命宝贵遗产的创造性继承和发展。② 中国特色社会主义道路就是我们党和人民延伸并扩展了十月革命后列宁开创的不发达国家逐步迂回过渡到社会主义的正路，正在大力纠正后来苏联模式偏离正路陷入的崎路和歧路，从而才能避免重蹈苏联覆辙，避免最终陷入绝路和死路，并且重新逐步把这条正路拓展为通往人类命运共同体和世界大同的康庄大路。③ 中国特色社会主义是对十月革命道路的继承和发展，不能离开十月革命道路，离开科学社会主义的历史进程，来谈论中国特色社会主义。④ 今天，中国特色社会主义傲然屹立世界，使十月革命的伟大意义升华，展现了新的曙光。⑤

（五）关于改革开放的方向问题

对于改革方向问题，社会上存在很多偏于极端的意见和建议，他们制造舆论、混淆视听，把改革定义为往西方经济制度、政治制度的方向改，否则就是不改革。改什么、怎么改，必须以是否符合完善和发展中国特色社会主义制度、推进国家治理体系和治理能力现代化的总目标为根本尺度，该改的、能改的我们坚决改，不该改的、不能改的坚决不改。我们的改革既不能为了迎合某些人的"掌声"，也不能把西方的理论和观点生搬硬套在自己身上，而是要从我国国情出发，从经济社会发展实际出发，要始终坚持正确的改革方

---

① 刘奇葆：《在"十月革命与中国特色社会主义"理论研讨会上的讲话》，《人民日报》2017年9月27日。

② 金民卿：《十月革命的重要遗产与中国道路的成功探索》，《马克思主义研究》2017年第8期。

③ 高放：《从十月革命道路到中国特色社会主义道路》，《中国浦东干部学院学报》2017年第6期。

④ 周新城：《十月革命与中国特色社会主义》，《中共石家庄市委党校学报》2017年第12期。

⑤ 吴恩远：《社会主义道路已被历史证明是人类社会发展的方向》，《世界社会主义研究》2017年第9期。

向。要清醒地认识到，不能改的坚决不能改，再过多长时间也不能改。我们的改革不但要有正确方向，还要有正确的立场和原则，改革必须坚持四项基本原则，既不走封闭僵化的老路，也不走改旗易帜的邪路。

四十多年来，我们改革开放的方向始终没变。中国在四十多年改革开放中没有走封闭僵化的老路，也没有走改旗易帜的邪路，而是成功闯出一条中国特色社会主义新路。2018 年 12 月 18 日，习近平总书记在庆祝改革开放 40 周年大会上的重要讲话中强调，我们的改革开放是成功的，是我们党的伟大觉醒、党的理论与实践的伟大创造、民族发展史上的伟大革命和中国特色社会主义事业的伟大飞跃。四十多年改革开放，我们始终强调：坚持党对一切工作的领导，不断加强和改善党的领导；坚持以人民为中心，不断实现人民对美好生活的向往；坚持马克思主义指导地位，不断推进实践基础上的理论创新；坚持走中国特色社会主义道路，不断坚持和发展中国特色社会主义；坚持完善和发展中国特色社会主义制度，不断发挥和增强我国制度优势；坚持以发展为第一要务，不断增强我国综合国力；坚持全面从严治党，不断提高党的创造力、凝聚力、战斗力；坚持科学社会主义基本原则不动摇，并不断赋予中国特色社会主义以鲜明的实践特色、理论特色、民族特色、时代特色，形成了中国特色社会主义道路、理论、制度、文化，以不可辩驳的事实彰显了科学社会主义的鲜活生命力。

第 六 章

马克思主义党建学说研究 70 年

　　党的建设作为一门学问或知识体系，具有很强的实践性，是随着中国共产党的建立与发展而兴起和不断发展的。新中国成立后，党的建设理论学习被列入干部教育基本课程。20 世纪 50 年代中期和 60 年代初期，党内先后两次出现学习党的建设理论的热潮。1977 年中央党校恢复开学后，党校系统也出现了一批从事党的建设教学与研究的教师队伍，使党的建设理论与实践的学习和研究有了课程和队伍的依托。

　　党的十一届三中全会以后，党对执政党建设进行了新的探索，不仅各级党校有党的建设教研机构，各级党委组织部也设立了党的建设研究所，一些高校也在中共党史（含：党的学说与党的建设）二级学科设立党的建设研究方向，招收党的建设方面的研究生。中国社会科学院和一些地方的社会科学院，也有党的建设教学研究单位或队伍。在此基础上，在中央组织部的领导下，成立了全国范围的党的建设研究会。国家和各省、市、自治区的社科基金项目，党校系统、教育系统、社科院系统的科研基金项目中，都不同程度地设有党的建设方面的课题，甚至是重点课题或重大课题。

　　党的十八大以来，党的建设理论与实践的研究也形成新的高潮，不仅原有的党史党建学科和马克思主义中国化学科加强党的建设研究，其他一些学科例如政治学、法学等也加大党建研究的比重；不仅党史工作部门、组织工作部门、全国各级党的建设研究会等持续开展党的建设研究，各级党委也把党的建设研究纳入常态工作范围。可以说，在全面从严治党、全党抓党建的推动下，党的建设研究已经成为理论界、学术界研究的一个热点，成为众多社会科学学科中的一门"显学"。正是在这样的历史背景下，2017年2月，中共中央、国务院印发的《关于加强和改进新形势下高校思想政治工作的意见》明文规定，"支持有条件的高校在马克思主义理论一级学科下设置党的建设二级学科"，[①]并将其作为加强哲学社会科学学科体系建设，积极构建中国特色、中国风格、中国气派的哲学社会科学学科体系，强化马克思主义理论学科的引领作用的重要内容。

第一节　党的建设理论的艰辛探索

一　改革开放前党的建设的实践

（一）执政党建设的初步探索（1949年10月—1956年9月）

1949年10月1日中华人民共和国成立，在执政条件下，党如何在政治上、思想上、组织上加强自身建设，提高党的领导水平和执政水平，增强党的凝聚力和战斗力，成为执政党建设的新课题。

1. 制定执政初期党的建设方针

随着党的队伍不断扩大，加强党的政治建设、思想建设和组织建设的任务更加迫切。为此，中共中央提出了一系列执政初期的党的建设方针。一是要密切联系群众，接受群众的公开监督，保持和人民群众的血肉联系；二是要在工人阶级中发展党员和党的组织；三是要注意与党外人士的合作，注意发展与其他群众团体之间的关系。中国共产党在执政初期加强自身建设的努力，向全党敲响了在

[①] 《中共中央国务院印发〈关于加强和改进新形势下高校思想政治工作的意见〉》，《社会主义论坛》2017年第3期。

新形势下加强党的自身建设的号角，为新时期在全党开展普遍的整风运动和发展壮大党的组织做了政治上、思想上和组织上的准备。

2. 开展党组织的发展和整顿

1950年5月中央发出《关于发展和巩固党的组织的指示》，指出党的发展必须采取严格审查的方法稳步推进，提出了公开建党以防止不重视群众意见和放弃党的领导这两种偏向的发生。依据党的七届三中全会部署和《关于在全党全军开展整风运动的指示》，1950年开始了全党范围内的整风运动。这次整风，是中国共产党掌握全国政权以来第一次大规模的思想建设和组织建设。

3. 召开党的第八次全国代表大会

1956年召开的党的八大是党确立全国执政地位后召开的第一次全国代表大会。面对新的形势，党的八大正式提出了执政党建设的基本任务。在党的群众路线方面，党的八大提出贯彻执行党的群众路线是执政党必须着力解决的历史任务。在民主集中制方面，党的八大强调必须坚持党的集体领导原则，健全党的民主集中制，加强对党的组织和党员的监督（包括党内监督和党外监督），发展党内民主，反对个人崇拜。在党的领导方面，党的八大强调必须要进一步加强和改善党的领导，在党和国家制度方面作出一系列规定。党的八大还提出，要加强党和国家的监察工作，及时发现和纠正各种官僚主义、处理各种违法乱纪的言行，指出监察委员会不应当限于受理案件，而且要积极检查党员遵守党章党纪、共产主义道德和国家法律、法令的状况。

（二）执政党建设的曲折发展（1956年9月—1966年5月）

党的八大以后，发生了极少数右派向党进攻的复杂局面，党对阶级斗争形势作出了过分严重的判断，导致反右派斗争严重扩大化，执政党建设遭遇挫折。

1. 1957年整风运动与反右派斗争扩大化

到党的八大召开前后，中央决定从1957年9月开始开展一次以正确处理人民内部矛盾问题为主题，以反对官僚主义、主观主义和宗派主义为内容的整风运动。这次整风运动的初衷是提高全党的马克思主义水平,改进党的作风,更好地调动一切积极力量,团结一切可以团结的人,为建设伟大的社会主义国家服务。"但是,由于对形势做了过分严重的估计,对斗争发展的方向没有谨慎地把握,反右斗争被严重扩大化了,对执政党建设产生了多方面的不良影响。"①

2. 党的指导方针的失误及其对执政党建设的影响

反右派斗争结束后,在政治思想方面"左"倾错误不断发展的同时,党对经济建设的指导方针也出现了失误。然而,毛泽东同志对反冒进主义进行了多次严厉的批评和明确的指责,同时提出要搞正确的个人崇拜,党的民主集中制遭到了破坏,给执政党建设带来了不良的后果。在错误思想和错误路线发展的同时,中共中央在庐山举行了政治局扩大会议和八届八中全会,在全党范围内开展了"反右倾运动",把党内矛盾与社会上的阶级斗争等同起来,为今后党内进一步的阶级斗争提供了依据。

3. 中央领导集体为纠正"左"的错误所做的努力

1961年召开的党的八届九中全会在总结"大跃进"运动经验教训的基础上,基本终止了长达三年的"大跃进"运动,实现了党的指导方针的重要转变,对执政党建设有一定意义的积极影响。在党的思想建设方面,大兴调查研究之风,端正党的思想路线;在党的组织建设方面,研究了党的基层工作和干部工作,提出党要管党、党管干部的重大论断;在党的作风建设方面,召开七千人大会,恢复民主集中制,加强党的纪律,发扬优良传统。中央领导集体为纠正"左"的错误所做的努力对进一步加强执政党建设,产生了深远影响。

4. 阶级斗争扩大化导致执政党建设发生严重失误

七千人大会以后,"左"的错误依然在逐步扩大。党的八届十中全会关于阶级斗争的"左"的理论,后来被称为党的"基本理论"

---

① 高新民、张希贤主编:《中国共产党建设史》,中共中央党校出版社2009年版,第93页。

和"基本实践",为"文化大革命"做了理论上的准备,对执政党建设危害甚大。这次全会后,在阶级斗争理论的影响下,展开了规模较大的社会主义教育运动(即"四清"运动)。这次运动,由于指导思想上"左"的错误以及阶级斗争的处理问题方式,导致大批基层党员和干部受到打击,冤假错案频生,严重削弱了基层党支部的作用,损害了基层党组织的团结,给执政党建设带来破坏。

(三)执政党建设的重大挫折(1966年5月—1978年10月)

党内"左"的指导思想的进一步发展最终导致矛头指向党的领导层的政治运动,最终导致"文化大革命"的发动,执政党建设遭遇重大挫折。

1. "革命委员会"与党的一元化体制的极端发展

"文化大革命"对执政党建设最大的破坏就是开展向党夺权,踢开党委闹革命,否定党的领导,架空各级党委,建立了军、干、群三结合的"革命委员会"。"革命委员会"集党、政大权于一身,形成党政合一、政企合一的一元化领导体制,实行了更高程度的集权,执政党建设畸形发展。

2. "五十字"建党方针

1967年10月,中央发出《关于已经成立革命委员会的单位恢复党的组织生活的指示》,在指示中,毛泽东同志作出批示,"党组织应是无产阶级先进分子所组成,应能领导无产阶级和革命群众对于阶级敌人进行战斗的朝气蓬勃的先锋队组织。"这段批示后来被称为"整党建党"的"五十字方针"。此后,中央下发《关于整顿、恢复、重建党的组织的意见和问题》,整党建党活动开始在全党范围内进行试点。

3. 中国共产党第九次、第十次全国代表大会

党的九大于1969年4月在北京举行。党的九大的政治报告和大会所通过的《中国共产党章程》,就马克思主义的理论原则、党的性质和党的建设、党的历史、中国革命及党和国家的领导体制等一系列问题作了"左"的结论,党的十大于1973年8月在北京召开,十

大延续了九大的错误。党的九大和党的十大在执政党建设方面没有起到任何积极意义。

4. 执政党建设在徘徊中前进

"文化大革命"结束后,中国进入了新的历史发展时期。但是担任党中央主席的华国锋在指导思想上继续犯了"左"的错误,提出"两个凡是"方针。从这时开始到党的十一届三中全会之前的两年,出现了党的建设在徘徊中前进的局面。这段时期,党中央首先进行了揭批"四人帮"的斗争,同时整顿和调整了一些领导班子。在这个过程中,华国锋同志提出了"凡是毛主席作出的决策,我们都坚决维护;凡是毛主席的指示,我们都始终不渝地遵循"(即"两个凡是")方针。在这样的背景下,中国共产党第十一次全国代表大会在北京召开。报告高度肯定"文化大革命"的错误理论、政策和口号,表示继续沿着"文化大革命"的轨道前进,错误地肯定党的十大政治路线和组织路线都是"正确的",这就严重影响了全党的纠"左"进程,妨碍了党的事业的前进。[①]

5. 真理标准大讨论

1978年5月10日,中央党校内部刊物《理论动态》发表了经胡耀邦审定的《实践是检验真理的唯一标准》一文。5月11日,这篇文章以特约评论员名义在《光明日报》发表。当天新华社转发。由此拉开了真理标准大讨论。这场大讨论,冲破了"两个凡是"的严重束缚,推动了全国性的马克思主义思想解放运动,为党的十一届三中全会的召开做了重要的思想准备,是十一届三中全会实现新中国成立以来党的历史上具有深远意义的伟大转折的思想先导。这场大讨论,为党重新确立马克思主义的思想路线、政治路线和组织路线奠定了思想基础。

[①] 参见高新民、张希贤主编《中国共产党建设史》,中共中央党校出版社2009年版,第134页。

二 党建学科开始在党校系统建立

新民主主义革命时期，中国共产党就很重视学习和研究党的建设问题。早在 1933 年，李维汉同志便在马克思共产主义学校开设了党的建设课程。延安时期的中央党校也开设党建课程，并设有党的建设与群众工作研究室。可见，中央党校党建学科的建立是有悠久历史的。

根据 1953 年召开的第二次全国组织工作会议精神，1954 年 12 月中共中央作出了《关于轮训全党高、中级干部和调整党校的计划》，决定普遍轮训全党高、中级干部，规定高、中级党校开设五门课程：中共党史、苏共党史、政治经济学和经济问题、辩证唯物论和历史唯物论、党的建设；初级党校开设三门课程：政治常识、理论常识和党的基本知识。并要求全国高、中级党校成立党的建设教研室。根据党中央这个要求，中央党校成立了党建教研室。当时许多省市党校也都成立了党建教研室。刚成立时，中央党校党建教研室人不多，只有四个人，他们都是从党校毕业学员中选调的（主任许邦仪是第一期学员留下的，郭冠儒、刘维新、周逸三人是四、五班毕业的学员）。1955 年继续从七、八班毕业生中选调了三人（胡庆山、陶漠如、李淑清）。到了 20 世纪 60 年代，又增加了几位（牛甲英、刘俊林等）；另外从北大应届毕业生选调三位（冯成国、雷明志、鲁真荣），在教研室从事资料工作，周逸同志兼任秘书。

教研室成立之后，教研人员从学习钻研经典著作入手，用一年时间刻苦攻读马列经典著作和毛泽东著作中有关党建理论的篇章，在此基础上组织大家练笔写文章，锻炼党建理论研究的基本功。当时领导干部班的党建课教学，主要是围绕党的中心任务进行专题讲授，而且主要是请中央有关部门负责同志和党校校长来讲，教研室就是由主任做一个引言报告，其他教员的任务就是下班。

从 1957 年开始，先是整风"反右"，后搞"大跃进"，教员下放到基层参加劳动锻炼，党校教学基本停止。

到 1959 年秋，党中央决定中央党校复课，继续培训省、市领导干部，党建学科建设才又重新开始。这一段时间主要做了两件事：一是组织编写党建教材和教学辅导材料。当时编写的教材定名为《党的建设讲义》，以党章内容为主来设专题，包括：党的性质、党的纲领、党的民主集中制、党的团结和统一、党员、党的干部等。编写的教学辅导材料有：《列宁论党的建设》《斯大林论党的建设》《毛泽东论党的建设》（语录摘编），以及选编了列宁《怎么办》《进一步，退两步》《共产主义运动中的"左派"幼稚病》等著作的辅导材料（借助人民大学力量）。二是举办党建专业理论班。在59级学员临近毕业时，各教研室提出了培养各学科理论骨干队伍的问题，党建教研室也提出了这个问题，得到了校长王从吾的支持，于是确定在1961年成立党建专业理论班，学制为三年。在59级学员中动员大家报名，结果有11个人报名。党建专业理论班的学习课程，第一年读原著，对马列主义、毛泽东思想中有关党建的著作，进行专题研究；第二年开设党建课，请中央领导同志和许邦仪主任进行专题讲授；第三年外出调研一个月，而后写毕业论文。

1964年中央党校开展批判杨献珍的"合二而一"，周逸同志被划为所谓的"杨家党"，被免去教研室副主任职务，加上许邦仪主任久病不起，党建教研室被撤销，作成一个党建小组划归党史教研室领导。

"文化大革命"开始以后，党校停办，党建学科建设也就完全中断了。从1977年中央党校复校开始，党建教研室又重新设立。1977年10月5日《中共中央关于办好各级党校的决定》下达，《决定》中明确规定各级党校必须以整风精神搞好党的建设这门课程的学习。当时胡耀邦同志任常务副校长，在他的领导下恢复了党建教研室，开设了党建课。中央党校刚复校时，党建同党史教研室先是合在一起（李践为同志任主任，周逸同志任副主任兼党支部书记），但很快党史、党建就分设为两个教研室。当时全国省级党校有七家设立了党建教研室。胡耀邦同志对党校党建学科的建设提出了很多宝贵意见。1977年7月，校委会议讨论秋季开学准备工作，制定教学计划，胡耀邦在会上强调：对马列主义老祖宗不能丢，党史、党建学科应编写出教材。党的建设教学进行拨乱反正、正本清源的任务艰巨，又是一门新学科，应作为党校教授马克思主义的主课，在教材中建立起本学科的马克思主义科学体系。要求党史、党建编写教材时，应注意其思想性、理论性、条理性，帮助学员弄清中国党的历史经验和优良传统作风。根据他的意见，经大家讨论，对党建学科名称确定为"马克思主义党的学说和党的建设"。会后，党建教研室召开全体会议讨论教学计划，请胡耀邦同志参加，他又提出了许多重要意见。如讨论到阅读书目时，有的同志提出，列宁的《进一步，退两步》比较难懂是否可以不列入？他说：越是难懂越要读，该书第二章谈党章问题必须选入。当讨论到编写教材时，大家感到党建是新学科，如何着手有难度，胡耀邦说：可以向老同志请教，我们拿毛驴当马骑，教研室能增加到70人，有外出调研的，有在家进行教学和科研的，就可以很好地完成教学任务。

第二节　改革开放新时期党的建设理论的形成与发展

改革开放以后，党的建设进入新境界，执政党建设理论逐步形成。

一　执政党建设理论的逐步形成与发展

（一）执政党建设的重大转折（1978年10月—1992年10月）

1. 实现了党的建设的重大转折

1978年12月召开的党的十一届三中全会，是中国共产党在执政党建设上的一次重大转折，"从根本上冲破了长期'左'倾错误的严重束缚，端正了党的指导思想，重新确立了马克思主义的思想路线、政治路线和组织路线"[①]：一是推动党的指导思想上的拨乱反正，

[①]　《十二大以来重要文献选编》（上），人民出版社1986年版，第9页。

重新树立实事求是的思想路线；二是推动党的工作重点的转移，在此基础上重新树立正确的政治路线；三是推动党内民主的恢复和发扬，为确立正确的组织路线奠定了基础。

2. 制度建设新路

1980年8月18日至23日，中共中央政治局在北京召开扩大会议。会议主要讨论党和国家领导制度的改革及相关问题。邓小平在会上做了题为《党和国家领导制度的改革》的讲话。讲话中他指出："领导制度、组织制度问题更带有根本性、全局性、稳定性和长期性。"① 邓小平指出：加强党的制度建设已经到了刻不容缓的地步了。党的各项制度在经过一定程序制定出来后，就具有独立性和法规性，它不会受到任何领导干部看法的干扰和影响，从而使党和国家的各项工作始终沿着正确的方向健康发展。

3. 党的十二大

中国共产党第十二次全国代表大会于1982年9月1日至11日在北京召开。十二大报告重申了要"坚持党的领导为中心的四项基本原则"。十二大党章有以下几个突出特点：（1）有一个内容比较充实的"总纲"，比较完整、简明扼要地概括了党的性质、指导思想和党的总任务。（2）第一次完整地规定了党的领导原则，即党的领导主要是政治、思想和组织的领导。（3）对党的组织制度和体制做了一些新的规定，强调从中央到基层的各级组织都必须严格遵守民主集中制和集体领导的原则，明确规定"禁止任何形式的个人崇拜"。（4）党章增加了"干部"一章，对干部的政治品质、思想觉悟、业务知识、工作能力、工作作风、政策水平等各方面都提出了比普通党员更高的要求。

4. 做好新时期整党工作

1983年10月11日，中共十二届二中全会召开，会议通过了《中共中央关于整党的决定》，会议决定从1983年下半年开始，用三

---

① 《邓小平文选》第2卷，人民出版社1994年版，第333页。

年时间分期分批对党的作风和组织进行一次全面整顿。邓小平在这次会上还做了题为《党在组织战线和思想战线上的迫切任务》的讲话。1987年5月26日至30日，全国整党工作总结会议在北京召开，标志着整党工作正式结束。

5. 党的十三大与基本路线

1987年10月25日至11月1日，中国共产党第十三次全国代表大会召开。党的十三大一个重要的贡献就是提出了社会主义初级阶段建设有中国特色社会主义的基本路线。十三大对党章条文做了部分修改，通过了《中国共产党章程部分条文修正案》（以下简称《修正案》），这是中国共产党党史上第一次采用部分条文修正案形式修改的党章。修改部分主要有三个方面内容：一是对实行差额选举制度和实行少数服从多数的表决做了明确的规定，以更好地体现选举人的意志和民主集中制；二是进一步扩大了作为党的最高领导机关党的全国代表大会的职权，从而有利于改变过去长期存在的那种把党的权力集中于少数人手中，而忽视党的全国代表大会的作用的现象；三是对党的基层组织的职能和设置也进行了修改。

6. 南方谈话对执政党建设的发展

1992年1月18日至2月21日，邓小平先后赴武昌、深圳、珠海和上海等地视察，沿途发表了重要谈话。在党的建设方面，他重点强调了四个大的方面问题。

一是反复强调党的政治路线的重要性。坚持这条基本路线，就要抓住时机，发展自己，关键是发展经济。邓小平由此得出结论："发展才是硬道理"[①]。

二是提出正确的组织路线的重要性。邓小平指出，正确的政治路线要靠正确的组织路线来保证，中国的事情能不能办好，从一定意义上说，关键在人。

三是再次强调要提倡实事求是。邓小平指出，实事求是是马克

[①] 《邓小平文选》第3卷，人民出版社1993年版，第377页。

思主义的精髓。我们改革开放的成功，不是靠本本，而是靠实践，靠实事求是。

四是提出了党的思想作风建设问题。他指出：对改革开放，一开始就有不同意见，这是正常的。不搞争论，是我的一个发明。不争论，是为了争取时间干。"右可以葬送社会主义，'左'也可以葬送社会主义。中国要警惕右，但主要是防止'左'。"

邓小平"南方谈话"极大地鼓舞了全党和全国人民，对加快改革开放和现代化建设步伐起到了巨大的推动作用。

（二）面向新世纪全面推进党的建设（1992年10月—2002年10月）

1992年，邓小平的南方谈话和中国共产党第十四次全国代表大会的召开，开启了我国改革开放和现代化建设的新阶段。以江泽民同志为核心的第三代中央领导集体，高举邓小平理论伟大旗帜，紧紧围绕"建设一个什么样的党，怎样建设党"这个根本问题，开创了党的建设新局面。

1. 党的十四大以邓小平建设有中国特色社会主义理论为指导加强党的建设

1992年10月，中国共产党在北京召开了具有历史意义的十四大。中共十四大在对建设有中国特色社会主义的理论作出全面概括的同时，确立了邓小平建设有中国特色社会主义理论在全党的指导地位，提出了用邓小平建设有中国特色社会主义理论武装全党的思想理论建设的任务。十四大以后，全党深入开展了以邓小平建设有中国特色社会主义理论为中心内容的理论学习，在什么是社会主义、怎样建设社会主义这个基本理论问题上，加深了理解，统一了认识，增强了全面贯彻党的基本路线的自觉性、坚定性，保证了党中央一系列重大决策的落实。

2. 提出和实施新时期党的建设新的伟大工程

1994年9月，十四届四中全会作出《中共中央关于加强党的建设几个重大问题的决定》，把党的建设提到了"新的伟大工程"的高度。《决定》指出："在当代世界风云变幻的条件下，在当代中国改革开放和现代化建设的伟大变革中，把党建设成为用建设有中国特色社会主义理论武装起来、全心全意为人民服务、思想上政治上组织上完全巩固、能够经受住各种风险、始终走在时代前列的马克思主义政党，这是以邓小平同志为核心的第二代中央领导集体开创的、以江泽民同志为核心的第三代中央领导集体正在领导全党继续进行的新的伟大工程。"①

全会指出，全党在落实十四大提出的加强党的建设和改善党的领导的任务方面作出了巨大的努力；民主集中制是我们党的根本组织制度和领导制度，是科学的合理的有效率的制度；党的基层组织是党的全部工作和战斗力的基础；培养和选拔德才兼备的领导干部是关系全局的重大问题。

这是对"党的建设新的伟大工程"第一次明确表述。"新的伟大工程"的明确提出和对执政党自身建设的强调，表明以江泽民为核心的第三代中央领导集体向执政党建设理论的形成迈出了决定性的一步。

3. 十五大确立邓小平理论在全党的指导地位

1997年9月，中国共产党第十五次全国代表大会在北京举行。十五大报告明确指出了新时期新阶段党的建设的总目标、总要求。全党要按照新的伟大工程的总目标，从思想上、组织上、作风上全面加强党的建设，不断提高领导水平和执政水平，不断增强拒腐防变的能力，以新的面貌和更强大的战斗力，带领人民完成新的历史任务。② 十五大的重要贡献，是确立了邓小平理论的历史地位。邓小平理论作为毛泽东思想的继承和发展，是指导中国人民在改革开放发展社会主义市场经济中实现社会主义现代化的正确理论，是当代中国的马克思主义，是马克思主义在中国发展的新

---

① 《十四大以来重要文献选编》（中），人民出版社1997年版，第957页。
② 《江泽民文选》第2卷，人民出版社2006年版，第42—43页。

阶段。

4. 全面深入开展"三讲"教育活动

1995年11月8日，江泽民在北京视察工作时指出：根据当前干部队伍的状况和存在的问题，在对干部进行教育当中，要强调"讲学习，讲政治，讲正气"。全国都要这样做，北京市更要起带头作用。此为"三讲教育"。1996年，党的十四届六中全会作出决定，对县处级以上领导干部进行一次以"讲学习、讲政治、讲正气"为主要内容的党性党风教育。这次为期三年的教育活动，发扬了延安整风运动的精神，采取自上而下，分期分批进行，党内的批评和自我批评相结合的方式，使全党同志，尤其使领导干部受到了一次深刻的党性党风教育，达到了预期的效果。这次活动无疑对改革开放和社会主义现代化建设事业起了巨大的推动作用。

5. "三个代表"重要思想的提出和执政党建设的新突破

江泽民2000年2月25日在广东省考察工作时，首次对"三个代表"重要思想进行了比较全面的阐述。提出：中国共产党之所以赢得人民的拥护，是因为中国共产党在革命、建设、改革的各个历史时期，"总是代表着中国先进生产力的发展要求，代表着中国先进文化的前进方向，代表着中国最广大人民的根本利益，并通过制定正确的路线方针政策，为实现国家和人民的根本利益而不懈奋斗。"[①]

第一，"三个代表"重要思想对党的历史方位的判断具有突破性。第二，"三个代表"重要思想对执政党建设的根本方向和目标的确定具有突破性。第三，"三个代表"重要思想对执政党建设一系列重大问题的探索和思考具有突破性。在党的性质上，提出了"两个先锋队"思想。第四，"三个代表"重要思想对执政党分析问题和解决问题的方法论具有突破性。提出一定要以我国改革开放和现代化建设的实际问题、以我们正在做的事情为中心，着眼于马克思主

[①] 《江泽民文选》第3卷，人民出版社2006年版，第2页。

义理论的运用，着眼于对实际问题的思考，着眼于新的实践和新的发展。

"三个代表"重要思想用一系列新思想、新观点、新论断进一步回答了"什么是社会主义，怎样建设社会主义"的问题，创造性地回答了"建设什么样的党，怎样建设党"的问题。

（三）以改革创新精神全面推进党的建设新的伟大工程（2002年10月—2012年11月）

在"三个代表"重要思想指导下，围绕贯彻落实科学发展观，党不断推进理论创新，在实践中开展了执政能力建设和先进性建设等一系列活动，以改革创新精神全面推进党的建设新的伟大工程。

1. 十六大把"三个代表"重要思想确立为党的指导思想

2002年11月，中国共产党第十六次全国代表大会召开。在党的建设方面，会议确立了"三个代表"重要思想在全党的指导地位，明确了加强和改进党的建设的主要内容。大会通过了《中国共产党章程（修正案）》，增加了十三届四中全会以来历史进程的表述，阐述了"三个代表"重要思想的历史地位和重要作用，对党的性质做了新表述，对党的建设和党的领导、党员队伍建设、干部队伍建设、基层组织建设提出了新要求。

2. 科学发展观形成

党的十六大以来，以胡锦涛同志为总书记的党中央，为适应中国发展要求，提出了科学发展观这一重大战略思想。在党的十七大上，胡锦涛总书记在《高举中国特色社会主义伟大旗帜，为夺取全面建设小康社会新胜利而奋斗》的报告中提出："科学发展观，第一要义是发展，核心是以人为本，基本要求是全面协调可持续，根本方法是统筹兼顾。"[①] 明确了科学发展观是指导经济社会发展的根本指导思想，标志着中国共产党对于社会主义建设规

[①] 《十七大以来重要文献选编》（上），中央文献出版社2009年版，第11—12页。

律、社会发展规律、共产党执政规律的认识达到了新的高度，标志着马克思主义的中国化，标志着马克思主义和新的中国国情相结合达到了新的高度和阶段。中国共产党第十七次全国代表大会把科学发展观写入党章。

3. 加强党的执政能力建设和先进性建设

执政能力建设和先进性建设是十六大以后在党的建设方面开展的两大重要活动，也是在新世纪加强执政党建设的重点。2004年9月，党的十六届四中全会在北京召开，会议通过了《中共中央关于加强党的执政能力建设的决定》。加强党的执政能力建设的总体目标是：通过全党共同努力，使党始终成为立党为公、执政为民的执政党，成为科学执政、民主执政、依法执政的执政党，成为求真务实、开拓创新、勤政高效、清正廉洁的执政党，归根到底成为始终做到"三个代表"、永远保持先进性、经得住各种风浪考验的马克思主义执政党，带领全国各族人民实现国家富强、民族振兴、社会和谐、人民幸福。[1] 十六届四中全会以后，全党开展了加强执政能力建设的学习、教育活动。

4. 保持共产党员先进性教育活动

2004年11月7日，中共中央发布《关于在全党开展以实践"三个代表"重要思想为主要内容的保持共产党员先进性教育活动的意见》。在保持共产党员先进性教育活动中，党中央制定了《关于加强党员经常性教育的意见》《关于做好党员联系和服务群众工作的意见》《关于加强和改进流动党员管理工作的意见》《关于建立健全地方党委、部门党组（党委）抓基层党建工作责任制的意见》等制度性文件，在全党贯彻执行，进一步推动了党建工作的制度化和规范化，既回答和解决了当前党建工作中面临的一些新问题，又为巩固和发展先进性教育活动成果、进一步加强党的先进性建设提供了重要的制度保障。

---

[1] 《十六大以来重要文献选编》（中），中央文献出版社2006年版，第276页。

5. 党的十七大构建党的建设总体布局

2007年10月，党的十七大在北京召开。党的十七大报告指出，中国特色社会主义事业是改革创新的事业。党要站在时代前列带领人民不断开创事业发展新局面，必须以改革创新精神加强自身建设，始终成为中国特色社会主义事业的坚强领导核心。党的十七大为党的建设进一步发展提供了基本指导思想、发展规划和工作部署，推动了党的建设前进。

6. 全党深入学习实践科学发展观活动

学习实践活动从2008年3月开始试点、同年9月正式启动，自上而下分三批进行，到2009年2月底基本结束，共有370多万个党组织、7500多万名党员参加。经过全党共同努力，学习实践活动基本实现了提高思想认识、解决突出问题、创新体制机制、促进科学发展、加强基层组织的目标，取得明显成效。

7. 提高党的建设科学化水平

2009年9月，党的十七届四中全会在北京召开。全会审议通过了《中共中央关于加强和改进新形势下党的建设若干重大问题的决定》。会议指出，第一，坚持把思想理论建设放在首位，提高全党马克思主义水平。第二，坚持把推进党的建设伟大工程同推进党领导的伟大事业紧密结合起来，保证党始终成为社会主义事业的坚强领导核心。第三，坚持以执政能力建设和先进性建设为主线，保证党始终走在时代前列。第四，坚持立党为公、执政为民，保持党同人民群众的血肉联系。第五，坚持改革创新，增强党的生机活力。第六，坚持党要管党、从严治党，提高管党治党水平。会议提出，加强和改进新形势下党的建设，必须"提高党的建设科学化水平，进一步把党建设成为立党为公、执政为民，求真务实、改革创新，艰苦奋斗、清正廉洁，富有活力、团结和谐的马克思主义执政党，确保党始终是中国工人阶级的先锋队，同时是中国人民和中华民族的先锋队"①。

8. 开展创先争优活动

继深入学习实践科学发展观活动之后,中央进一步作出了创建先进基层党组织、争当优秀共产党员为主要内容的创先争优活动部署。这次创先争优活动的主要形式,是创建先进基层党组织、争做优秀共产党员。《意见》明确提出,创建先进基层党组织要努力做到"五个好",即领导班子好、党员队伍好、工作机制好、工作业绩好、群众反映好;争做优秀共产党员要努力做到"五带头",即带头学习提高、带头争创佳绩、带头服务群众、带头遵纪守法、带头弘扬正气。在全国党的基层组织和党员中深入开展创先争优活动历时两年半,从2010年4月至2012年11月十八大召开前完成。

二 执政党建设的热点问题

(一)加强党的领导与改善党的领导

较多学者对于加强党的领导与改善党的领导之间关系进行了探讨。有学者指出,要在加强党的建设过程中处理好坚持与改善党的领导的关系。既要继续改善党的领导,又要防止出现前几年那种削弱党的领导的现象;在坚持党的领导的同时,又不可放松或停止改善党的领导。②还有学者指出,加强党的领导,关键又在于改善党的领导。改善党的领导,是一个纷繁复杂的系统工程,包括诸多方面和诸多因素,其中最基本的是决策的正确和作风的纯洁。③较多学者指出,要在改革中改善党的领导。如张震廷认为,在改革中坚持党的领导,在坚持党的领导时贯彻改革的精神,不断改善党的领导,

---

① 《十七大以来重要文献选编》(中),中央文献出版社2011年版,第145页。
② 孔恩阳:《正确处理坚持与改善党的领导的关系》,《重庆工商大学学报》(社会科学版)1991年第4期。
③ 张宗礼、孙成荣:《改善党的领导是加强党的领导的关键》,《唯实》1991年第1期。

就具有头等重要的意义。①

对于如何加强和改善党的领导,有学者指出,作为执政党来说,首先,就是要不是在口头上而是在思想行动上正确解决主人和仆人的关系。其次,要有正确的领导方法和工作方法。再次,健全党委制,加强集体领导分工负责制,是加强和改善党的领导的重要环节。最后,一定要学会领导经济建设,下大决心,花大气力,为建立一支强大的有社会主义觉悟的有专业知识的又红又专的干部队伍而努力。② 针对资产阶级自由化现象和一九八九年政治风波,对于加强和改善党的领导的研究成果增多,较多学者认为,加强党的领导是建设有中国特色社会主义的根本保证。也有学者指出,加强党的领导,首先要加强党风建设和消除腐败现象。③ 还有学者对"社会主义事业离开党的领导行不行?""怎样看待党的错误、挫折和党内阴暗面?""为什么两党制或多党制在中国行不通?"几个问题进行了思考,批驳了资产阶级自由化的思潮。④

(二) 党政分开

党的十三大报告指出:"长期形成的党政不分、以党代政问题还没有从根本上解决。这个问题不解决,党的领导无法真正加强,其他改革措施也难以顺利实施。因此,政治体制改革的关键首先是党政分开。"⑤ 在此之后,学界掀起了一个对党政分开问题研究的热潮。

大多数学者认为,实行党政分开是政治体制改革的关键。湖北省委政研室副主任周景堂则认为,从一元化领导、党政不分到党政分

---

① 张震廷:《在改革中坚持和改善党的领导》,《复旦学报》(社会科学版)1987年第4期。
② 刘静:《关于加强和改善党的领导的几个问题》,《理论导刊》1980年第2期。
③ 肖尚桂:《加强党的领导 消除腐败现象》,《江西社会科学》1990年S1期。
④ 黄铁平:《关于坚持党的领导的几点思考》,《福建师范大学学报》(哲学社会科学版)1987年第3期。
⑤ 《十三大以来重要文献选编》(上),中央文献出版社1991年版,第36页。

开,这是顺应历史发展的革命性转变。① 有学者对于党的历史上党政分开的理论进行了探讨,指出党关于党政分开理论的早期形态归纳起来有以下几点：(1)把党和"政"区别开来,而不要混淆起来。(2)党领导国家政权机关和政府机构,但这种领导的方式是特殊的。(3)党领导人民制定法律、建设法制,党必须首先遵守法律②。

有学者对党政分开后基层党委领导职能的转变进行了探讨,认为在党政分开后基层党委的职能主要有以下五个方面的内容：(1)保证监督党和国家方针政策在本单位的贯彻执行,推动社会主义现代化建设事业的发展。(2)支持行政负责人按规定充分行使职权,并对重大问题提出意见和建议。(3)集中主要精力加强党的自身建设,提高党的威信和战斗力。(4)积极做好思想政治工作,推动社会主义精神文明建设。(5)加强对本单位群众组织的思想政治领导,卓有成效地做好群众工作③。

若干学者对于高等学校实行党政分开推行校长负责制等几个问题进行了探讨,如有学者认为,党政分开与校长负责制既有区别又有联系。党政分开,本质上是一个原则,而校长负责制是我国学校领导体制的一种具体组织形式。二者是不能等同的。但又不能把二者绝对地割裂开,二者之间存在一定的相容关系,有着紧密的联系。④ 另外,也有学者对企业实行的厂长负责制进行了探讨。1988年,中央党校研究生聂高民、李逸舟、王仲田主编的《党政分开理论探讨》一书由春秋出版社出版,该书对党政分开问题也做了一些

---

① 周景堂：《实行党政分开是政治体制改革的关键》,《理论月刊》1987年第12期。

② 邓纯东：《我党历史上的党政分开理论初探》,《党史教学与研究》1988年第1期。

③ 张列军：《论党政分开后基层党委领导职能的转变》,《理论探讨》1988年第6期。

④ 马达、王大任：《关于高等学校实行党政分开推行校长负责制几个问题的思考》,《辽宁高等教育研究》1988年第4期。

大胆探索。

（三）关于党的建设新的伟大工程

1. 以毛泽东为核心的第一代领导集体成功地实施了党的建设第一个伟大工程

毛泽东在《共产党人发刊词》中首次提出，把我们党建设好是一项"伟大的工程"。第一个"伟大的工程"理论的创立，标志着中国共产党人把马克思主义建党学说同中国实际有机结合，制定了正确的政治路线，创造性地解决了在地域十分广大、经济文化非常落后的社会里，在长期被敌人分割的农村根据地和白色恐怖下的城市，建设一支团结统一、纪律严明、英勇善战的工人阶级先锋队等一系列问题。这是世界政治史上罕见的壮举。

2. 以邓小平为核心的第二代中央领导集体，开创了党的建设新的伟大工程

以邓小平为核心的第二代中央领导集体，把马克思列宁主义、毛泽东思想创造性地运用于当代中国，提出了在改革开放和现代化建设条件下建设一个什么样的党、怎样建设党的问题，开创了党的建设第二个伟大工程。两个伟大工程及其理论结晶产生的时代特征、历史条件和承担的历史使命，各有其自身的特点。

3. 面向新世纪，以江泽民为核心的第三代中央领导集体，承前启后，继往开来，领导全党继续全面推进这个新的伟大工程

党的十四届四中全会提出了党的建设新的伟大工程，党的十五大对新时期党的建设的总目标进一步做了概括。江泽民则进一步指明了推进党的建设新的伟大工程的总目标，不仅用"三个代表"的重要思想丰富和深化了党的建设新的伟大工程所要达到的总目标和内涵，而且深刻地阐明了"三个代表"重要思想与党的建设的总目标之间的联系、不可分割的辩证关系，使我们党在"三个历史进程"中，始终走在"时代前列"，成为全国人民的"主心骨"，成为坚强的"领导核心"，有了更加可靠的保证。

（四）关于党的性质研究

"三个代表"重要思想提出：中国共产党是中国工人阶级、中国人民和中华民族的先锋队。学者对此争论集中在以下几个方面。

1. 关于"两个先锋队"思想不是党建理论创新成果的观点

有人认为，"两个先锋队"思想不是新时期党建理论的创新成果，因为在 1935 年中央政治局瓦窑堡会议上早已提出。这在当时的确是石破天惊之论，今天以此作为支持新时期我党提出的"两个先锋队"思想的历史根据无可厚非，但以此作为贬低新时期我党提出的"两个先锋队"的创新意义则不足为据。①

对此，有学者认为，理论创新的类型，大体可分为五个方面：一是对新情况、新问题的解释原则、解释模式、解释视野的创新；二是创立新的原理、新的科学体系；三是对前人创立的科学理论体系或基本原理，在充分肯定和继承的基础上，以新的观点、范畴、理论原则等形式，作出新的补充、丰富或新的论证和发挥；四是根据实践的需要，对前人科学的思想资料和理论观点进行梳理或重新梳理，使其系统化；五是重提或凸显已被后人遗忘、淡化或埋没了的前人提出的某些有价值的思想原则和观点，使其发扬光大。② 从理论创新的第五个层面来说，我们党多次进行了这方面的理论创新。新时期我党提出的"两个先锋队"思想就是这种理论创新形式的又一个范例。

2. 关于"两个先锋队"会把我们党变成"全民党"的思想

有人认为，"两个先锋队"思想的提出，会把党的性质"普化"，会把我们党变成"全民党"。有学者认为，"两个先锋队"与"全民党"是有根本区别的。"全民"和"政党"这两个词是连不到

---

① 刘晓玲：《坚持"两个先锋队"必须澄清的几种模糊认识》，《湖南师范大学社会科学学报》2008 年第 2 期。

② 董京泉：《社科研究与理论创新》，社会科学文献出版社 2003 年版，第 94 页。

一起的，从这个意义上讲，"全民党"这个提法是不能成立的。[①] 首先，"两个先锋队"思想并不是要使我们党走向"全民党"，而是坚持党的阶级性和社会基础的辩证统一。其次，"两个先锋队"思想不是要放弃共产主义的奋斗目标，而是为了更好地领导和团结全国各族人民踏踏实实地实现这一目标。我们党要成为"两个先锋队"，根本目的是要使中华民族在党的领导下实现共产主义的伟大理想，因为我们党坚信马克思主义关于人类社会必然走向共产主义这一基本原理。最后，"两个先锋队"思想并不是要把我们党变成一个组织松散、纪律涣散的组织，而是强调党的民主集中制原则和党的纪律。

3. 关于"两个先锋队"思想的提出意味着党的阶级基础"转移了"的观点

改革开放以来，我国的社会阶层构成发生了新的变化，出现了民营科技企业的创业人员和技术人员、受聘于外资企业的管理技术人员、个体户、私营企业主、中介组织的从业人员、自由职业人员等社会阶层。而且，许多人在不同所有制、不同行业、不同地域之间频繁流动，人们的职业、身份经常变动。但这并不说明党的阶级基础改变了或"移化"了。一方面，要正确看待工人阶级内涵和外延的变化；另一方面，不能以知识分子群体取代工人阶级。知识分子群体不但不能否定工人阶级的先进性，反而是提升、加强工人阶级的先进性。

(五) 党的执政能力建设研究

2004年党的十六届四中全会通过《中共中央关于加强党的执政能力建设的决定》后，对这一理论的研究便进入了一个深化的阶段。

1. 关于加强党的执政能力建设的时代背景和重要意义

关于加强党的执政能力建设提出的背景问题，学术界的观点比较一致。多数学者从国际、国内、党内、党外几个方面的形势对这

---

① 参见刘晓玲《坚持"两个先锋队"必须澄清的几种模糊认识》，《湖南师范大学社会科学学报》2008年第2期。

一问题进行了概括，普遍认为，提出加强党的执政能力建设问题，是党中央从世情、国情、党情出发，审时度势提出来的，是执政党建设理论的重大创新，有着重大深远的意义。

2. 关于党的执政能力的科学内涵

学者们关于执政能力的概念理解也基本上是一致的，大多数学者是从一般和总体意义上对这一概念进行了界定。众多学者从多维的考察视角、各异的学科视野和不同的学术旨趣，对执政能力的内涵进行的阐释和界说，充分说明了执政能力建设的内蕴是丰富多彩的。

3. 关于党的执政能力建设的内容

关于执政能力建设的重要内容，目前学术界主要有狭义和广义两种理解。狭义理解即党的十六大提出的五种执政能力：提高科学判断形势的能力、提高驾驭市场经济的能力、提高应对复杂局面的能力、提高依法执政的能力、提高总揽全局的能力。但大多数学者都主张广义上的理解。具体来讲，还应包括以下几个层面的主要内容：党执政本身方面的能力、党与国家关系方面的能力、党与社会关系方面的能力、党与人民关系方面的能力以及党与国际关系方面的能力。还有学者分不同的层次对党的执政能力进行了论述，认为党的执政能力的第一个层次是作为执政党这个整体层次的执政能力；第二个层次体现在作为宏观层面的各级党组织的政权建设能力上，重点是提升基层党组织成为"三个代表"重要思想的组织者、实践者和发展者所需的各种能力；第三个层次体现在微观层次的党员个体和党员干部的素质能力上。[①]

4. 关于如何加强党的执政能力建设

理论的研究最终要为实践服务，对党的执政理论的研究最终要为提高党的执政能力的实践服务。如何加强党的执政能力建设，这

---

① 参见肖光荣《加强党的执政能力建设研究的回顾与思考》，《湖南师范大学社会科学学报》2007年第2期。

是党的执政能力建设的核心问题。学者们有的强调素质，有的强调机制，有的强调思想意识，从多种角度对这一问题进行了研究探讨。

（六）党的建设科学化研究

"提高党的建设科学化水平"是党的十七届四中全会提出的一个重大命题。围绕党的建设科学化的内涵，研究新形势下党的建设科学化的意义、主要内容和重点难点等问题，学者们进行了深入的探讨。

1. 关于开展新形势下党的建设科学化研究的意义

专家学者一致认为："党的建设科学化"是中共十七届四中全会决定当中一个非常有价值的命题，也为今后党的建设指明了方向。以党建科学化为研究对象，体现了理论研究者的知识价值和理论价值。党建科学化理论研究有三方面的重大意义：一是把握规律的价值，二是降低党建成本，三是提高党建效率。通过开展党建科学化理论研究，可以解决多年来对党的建设认识的一些问题，或者说它能够明晰党的建设的发展方向，因而应该充分肯定其研究价值。

2. 关于"党的建设科学化"命题的内涵

有的专家指出，科学化就是规律化，就是自觉认识和运用规律，就是按规律办事。对党的建设科学化内涵的理解，要注意以下三个方面的问题。一是提出党的建设科学化问题，并不是说过去党的建设完全没有按规律办事，而是说党的建设科学化是一个长期实践的过程，是党的建设不断积累的过程。二是党的建设科学化要求在新的实践中增强应用和遵循客观规律的自觉性，在科学理论的指导下去解释和回答党的领导所面临的重点问题、热点问题，从基本理论上、制度体制上、方式方法上继续推进党的建设伟大工程。三是党的建设科学化是一个过程，也是对党的建设总的要求和总的方向。由于党是靠自身建设来解决自身的问题，所以党的建设科学化的核心，就是在认识规律上做到三个"自我"，即自我约束、自我发展、自我完善。

3. 关于"新形势下党的建设科学化"研究的主要内容和重点难点

学者们认为，新形势下党的建设科学化的研究所涉及的内容很多，但主要有三个方面：一是本着历史、理论、现实相统一的原则，对党的建设科学化的基本问题、基本理论、基本实践、基本经验进行整体性研究。二是在深入调查研究、准确分析和把握党的建设科学化水平现状的基础上，对提高新形势下党的建设科学化水平的目标任务、总体要求、基本思路、主要途径和具体举措等进行对策性研究。三是分别考察苏联东欧社会主义国家执政党、发达国家主要政党、发展中国家主要政党自身建设的基本状况、主要做法和经验教训，着重考察一些政党在新的时代背景下所采取的创新性做法和有益借鉴。

学者们普遍认为，党的建设科学化研究的重点问题：一是党的建设科学化的基本问题、基本理论、基本实践、基本经验的整体性研究；二是中国共产党自身建设科学化的历史进程、主要特点、基本规律和基本经验研究；三是目前党的建设中存在的主要问题及其原因，以及新形势下进一步推进党的建设科学化、不断提高党的建设科学化水平的对策建议研究；四是党内已有的制度体系及其不断完善的研究；五是党的建设科学方法和党内科学管理方法体系的构建研究。①

三 党建学科建设长足发展

从改革开放到党的十四大这个时期，中国社会科学院、高校系统对党建关注依然较少。中央党校在党建学科建设方面主要做了以下工作。

一是充实教师队伍，健全教研机构。那段时期，教研室人数最多时有40多人，教研机构也不断完善，教研室主任一正两副（周逸主任，陈中、段学夫副主任）；建立了党组织，书记由副主任段学夫兼任。根据学科建设的需要，教研室下设党的建设原理组、党的学

---

① 参见丁俊萍、李向勇《"新形势下党的建设科学化研究"理论研究会综述》，《中共党史研究》2010年第7期。

说史组、党的领导组和资料组，后来教研室机构又经过一次变动，1985年中央党校下发《关于教研室机构调整的通知》（中校字39号）："经校委会讨论通过决定，成立党建教研室一室、二室，隶属进修部、培训部领导。"一室主任万福义，副主任张文正；二室主任蔡长水，副主任孙敬勋、张中。1990年又重新合并，升格为教研部，下面的组成为教研室。除原来的马克思主义党的学说史、党的建设原理、党的领导与领导科学三个教研室外，又陆续增加了世界政党比较教研室和思想政治教育教研室。

二是抓教材建设，通过编写教材把学科立起来。按照胡耀邦的要求，为了编写出教材，形成党建学科的科学体系。根据他的意见，首先注意向老同志请教。如，1979年秋，请邓颖超给全校学员讲党的建设，请章蕴讲党风问题，请吴亮平给教研室同志谈延安时期中央党校党建课程的教学情况。在编写过程中，1983年党建部还写信请教李维汉，他回信说：要以党章为范本，研究执政党党的领导和建设问题，并指出理论联系实际、密切联系、批评与自我批评三大作风是常青的，要永远坚持。当时的教育长宋振庭1980年、1982年也几次到党建教研室，谈他对加强党建学科研究与教学的意见（这些谈话收录在他的《关于党的建设问题》一书）。其次是广泛征求意见，集思广益。通过每年召开的党校系统党建教学经验交流会，讨论党建学科建设问题。从1980年在辽宁召开第一次会议开始，每年都坚持。按惯例，都是常务副校长到会。1981年在兰州召开，当时的常务副校长李荒参加，甘肃省委书记冯纪平和兰州军区政委肖华同志出席，他们对党建学科建设都提出了宝贵意见，主要是应加强执政党建设研究，认为权力二重性问题是执政党建设要研究的重要问题。1983年在郑州召开第三次党建教学年会，蒋南翔常务副校长参加，会上传达了李维汉的信，集中讨论党建学科体系问题。会上有学者提出，既然党建成为一门学科，其理论体系就应该超脱党章的体系，扩大研究范围，寻找执政党建设的规律，另立其教学体系。再就是在编写过程中，也参考了苏联中央党校和民主德国中央党校党的建设教学大纲。形成了当时我们对党建学科的以下一些认识：第一，党的建设研究对象。党建作为一门独立学科，它应该是研究无产阶级政党产生、发展及其在革命和建设事业中实现领导作用的科学，是研究党的自身建设发展规律的科学。这个说法被广泛接受。第二，党建学科的特点。它具有很强的党性、实践性和针对性，不是纯理论学科，它同党的政治路线密切联系，在不同历史阶段马克思主义建党理论原则都有新的发展，所以学习研究、编写教材必须坚持理论联系实际的原则。第三，党建学科体系，应立足于总结中国共产党的历史经验和优良传统。这主要体现在四个方面：（1）党的思想建设，着重从思想上建党，把思想教育放在第一位，强调党员不但要在组织上入党，而且要在思想上入党，这是我们党的建设的特点。（2）党的政治建设，就是要制定正确的政治纲领和路线，并且用党的政治纲领和路线方针政策统一全党思想，在政治上同党中央保持一致，凝聚和号召广大人民群众为党的事业而奋斗。（3）党的组织建设，这是为了保证党的政治纲领和路线的顺利实现。中国共产党是按照民主集中制组织起来的统一整体，有严密的组织纪律，有强大的战斗力，这是党的一大优势。在党的组织建设中，核心是干部问题，在这方面形成了一套完整的干部标准、干部政策和制度。（4）党的作风建设，中国共产党把党风建设作为党建学说的重要组成部分，认为党风的好坏关系人心向背和社会风尚，形成了三大优良作风。以上四个方面相互联系，缺一不可，每一个方面都还可以列出若干专题。

根据以上认识，中央党校从1978年开始积累资料，拟定提纲，着手编写《党的建设大纲》，这是改革开放后第一本党建教材，于1983年由中央党校出版社正式出版。该书内容除引言外共12章：党的性质、党的指导思想、党的纲领和路线、党的领导、党员、党的组织原则、党的组织机构、党的干部、党的纪律、党的团结统一、党的思想政治工作、党的作风。这期间，还编了一套党的建设教学参考资料，主要是中国共产党各个历史时期党的学说文件和党章汇编，共9本。这些资料对研究党的建设很有帮助。各地党校结合本地实际也陆续编写了一批自己的党建教材。随着改革开放的深入发展，党的建设面临许多新情况新问题，迫切要求党建研究从理论上给予回答。于是从1983年开始，又着手编写了《执政党建设的基本问题》，1984年8月完稿，在党校内部印发。后来，又陆续编写出了《马克思主义党的学说史》《毛泽东建党思想研究》《中国共产党组织史纲要》《党的领导概论》《党章论》《党的领导和党的建设》《马克思主义党的学说经典著作导读》《中国共产党建设史》《执政党建设若干问题研究》《世界政党比较概论》等教材。

  三是在党建著作出版发行方面也取得一些成果。首先，整理出版了一些重要的党建文献汇编。比如：中央文献研究室编的《新时期党的建设文献选编》由人民出版社1991年出版；中共中央办公厅秘书局资料室编的《邓小平论党的建设》由人民出版社1990年出版；王健英编的《中国共产党组织史资料汇编——领导机构沿革和成员名录》由红旗出版社1983年出版。其次，出版了一些党建理论著作。比如：党的建设理论研究编辑组编的《党的建设理论研究》由人民日报出版社1990年出版；张天荣、力平、王仲清主编的《新时期党的建设概论》由浙江人民出版社1989年出版；周逸、蔡长水、万福义主编的《马克思主义党的学说和党的建设》由中共中央党校附设函授学院作为内部讲义1986年出版；胡万双等著的《党员队伍建设概论》由中共中央党校出版社1987年出版；华北五省、市、自治区党校党建教研部编的《新时期党的建设的基本问题》由北京出版社1986年出版。最后，出版了一些党建学术著作。比如：赵生晖著的《中国共产党组织史纲要》由安徽人民出版社1987年出版；张腾霄主编的《中国共产党的干部教育（抗日战争时期）》由中国人民大学出版社1988年出版；戴舟著的《执政党建设的几个问题》由上海人民出版社1991年出版；中央党校科研办公室编的《改革开放中党的建设——经验选编》由求实出版社1988年出版；刘继增、毛磊主编的《中国共产党领导工作史稿》由河南人民出版社

1988 年出版。

江泽民担任总书记期间，党建学科发展呈现以下主要特点。

一是成立了全国党建研究会　1991 年 8 月，由中央纪委、中央组织部、中央宣传部、中央政策研究室、中央党校五家单位发起成立。1992 年 1 月，在北京召开第一次会员代表大会，时任中央党校常务副校长的薛驹当选为会长。当时的业务主管部门是中央党校，办事机构设在中央党校党建教研部。1995 年，主管部门改为中央组织部，办事机构改设在中央组织部党建研究所。

二是培养党建专业硕士生和博士生　中央党校复校后，除了领导干部班，还举办有理论宣传干部班。理宣班共办了两期，按专业来分班，分哲学、政经、科社、党史、党建五个专业。根据中央（82）53 号文件精神，从 1983 年正式开始招收党建硕士生，第一届硕士生共招了 30 多名，同时还办了两年制理论研究班，有学员 20 多名。硕士生课程安排，第一年是学习马克思主义有关党的建设经典著作，熟悉党建学说的基础理论；第二年按照党建学科的理论体系进行专题研究，掌握基本理论原理脉络，联系当前党的建设现状深入思考；第三年进行调查研究，撰写毕业论文（20 世纪 90 年代前后，一些省市党校经过申报批准，也开始招收硕士研究生）。招收党建博士生是从 1987 年开始，1986 年秋接国家教委通知，批准周逸同志为党的学说与党的建设专业博士生导师。

1990 年国务院学位委员会进行首次学科专业目录的制定，在"授予博士、硕士学位和培养研究生的学科、专业目录"中已有党的建设专业、党建学科名称和归属为"中共党史（含：党的学说与党的建设）"，划在中共党史专业中，从属于政治学一级学科。1997 年颁布的《目录》和 2002 年教育部批准的学科门类划分，仍是这样规定。在国家社科基金项目课题指南中，专列"党史·党建"学科，与马克思主义·科学社会主义、政治学等并列。2017 年中央和国务院又提出，要在马克思主义一级学科下设党的建设二级学科。

截至 2016 年年底，中央党校已培养党建专业硕士生 250 名左右，博士生 100 名左右。学位研究生的课程设置逐年完善，除基础课外，专业课开设有：党的学说史、党建经典著作导读、党的建设原理、党的领导与领导科学、世界政党比较、党章学、中共建设史等。领导干部班的党建课，主要是讲授若干专题，而且要根据形势任务的变化不断调整讲授内容。

三是党建作为一门学科开始为党校系统以外的学者所关注 20世纪 80 年代，有一种不正确的观点，认为党的建设没有理论，不是一门科学，认为党的建设没有什么可学习和研究的；一些领导干部也不大重视这门课程的学习，有的甚至主张取消。1982 年，当时北京大学党委书记韩天石就呼吁全党建立党学，就是研究党的学问，研究党的科学。对此，一直到 20 世纪 90 年代还有不同意见。现在对党建是不是一门科学大概争议不大了，党建学科越来越受到重视，不光是各级党校把党建课程摆到重要位置上来，就是其他部门也有很多人来研究党的建设问题，党建研究开始成了一门"显学"。

四是出版了一些重要成果 以"党建"为主题词在中国知网搜索，该时期共收录文章 19700 余篇。

胡锦涛担任总书记期间，关于党建学科研究有以下几个重要特点。

一是提出了"提高党的建设科学化水平"的命题 "提高党的建设科学化水平"是党的十七届四中全会提出的一个重大命题，也是新形势下推进党的建设创新的重大任务。当然，党的建设科学化是一个系统化、全方位的大命题，从不同的切入点来研究会有不同的线索和看法。从党的建设的目标、党的建设的进程、党的建设的方式方法等切入点进行研究，或者从党的建设的不同领域，如党的思想建设、组织建设、作风建设、制度建设、反腐倡廉建设等切入点来研究，都是可以的。但很难涉及每条线索、每个切入点，因此必须选好重点，抓住能够做得到、可以做得好的方面。

二是形成了"一条主线，五位一体"的党建布局 长期以来，关于党建学科的理论体系有几种不同观点：一种是主张按党章体系；

一种是"几大建设"体系：三大建设、五大建设、现在讲的"5＋2"；一种是"几大关系"的框架：分党政关系、党群干线、党与民主党派关系、党内关系来研究；一种分"大党建"和"小党建"，等等。综合以上意见，这一时期基本形成了"一条主线，五位一体"的党建布局：以执政能力建设和先进性建设为主线，加强党的思想建设、组织建设、作风建设、反腐败建设，把制度建设贯穿其中。

三是成果丰硕 以"党建"为主题词在中国知网搜索，该时期共收录文章 32200 余篇。

四是中国社会科学院成立专门研究机构 2005 年 12 月，中国社会科学院马克思主义研究院成立党建和政治研究室。2013 年 12 月，更名为党建和党史研究室。2005 年 12 月—2014 年 12 月，陈志刚研究员任研究室主任，2014 年 12 月至今，戴立兴研究员任研究室主任。中国社会科学院主要专家代表有李慎明、姜辉、邓纯东、辛向阳、金民卿等，出版了《全球化背景下的中国大党建》《美国和英国的社会阶级》《马克思主义中国化理论创新 30 年》《深入推进新时代党的建设新的伟大工程》《政党与群众》等专著。此外，发表了大量相关学术论文，上报了一些有分量的要报信息。

五是高校研究党建的学者越来越多 其中，以中国人民大学、武汉大学、复旦大学的数量比较突出。

第三节　新时代党的建设理论丰富与发展

一　新时代党建理论的重大发展

1. 党的十八大与"八项规定"的颁布

2012 年 11 月 8 日，中国共产党第十八次全国代表大会召开。十八大报告对党的建设的总体格局和目标做了新的阐述，新的历史起点上全面推进党的建设新的伟大工程、全面提高党的建设科学化水平的思路更加清晰完整。十八大报告首次提出"牢牢把握加强党的执政能力建设、先进性和纯洁性建设这条主线"。此外，报告还明确提出要"增强自我净化、自我完善、自我革新、自我提高能力，建设学习型、服务型、创新型的马克思主义执政党，确保党始终成为中国特色社会主义事业的坚强领导核心"①。

2012年12月4日，习近平总书记主持召开中央政治局会议，审议并通过了《中央政治局关于改进工作作风、密切联系群众的八项规定》，八项规定颁布之后，各地从狠刹歪风、邪风，让群众看到了实实在在的变化。

2. 党的群众路线教育实践活动

2013年6月18日，党的群众路线教育实践活动工作会议召开，习近平总书记出席会议并发表重要讲话，对全党开展教育实践活动进行部署。活动将紧紧围绕保持和发展党的先进性和纯洁性，以"为民、务实、清廉"为主题，按照"照镜子、正衣冠、洗洗澡、治治病"的总要求，自上而下在全党深入开展。深入开展党的群众路线教育实践活动，对于教育引导党员干部牢固树立宗旨意识和马克思主义群众观点，改进工作作风，赢得人民群众信任和拥护，夯实党的执政基础，提高为人民服务的本领，具有十分重大而深远的意义。

3. 全面从严治党的提出

2014年10月8日，习近平总书记在党的群众路线教育实践活动总结大会的讲话中首提"全面推进从严治党"。2014年12月，习近平总书记在江苏调研时强调："协调推进全面建成小康社会、全面深化改革、全面推进依法治国、全面从严治党，推动改革开放和社会主义现代化建设迈上新台阶"，将全面从严治党作为"四个全面"战略布局的重要组成部分，提升到一个全新的战略高度。2016年10月，党的十八届六中全会专题研究全面从严治党重大问题，充分展现了党中央坚定不移推进全面从严治党的决心和信心。

---

① 《十八大以来重要文献选编》（上），中央文献出版社2014年版，第39页。

4. 从集中性教育向经常性教育延伸

为持续深入推进党的思想政治建设和作风建设，中央决定2015年在县处级以上领导干部中开展"三严三实"专题教育，即"既严以修身、严以用权、严以律己，又谋事要实、创业要实、做人要实"[①]。"三严三实"，是对作风建设的进一步升华。中共中央办公厅印发的《关于在县处级以上领导干部中开展"三严三实"专题教育方案》所提出的："要融入领导干部经常性学习教育，不分批次、不划阶段、不设环节，不是一次活动。"可以看出，从"三严三实"专题教育开始，没有系统的工作部署，不再分批次，这说明党中央此时是把它作为一次经常性学习教育来进行的。

在以上认识基础上，为将作风建设抓实抓紧抓严，党中央决定，2016年在全体党员中开展"学党章党规、学系列讲话，做合格党员"学习教育。根据习近平总书记的要求，"两学一做"学习教育突出提出了向经常性教育延伸的要求。开展"两学一做"学习教育，是推动党内教育从"关键少数"向广大党员拓展、从集中性教育向经常性教育延伸的重要举措。2019年6月，党中央作出部署，以县处级以上领导干部为重点，在全党上下分两批开展"不忘初心，牢记使命"主题教育。

5. 党的十九大与新时代党的建设总要求

2017年10月，中国共产党第十九次全国代表大会召开。习近平总书记在党的十九大报告中提出，"新时代党的建设总要求是：坚持和加强党的全面领导，坚持党要管党、全面从严治党，以加强党的长期执政能力建设、先进性和纯洁性建设为主线，以党的政治建设为统领，以坚定理想信念宗旨为根基，以调动全党积极性、主动性、创造性为着力点，全面推进党的政治建设、思想建设、组织建设、作风建设、纪律建设，把制度建设贯穿其中，深入推进反腐败斗争，不断提高党的建设质量，把党建设成为始终走在时代前列、人民衷

---

① 《习近平谈治国理政》，外文出版社2014年版，第381页。

心拥护、勇于自我革命、经得起各种风浪考验、朝气蓬勃的马克思主义执政党。"①

6. 实行监察体制改革

党的十九大要求深化国家监察体制改革，将试点工作在全国推开，组建国家、省、市、县监察委员会，同党的纪律检查机关合署办公，实现对所有行使公权力的公职人员监察全覆盖。十三届全国人大一次会议深入贯彻习近平新时代中国特色社会主义思想和党的十九大精神，表决通过《中华人民共和国宪法修正案》和《中华人民共和国监察法》，组建国家监察委员会，产生国家监察委员会领导人员，标志着国家监察体制改革取得重大成果。

7. 好干部与新时代党的组织路线

2013年6月28日，习近平总书记在全国组织工作会议上的讲话中指出："各级党委及组织部门要坚持党管干部原则，坚持正确用人导向，坚持德才兼备、以德为先，努力做到选贤任能、用当其时，知人善任、人尽其才，把好干部及时发现出来、合理使用起来。"②对于好干部的标准，习近平总书记在讲话中指出：概括地来说，好干部要做到信念坚定、为民服务、勤政务实、敢于担当、清正廉洁。这就是五个方面二十字的标准。

2018年7月3日至4日，全国组织工作会议在北京召开。习近平总书记出席会议并发表重要讲话。他在会上指出，新时代党的组织路线是："全面贯彻新时代中国特色社会主义思想，以组织体系建设为重点，着力培养忠诚干净担当的高素质干部，着力集聚爱国奉献的各方面优秀人才，坚持德才兼备、以德为先、任人唯贤，为坚持和加强党的全面领导、坚持和发展中国特色社会主义提供坚强组

---

① 习近平：《决胜全面建成小康社会　夺取新时代中国特色社会主义伟大胜利——在中国共产党第十九次全国代表大会上的报告》，人民出版社2017年版，第61—62页。

② 《十八大以来重要文献选编》（上），人民出版社2014年版，第343页。

织保证。"① 在全国组织工作会议上深刻阐明新时代党的组织路线的科学内涵，这在党的历史上是第一次，是对马克思主义党建学说的开创性贡献。新时代党的组织路线，是加强新时代党的建设和做好组织工作的根本遵循。

二 新时代党建热点问题讨论

（一）党大还是法大？

关于"党大"还是"法大"的问题，历来争议不断。党的十八届四中全会强调：社会主义法治必须坚持党的领导，党的领导必须依靠社会主义法治。这一论断将党的领导与社会主义法治的关系给予了权威、科学和明确的表述。

第一，社会主义法治必须坚持党的领导。

中国社会科学院辛向阳一针见血指出：党的领导、人民当家做主、依法治国三者的有机统一不会自动实现，需要我们不断推进政治体制改革。"'宪政民主'的直接针对性，就是把坚持党的领导和维护人民主体地位及依法治国对立起来，从根本上修改我国宪法，取消中国共产党的领导地位和马克思主义的指导地位。对试图取消共产党领导的西方'宪政民主'论，我们要自觉予以抵制"②。

北京大学强世功提出：我国宪政体制来源于马克思列宁主义和苏联的实践，但在党和国家分权的基础上，增加了法治的要素，确立了宪法的最高地位，从而在党的领导与依法治国之间形成了一种动态的平衡。"一方面党作为社会价值规范的提供者为宪法和法治提供了规范价值基础，另一方面宪法和法治约束了党的行为方式，使其服从于宪法和法律。"③ 习近平总书记在首都各界纪念现行宪法公

---

① 本报评论员：《坚持新时代党的组织路线》，《人民日报》2018 年 7 月 5 日。
② 辛向阳：《坚持党的领导、人民当家做主、依法治国有机统一》，《思想理论教育导刊》2014 年第 1 期。
③ 强世功：《白轲论中国的党国宪政体制》，《开放时代》2014 年第 2 期。

布实施30周年大会上的讲话中指出,"依法治国,首先是依宪治国",明确了宪法与依法治国的关系。

第二,党的领导必须依靠社会主义法治。

北京大学教授姜明安认为,在治理现代化的条件下,作为执政党其执政和行使国家公权力必须以法治为基础;中国共产党带领人民实行人民民主,并在党内实行党内民主,都必须以法治为保障;中国共产党是不断推进改革开放以实现中华民族伟大复兴中国梦的党。[①]

中共山东省委党校张传鹤认为,"法治"代表着现代政治文明的进步趋势,相对于人治、德治和其他随意性较强或柔性的治理规则,更能体现集体理性,且具有强制力、透明性、稳定性、可预期性和普遍的约束力,更有利于实现党决策的科学化、规范权力主体之间的关系、明确公民的权利和义务、促进社会公平,实现社会安定有序,防止党的执政使命在部分党的领导干部手中被异化,为坚持党的领导,切实提高党的领导水平和执政水平,提高拒腐防变和抵御风险的能力提供有力的法治保障。[②]

总之,正如中共中央党校谢春涛所说:"所谓'党大'还是'法大'其实是一个伪命题,甚至是一个陷阱。如果说党比法大,那就是承认法治、依法治国都是虚假的了,法就不存在了;如果说法比党大,那好像党的领导又出了问题,难以实施了。事实上,我认为不存在这样的对立关系,宪法法律是党领导人民制定的,但是我们也强调党要带头执行,带头遵守,所以我认为不存在谁比谁大的问题"[③]。

(二) 把党的政治建设摆在首位

党的十九大提出党的政治建设,意义重大,关于党的政治建设

---

① 姜明安:《论"党的领导必须依靠社会主义法治"》,《北京日报》2014年12月22日。

② 张传鹤:《论坚持党的领导、人民当家做主与依法治国有机统一的内在逻辑》,《理论学刊》2014年第9期。

③ 转引自徐祥临《"法比党大"的论断谬在何处》,求是网2014年12月22日(http://www.qstheory.cn/wp/2014-12/22/c_1113737216.htm)。

研究，学术界、理论界正处于起始阶段。认真研读党的十九大报告不难发现，报告第一次把党的政治建设纳入党的建设总体布局，并强调"以党的政治建设为统领""把党的政治建设摆在首位"。学界普遍认为，这样的表述首次出现在党代会报告中，凸显了党的政治建设的极端重要性。

2017年年底以来，党的政治建设是学术界和理论界的研究热点。有学者提出要从理论依据、历史逻辑、现实基础、时代价值、实践路向五个方面理解中国共产党的政治建设，指出理论依据是马克思主义权威观，历史逻辑是中国共产党人的建党经验，现实基础是提升党的社会号召力，时代价值是强化政治引领，实践路向是思想引领[1]；有学者从改革开放四十年的角度系统分析党的政治建设的核心理念、本质要求和实践逻辑[2]；有学者把党的政治建设思想和习近平新时代的政治建设思想统一起来，系统分析了习近平新时代党的政治建设思想的形成、发展、内容和意义[3]；有学者指出，加强党的政治建设，需要从"政权意识""利益代表""政党纲领""政治关系"的视角加以推进[4]；有学者从党的执政能力、领导能力、治理能力和党的政治建设的关系入手，系统阐述了以政治建设助推党的建设的新的伟大工程[5]；有学者提出，当前学术界、理论界多从政党建设的一般意义来阐述党的政治建设，认为政治是政党的基本属性，这是政治建设摆在首位的基本原因。然而，提出了革命时期毛泽东为什么着重于从思想上建党的疑问，并从当时的社会背景以及新时

---

[1] 李仕波：《理解中国共产党政治建设为根本性建设的几个维度》，《江苏行政学院学报》2018年第5期。

[2] 仇文利：《党的政治建设的核心理念》，《学术界》2018年第9期。

[3] 郝丹梅：《习近平新时代党的政治建设思想探析》，《汉江论坛》2018年第8期。

[4] 刘宗洪：《政治的逻辑与新时代党的政治建设》，《中共中央党校学报》2018年第4期。

[5] 刘汉峰：《以政治建设为统领全面推进伟大工程建设》，《中国特色社会主义研究》2018年第2期。

代把政治建设摆在首位的现实背景着手分析，得出一个基本规律：党的建设必须随着时代的发展而不断调整侧重点，这样才能够不断巩固党的自身，加强党的领导，他认为在新时代，把党的政治建设摆在首位的基本要求，包括遵守党内规矩和纪律、严守党内法规以及共产党人价值观和党性修养三个方面[①]；有学者从政治状态优化论、政党形态完善论、政党生态净化论三个维度系统分析了新时代中国共产党政治建设的实践理路[②]。

三 新时代党建学科中国化发展加快

一是发表了数量较多的文章。在中国知网上，以"篇名"与党建相关的词为检索条件对论文进行全面检索，数据显示，党的十八大以来关于党建方面的文章发表数量总体上呈逐年增长的趋势，这说明党的建设学科发展近年来越来越受到重视。具体如下[③]：

表6—1　　　　近六年党建相关文章检索表

关键词（条） 年度	党建	党的建设	全面从严治党	习近平党建思想
2013	3997	505	0	0
2014	3663	410	6	7
2015	4404	367	961	18
2016	4766	444	2405	57
2017	6572	530	2926	80
2018	7227	882	1560	94

[①] 牛安生：《把党的政治建设摆在首位的当代价值及基本要求》，《中共宁波市委党校学报》2018年第4期。

[②] 张师伟：《新时代中国共产党政治建设重要价值的三个维度分析》，《理论探讨》2018年第2期。

[③] 此表和以下表格数据为2019年2月25日取得。

二是出版了一定数量的著作。在读秀学术搜索上，以出版图书"书名"与党建相关的词为内容检索条件全面检索，显示党的十八大以来出版图书情况如表6—2，总体上呈现比较繁荣的情况。

表6—2　　　　　　近六年党建相关书籍出版表

年度 \ 关键词（条）	党建	党的建设	全面从严治党	党建思想
2013	86	74	0	6
2014	102	75	5	13
2015	48	40	6	4
2016	71	30	28	8
2017	89	40	31	4
2018	88	46	24	4

三是课题研究持续增长。党的十八大以来，国家社会科学规划办公室发布的课题指南中共党史·党建类课题、全国党建研究会确定的重点研究课题、中央组织部党建研究所重点调研课题总体上呈增多态势。如2016年，国家社会科学规划办公室发布的课题指南中党史·党建类课题共96项，其中党建课题37项。全国党建研究会确定的重点研究课题有3项："提高党领导经济社会发展能力研究""严格党内政治生活、营造良好政治生态研究""从严管理干部与完善干部激励保障机制研究"。确定自选课题共80项。中央组织部党建研究所2016年共确定6个重点调研课题："习近平党建思想研究""十八大以来党的建设成就与经验研究""滇西集中连片贫困地区基层党建工作研究""中国特色党建智库建设研究""以五大发展理念谋划推动组织工作问题研究""换届后领导班子思想政治建设问题研究"。

四是相关党建文献汇编推出。2014年，中央国家机关工作委员会编著的《学习习近平同志关于机关党建重要论述》由党建读物出版社出版，2016年修订后再版；2016年，中央纪律检查委员会、中央文献研究室编的《习近平关于严明党的纪律和规矩论述摘编》由中国方正出版社出版，中央文献研究室编的《习近平关于全面从严治党论述摘编》由中央文献出版社出版；2018年，中央文献研究室、中央党的群众路线教育实践活动领导小组办公室编的《习近平关于党的群众路线教育实践活动论述摘编》由党建读物出版社出版，2018年习近平《在全国组织工作会议上的讲话》由人民出版社出版。此外，中央宣传部编的《习近平总书记系列重要讲话读本》（2014、2016年版）、中共中央文献研究室编的《十八大以来重要文献选编》（上、中、下）等文献也收入了习近平关于党的建设方面的重要文章论述。

五是学术会议、学术交流日益活跃。党的十八大以来，学界召开了较多与党建相关的会议。特别值得一提的是，由中国社会科学院马克思主义研究院主办、马克思主义中国化研究部承办的执政党建设理论与实践论坛自2014年创办以来，每年定期举办，在全国党建研究领域产生了一定的影响力。其中首届论坛在广西临桂县举行，论坛主题为"习近平总书记党建思想与当代中国党建实践"；第二届论坛在杭州举行，论坛主题为"全面从严治党理论与实践创新研究"；第三届论坛在宁夏召开，论坛主题为"思想建党与制度治党"；第四届论坛在广州召开，论坛主题为"关于党内政治生活问题研究"；第五届论坛在上海召开，论坛主题为"改革开放40年党的建设与新时代政党自信"。

此外，这段时期党建相关的比较重要的会议有：2013年1月25日至26日，全国党建研究会在北京召开的深入学习贯彻党的十八大精神研讨会暨全国党建研究会五届三次理事会；2013年7月6日，由中央党校主管的中国领导科学研究会、中国合作贸易企业协会、中国企业党建研究中心共同举办的"2013全国企业党建创新论坛暨全国企业党建工作先进单位和全国企业优秀党委书记表彰大会"；2016年3月23日，全国党建研究会召开的第六次会员代表大会，会议选举产生了第六届理事会及其领导机构；2017年11月30日至12月3日，在北京举行的中国共产党与世界政党高层对话会议：主题是"构建人类命运共同体、共同建设美好世界：政党的责任"。2017年7月11日，全国党建研究会在北京召开的以"深入总结党的十八大以来党的建设新创造新成就新经验"为主题的党建高端智库论坛；2018年，由中国领导科学研究会、中国浦东干部学院、中共上海市委党校、上海市社会科学界联合会联合主办的"时代先锋　民族脊梁——首届中国共产党领导力论坛"；2018年12月11日，在台州召开的全国党建研究会非公有制经济组织党建研究专业委员会2018年年会。

六是党建成为一门独立学科。2016年，根据中办发31号文件的有关精神，党建学科被列为马克思主义理论一级学科下的二级学科。这表明党建学科将面临新的发展机遇。这一时期，包括中央党校在内的各级党校、高校、社科院系统也加大了对党建专业硕士生、博士生的招收力度。长期以来，中国人民大学中共党史系就在中共党史专业下设党的建设方向。2018年，中国社会科学院、中央党校、北京大学、中国人民大学等8家科研单位则招收了第一批党建专业博士研究生。与此同时，党的建设研究方法也日趋成熟。2018年党建研究方法基本围绕习近平党建思想体系这一主体，基本采用以史带论、史论结合、比较研究、学科交叉、调查研究、案例分析研究等方法。在研究内容上，对马克思主义党建理论、中国共产党建设史、中国共产党建设论、党务工作、世界政党比较等都有深入的探究。

党的建设学科性质、自身定位、研究对象和学科的主要任务，决定了该学科的研究思路、主要研究方向、课程体系等有其自身的规定性。作为一门科学，党的建设学科必须遵循社会科学学科建设的一般规律，不能游离于学科和学术之外；同时，它又不是一般的社会科学学科，而是一门具有"姓马""姓党"本质属性和鲜明特征的社会科学学科。因此，党建学科的构建和发展，尤其需要坚持政治性与学术性的统一、党性和科学性的统一。

从研究思路来看，党的建设学科应当以马克思主义政党理论为指导，以世界社会主义特别是中国特色社会主义事业发展为背景，以中国共产党的建设为中心，以国外主要政党的兴衰成败和自身建设的经验教训为借鉴，以加强和改善中国共产党的领导，确保党始终成为中国特色社会主义事业的坚强领导核心为目标取向，系统研究马克思主义政党建设理论，全面考察中国共产党自身建设的历史进程和经验教训，深入研究马克思主义政党建设规律特别是马克思主义执政党建设规律，重点研究新形势下党的建设重大问题、难点问题，并对党的建设前沿性问题进行前瞻性探讨，为中国共产党治国理政和全面从严治党提供学科支撑、学术支持。从主要研究方向来看，党的建设学科可以设置马克思主义政党领导理论与方法研究、马克思主义政党基本理论研究、中国共产党建设历程及其经验研究、执政党建设的理论与实践研究、党务工作研究、国外政党建设及其借鉴研究等研究方向。从课程体系来看，党建学科需要开设的课程可以分为公共必修课、学科通识课、学科基础课、学科专业核心课等若干个层次。

第七章

国际共产主义运动和世界社会主义研究 70 年

新中国成立 70 年来，我国国际共产主义运动与世界社会主义研究，在主题与内容上经历了一个逐步拓展和延伸的过程。从 1949 年中华人民共和国成立，直至 20 世纪 70 年代末，学界主要关注和探讨的是国际共产主义运动和工人运动的理论与实践，很少或基本不提世界社会主义。20 世纪 80 年代尤其是 90 年代后，随着苏联解体、东欧剧变，国际共产主义运动影响减弱，学界逐渐转向关注世界社会主义相关问题的研究，其后研究范围不断扩大、研究主题更加多样、研究内容更为宽泛，世界社会主义研究的说法逐渐被广泛采用。近十年来，随着中国特色社会主义对世界的影响越来越大，以及世界各国共产党和左翼力量的影响部分提升，国内外对国际共产主义运动相关问题的关注度有所增加。当前，国际共产主义运动与世界社会主义经常被交叉使用。总体而言，70 年来我国的国际共产主义运动和世界社会主义研究取得了丰硕成果，但也存在一些问题，需要深入总结经验教训，方能使得相关研究扎实推进，不断取得新进展。

第一节　国际共产主义运动与世界社会主义研究的发展历程

70年来国际共产主义运动和世界社会主义研究，依据时间线索大体可以划分为改革开放前、改革开放后和新时代以来三个发展时期。

一　改革开放前国际共产主义运动研究的起步与挫折（1949—1978年）

从1949年新中国成立到1978年党的十一届三中全会召开前，是国际共产主义运动研究起步、初步发展以及遭遇挫折的阶段，而对于世界社会主义的研究基本未涉及。作为一个新兴的研究领域，国际共产主义运动研究在起步之初受两大阵营对立的外部环境影响和束缚很大，研究对象集中于苏联东欧社会主义国家，绝大多数研究主要是对苏联建设经验的学习和宣传，介绍社会主义国家建设和发展的情况。此外，也有部分成果基于马克思主义创始人的论述总结了国际共产主义运动、国际工人运动的历史经验，围绕十月革命、巴黎公社周年纪念日等阐释了这些重大事件的历史意义和影响。在高等院校，国际共产主义运动史是马列基础课程的组成部分，主要以《联共（布）党史简明教程》为教材，讲授联共（布）党史。这一时期对国际共产主义运动的深入研究主要集中在1951年1月16日建立的中共中央对外联络部。

1956年苏共二十大后，社会主义国家间关系的急剧变化使得国际共产主义运动研究的重要性凸显，党中央决定在高等院校设立国际共产主义运动史和科学社会主义课程。1958年中国人民大学马列主义基础系组织出版了我国第一部《国际共运史》教材，1959年起一些高校本科陆续设立了国际共产主义运动史课程和国际共产主义运动史专业，国际共产主义运动史成为一个独立的学科门类，国际共产主义运动史研究队伍不断壮大，一些相关研究机构如中央编译局国际共产主义运动史资料室等也开始组建起来。

在这一时期，大量重要的国际共产主义运动历史资料和文献得以编纂出版，其中具有代表性的有：《国际共产主义运动史资料汇编》一套（13本）、《第一国际第二国际历史资料》两册、《共产国际文件汇编》三册、《共产国际文件》两卷本等。同时，威廉·李卜克内西、倍倍尔等诸多国际共产主义运动活动家的代表作被翻译出版。中联部于1959年8月编印的《国际共产主义运动手册》精装本厚达1050页。1956年之后的十年中，学界对一些重大历史事件的研究也有所进展。比如1961年为纪念巴黎公社成立90周年，《历史研究》刊载系列文章，围绕巴黎公社的指导原则、工资制度、失败原因等进行大讨论，著名学者艾思奇、吴晗等也发表讲话或文章，论述巴黎公社的经验、意义及其与中国革命的关系，推动了国际共产主义运动研究的深入开展。

然而，受当时逐渐泛滥的"左"倾思想影响，国际共产主义运动研究中的"偏向性"已经开始显现。直到1966年"文化大革命"发生，"十年动乱"令相关研究陷入停滞和极度混乱之中。一方面，在各高校，自20世纪70年代初开始，国际共产主义运动史课程被"国际共运两条路线斗争史"所取代，丰富多彩的国际共产主义运动史受到极大歪曲和矮化，被片面解释为路线斗争史；另一方面，极"左"路线全面支配国际共运史研究，无论是对国际共运重要人物的评价，对于马克思主义经典作家著作的释读，还是对国际共运历史经验的总结，都带有极"左"思想的深刻烙印。虽然一些著述付梓刊行，比如1976年由北京大学政治系等编写的《国际共产主义运动史》、中联部编写的历年《国际共运大事记》、《资本主义各国马列主义党和组织概况》（1973）、《各国修正主义党概况》（1977）、《各国马列主义党和组织概况》（1978）等，但"左"倾色彩浓厚，时代烙印非常明显。

二 改革开放后国际共产主义运动和世界社会主义研究的勃兴与调整（1978—2012年）

1978年党的十一届三中全会在思想领域拨乱反正，重新确立了"解放思想、实事求是"的思想路线，学术领域正本清源的工作随之展开，国际共产主义运动研究迎来了大发展大繁荣的春天。随后十年间，各种教材和专著大量出版、众多研究机构和学会相继组建、专业学术杂志陆续创刊。除传统国际共产主义运动史研究继续深化外，其他左翼政党、社会主义思潮和流派也开始进入研究视野，国际共产主义运动和世界社会主义研究体系不断得以完善。

第一，各种教材和著述大量出版。在这一时期，相关国际共产主义运动史和当代世界社会主义问题的各类研究成果呈井喷之势。首先各高校编写的国际共产主义运动史和世界社会主义教材高达三十多本，比如，由高放主编、在各高校被广泛采用的《国际共产主义运动史教本》和《当代世界社会主义概论》，张汉清主编的《简明国际共产主义运动史》，等等。其次一些极具特色的工具书，如《国际共运史事件人物录》《简明国际共产主义运动史辞典》等公开出版，在学术研究中发挥了很好的辅助作用。再次，关于国际共产主义运动重大事件、重要人物、重要组织特别是二战后国际共产主义运动和国外社会主义研究的著作大批出版，比如姜琦等编写的《当代国际共产主义运动》、中央党校编的《当代国外社会主义的理论和实践》等。此外，大量研究资料编纂出版，如《国际共产主义运动文献史料选编》五卷，以及迄今已出版六十余卷的《国际共产主义运动历史文献》，等等。

第二，研究机构和学会纷纷组建。相关研究机构大量恢复或建立起来，如中央编译局于1979年成立了国际共产主义运动史研究室，中国社会科学院世界史所在1982年设立社会主义史研究室，中国社会科学院马列主义毛泽东思想研究所于1984年设立国际共产主义运动史研究室，等等。一些高校如中国人民大学、北京大学、山东大学等也设立了国际共运史、当代社会主义教研室或研究所。同时，全国或地方性的国际共产主义运动史学会陆续成立，比如 1982 年成立了中国国际共产主义运动史学会。1983 年成立了中国科学社会主义学会，1984 年在其之下成立了世界社会主义专业委员会。这些学会基本每年组织一次学术年会，研讨国际共运、世界社会主义重要理论和实践问题。

第三，专业学术杂志陆续创办。国内相关国际共运、世界社会主义的重要专业性学术期刊，基本都在这一时期正式创刊。比如 1978 年华中师范大学主办《社会主义研究》，1980 年中央编译局开始不定期出版《国际共运史研究资料》丛刊（后更名为《当代世界与社会主义》），同年中国人民大学创办《国际共运教研参考》，1983 年中国科学社会主义学会创办《科学社会主义通讯》（后更名为《科学社会主义》），1984 年山东大学当代社会主义研究所主办《当代世界社会主义问题》，1985 年聊城师范学院共产国际研究室出版《共产国际研究资料》（内部资料）（后更名为《共产国际研究》），等等。上述多数刊物迄今仍是刊载国际共产主义运动和世界社会主义研究成果的重要平台。

第四，学科体系逐渐完善。1979 年开始，中国人民大学、北京大学开始设立国际共产主义运动史硕士点，同年山东大学科学社会主义系招收本科生，其后许多高校招收国际共运史专业研究生，并将国际共运史设立为专业必修课或公共课。

20 世纪 80 年代末 90 年代初苏联解体东欧剧变的发生，使国际共产主义运动遭受重大挫折。在这一背景下，国际共产主义运动史学科极大萎缩，面临很大发展困境。自 20 世纪 90 年代中后期起，许多高校和科研院所纷纷将原来的国际共产主义运动史系和研究室撤销或更名，国际共产主义运动史课程裁并，不少教师改行从事国际政治、行政管理教学。1997 年国家学科专业调整，国际共产主义运动史与科学社会主义合并，列入"科学社会主义与国际共产主义运动"二级学科，归属"政治学"一级学科。此后，世界社会主义研究开始越来越多地替代国际共运史研究进入人们的视野，研究重点也开始逐渐转向当代世界社会主义研究。1994年7月，由中国社会科学院牵头，中联部、中央编译局、新华社、中央党校和国家教委共同组建了"国外社会主义跟踪研究协调组"，开展世界社会主义跟踪研究，编写《国外社会主义研究动态》，成为世界社会主义研究发展的亮点。

此后十年间，以回顾国际共产主义运动和世界社会主义曲折发展历程，分析和总结苏联解体东欧剧变的原因、教训以及社会主义国家建设与改革为重点，世界社会主义研究逐渐代替国际共产主义运动研究。这一时期，出版了一些重要研究成果，具有代表性的包括许征帆著《马克思主义与当代》、赵明义主编《社会主义的历史命运》、张中云主编《国际共产主义运动史》、殷叙彝等著《第二国际研究》、肖枫主编《社会主义向何处去——冷战后世界社会主义运动大扫描》、张伟垣等主编《苏联兴亡和社会主义前景》、张月明著《民主社会主义在东欧》、郑异凡主编《布哈林论稿》等。同时，关于国外社会主义思潮、流派和运动等的研究也在推进，曹长盛主编《民主社会主义模式比较研究》、王学东等著《九十年代西欧社会民主主义的变革》等重要著作出版，推动世界社会主义研究在广度上不断拓展。

进入21世纪，世界社会主义研究整体发展较为平稳。一个突出特点是一些研究所（中心或基地）迅速成长起来，日益在世界社会主义研究中承担着重要的协调和组织功能。这些机构主要包括：中国社会科学院世界社会主义研究中心、中国社会科学院马克思主义研究院国际共产主义运动研究部和国外马克思主义研究部、北京大学国际关系学院世界社会主义研究所、中国人民大学世界社会主义研究所、山东大学当代社会主义研究所、上海社会科学院国外社会主义研究中心、华中师范大学国外马克思主义政党研究中心、聊城大学世界共产主义运动研究所等。其中，中国社会科学院世界社会主义研究中心是2001年在"国外社会主义跟踪研究协调组"的基础上成立的，目前拥有500多位专家学者从事兼职研究。近二十年来，该中心密切追踪世界社会主义的理论、思潮和动态，自2005年开始每年编写、出版《世界社会主义跟踪研究报告——且听低谷新潮声》黄皮书；编辑出版内参《世界社会主义动态》，报送中央各部门；出版《世界社会主义研究丛书》，迄今共出版100多本专著和译著；出版通俗读物《世界社会主义小丛书》，计划出版100种，相关成果获得社会广泛认可和好评。

在这十几年间，在对国际共产主义运动和世界社会主义问题的深入研讨中，形成了一些具有宏观视野和理论高度的世界社会主义研究著述，比如王伟光主编的《社会主义通史》（八卷本）、张光明著《社会主义由西方到东方的演进》、黄宗良和林勋建主编《共产党和社会党百年关系史》、周尚文著《社会主义发展的历史进程研究》、李景治等著《社会主义发展历程》、肖贵毓等著《社会主义发展史》、肖枫著《两个主义一百年》、于洪君著《丰碑与警示——20世纪世界社会主义运动的经验和教训》、靳辉明主编《社会主义历史、理论与现实》和《当代资本主义与世界社会主义》、曹长盛著《世界社会主义纵论》、蒲国良编《世界社会主义运动概论》等。2000年，中联部出版一部厚达95万字的《各国共产党概览》，为国际共产主义运动和世界社会主义研究提供了重要的资料。同时，对资本主义制度的研究也逐渐成为世界社会主义研究的一个重点，代表性成果包括张世鹏著《二十世纪末西欧资本主义研究》、李景治等著《当代资本主义的演变与矛盾》、徐崇温著《当代资本主义新变化》、严书翰等著《经济全球化背景下的资本主义与社会主义关系》、黄宗良和孔寒冰著《社会主义与资本主义的关系：历史、理论与评价》等，为判断世界社会主义发展阶段提供了理论依据和国际视野。此外，2004年1月，中央发出《关于进一步繁荣发展哲学社会科学的意见》，提出实施马克思主义理论研究和建设工程，组织力量编写《国际共产主义运动史》重点教材。该教材已于2012年5月正式出版，并在全国高校推广使用。

三 新时代国际共产主义运动和世界社会主义研究的继续推进（2012 年至今）

党的十八大以来，党中央对世界社会主义的理论与实践问题高度重视。习近平总书记在多次讲话中谈到世界社会主义及其与中国特色社会主义的关系问题，比如将世界社会主义 500 年发展史明确划分为六个阶段，强调中国特色社会主义是这六个阶段中一个完整的时间段；指出从世界社会主义 500 年的大视野来看，我们依然处在马克思主义所指明的历史时代；提出中国特色社会主义进入新时代，在世界社会主义发展史上具有重大意义，等等。在中央和地方各个层面，也开始集中编纂出版一些相关世界社会主义的通俗读物。比如北京市委宣传部主编《正道沧桑——社会主义 500 年》，中央宣传部理论局组织编写了《世界社会主义五百年》（党政干部读本）。中共北京市委宣传部、中共北京市讲师团和北京电视台还组织专家编辑拍摄了一部《正道沧桑——社会主义 500 年》的电视政论片（50 集），通俗地讲解世界社会主义思想的发展历史。2017 年 9 月 29 日，十八届中共中央政治局就当代世界马克思主义思潮及其影响进行了第四十三次集体学习，中国社会科学院姜辉就这个问题作了讲解，这是首次以世界马克思主义为主题举行的集体学习，极大地推动了社会各方面对世界社会主义问题的关注和讨论。与此同时，一些学者也在积极呼吁重建国际共产主义运动学科。2016 年 3 月，中国社会科学院吴恩远等学者向中国人民政治协商会议第十二届全国委员会第四次会议提交了《增设马克思主义本科专业和恢复"国际共产主义运动"二级学科》的联名提案，教育部回函同意有条件的高校可自主设置国际共产主义运动二级学科，培养国际共产主义运动方面的专门人才。

中央的重视与学科的重建，对激发世界社会主义研究者的积极性以及推进世界社会主义研究发展起到了重要作用，新时代的国际共产主义运动和世界社会主义研究呈现新局面。一方面，学术团体形成常态性交流机制，一些国际性学术论坛极大促进了国内外学术交流互动。目前，在全国层面有两个由学会主办的世界社会主义研究年会，即中国国际共产主义运动史学会和科学社会主义学会当代世界社会主义专业委员会主办的年会暨学术讨论会。中国社会科学院马克思主义研究院国际共产主义运动部自2013年开始主办"国际共产主义运动论坛"，山东大学当代社会主义研究所举办的学术年会以及自2017年开始举办的科学社会主义与国际共产主义运动专业博士生论坛，在学界的影响力、号召力逐年提升。在国际学术交流方面，自2009年由中国社会科学院世界社会主义中心倡议发起的"世界社会主义论坛"至今已经主办九届，规模日益扩大、层次逐步提升、影响不断增强，目前已成为全球马克思主义者深入交流的重要平台。由中国社会科学院马克思主义研究院国际共运部主办的"社会主义国际论坛"，也日益成为享有盛誉的品牌性论坛，在推动社会主义国家建设与改革研究方面发挥着重要作用。

另一方面，传统学术期刊阵地稳固，一些新的专业期刊和年鉴（皮书）相继创刊、出版。除《科学社会主义》《当代世界与社会主义》《当代世界社会主义问题》等传统期刊继续承担着世界社会主义研究发布平台的作用外，一些新的期刊应运而生，比如由中国社会科学院世界社会主义研究中心主办的杂志《世界社会主义研究》，于2016年10月1日正式创刊；上海社会科学院中国马克思主义研究所和国外马克思主义研究中心，自2011年每年出版由徐觉哉研究员任主编、上海人民出版社出版的《世界社会主义研究年鉴》；华中师范大学国外马克思主义政党研究中心自2017年开始出版由聂运麟、余维海主编的《国际共产主义运动年鉴》；2019年，中国社会科学院马克思主义研究院国际共产主义运动部编写的国际共运黄皮书《国际共产主义运动发展报告》正式出版，致力于反映世界社会主义和国际共产主义运动年度最新发展情况和态势特征。

总的来看，新时代国际共产主义运动和世界社会主义研究的重点主要集中在以下问题：世界社会主义总体发展前景和态势探讨；国际共产主义运动史重大问题的新讨论；苏联解体东欧剧变原因和教训的深层次研究；前苏东地区经济社会转轨研究；社会主义思潮和流派，如拉美21世纪社会主义、生态社会主义、女权社会主义理论发展新动态研究；现实社会主义国家改革与建设新情况研究；国外共产党、激进左翼政党的新发展与新变化，以及社会民主党的理论与实践研究；国外左翼联合的新进展，比如对世界共产党和工人党国际会议、圣保罗论坛等的系列跟踪研究；对全球化时代资本主义问题及两制发展趋势和格局的新思考，等等。围绕这些重要问题，一些重要研究成果相继出版。比如，李慎明主编《且听低谷新潮声：世界社会主义跟踪研究报告》（2005年以来历年出版），吴恩远主编《世界社会主义重大历史与现实问题研究丛书》四卷本，聂运麟主编《当代资本主义国家共产党研究丛书》。2018年，在马克思诞辰200周年之际，学界出版了一批重量级研究成果，比如高放主编《世界社会主义史》丛书四卷本，闫志民、王炳林主编《社会主义500年编年史》，靳辉明著《思想巨人马克思》，顾海良等编《人间正道是沧桑——世界社会主义五百年》，赵明义主编《中国特色社会主义与相关"主义"比较研究》等，这些论著代表着新时代国际共产主义运动和世界社会主义研究的最新发展水平。目前，还有一批重要的研究项目正在稳步推进过程之中，比如王伟光主持的中央马工程重大委托项目"世界社会主义与资本主义前途命运暨当代国际形势研究"，李慎明主持的国家社会科学基金特别委托项目"苏联解体东欧剧变前后的东欧八国"，姜辉主持的中央马工程重大委托项目、国家社科基金重大项目"世界社会主义低潮高潮判定标准研究"等。随着相关成果的陆续推出，必将推动新时代国际共产主义运动和世界社会主义研究不断迈上新台阶。

第二节 国际共产主义运动与世界社会主义基本问题研究

70年来，我国学界围绕国际共产主义运动和世界社会主义发展中的一些整体性问题，比如世界社会主义发展阶段和特征、两制关系和比较、中国特色社会主义在世界社会主义发展中的地位和作用、无产阶级国际主义等进行深入研讨，形成了诸多重要观点和主张。

一　世界社会主义的发展阶段与特征研究

70 年来，我国学者以马克思主义唯物史观为指导，依据马克思经济社会发展五种形态理论、马克思恩格斯对未来社会主义社会基本特征的设想，以及列宁的相关理论观点，结合新中国社会主义建设实践，对世界社会主义的发展阶段进行了广泛探讨。

在新中国成立初期，我国学者主要依照苏联社会主义的理论和经验，结合中国新民主主义革命和建设阶段特征，集中讨论了"社会主义过渡时期""共产主义第一阶段"等问题。改革开放以来，在对世界社会主义实践的经验教训尤其是苏联社会主义的兴衰、中国改革开放 40 年伟大成就的深入研究中，我国学者对世界社会主义发展进程有了更为客观和理性的认识，从最初认为很快就能进入共产主义，到目前形成了基本一致的观点，即强调世界社会主义是一个漫长的历史发展进程，充满了曲折和艰辛，且各国发展道路多样化。尽管学界对于社会主义到底需要多长时间以及通过怎样的形式向共产主义过渡还存在不同观点，但大都认为社会主义将向共产主义迈进的方向不会改变。

新时代以来，学界的关注焦点尤其集中在当前世界社会主义所处发展阶段，以及中国特色社会主义在世界社会主义中的地位和作用等重大问题上。总体上有以下几种不同观点：

一是"低潮说"。聂运麟认为，当代世界社会主义运动正在低潮中奋进，发达资本主义国家共产党在政治生活中被"边缘化"的处境并没有得到根本改变。[①]

[①] 聂运麟：《战役成功与战略困局：2008 年金融危机以来的世界社会主义运动发展态势》，《马克思主义研究》2015 年第 10 期。

二是"复苏说"或"恢复说"。这种说法强调，苏联解体东欧剧变后特别是21世纪以来，世界社会主义呈现出新的发展态势，苏联解体东欧剧变引起的震荡、彷徨和混乱已经基本结束。世界社会主义运动开始复苏。柴尚金提出，目前大多数国家的共产党经受住了苏联解体、东欧剧变后生死存亡的考验，站稳了脚跟，开始走出力量严重下降、思想彷徨迷惘、探索变动不居、目标多变不明的低潮困境时期，进入力量重聚的恢复性发展阶段。[1]

三是"谋求振兴说"。姜辉提出，21世纪初世界社会主义走出了苏联解体东欧剧变后的低谷，开始进入了在发展变革中谋求振兴的时期。[2] 门晓红等也认为，经过20多年的变革发展，当前世界社会主义运动正在"低潮中奋进"，谋求复兴。[3]

四是"艰难探索说"。俞思念认为，进入21世纪，世界社会主义进入一个艰难的重新探索时期。[4] 姜述贤也指出，当前世界社会主义正在探索中前进。

五是"新阶段说"。奚广庆认为，共产主义作为运动和思潮，在19世纪40年代从欧洲萌生，在西欧登上了历史舞台，一个引领无产阶级和人类解放事业、追求建设人的全面而自由发展的社会共同体的伟大运动自此扬帆起航，并成长发展直至遍布全世界。经过第二国际和第三国际两个发展阶段，而中国的改革开放使社会主义重新崛起，标志国际共产主义运动的发展已经进入第三个历史阶段。[5] 杨承训认为，世界社会主义运动重心从171年前至今经过了三次变迁，

---

[1] 柴尚金：《当今国外共产党发展变化的五大亮点》，《当代世界》2018年第8期。
[2] 姜辉：《当前世界社会主义正进入谋求振兴期》，《人民论坛》2016年第9期。
[3] 门晓红等：《多样性多元化的世界社会主义运动》，《科学社会主义》2018年第1期。
[4] 俞思念等：《马克思主义本土化与21世纪社会主义的发展态势》，《理论视野》2017年第12期。
[5] 奚广庆：《关于国际共产主义运动进入第三阶段的论断》，《党政研究》2019年第1期。

从西欧到东欧（苏联），再到东亚，现在重心稳扎在中国，乃是历史的选择。成立了 70 年的新中国，尤其是在 40 年改革开放中形成的中国特色社会主义理论体系，使中国成为当代最坚强的马克思主义阵地。① 轩传树则认为，世界社会主义经历了由空想到科学飞跃的"社会主义 1.0"阶段，从理论到实践、从一国到多国飞跃的"社会主义 2.0"阶段，以及解决了经济文化相对落后国家如何建设、巩固和发展社会主义的问题，实现了从传统到现代飞跃的"社会主义 3.0"阶段。② 显然，尽管学者们对当前世界社会主义发展阶段的表述尚不统一，但基本一致肯定中国特色社会主义将世界社会主义引向了更高的发展阶段。

关于当前世界社会主义运动的新特点，聂运麟提出当代世界社会主义运动发生九个方面的重大变化，已经从过去由一个中心领导、走唯一革命道路、建设统一社会主义模式的世界社会主义运动转变为由各国共产党独立自主领导、走符合本国国情的革命发展道路、建设具有本国特色社会主义的世界社会主义运动。轩传树和冷树青提出，当下的国际共产主义运动仍然是一种世界性的存在，是在世界多极化、经济全球化、社会信息化、文化多样化加速发展的大背景下，既借鉴利用资本主义又在合作竞争中超越资本主义，既体现社会主义价值原则、本质和功能，同时又赋予现实社会主义制度包容性、成长性的新社会主义。

二 社会主义与资本主义的关系研究

资本主义与社会主义的关系，即两制关系问题，是马克思主义的一个重大理论问题。在世界社会主义发展进程中，能否正确认识

---

① 杨承训：《世界社会主义重心三次变迁推进理论大发展》，《毛泽东邓小平理论研究》2019 年第 1 期。

② 轩传树等：《试析 21 世纪世界社会主义发展的新态势》，《当代世界》2018 年第 11 期。

和处理两制间的关系，在一定意义上对社会主义的兴衰成败产生了直接影响。70年来，我国学界对这一问题进行了大量研究，形成若干具有代表性的观点。

一是认为社会主义与资本主义是取代与被取代关系。社会主义取代资本主义，是不可逆转的历史规律和马克思主义者的坚定信念。当代资本主义新变化不仅没有也不可能从根本上克服资本主义的基本矛盾和危机，更不会引起资本主义经济制度和政治制度的根本性变革，因而也不会改变资本主义必然灭亡，社会主义必然胜利的客观规律。二是认为社会主义与资本主义是合作发展的关系。在全球化条件下，无论社会主义还是资本主义，都在谋求进一步发展，在谁也不能代替谁，谁也不能消灭谁的情况下，只有合作才能赢得机遇。三是认为社会主义与资本主义是相互借鉴的关系。社会主义可以借鉴资本主义，资本主义也可以借鉴社会主义。四是认为社会主义与资本主义是历史继承的关系。社会主义是作为资本主义的对立面而产生的，但这并不排除二者的历史继承性，社会主义必须创造性地发展人类已积累起来的一切文明成果，特别是资本主义所创造的积极成果。

从社会主义和资本主义关系的角度思考时代问题，也是我国学界两制关系研究的重要切入点。学界普遍认为，从世界社会主义500年的大视野来看，"我们依然处在马克思主义所指明的历史时代"，强调在这个历史时代，存在两个阶级、两种生产方式和两种社会制度，两者并存竞争，但其本质和发展趋势是从资本主义向社会主义过渡。当然，这个大时代中的不同发展阶段也有着不同的时代主题和主要矛盾，因此还需要正确认识"大时代"和"小时代"的关系，亦即在这个大的"从资本主义向社会主义过渡"的时代，不排除"和平与发展"仍然是当今时代的主题。[①] 多数学者强调，当前

[①] 姜辉：《我们依然处在马克思主义所指明的历史时代》，《马克思主义研究》2019年第1期。

人类面临诸多难题和挑战，维护世界和平，促进共同发展任重道远，需要用世界眼光和历史视野来观察研究当代资本主义的新变化、新趋势，研究21世纪世界社会主义发展的新态势、新问题，研究资本主义与社会主义竞争较量与力量对比的新态势，全面地、历史地观察分析时代发展新特征、新走向。有学者认为，当前世界资本主义在其发展的长周期中开始进入了一轮规模较大的衰退期，而世界社会主义虽然总体上仍然处于苏联解体东欧剧变之后的低潮期，但以中国特色社会主义发展取得的巨大成就为主要依托和标志，开始进入了世界社会主义发展长周期的上升期。也有学者提出，当前处于"两制焦灼竞争阶段"，距离马克思所说的最后阶段仍有较长时期，我们应当客观判断形势，汲取苏联当年的历史教训。

三　中国特色社会主义与世界社会主义的关系研究

1949年新中国成立，社会主义制度在中国建立起来，世界社会主义的力量得到空前增强。在长期实践中逐渐形成的中国特色社会主义，是社会主义发展史和中国社会发展史两条脉络的交汇点，其在理论上表现为既坚持科学社会主义理论的一般性，又体现时代特征和本国实际的特殊性。中国特色社会主义的蓬勃发展，极大地推动了世界社会主义的历史进程。

党的十八大以来，我国学界对中国特色社会主义在世界社会主义中的地位和作用的研究不断加强。有学者认为，新时代中国特色社会主义在21世纪世界社会主义格局中具有重要地位和意义。从中国化马克思主义的历史发展来看，新时代中国特色社会主义实现了一个新的飞跃，使中国特色社会主义发生了"阶段性质变"，开始进入制度完善和内涵提高的新境界；从21世纪世界社会主义的发展趋势来看，新时代中国特色社会主义是对正在"触底反弹"的国际共产主义运动的"空中加油"；从21世纪世界社会主义运动的多极格局看，新时代中国特色社会主义在这一格局中具有举足轻重的地位和作用。① 也有学者提出，习近平新时代中国特色社会主义在引领中国不断走向世界的征程中，必将推进世界社会主义进入新阶段。中国共产党领导、人民当家做主、依法治国相结合，能够实现国家政治和社会稳定，能够集中力量办大事。中国特色社会主义、科学社会主义在中国的发展和强盛，必然推动世界社会主义运动不断向前发展。②

四 无产阶级国际主义研究

无产阶级国际主义，是马克思主义理论的重要内容。在国际共产主义运动史上，无产阶级政党高扬国际主义旗帜，进行多样化国际联合实践，积累了宝贵的经验和教训。70年来，国内学界对该问题进行了长期不懈的追踪和思考。

关于第一国际 我国学者从第一国际的性质、组织原则、主要任务、历史地位和现实意义等方面进行了丰富的研究。高放认为，第一国际的成就分别表现在大力为工人阶级争取权益、大力支持民族解放斗争和民主运动、大力支持1871年巴黎公社革命，以及大力批驳各种非科学社会主义流派，创新发展了科学社会主义方面。③ 曹长盛等认为，第一国际是共产主义者同盟1852年解散之后、第二国际1889年成立之前，两者间承前启后、继往开来的桥梁和引擎。正是第一国际的引擎作用，才催生了第二国际成立前后世界一大批工人阶级社会主义政党。④

---

① 崔桂田:《21世纪世界社会主义格局中的新时代中国特色社会主义》，《当代世界社会主义问题》2017年第4期。
② 柴尚金:《中国新时代谱写世界社会主义新篇章》，《当代世界》2018年第2期。
③ 高放:《第一个政党性的国际工人组织》，《中国延安干部学院学报》2014年第1期。
④ 曹长盛等主编:《世界社会主义共产主义运动》，东北师范大学出版社1995年版。

关于第二国际 学界对第二国际的地位评价比较多元。有学者强调其功大过更大,最终功败垂成。也有学者提出,列宁、斯大林的论断对后人影响深远。总体上大多认为第二国际的主要错误包括:对马克思主义的理解、宣传存在教条化倾向;未能找到制止战争的有效办法,也没有正确解决国际主义与民族利益之间的关系;在对伯恩施坦修正主义的批判中,未能科学回应当时的时代问题;未能适应形势变化适时调整斗争策略;组织过于分散,缺少执行力;等等。

关于第三国际(共产国际) 学界认为,共产国际对国际共产主义运动的主要历史贡献集中在以下方面:指导、帮助、推动了各国共产党的创建和发展;卓有成效地传播了马克思列宁主义;指导、支援了资本主义国家的工人运动和殖民地、半殖民地国家的民族解放运动;等等。而共产国际的缺点和错误主要表现在,权力过度集中,损害了各国共产党的独立自主发展,并给一些国家的革命运动和共产党组织造成消极影响或伤害,等等。

关于第四国际 第四国际是以托洛茨基"不断革命论"为旗帜,推行所谓"世界革命"战略的一种极"左"的、带有浓厚宗派色彩的社会主义组织。虽然作为一种运动人数不多、派别林立,但由于它的主张往往能赢得部分激进小资产者和工人的共鸣,至今在国际社会主义运动中仍保有一席之地。由于历史的原因,长期以来我国学者对第四国际研究较少,批判较多。21世纪以来,陆续发表了一些相关托派历史、组织演变和由来、当前发展特点的较为客观、中肯的著述。部分学者认为,以不断革命论为基础的托派社会主义是极"左"思潮的代表。也有学者认为,广义的不断革命论是对不平衡规律的运用,是对无产阶级的自主性和国际主义精神的高扬;不成熟的社会主义理论同不成熟的社会主义是相适应的,理论的局限性随着时代的发展是可以被理解和超越的。而如何探索一条社会主义新路,是摆在主张"不断革命"和"世界革命"的托派组织面前的老大难的新问题。

关于其他联合机制及国际联合前景研究。目前学界关于无产阶级左翼联合的研究，主要集中在迄今已召开二十次的"世界共产党和工人党国际会议"，以及世界各地左翼组织举办的一系列国际性或地区性论坛方面，如纽约左翼论坛、圣保罗论坛、阿拉伯左翼论坛等。对于当前有无必要重建类似共产国际的国际组织问题，是学界的一个讨论热点。有学者认为，各国共产党、工人党和劳动党可以新成立一个共产党国际，吸取各种性质的政党国际工作的经验教训，以新的组织原则和思维方式开展工作。[①] 也有学者认为，今天世界社会主义运动已经出现了重大变革与转型，世界社会主义运动发展呈现多样性，各国共产党甚至发展出了不同类型，因而不存在重建共产国际的必要。

第三节　国际共产主义运动和世界社会主义重大历史问题研究

70 年来，我国学者对国际共产主义运动和世界社会主义历史问题的研究主要集中探讨巴黎公社、十月革命、苏联解体东欧剧变原因与教训、中苏论战、苏联模式以及冷战史研究等方面。

一　巴黎公社

巴黎公社是人类历史上建立无产阶级专政的国家政权的第一次尝试，在国际共产主义运动和世界社会主义发展史上具有重要的历史影响。新中国成立初期，我国学界对巴黎公社的研究主要集中于历史学（教学）领域，主要就巴黎公社事件中的一些具体问题进行补正、讨论，随后逐步扩大到包括政治、法学、美学、国际共运史、

[①] 程恩富：《世界社会主义的未来取决于国际无产阶级有效联合行动》，《国外社会科学》2012 年第 5 期。

中共党史等领域的多视角考察，涵盖对巴黎公社的理论与实践的考察，对马克思、恩格斯、列宁眼中的巴黎公社进行分析，以及巴黎公社与国际共运重大历史事件（如第一国际、十月革命等）之间的关系，对巴黎公社政治遗产（"社会公仆"思想、民主精神等）及其当代价值的挖掘，中国共产党对巴黎公社的认知、传播与借鉴等内容。主流观点认为，巴黎公社在国际共产主义运动史上具有里程碑意义。它是无产阶级武装夺取政权的第一次尝试，丰富和发展了马克思主义关于阶级斗争和社会主义的学说，在国际共产主义运动上写下了光辉、伟大而悲壮的一页。

二 十月革命

作为20世纪人类历史上最重大的事件之一，1917年俄国十月革命一直是国际共运史界关注与研究的重要问题。新中国成立初期，国内学界主要围绕十月革命的各种纪念活动进行历史考察。随后，主要就十月革命对于世界革命、对于中国革命的影响和意义进行探讨。随着研究程度的深化、研究视野的拓展和苏联档案的解密，十月革命更加清晰地、生动地呈现于世人面前。相当一部分研究者不再拘泥于传统思维定势和单向叙事话语，转而多元、细致、客观地对十月革命进行多角度还原和全方位解读。特别是在十月革命的历史合理性、革命性质、历史意义、内在精神、对中国特色社会主义的启示等研究方面取得了丰硕成果。其间，也不乏对这一焦点问题的争论，甚至出现所谓"早产论""阴谋论""历史的误会论"，错误地把苏联解体归因于十月革命。21世纪以来，伴随中外学术交流的不断加深，俄罗斯政党、社会、学界，以及欧洲共产党对十月革命的不同评价也被陆续翻译介绍到国内，进一步推动了十月革命研究的深化。2017年是十月革命爆发100周年，我国学者发表了大量相关研究成果，再次肯定了十月革命道路的伟大历史意义，认为十月革命道路，就是以马克思列宁主义为行动指南、以共产主义为奋斗目标、以无产阶级和广大人民群众为根本依靠、以无产阶级政党为领导核心的无产阶级革命和无产阶级专政的道路。中国共产党带领中国人民继续创造性地继承和发展十月革命经验，根据中国具体国情和时代特征，成功开创并不断拓宽中国特色社会主义道路，引领当代中国日益繁荣富强。

三 苏联解体东欧剧变的原因与教训

苏联解体东欧剧变是 20 世纪最重大的历史事件之一，对国际共产主义运动事业产生了十分重大的影响。正确认识苏联解体东欧剧变的原因，深刻汲取其教训，无论对世界社会主义的发展，还是对我们党及中国特色社会主义事业发展都有诸多裨益，因此过去三十多年间，对苏联解体东欧剧变的原因与教训的总结，一直是我国国际共运和世界社会主义研究的一个重大课题。

国内关于苏联解体东欧剧变的研究，大多是从苏东各社会主义国家内部和美国等西方国家对其进行和平演变战略等两个方面寻找原因。主流观点认为，苏共主动放弃政权是根本原因，但苏联传统模式长期滞后也是重要原因，而西方敌对势力"和平演变"是导致苏联解体东欧剧变的外部原因。对于苏联解体和苏共垮台，西方一些学者宣扬这证明了社会主义制度的失败，人类历史将以西方资本主义制度走向终结，国内学者对此持批判态度，强调这仅仅是一个特例，是苏联模式的终结而非社会主义制度的终结。中国、越南等社会主义国家，吸取苏联解体和苏共亡党的深刻教训，把马克思主义基本原理与本国实际相结合，走出了改革开放或革新开放的新路子，而且被实践证明是一条正确的道路，证明了社会主义制度的优越性和发展道路的多样性。对于东欧各国执政党来说，照搬苏联模式是其发生剧变的根本原因，而党的领导路线和观念错误，采用全盘西化进行改组且主动放弃党对意识形态的领导权则是重要原因。

国内学界对苏联解体东欧剧变经验教训的总结，一方面，注重苏联解体东欧剧变对我国政治、经济、文化建设以及党建的启示，比如强调坚持以经济建设为中心，大力发展生产力，提高人民幸福指数；坚持以马列主义为指导，不断加强理论创新，提高党的执政能力；坚持改革的社会主义方向，全面深化改革；抵制西方意识形态渗透，警惕"和平演变"等。另一方面，侧重于苏联解体东欧剧变对于社会主义国家的命运、社会主义建设与发展的启示，对各国共产党积极进行战略和策略调整等方面进行考察和研究。

国内关于苏联解体东欧剧变原因与教训的研究成果非常丰富。其中，中国社会科学院世界社会主义中心编撰和录制的三部多集历史纪录片《居安思危》《苏联亡党亡国二十年祭》《俄罗斯人在诉说》的影响尤为巨大，已经成为党员警示教育重要资料。这些资料已经被越南翻译，作为越南共产党党内教育资料。

四　中苏论战

20世纪60年代，中苏之间围绕国际共运和马克思主义重要理论和实践问题展开论战，历时十年，又称"十年论战"。中苏论战是20世纪五六十年代国际共产主义运动中的重大事件，其直接造成中苏关系由意识形态的分歧发展到国家关系的破裂，导致了国际共产主义运动的重大分裂。

在20世纪80年代前，专门探讨中苏论战的文章并不多见，既有成果大多是史实梳理或对中苏论战起因、焦点与教训的分析。20世纪90年代以来，随着相关历史档案资料的解禁，一些回忆性论著增多，国内学者开始从国家利益冲突、意识形态分歧、国际战略矛盾、领导人个性特征与观念意识等角度研究中苏论战的起因，从而使这一问题的研究取得了相当大的进展。进入新世纪，学界在以前研究积累的基础上，对纷繁复杂的历史现象、文献档案予以梳理和考证，对中苏论战所涉及的内容与人物给予了尽可能客观合理的分析，并力求在一些较有争议的难点、疑点问题上取得突破。具体包括对中苏论战的起因的深入探讨（大致可分为：综合因素论、意识形态主因论、国家利益主因论、其他因素论）、中苏论战与马克思主义中国化的关系、中苏论战对探索中国特色社会主义道路的影响；

中苏论战与邓小平、如何看待中苏论战与"九评"问题、中苏论战对20世纪五六十年代中国意识形态建设的影响及其当代启示、中苏论战与"文化大革命"理论的形成等，其中不乏对中苏论战成因、实质、议题、影响的真知灼见，但也存在较大的学术争议与观点交锋。

五 冷战史

第二次世界大战后，资本主义和社会主义两大阵营发生以"冷战"为标志的对抗，中美苏等大国之间以及社会主义国家之间的关系出现了重大变动。"冷战"持续四十多年，对世界各国乃至整个国际格局的发展都产生了深远影响。随着20世纪80年代末90年代初发生东欧剧变、德国统一、华约和经互会解散、苏联解体等一系列重大事件，"冷战"时代宣告结束。此后，冷战史研究日益引起人们的关注。

随着冷战的结束及多国文献的开放，人们开始把"冷战"真正作为"历史"来研究。冷战史研究是我国世界现代史、现代国际关系史、美国现代史、苏联史等学科的重要内容之一。"文化大革命"前由于我国基本处于封闭状态，资料匮乏，相关研究极为薄弱，只是零星翻译出版了一些西方政治家的回忆录和个别西方学者的著作，同时发表了一些批判美国侵略政策的文章。改革开放后，如同其他学科一样，冷战史研究也出现了生机勃勃的局面。我国学者翻译出版了不少外国学者、政治家有关冷战的著述，依据大量第一手资料，坚持历史唯物主义方法开展研究，初步形成了一支精干高效的研究队伍，推出了一大批有分量的研究成果，范围涵盖冷战起源、冷战结束的时间、冷战造成的影响、后果和教训等，在冷战期间重大事件尤其是两次柏林危机，古巴导弹危机，朝鲜战争的起源、性质、影响与后果，越南战争等研究方面取得了重要进展。

目前，我国的冷战史研究已经走出文献不足时期只能对问题进行浅层次解释阶段。自20世纪90年代"新冷战史学"兴起以来，应用多国档案文献还原历史的实证方法已经成为国内冷战史研究的主流。但由于"新冷战史学"产生初期尚未形成统一的档案使用规范，也随之出现了研究者任意选撷、随意解释文件等不尽如人意的地方。华东师范大学、北京大学历史学院对冷战史料研究较为充分，尤其是华东师范大学的研究搜集和采用了很多俄罗斯和美国的历史资料，已出版大量编译和研究论著，但有不少学者认为其资料主要依赖国外，不够全面，因而持有不同意见。

六 苏联模式

我国学界对苏联模式问题的关注，始于20世纪80年代初。此后30年间，围绕该问题的讨论一直在不断深入，使之成为一个常论常新的话题。在研究初始阶段，更多采用的是苏联经济模式的说法，主要是分析苏联经济模式的源流、形成、内容、利弊，以及对苏联东欧的经济改革理论和模式进行比较分析，强调苏联经济模式既有积极的一面，也有消极的一面，而新中国成立后很长一段时间形成的经济体制，也与苏联模式的影响密切相关。80年代中期之后，在继续对苏联东欧经济模式进行考察的同时，开始大量出现阐释苏联模式的文章。学界一般把苏联模式界定为苏联的政治经济体制，即在30年代苏联社会主义改造和建设时期在斯大林领导下逐渐形成和固定的基本行为规则。也有文章专门探索苏联政治模式及其变革。

90年代苏联解体东欧剧变发生后，一些研究在探讨苏联解体东欧剧变的原因时，从苏联模式寻找原因，强调正是这一模式使苏联从一个落后国家跃升为超级大国，使战后的苏联成为国际舞台上的主角，但同时也是这一模式使苏联本身走向了毁灭。90年代中期，学界围绕《当代世界社会主义问题》发表的《苏联模式社会主义与苏联七十多年社会主义的历史沿革》一文，产生了一些争鸣。也有一些研究开始探索中国的社会主义实践对苏联模式的超越问题，比如系列文章认为，毛泽东的《论十大关系》已开始探索摆脱苏联模式，走自己的路的问题，也有研究开始关注中国从苏联模式向有中国特色社会主义的转变，对比中苏改革，探索邓小平理论的要义、对苏联模式的突破，等等。

21世纪以来，我国学界对苏联模式的研究更加趋向深入。在这一过程中，围绕苏联模式是否是苏联解体的主因问题，形成了一些不同观点和争论。有学者认为，苏联由于在商品货币关系问题上实行教条主义，坚持产品经济观，竭力限制与消灭商品货币关系，实行高度集中的指令性计划经济体制，在政治体制上实行高度集权，最后发展成个人集权主义，这种经济与政治体制成为导致苏联社会主义失败的主要原因。[1] 也有学者强调，苏联社会主义模式作为人类历史上社会主义理想变为现实的第一个试验，对其进行评价时必须慎重。苏联向资本主义演变的决定性因素，不是社会主义实践出现了失误和弊病，而是以戈尔巴乔夫为首的苏共领导集团背离了马克思主义、社会主义基本原则，推行人道的民主社会主义的错误路线造成的。[2]

七　社会主义发展道路多样性研究

20世纪50年代开始，南斯拉夫克服苏联模式的弊端，走上了社会主义自治道路。这是社会主义国家探索独立自主发展道路的最初尝试。以此为发端，直到20世纪80年代，为了突破僵化的苏联模式，东欧社会主义国家掀起了大范围的改革浪潮。社会主义国家从不同的角度突破苏联模式，选择了不同的发展路径，又由于不同的原因成功或者失败。这些国家的改革浪潮深刻地影响了中国的改革开放，为中国的改革开放提供了正反两方面的经验和教训。

在此背景下，我国学者加强了对苏联东欧等原社会主义国家的经验教训的总结，并且扩大和深化了对现有社会主义国家发展道路的跟踪研究。中国社会科学院世界社会主义研究中心陆续出版了多

---

[1] 陆南泉：《十月革命后形成的苏联模式剖析》，《探索与争鸣》2017年第7期。
[2] 周新城：《苏联社会主义模式辨析》，《学术探索》2004年第8期。

套系列丛书，深入浅出地多视角多层面推出各国社会主义发展道路的历史、现状、理论和实践等方面的研究成果。《马克思主义本土化的国际经验与启示》是中国社会科学院创新工程的一项重要成果。该书总结和分析了苏联东欧各国社会主义建设的历史教训，详尽介绍了苏联东欧各国以及越南、古巴、老挝、朝鲜等现有社会主义国家和拉美国家的马克思主义理论创新的成果和实践发展，充分说明了马克思主义的普遍性与特殊性，阐明各国将马克思主义普遍原理与本国具体实践相结合的重要性，以及马克思对社会主义发展道路多样性观点的正确性。

第四节 世界社会主义新发展与资本主义新变化研究

70年来，随着世界社会主义曲折进程，资本主义自身及其与社会主义的关系日益发展变化，我国学者对当代资本主义的研究也不断深入，对资本主义的认识越来越深刻。

一 现有社会主义国家的理论与实践研究

在新世纪之前，对越南、古巴、朝鲜、老挝等现有社会主义国家的研究不多，且主要集中介绍各国建立社会主义制度前后，各国的相互帮助和传统友谊。在中国人民大学、北京大学和山东大学等高校的世界社会主义教程中，对几个国家的社会主义制度和改革进行了一些概要性的介绍。20世纪80年代后，我国学者主要关注越南、古巴、朝鲜、老挝四国的社会主义道路、理论、制度和文化的形成、发展与创新。过去十年来，针对各国的社会主义革新的研究文献日渐丰富。其中，中国社会科学院马克思主义研究院2006年设立了国外社会主义实践研究室（2009年改为当代世界社会主义研究室），专门研究国外四个现有社会主义国家的革新实践和理论。国内其他研究机构有些学者对越南社会主义有所研究，但对其他三国社会主义则少有涉足。目前，社会主义国家的建设与改革纷纷进入深水区，梳理和总结各国各具特色的社会主义模式是学界关注的重点，其中，尤以对越南的研究较为全面和透彻，而对古巴、老挝和朝鲜的研究近几年逐渐有越来越多的成果面世。

在越南社会主义研究方面，中国社会科学院潘金娥、清华大学陈明凡等学者对越南社会主义定向市场经济、社会主义民主建设、党的建设、越南马克思主义本土化等问题进行了深入研究。主要专著有《越南革新与中越改革比较》《越南政治经济与中越关系前沿》《越南的政治革新》《中越马克思主义理论创新比较研究》，以及《越南马克思主义理论创新的路径与成果》《越南共产党面临大问题与挑战》《越南共产党的政治革新》《越南反腐实践成效与启示》等。中国社会科学院毛相麟、徐世澄等学者对古巴社会主义模式、古巴共产党党的建设、古巴经济模式更新等议题进行了解析，发表了《古巴的社会主义》等专著。朴键一、虞少华等学者对朝鲜社会主义实践、朝鲜半岛局势等问题进行了阐释，上海复旦大学朝鲜半岛研究中心和其他半岛研究机构也对朝鲜问题有所涉足，但主要从安全和国际关系角度来进行观察，很少有专门研究朝鲜社会主义及其指导思想的成果。陶红、陈定一、方文等学者对老挝社会主义建设的进展、基本经验、老挝人民革命党和老挝社会主义有所研究，柴尚金出版了口袋书《老挝：在革新中腾飞》。

对社会主义国家研究的一个特点，往往与我国对其外交关系结合紧密。例如，随着中国"一带一路"倡议和人类命运共同体的提出，老挝积极响应中国的倡议并率先与中国签订了中老命运共同体行动计划，中老关系必将成为我国学者研究老挝社会主义问题的一个重要内容。今后如何加强社会主义国家之间的合作和构建社会主义国家命运共同体，将成为研究社会主义各国的一个新课题。

研究表明，当前社会主义国家均面临着不同程度的意识形态、社会矛盾、国际冲突等主客观挑战，而社会主义国家的执政党建设成为各国防腐拒变的关键因素；社会主义国家的交流互鉴是必要的，但照搬和模仿是不科学，也是不现实的，社会主义国家的发展道路具有多样性，社会主义国家，唯有坚持社会主义的基本制度与核心价值，选择符合自身国情、发展阶段和本国人民根本利益的社会主义模式，才能最大限度地发挥社会主义的制度优势，最终实现社会主义的可持续发展。

二 亚非拉发展中国家和地区的社会主义思潮与运动研究

我国学者对发展中国家的研究主要以第二次世界大战后亚洲、非洲、拉丁美洲的民族解放运动和社会主义运动史为背景，聚焦战后七十多年来发展中国家社会主义蓬勃发展、动荡挫折、调整转轨等不同发展阶段的理论特征与实践规律。亚非拉社会主义大多可归为各具特色的民族社会主义。由于各地区及国家的历史发展、经济状况、社会结构、文化传统各不相同，因此各自的社会主义理论和实践、纲领和政策均有较大差异。亚非拉社会主义意识形态多元、道路模式多样、政党关系多变的特点，决定了其发展历程的复杂性、曲折性和长期性。

亚洲社会主义研究的主要议题，包括亚洲发展中国家的民族社会主义运动、新兴左翼政党的理论与实践。进入 21 世纪以后，随着尼泊尔共产党、印度共产党等左翼力量的活跃与复兴，相关研究成果也不断涌现。而尼泊尔共产党两派于 2018 年成功联合执政，成为当前世界社会主义发展道路上的一个亮点。

非洲社会主义研究，以 2000 年为界划分为两个阶段。非洲社会主义兴起的原因包括有利的国际环境、内部环境以及非洲国家较为落后等。从 20 世纪 50 年代至今，非洲社会主义大致经历了形成、激进、调整、低谷、再现等阶段，主要流派包括村社会主义、阿拉伯社会主义、民主社会主义、非洲科学社会主义等。目前，对非洲社会主义的新发展、非洲共产党的新成绩、非洲国别社会主义研究等方面的研究仍需加强。

拉美社会主义研究，主要包括拉美社会主义思潮与运动、拉美共产主义政党和古巴社会主义研究。拉美社会主义思潮研究主要关注拉美民族社会主义、托洛茨基主义、社会民主主义、秘鲁阿普拉主义、尼加拉瓜桑地诺主义、拉美基督教民主主义、阿根廷的庇隆主义、拉丁美洲解放神学及21世纪社会主义的研究。拉美共产主义政党研究主要关注阿根廷共产党、巴西共产党、委内瑞拉共产党及智利共产党等建党时间较长的共产党发展状况。此外，拉美左翼政党论坛圣保罗论坛和巴西劳工党发起的世界社会论坛也是学界高度关注的地区组织。古巴社会主义的发展与经济社会模式"更新"是国内学界密切关注的重点问题。进入21世纪以来，以委内瑞拉、厄瓜多尔、玻利维亚等国为代表的拉美"21世纪社会主义"理论与实践引发热议。有学者认为，拉美"21世纪社会主义"是杂糅了地区历史和现实多重元素的新政治运动，是变化发展中的新社会主义流派，是更加强调本土特色、替代色彩和地区合作的社会主义。拉美"21世纪社会主义"的出现既有历史必然性，也含有一定的历史局限性，被称为未曾革命的"革命"。未来，拉美"21世纪社会主义"仍有待突破和超越外围资本主义的生产关系、经济结构和制度形态。

总的来看，亚非拉社会主义研究为我们准确把握世界社会主义的发展规律和多元特色提供了重要参考和问题导向。例如，在意识形态多元的条件下，如何坚持和保证科学社会主义指导思想一元化；如何坚持科学社会主义一元化指导地位的同时科学地吸取其他社会主义思潮的精华；如何正确地看待和处理科学社会主义同其他社会主义流派的关系。在道路模式问题上，如何认识社会主义的共同性统一性国际性和社会主义的独立性差异性民族性的关系问题；如何认识和处理革命与改良、单一和多样的关系问题；如何认识和处理过去和现在、目前与长远、现代化与全球化的关系问题；等等。在政党关系问题上，如何认识和处理共产党与其他党派的关系问题；如何看待坚持共产党的领导与密切联系人民群众的关系问题；如何看待民族资产阶级及其政党在争取社会主义斗争中的地位作用问题；

等等。深入研究亚非拉社会主义的历史特征及经验教训，将有助于我们把握中国特色社会主义的历史方位及世界社会主义运动未来的发展趋向。

三 原苏联东欧地区社会主义运动和思潮研究

新中国成立初期，我国对苏联东欧社会主义国家的研究以介绍和学习苏联社会主义的理论和建设经验、介绍斯大林和其他苏共领导人的思想观点为主。20世纪六七十年代中苏大论战后，我国学者对苏联和东欧社会主义的研究带有强烈的批判性。20世纪90年代以前，以中央编译局、中联部资料翻译为主，内部出版了系列批判苏联"修正主义"的资料，即"灰皮书"。苏联解体东欧剧变后，对于苏联社会主义解体东欧剧变的原因、教训和国外学者的看法的介绍大量出现，一直保持至今，成为国际共产主义运动史研究的一个重要课题。

近年来，我国学者对俄罗斯社会主义研究的重点，集中在苏联解体后俄罗斯的共产党和马克思主义流派、学者的现状，对马克思主义的再认识，对列宁及斯大林等历史人物的看法，对当代资本主义新变化和时代的认识，对社会主义的再认识，对俄罗斯社会和阶级的分析，对共产党自身建设的认识等方面。关于新东欧六国共产党和社会主义运动的研究，主要关注摩尔多瓦共产党人党、乌克兰共产党、白俄罗斯共产党及波罗的海沿岸三国共产党的基本情况，并梳理了这些党对马克思主义、时代、当代资本主义、社会主义、党自身建设、世界及本国社会主义发展前景的认识。中亚社会主义研究主要包括哈萨克斯坦、吉尔吉斯斯坦、塔吉克斯坦共产党、土库曼斯坦共产党、乌兹别克斯坦共产党、外高加索阿塞拜疆共产党的重建情况，及其关于当代资本主义本质、社会主义发展前景和本国社会主义道路探索、党建工作的认识。中东欧共产党及左翼思潮研究，主要关注中东欧共产党力量的重新组合及其对当代资本主义、社会主义、共产党基本理论、党建基本原则的认识等。

四 发达国家共产党和左翼政党研究

国内学界对发达资本主义国家共产党的研究始于20世纪50年代，当时陆续出版了一些翻译著作，如《意大利共产党简史》《法国共产党的诞生》《日本共产党斗争小史》，以及各国共产党代表大会文件和资料集等。70年代末80年代初，伴随"欧洲共产主义"的兴起，国内出现了一个发达国家共产党研究的小高潮。进入90年代，《发达资本主义国家共产党的历史与现状》《社会主义向何处去——冷战后世界社会主义运动大扫描》等著作出版，对冷战后初期资本主义国家共产党的发展状况进行了全方位阐释。21世纪后，围绕发达资本主义国家共产党的历史、理论、实践研究出版了大量研究成果，比如姜辉著《欧洲发达国家共产党的变革》、聂运麟著《资本主义国家共产党：低潮中的奋进、变革与转型》等研究性专著，以及资本主义国家共产党的国别和个案研究成果，研究视角触及六大洲重要共产党，内容涵盖各国党的历史以及理论、实践与观点主张的新发展、新变化。其中，"资本主义国家共产党的理论与实践研究丛书"，围绕日本、法国、美国、英国、希腊、葡萄牙、澳大利亚、塞浦路斯等主要共产党进行了深入个案分析和探讨，产生了较为广泛的影响。此外，相关发达资本主义国家共产党领导人如不破哲三思想等的研究专著也有出版。总的来看，这些研究直面世界社会主义处于低潮的时代背景，从历史、理论与实践相结合的视角，围绕各国党的理论探索和实践创新，对发达资本主义国家共产党的现状和未来走向进行了多维透视和解读。

改革开放尤其是新时代以来，中国取得了举世瞩目的发展成就，吸引了国外共产党和工人党的广泛关注，世界社会主义"向东看"渐成潮流和趋势。在这一背景下，近年来国内学界评析国外共产党对中国特色社会主义认知情况的研究非常丰硕。相关研究大都认为，国外共产党肯定中国特色社会主义所取得的伟大成就，解读中国特色社会主义的内涵，期望中国特色社会主义在推动世界社会主义运动和维护世界和平中发挥更大作用。

国内关于绿党的研究，与对生态社会主义的研究密切结合在一起，20世纪80年代之后开始陆续发表一些介绍德国绿党、瑞典绿党以及阐释其生态社会主义观的文章。21世纪以来，出版了一些具有代表性的研究专著，如刘东国著《绿党政治》、郇庆治著《欧洲绿党研究》等，深入阐释了绿党的兴起与发展、思想与实践、作用与意义，推动了国内绿党研究的深入展开。同时，针对国外新兴的激进左翼政党研究，国内学界2014年后开始有所涉猎，李其庆、林德山的相关著述推动了该研究领域的发展。

五 国外社会主义主要流派研究

社会主义流派研究是世界社会主义研究的重要组成，是一项聚焦社会主义历史源流和基本范畴的基础性研究。正如有学者指出的，研究世界社会主义流派，最重要的是解决划分流派的尺度问题，通常的做法是区别为两大家，即科学社会主义和非科学社会主义。世界社会主义流派与中国特色社会主义共同构成了当代社会主义运动，前者的研究应该关注时代条件的变化。显然，梳理、比较和甄别世界社会主义发展史上不同社会主义流派的发生、发展和兴衰成败，有助于我们从浩瀚的人类社会发展史中，精准把握世界社会主义思潮及运动发展的主线与规律，从而不断完善对科学社会主义的认识，坚定中国特色社会主义道路、理论、制度与文化自信。

我国学者对国外社会主义流派的研究从20世纪80年代起步。1982年，《教学与研究》发表了《加强对当代社会主义流派的研究》一文，对国外社会主义流派研究进行了介绍。我国对国外社会主义流派的整体性研究成果不少，比如余文烈等著《当代国外社会主义流派》，阐述了市场社会主义、民主社会主义、西方马克思主义和欧洲共产主义等社会主义流派的发展及主要政治思想。中共中央对外联络部编著的《20世纪国外社会主义理论、思潮及流派》，涵盖社会主义国家共产党的社会主义观、20世纪国外非执政共产党的社会主义观、社会民主主义的发展演变和评析、发展中国家民族社会主义流派评析等。聂运麟教授主持的教育部哲学社会科学研究重大课题攻关项目"世界社会主义主要流派的历史演进研究",对世界社会主义主要流派开展有计划、有重点、相互联系的整体性跟踪研究。

关于社会主义流派史研究的基本范畴,有学者按历史发展顺序,从世界社会主义500年的思想史中梳理出了25个派别,包括空想社会主义、封建社会主义、基督教社会主义、工场社会主义、农民社会主义、无政府社会主义、真正的社会主义、科学社会主义、国家社会主义、讲坛社会主义、费边社会主义、议会社会主义、工团社会主义、伦理社会主义、行会社会主义、整体社会主义、总体性社会主义、托派社会主义、民主社会主义、自治社会主义、职能社会主义、基金社会主义、欧洲共产主义、生态社会主义及市场社会主义。其中,国内关注较多的流派有以下几个:

(一)民主社会主义

民主社会主义或社会民主主义,是西方国家社会主义运动和工人运动中改良主义的思想体系与意识形态。其将社会主义看成一种道德需要、道德抗议,否认其历史必然性。西方社会民主党是民主社会主义理论的主要实践者,其在资本主义社会中推动了人们物质生活的改善以及公民权利与经济、社会权利的提高,在发展参与民主以补充议会民主、推动社会保障和社会福利等方面发挥了一定积极作用,但由于其本质上是一种社会改良主义路线,因此只能充当"资本主义病床边的医生",而不能推动实现制度替代。

1978年之前,国内学界对社会民主党的研究以介绍性文章为主,也出版了一些党史翻译资料如《德国社会民主党史》四卷本等,整体上是将其作为修正主义和机会主义的代表进行批判为主。20世纪80年代后,相关翻译和研究著述开始明显增多,且围绕一些热点问题出现了几个明显的研究小高潮,比如20世纪80年代末90年代初在戈尔巴乔夫人道的、民主的社会主义之后,国内学界就民主社会主义的起源、性质、作用等展开了激烈讨论。20世纪90年代中后期，源于"第三条道路"的提出以及欧洲社民党的重新复苏，国内学者就这一现象进行了广泛探讨。2007年前后，因谢韬发表《民主社会主义模式与中国前途》一文，再次引发了国内关于民主社会主义性质的大讨论。目前，主流观点认为，社会民主主义是一种非马克思主义、改良主义的思想理论和体系，社会民主党与新自由主义相融合，已经越来越偏离社会主义议程。中国特色社会主义与民主社会主义是两股道上跑的车，"只有民主社会主义才能够救中国""中国特色社会主义属于民主社会主义"等主张，企图以此为烟幕，把民主社会主义引进社会主义中国，只能导致复辟倒退，中国只有走具有中国特色的社会主义道路才能取得成功。

（二）市场社会主义

市场社会主义是一种经济体制的理论或模式，也是世界社会主义运动的一股重要思潮，它是对将近一个世纪以来倡导和探索社会主义与市场经济相结合的道路与模式的笼统称谓。在不同的历史时期和不同的国度，社会主义与市场经济的不同结合产生了不同的理论和实践模式。

我国对市场社会主义的研究，起步于20世纪90年代中期。余文烈、姜辉、吕薇洲等学者运用马克思主义的观点，分析和评价了市场社会主义思潮兴起的背景、理论模式和基本主张，系统探讨了市场社会主义的基本特征，如改良或替代资本主义的社会政治目标、市场主导的经济运行机制、形式多样的社会所有制结构、兼顾平等与效率的价值取向、突出政治民主和经济民主及浓厚的乌托邦色彩等。还有不少学者从比较视角探讨了该思潮对于我国经济体制改革和社会主义市场经济建设的意义，强调社会主义市场经济又克服了市场社会主义外部结合论等方面的局限，基于我国社会主义的性质和初级阶段的国情，在市场与公有制结合形式等方面进行了理论创新，从而实现了对市场社会主义的超越。《市场社会主义论》《市场社会主义：历史、理论与模式》等，是系统研究市场社会主义思潮的主要著作。近些年来，市场社会主义研究仍在不断推进，出版了不少以经济民主为讨论核心的研究成果。

（三）生态社会主义

生态社会主义是近三十年来西方新崛起的社会思潮和运动，其迅速成长及普遍影响成为当前世界社会主义发展最重要的现象之一，甚至被赋予 21 世纪最有生命力的社会主义思潮的重要地位。

自 20 世纪 80 年代中期开始，我国学界开始介入生态社会主义研究，出版发表了大量研究成果。这些成果从初期的介绍生态社会主义的由来、背景、基本主张和发展概况，逐渐延伸至对其在当代社会经济、政治发展中的地位评价，对重要学者如高兹、怀尔德、阿格尔、佩珀重要理论观点如生态社会主义的绿色政治学说、当代资本主义批判、社会发展观等的系统评析，对生态社会主义与马克思主义、科学社会主义关系的阐释，以及生态社会主义学说对我国生态可持续发展的启示等方面。多数观点认为，生态社会主义在对现代工业社会主流价值观进行批判性审视的基础上，构建了一种全新的价值观体系。其始终把社会主义作为支撑其价值观体系大厦的"阿基米德支点"，主张在平等的生命交流的基础上重建人与自然的和谐关系，追求社会公正和人的解放，因此对生态社会主义价值观的合理性和局限性，应给予客观的、公正的评价。

（四）女权社会主义

女权主义思潮是当代西方社会中一种具有较大影响的思潮。其伴随西方女权运动的高潮，兴起于 20 世纪六七十年代，进而在世界范围内得到广泛传播。20 世纪 80 年代末，我国学界开始译介一些女权社会主义、女权马克思主义的著作，此后陆续发表了一些评析该思潮的研究成果，但整体上数量不多，尤其是从宏观上反映该思潮发展演进历史、代表性学者和观点的研究较为稀缺。目前的主要观点认为，女权社会主义作为当代西方国家中女权主义思潮与社会主义思潮相结合的产物，从某一侧面反映了马克思主义对女权主义的影响，反映了女权主义运动与社会主义运动的联系。

(五) 欧洲共产主义

"欧洲共产主义"并不是一个地域性概念，而是当代发达资本主义国家的共产党运用马克思主义，探索适合本国条件的社会主义变革道路的一种理论。其基本主张是，当代发达资本主义国家的工人阶级，将通过一条不同于十月革命的民主道路，达到社会主义变革的目标。

20世纪70年代末至80年代，我国学界出版了大量欧洲共产主义的相关译著译文，如《"欧洲共产主义"与国家》《欧洲共产主义的危机》《欧洲共产主义的由来》《论欧洲共产主义》等，也发表了大量研究欧洲共产主义的论文，深入探讨欧洲共产主义的由来、实质、与社会民主主义的关系及其对于国际共产主义运动和世界战略态势的影响等。90年代后，国内关于欧洲共产主义的研究，聚焦欧洲共产主义对苏联演变的影响，尤其是对戈尔巴乔夫"新思维"的影响。进入21世纪，伴随欧洲共产主义影响衰落，相关研究急剧减少。多数观点认为，欧洲共产主义的产生具有历史必然性，其国家、阶级、革命和政党理论等集中反映了欧洲共产党人的理论探索，既具有合理性又具有局限性。欧洲共产主义的失败，与国际形势、国际经济政治大环境变化、西方各国内部极右翼和极左翼的夹击、欧洲社会民主党的兴起、西欧社会的结构性变化、苏共直接插手、国际共产主义运动的分裂、缺乏与时俱进的理论创新等密切相关。

六 当代资本主义研究

国际共产主义运动和世界社会主义的发展，离不开资本主义形成、演进的社会大背景。当代国际共产主义运动和世界社会主义的发展，更是与资本主义的新调整、新变化存在密不可分的联系。正如习近平总书记指出的，世界格局正处在加快演变的历史进程之中，产生了大量深刻复杂的现实问题，提出了大量亟待回答的理论问题。这就需要我们加强对当代资本主义的研究，分析把握其出现的各种变化及其本质，深化对资本主义和国际政治经济关系深刻复杂变化的规律性认识。

（一）资本主义整体性研究

新中国成立后至20世纪五六十年代，由于资本主义与社会主义阵营的对立以及苏联的影响，我国在对资本主义的研究上更注重对资本主义的矛盾与危机等的研究，对资本主义在战后黄金时代的发展与调整研究较少。在这一阶段，学者们大多认为，第二次世界大战后，资本主义制度无论在国内战线上、在殖民地附属国战线上，或者在帝国主义之间，愈来愈被削弱并酝酿着更深重的危机。

20世纪70年代以来，随着许多资本主义国家先后与我国建交，学界对资本主义的认识也随之深入。尤其是在苏联解体东欧剧变后，面对资本主义的调整与变革以及冷战的结束，对资本主义的研究也在新的时代背景下展开了新的篇章。学者们普遍认为，资本主义的发展表明，资本主义的基本矛盾并未消失，其必将被社会主义所取代的历史命运也并未改变，但从目前来看，资本主义仍具备较强的实力，通过改革调整还有一定的发展空间。通过不断地自我调整和变革，资本主义仍然能焕发一定的生机与活力，社会主义替代资本主义是一个漫长的过程。在两制并存的背景下，两者之间过去那种以势不两立的对抗为主旋律的状况逐渐为以和平共处为基点的合作关系所取代，彼此都主动地或被动地、自觉地或不自觉地吸收和消化了对方的许多有益的营养成分来发展自己、校正自己。

（二）资本主义发展阶段研究

列宁根据19世纪末20世纪初的新形势，提出了"帝国主义是资本主义发展的最高阶段"的论断。20世纪70年代以来，随着新科技革命和经济全球化的发展，资本主义出现了新的变化，列宁所论述的帝国主义五大基本特征也发生了变化。学者们根据这种变化了的形势对当代资本主义所处的发展阶段进行了新的界定，出现了多种观点。

一是国家垄断资本主义。徐崇温等学者认为，尽管当代资本主义发生了一系列变化，但总起来说没有改变国家垄断资本主义这一定位。

二是国际垄断资本主义。靳辉明、李琮、顾海良、刘昀献等学者认为，资本主义已进入国际垄断资本主义阶段。在市场经济全球化和世界经济自由化的大潮中，各种形式的跨国公司、多国公司和国家垄断同盟的迅速发展，其在全球经济中的主导和支配地位的形成，是进入国际垄断资本主义阶段的基本标志。

三是社会资本主义。董崇山等学者认为20世纪80年代以来信息化和社会化的发展使世界资本主义进入了社会资本主义的新阶段，社会资本主义就是社会化程度更高、国家政府社会职能更强、社会主义因素逐步增多的资本主义。

四是超国家垄断资本主义。罗文东认为，20世纪80年代以后，西方发达国家进入了超国家垄断资本主义发展的新阶段。在这个阶段，私人垄断、国家垄断和国际垄断的形式、作用以及它们之间的关系都发生了显著的变化，垄断资本超越国家界限、摆脱国家管制，在全球范围内榨取超额垄断利润的倾向明显增强。

五是国际金融垄断资本主义。何秉孟等学者认为，从20世纪70年代开始，当代资本主义发展已由国家垄断向国际金融资本垄断转变。在这一阶段，以跨国公司为代表的国际垄断资本，尤其是国际金融垄断资本已经成为经济全球化的深厚基础，超级国际金融垄断资本集团已经具备足够的实力把全世界作为其运作的舞台。

（三）资本主义新变化新现象新特点研究

第二次世界大战后，在新科技革命、经济全球化和世界社会主义运动的推动下，资本主义不断进行自我调整和改良，从而在生产力和生产关系、经济基础和上层建筑等方面出现了一系列新变化。

20世纪六七十年代，生态、女权、同性恋等新社会运动在西方世界蔚然兴起。80年代后，这一反资本主义运动新形态逐渐进入国内学界研究视野。除大量研究论文外，奚广庆等主编《西方新社会运动初探》、张顺洪等著《西方新社会运动研究》以及译著《西欧新社会运动——比较评析》是具有代表性的研究著作。90年代末，作为新社会运动发展和延续的反全球化运动大规模崛起，国内学界密切关注其发展态势，发表了大量研究成果，其中具有代表性的著作包括向红著《全球化与反全球化运动新探》、刘金源等著《全球化进程中的反全球化运动》、庞中英著《全球化、反全球化与中国》等。近年来，金融危机下陆续爆发的西方反体制运动如"占领华尔街""黑夜站立""黄马甲"运动等，成为西方新社会运动的新的发展形态，国内同步发表了大量研究著述，深入探讨运动意义、实质及其社会影响。

21世纪以来，尤其是2008年国际金融危机发生后，资本主义出现了一些新的特点和新的现象，如民粹主义的复兴、逆全球化潮流的出现等。对于民粹主义，学者们认为，民粹主义的复兴是政治、经济、文化、社会多方面因素综合作用的结果，它对西方的政治生态有重要的影响。对于逆全球化现象，学者们普遍认为，逆全球化潮流暴露了西方国家社会矛盾不断加剧的现实以及西方民主政治的弊端。当前逆全球化风潮给全球化带来的阻力，也可以被转化成全球化转型发展的动力，推动全球化朝着普惠共赢的方向发展。对于西方发达国家的再工业化战略，学界认为，尽管欧美等发达国家都对此次再工业化寄予厚望，并提供了政策、资金等各方面的支持，但从各项指标来看，再工业化在目前并未能达到西方的预期。

当代资本主义的这些新特点新现象，是在资本关系所许可的限度内所采取的改良与调整，并没有触动资本主义统治的根基，因而其发展趋势和历史命运并未改变，也不可能出现资本主义和社会主义的"趋同"。

（四）资本主义内部的新社会因素研究

资本主义社会内部新社会因素问题，一直是资本主义研究学界的关注重点之一。由于受苏联领导人思想的影响和有关文献的误导，新中国成立后很长一段时间里人们普遍认为"新社会因素"或"社会主义因素"不能在资本主义社会内部孕育和生长。而后在对马克思主义的重新认识过程中，对资本主义内部能否产生"新社会因素"

有了更客观的认识。多数学者认为，马克思、恩格斯一贯主张资本主义社会内部能够产生"新社会因素"。在《共产党宣言》《给〈祖国纪事〉杂志编辑部的信》等著述中，马克思已经指出在资本主义自行扬弃过程中将释放出新社会的因素。

对于"新社会因素"的表现，学界的看法也有一定的分歧。有些学者定义比较宽泛，将资本的社会化、经济计划化、社会福利制度、合作经济、企业管理的民主化、三大差别的逐渐消失等都看作新社会的因素，而有些学者则认为股份制和合作工厂等才是马克思所说的新社会的因素。在资本主义内部"新社会因素"不断积累的情况下，对于社会主义将会采取何种实现途径，学者们也进行了大量研究。

小　结

一　70年来国际共产主义运动与世界社会主义研究的成就与问题

新中国成立以来，我国国际共产主义运动和世界社会主义的研究，伴随着中国社会主义建设的发展而不断取得进步。研究重点从国际共产主义运动史，拓展为关注世界共产党、世界社会主义流派、各国社会主义的改革实践和理论创新，并对资本主义制度及其内部的各种新社会因素进行跟踪研究，围绕世界社会主义与资本主义两种制度的斗争和较量进行比较评估等方面开展了多样性研究，取得了丰硕的成果。尤其是新世纪以来，国际共产主义运动和世界社会主义的研究和教学，在我国各高校和科研机构受到了越来越多的关注。目前，全国科学社会主义与国际共产主义运动博士学位授予点超过30个，硕士学位授予点超过100个，教授数量数百人，研究成果也逐年增多并且更加全面、系统化。这些研究成果，有利于丰富社会主义的理论视野，在对世界社会主义历史和现状的清晰展现中帮助我们更加客观地认识中国特色社会主义的比较优势，增强中国特色社会主义的道路、理论、制度和文化自信，从而为加强中国与世界社会主义、左翼力量的联系与互动，为扩大中国特色社会主义的世界影响力作出积极贡献。

与此同时，我们要看到，国际共产主义运动和世界社会主义研究中也存在一些问题，面临一些窘境。首先，我国国际共产主义运动与世界社会主义的研究力量较为分散，实际工作部门与高校教学研究单位之间的交流不足，研究工作低水平重复、循环引用、研究成果质量不高。其次，对于实践中产生的一些新问题，还有待理论的创新才能作出解释。此外，从学科划分来说，对于学科归属还存在意见分歧。关于国际共运或世界社会主义学科定位的争论，概括起来存在以下几个方面的问题。

一是关于当前是否还存在国际共产主义运动的问题。自苏联解体东欧剧变后，国际共产主义运动遭受沉重打击，世界社会主义陷入低潮，各高校本科阶段的国际共产主义运动史课程纷纷被取消。不少人认为，传统意义上的国际共产主义运动已经不存在了，现存的只有各种社会主义思潮、流派、运动和制度，所以不宜再研究国际共产主义运动，而只能研究世界社会主义。

与此同时另一种观点却肯定，国际共产主义运动依然存在是无可争议的事实。一些重量级学者认为，国际共运已不存在的看法是不符合实际的。必须肯定的是，当今国际共运依然是存在的。只不过不再是传统意义的国际共产主义运动，不再是一个中心、一条路线、一种模式的那种国际共产主义运动。它是以社会主义制度替代资本主义制度为目标、以实现共产主义为理想、由共产党领导、以争取无产阶级及其广大劳动人民的解放为己任的运动，这一运动在今天的世界上是客观存在的。只是因为时代的发展、国际政治力量格局的改变，它的表现形态与以往有所不同。

二是关于国际共产主义运动应归属哪个学科的问题。目前，我国各高校和科研机构基本未设立单独的世界社会主义研究学科，基本将其纳入国际共产主义运动史研究范畴。因此，出席国内科学社会主义学会世界社会主义专业委员会会议和国际共产主义运动史学会会议的专家学者几乎是同一拨人。与此同时，国际共产主义运动史学科的归属也含混不清。历史上，它曾被划为政治学、历史学、马克思主义学或思想政治教育学。学者们对此也有不同观点。

第一种观点认为，应把国际共产主义运动史作为一门历史科学，把社会主义现状学划给世界社会主义。国际共产主义运动学会前会长王学东教授指出，国际共产主义运动史与世界社会主义有不同的研究对象和范围，不可等同视之，更不可相互替代。从学科建设的角度看，应把国际共产主义运动史作为一门历史科学来对待，把社会主义现状学的领域划给世界社会主义。

第二种观点认为，科学社会主义和国际共产主义运动史不能代替当代国际共产主义运动。中国社会科学院刘淑春研究员提出："国际共运作为对这一运动进行研究的学科，应该给它以应有的位置。'科学社会主义与国际共产主义运动'这个学科名称，没有把共产主义运动史与当代共产主义运动割裂开来，在这个框架下，当代国际共产主义运动、国外共产党研究还是有学科所依的。"

实际上，我国学者之所以对国际共产主义运动的学科归属问题有不同认识，是由于国际共产主义运动发展的社会历史背景改变，因而导致国际共产主义运动在很多方面发生了重大变化。有学者将这些变化归结为国际共产主义运动的目标、策略、组织形态、合作形式、阶级力量、对社会主义发展阶段的认识、对资本主义的认识、对马克思主义的认识、与其他社会运动的关系、共产党工作方式和方法等十个方面，强调从哲学意义上讲，当代国际共产主义运动的本质未变，但却发生了部分质变。

三是国际共产主义运动学科究竟归属国际政治学科还是马克思主义学科的问题。正是由于学者们对国际共产主义运动变化的特点和发展态势的认识还未能统一，因此在现实中出现了国际共产主义运动学科较为尴尬的情况。根据教育部的学科划分方案，国际共产主义运动学科已经被取消，因此在大多数高校中并没有国际共产主义运动的教学和研究。而在中国人民大学、北京大学等，虽然保留了国际共产主义运动和世界社会主义学科，但被划归国际关系学院，成为国际政治下属学科。而在中国社会科学院马克思主义研究院2005年成立时，组建的是国际共产主义运动史研究部，下设十九世纪和二十世纪国际共产主义运动史研究两个研究室，另外还有当代世界社会主义研究部。按照这样的机构设置，国际共产主义运动研究范围包括国际共产主义运动史、当代世界社会主义和当代资本主义。但实际上，目前教育部的学科设置中将国际共产主义运动归属于政治学一级学科下属的二级学科。

由此可见，当前我国学界对国际共产主义运动和世界社会主义研究的学科定位问题还未厘清，迫切需要明确和统一。有必要由教育部牵头组织各单位力量进行研讨，形成具体意见，甚至有必要深入探讨世界社会主义作为一个独立学科的可能性，只有这样才能促进本学科的良性发展。

二 国际共产主义运动与世界社会主义研究前瞻

随着世界社会主义新发展，实践中出现了一些新现象，运用传统理论并不能作出很好解释。如何打通理论与实践，关系到国际共产主义运动与世界社会主义理论的生命力。概括起来主要包括如下问题：

首先，对于当前西方社会出现的某些新现象，迫切需要作出恰当的理论解释。例如，当前发生在法国和欧洲的"黄马甲运动"，以及之前发生于欧美国家的"占领华尔街""黑色站立"等社会运动，与传统意义上的社会运动明显不同，其成员复杂、议题多元、去中心、去组织化，参与者阶级意识淡薄，因而并非传统意义上的阶级运动。与此同时，欧美的工人阶级并非都是信仰共产主义、跟随共产党，很大一部分选择了社会民主党，还有一部分选择了民粹主义政党甚至是右翼民粹主义，多数国家的共产党对主流工会的影响力有限。如何阐释当今欧美社会的这些伴随资本主义新发展出现的社会主义实践新现象，需要理论上的新思考和新突破。

其次，在解释现实社会主义实践方面，国际共产主义运动和世界社会主义理论还需要与时俱进，进一步发展和创新。比如，如何处理民族国家利益与无产阶级国际联合的关系问题；如何处理资本主义与社会主义国家之间的关系问题，爱国主义与国际主义问题即无产阶级国际主义与民族国家利益问题，社会主义长期目标和当前目标问题；中国特色社会主义与世界社会主义运动的关系问题，中国共产党与其他执政的共产党、非执政的共产党以及其他社会主义政党之间的关系问题；人类命运共同体与社会主义国家命运共同体问题；当前世界社会主义发展阶段问题，即目前是否依旧处于苏联解体东欧剧变以来的低潮阶段，以及判断世界社会主义发展高潮或低潮的标准问题；等等。这些国际共产主义运动和世界社会主义的重大理论和实践问题，在现实中还存在困扰，需要我们从理论上作出合理解释。对此，我们应整合研究力量，组织跨学科、跨地区的合作研究，作出权威回答，这是在世界社会主义理论发展和创新中发挥我国学术界引领作用的重要前提。

最后，探索新的联系和沟通途径，充分彰显中国特色社会主义对推动世界社会主义发展的重要影响和作用。这是国际共产主义运动和世界社会主义研究者的重要责任和使命。当前，世界社会主义发展的一个最大的亮点，就是社会主义中国在世界东方的崛起。中国特色社会主义充分展示着社会主义的优越性、感召力和影响力，在当今世界社会主义发展中愈益发挥着中流砥柱作用。正如习近平总书记曾在多个不同场合指出的，中国特色社会主义进入新时代，在中华人民共和国发展史上、中华民族发展史上具有重大意义，在世界社会主义发展史上、人类社会发展史上也具有重大意义。对此，多数国外共产党是抱有一种积极、乐观态度的。它们肯定中国的经济增长、政治稳定以及中国共产党长期执政的经验，承认中国是当代现存社会主义的典范，在两制共存与对抗中具有意识形态上的重要性，努力维护中国的国际形象和地位，对中国特色社会主义的未来寄予极大期望。不少国家的共产党还积极与中国共产党建立联系，党际交流与互动日益增多。但与此同时，也必须看到，一些国外共产党对中国道路仍然抱有这样或那样的片面认识，造成这种认识偏向的原因是多方面的，其中既有主观认识上的局限性，也有客观条件方面的限制。比如，受到西方媒体大量歪曲和片面宣传的影响与误导；由于长期生活在西方的政治生态中，习惯从西方政党制度、话语体系和选举制度的角度来思考中国问题；对中国社会主义初级阶段国情的复杂性缺乏必要了解，固守马克思主义经典作家的个别结论；等等。从这个角度来看，在新时代中国特色社会主义不断发展深化的同时，在党际、国际交流和交往中，努力提高国际话语权，讲好中国故事，传播好中国声音，阐释好中国特色，显得尤为重要。2017年以来，中国共产党已经主持了两次中国共产党与国外政党对话会，主动向各党展示我国的政策主张和思想理论。尤其是2018年，我党主办或参与了两场重要的多边党际交流活动：一是在深圳主办纪念马克思诞辰专题研讨会，75个国家的共产党共聚一堂，深入研讨马克思主义理论问题和世界社会主义运动的现状与前景；二是参加了第二十次共产党和工人党国际会议筹备国际工作组的相关工作，并表示中国共产党将"在坚持差异性和相互学习的同时，在新型党际关系基础上与各国党加强沟通与扩大合作关系"。这些多种形式、富有成效的交流平台，加强了我党与各国共产党间的理论交流和互动，有利于我国在世界社会主义运动中发挥积极影响力和推动作用。今后，世界社会主义研究和工作者还需继续努力，探索新的交流渠道和方式，为推动新时代中国特色社会主义思想的国际交流和传播作出新的贡献。

第 八 章

国外马克思主义研究 70 年

新中国成立 70 年了，国外马克思主义研究也伴随新中国的发展一同成长。在新中国成立到改革开放之前，国内有关于国外马克思主义相关问题的研究与探讨，但无国外马克思主义研究学科。改革开放之后，因解放思想、了解新情况、解决新问题之需要，国内有了对西方马克思主义和东欧新马克思主义的具体研究。2005 年，教育部把马克思主义理论定为一级学科，其中涵盖的一个二级学科就是国外马克思主义研究，从此，国外马克思主义正式成为一个规范学科在我国加以开展研究。进入中国特色社会主义新时代后，对国外马克思主义研究提出了更高的要求。

第一节 社会主义革命和建设时期的国外马克思主义研究

一 关于国外马克思主义学科及其几个相关概念

（一）国外马克思主义学科

2005 年 12 月 23 日，国务院学位委员会、教育部下发《关于调整增设马克思主义理论一级学科及所属二级学科的通知》（学位〔2005〕64 号）（以下简称《通知》）。《通知》指出，根据有关文件精神，经过有关专家论证，决定在《授予博士、硕士学位和培养研究生的学科、专业目录》中增设马克思主义理论一级学科及所属二级学科。新增设的马克思主义理论一级学科下设五个二级学科，即马克思主义基本原理、马克思主义发展史、马克思主义中国化研究、国外马克思主义研究、思想政治教育。其中，"国外马克思主义研究"大致可以分为三个层次：第一，世界各国共产党的马克思主义研究，主要包括越南、古巴、朝鲜、老挝等几个社会主义国家的马克思主义研究；原苏东社会主义国家共产党的马克思主义研究；西方发达国家共产党的马克思主义研究。第二，欧美发达国家和其他国家的马克思主义流派和左翼思潮研究，主要包括各种西方马克思主义哲学流派；西方激进经济学以及其他学科中的马克思主义流派；拉美亚非地区的社会主义和左翼思潮。第三，欧美国家的各种左翼思潮研究，例如，社会民主党思想研究、绿党思想研究等。[①]

2005年国务院下发关于设立马克思主义一级、二级学科的通知后，国外马克思主义研究学科在全国范围得到迅速发展。在"国外马克思主义研究"二级学科建设过程中，少数院校如复旦大学将它置于哲学学院框架下进行建设；相当多院校譬如中国人民大学、山东大学等将它置于马克思主义学院框架下进行建设；还有众多院校将它置于人文学院、人文社会科学学院、文法学院、政法学院、政治经济学院、政治与公共管理学院、教育学院等框架下进行建设。

1981年复旦大学在外国哲学博士点下设立了西方马克思主义研究方向，1985年在全国率先成立当代国外马克思主义教研室，1999年成立复旦大学当代国外马克思主义研究中心。2005年国外马克思主义被国家列为二级学科后，复旦大学的国外马克思主义研究获得

---

① 参见郑一明《国外马克思主义研究30年的反思》，《社会科学报》（沪）2008年6月5日。

重要推动，主要集中在三个研究领域，即国外马克思主义主要流派（个案研究）；国外马克思主义最新发展（前沿研究）；国外马克思主义基本理论（问题研究）。形成了"三个侧重、三个拓展"的发展战略，即从侧重于西方马克思主义，逐步拓展到对国外马克思主义的全方位研究；从侧重于哲学研究，逐步拓展到对国外马克思主义的政治学、经济学、社会学、美学、伦理学、宗教学等思想的跨学科研究；从侧重于复旦大学自身的研究力量，逐步拓展到国内国际合作的开放性研究。在长期的研究过程中，形成了"四个注重"的研究特色，即注重基础理论与前沿问题相结合；注重整体研究与个案研究相结合；注重文本解读与现实反思相结合；注重学科之间的对话与国际学术交流。

除此之外，其他高校的国外马克思主义研究也各具特色，设立了不同的研究方向，例如：西方马克思主义研究、当代马克思主义思潮研究（南京大学）；国外共产党人对马克思主义的研究、国外学者对马克思主义的研究、"西方马克思主义"、国外社会主义思想流派（中国人民大学）；西方马克思主义研究、西方左翼学者对马克思主义的研究、当代国外共产党人的马克思主义理论与实践研究（山东大学）；当代国外马克思主义流派、当代国外马克思主义的资本主义理论、当代国外马克思主义的社会主义理论（武汉大学）；西方马克思主义哲学基本理论、西方生态学马克思主义研究、当代英美马克思主义研究、东欧新马克思主义研究（中南财经政法大学）；国外马克思主义发展研究、中国化马克思主义与西方马克思主义比较研究、国外社会主义理论与实践研究（中山大学）；当代世界政治经济与国际关系、西方马克思主义研究、中外政治比较研究（吉林大学）等。①

---

① 参见王凤才、陈学明《"国外马克思主义研究"的四条阐释路径》，《中国社会科学》2011年第1期。

2005年12月，中国社会科学院马克思主义研究院成立。2006年4月"国外马克思主义研究"学科被列为马克思主义研究院重点学科，由"当代社会主义研究部"与"国际共产主义运动研究部"共同承担；2009年，"当代世界社会主义研究部"改为"国外马克思主义研究部"，"国外马克思主义研究"学科由"国外马克思主义研究部"独立承担。目前国外马克思主义研究二级学科之下，有国外共产党、国外左翼思想、西方马克思主义三个三级学科，分属于同名的三个研究室。

中国社会科学院马克思主义研究院"国外马克思主义研究"学科布局比较合理、齐全，研究人员配备全面，是有很强实力的国家实体研究单位承担的二级学科点，在国内有着广泛的影响力。学科建设符合2005年国务院学位委员会的通知精神，学科布局整齐、全面、科学、合理。比如，2005年《通知》规定，国外马克思主义学科研究范围为：苏联解体东欧剧变的教训、世界社会主义的现状与前景研究、当代国外共产党人对马克思主义的研究、当代国外左翼学者对马克思主义的研究、"西方马克思主义"评析、国外马克思主义和社会主义思想流派研究，等等。国外马克思主义学科布局即按要求设立。国外共产党、国外左翼思想、西方马克思主义研究的三级学科设立齐全，研究领域涵盖面广。在研究领域的涵盖面及成果积累方面，走在了全国的前面。除此之外，与高校国外马克思主义研究中心相比，中国社会科学院马克思主义研究院优势还在于它是设有国外马克思主义学科唯一的实体研究单位。

（二）几个相关概念

由于长期以来国外马克思主义的复杂性，因此有几个相关概念需要首先提出来予以交代与辨析。

1. 西方马克思主义

"西方马克思主义"是一个发展变化的概念。从最初柯尔施在

20 世纪 30 年代提出①,继之梅洛·庞蒂在 50 年代加以明确表述②,进而于 70 年代在佩里·安德森那里用专著阐发③,直到后来我国对这一概念的引进,其间其内涵和外延甚至性质规定都发生了很大变化。目前我国对这个概念仍是有争议的。这里指谓从 20 世纪 20 年代至 70 年代中期,由卢卡奇、柯尔施、葛兰西等人所引发的西欧和中欧地区左翼激进思想家包括部分共产党员或被开除出党的理论家重新诠释马克思学说的思潮,其中包括具有人本主义倾向的法兰克福学派、存在主义马克思主义和具有科学主义倾向的新实证主义马克思主义、结构主义马克思主义等学派和人物等。这是从狭义上理解的即通常特指的"西方马克思主义",用安德森的话称"原本的西方马克思主义"④。广义上,它还可以笼统地指谓,当代西方(包括英美在内的发达资本主义国家)新左翼的各种研究或解释马克思主义的思潮和现象,还包括生态学的马克思主义、分析学派马克思主义等。

2. 东欧新马克思主义

"东欧新马克思主义"指的是第二次世界大战后在东欧国家兴起的一种马克思主义流派,其历史大体上分为两个时期:20 世纪 50—

---

① 柯尔施在其著作《马克思主义与哲学》中第一次使用了西方马克思主义的概念,柯尔施认为:"有许多征兆说明,在一切主要的决定性问题上的真正的划分存在于:以考茨基的老的马克思主义正统派联合新俄式'列宁主义'正统派为一方——尽管它们之间有次要的、暂时的或琐碎的冲突,——同以今天的无产阶级运动中一切批判的和进步的理论趋向为另一方之间。"(见 Karl Korsch: *Marxism and Philosophy*, New York: Monthly Review Press, 1970: 101。)柯尔施在此正文和注释中两次提到"西方马克思主义"的概念,就是用来指称与考茨基主义和列宁主义相对立的"批判的和进步的理论趋向"。但此时西方马克思主义的概念并没有得到广泛认可。

② 法国哲学家梅洛·庞蒂在《辩证法的历险》一书中专设一章来讨论西方马克思主义,并在此使用西方马克思主义概念。

③ 此处,指英国新左派理论家佩里·安德森的《西方马克思主义探讨》一书。

④ [英] 佩里·安德森:《当代西方马克思主义》,余文烈译,东方出版社 1989 年版,第 19 页。

70年代,东欧新马克思主义作为稳定的学术学派存在,具体地说,包括南斯拉夫实践派、布达佩斯学派以及波兰和捷克斯洛伐克等国的新马克思主义;20世纪70年代后,东欧新马克思主义者作为个体融入西方学术界,但其学术创作仍然有着东欧新马克思主义的深刻烙印。东欧新马克思主义与通常意义上的西方马克思主义以及70年代后欧美新马克思主义共同构成了20世纪新马克思主义的基本格局,其中,东欧新马克思主义鲜明的理论特色在于:(1)对马克思思想独特的、深刻的阐述;(2)对社会主义理论与实践、历史与命运的反思和对社会主义改革的理论设计;(3)对现代性的独特的理论反思。

3. 苏联马克思主义

苏联是人类历史上第一个开辟社会主义道路的国家,苏联的马克思主义理论,是当代马克思主义发展中的一种重要的历史形态。从1917年十月革命至1991年苏联解体,社会主义事业在实践上经历了不同的历史时期。苏联的马克思主义理论,更是当代马克思主义发展中的一种重要的历史形态。苏联马克思主义(Soviet Marxism)可以分为五个不同时期:激进革命意识形态时期(列宁时期);理论体系化模式化时期(斯大林时期);改良化探索时期(赫鲁晓夫时期);构建发达社会主义研究时期(勃列日涅夫时期);社会主义意识形态的混乱消解时期(戈尔巴乔夫时期)。

4. 后马克思主义

后马克思主义(Post Marxism)是20世纪80年代前后在西方兴起的一股新思潮,是后现代主义理论中一种具有马克思主义的某种批判性倾向的新思潮,被视为当代西方左翼思想的新亮点。英国的拉克劳和墨菲在1985年发表的《霸权与社会主义策略:走向一种激进的民主政治》中第一次提出了后马克思主义的概念,在西方理论界引起了广泛的注意和激烈的争论,英国著名的《新左派评论》等杂志发表了一系列的文章,对拉克劳和墨菲提出的观点进行了讨论。此后,后马克思主义的概念迅速广泛地在欧美流行,至今仍是西方理论界中的一个常见话语。

拉克劳、墨菲、福柯、詹姆逊、德里达、哈贝马斯、吉登斯等被视为当代的后马克思主义的重要代表人物。后马克思主义一方面肯定了马克思主义的价值和理想，继承了马克思主义的批判精神，特别是继承了马克思主义对资本主义的批判传统，借助后现代主义理论，对当代资本主义社会及其思想文化进行了新的探讨和分析；另一方面后马克思主义又主张解构马克思主义的核心范畴，否定了马克思主义的基本理论观点和方法，并力图通过这种解构和否定，重新激活马克思主义的传统。

二 社会主义革命和建设时期的国外马克思主义研究

这里说的社会主义革命和建设时期的国外马克思主义研究，主要是指1949年中华人民共和国成立到1978年改革开放开始之前这段时期的国外马克思主义研究，受大的形势和环境的影响，严格说来，这段时期的国外马克思主义研究主要是服务于这段时期中所发生的各种重要的政治运动，但对后来所列入国外马克思主义研究范围的某些人物也有了涉猎。

（一）对西方马克思主义代表人物的关注与批判

1. 对卢卡奇美学思想和异化理论的关注与批判

卢卡奇的美学思想和异化理论是其思想的重要组成部分。新中国成立至"文化大革命"结束这一较长的时间内，我国关于国外马克思主义的研究，还处在起步阶段。在国际上，受苏联和共产国际把卢卡奇判定为国际修正主义者的影响，卢卡奇的美学思想和物化理论是作为修正主义思想被批判的。

"文化大革命"结束后，中国进入了改革开放的新时代，工作重心转移到"社会主义现代化建设"的同时，学术研究开始进入"勇于探索，善于探索，在探索中创造，在探索中前进"[①]的新时期，逐

---

① 曾繁仁：《中国新时期文艺学史论》，北京大学出版社2008年版，第295页。

渐摆脱政治批评的视角，开始从人道主义精神视角出发审视人及其生存状态，进入"百花齐放、百家争鸣"的新时期。与此同时，卢卡奇在国际上的影响也备受瞩目。特别是卢卡奇逝世之后，国际上举办了一系列纪念他的活动，这些纪念活动不仅恢复了卢卡奇在国际政治、学术界所应有的崇高地位，而且进一步增强了其在国际范围内的影响。在这一大的历史背景下，卢卡奇的美学和物化理论也再次进入国内学人的研究视野。

20世纪70年代末，中国学界对卢卡奇美学和物化理论的接受是在研究西方马克思主义这一思潮的过程中开启的。这一时期，西方马克思主义思潮之所以被重视，且比较系统、全面地被介绍到中国，与以下三方面因素密不可分。一是与"实践是检验真理的唯一标准"的讨论密切相关。20世纪70年代末，中国思想界的关于"实践是检验真理的唯一标准"大讨论，引发了中国哲学界关于马克思主义实践概念的热烈探讨。在讨论的热潮中，西方马克思主义的相关理论受到研究者的重视并被介绍到国内。二是与改革开放后中国相对比较自由、宽松的文化环境不无关系。三是中国思想文化界对人道主义、人性等问题的研究讨论，这又是一个重要因素。70年代末以前，由于长期受苏联社会主义思维模式的影响，中国思想界将人道主义、人性论等视为资产阶级思想，一律采取排斥、批判的态度。"文化大革命"结束后，中国开始对长期以来"左"的错误路线进行反思、批判，开始解放思想、"拨乱反正"，这些政策的变化催生了学术领域的一系列变革与发展，并引起了关于人道主义、人性论、异化问题的讨论，人性、人道主义成为学界关注的焦点。在讨论、研究的过程中，西方马克思主义的美学人道主义思想吸引了一些学者的注意。恰恰是人道主义精神这一内容，成为20世纪70年代末80年代初中国学界接受卢卡奇的出发点和归宿点。在此背景下，中国学者在研究"西方马克思主义"的过程中，接触并注意到卢卡奇的美学和物化思想并积极着手研究。

2. 对萨特人学思想的关注与批判

20世纪的五六十年代，我国对人学思想的研究无论是从数量还是质量上来说，都处于一个较低的水平。对萨特人学思想研究比较明显地受到主流意识形态的影响，萨特人学思想研究的政治意义大于学术意义，这导致当时国内学者对萨特人学思想很少有实质性的接触，很难做到公正客观。正如一些研究者所言，"在60年代前前后后，存在主义同西方任何现代主义在中国的命运一样，翻译不是为了宣传，介绍是为了批判"[①]。

20世纪50年代初，学界对萨特人学思想持"反动的""唯生存主义"的批判观点，然而到了50年代中期，我国又把萨特视为"进步作家"了，并且在他访华前后对其进行了肯定的宣传介绍。这种友好的转变主要鉴于下列几个客观原因：其一，1951年年底，法共党员亨利·马丁因反对法国政府在印度支那的殖民战争，拒服兵役而被捕，萨特应共产党知识分子的请求，参加了营救马丁的运动，并使后者最终获释。其二，1952年5月，法共领导人雅克·杜克洛在抗议美国侵朝将军访问巴黎的示威游行后被捕，萨特原本就痛斥美国的侵朝政策，认为"美国方面寡廉鲜耻"，这时迅速发表了《共产党人与和平》，支持法共，在政治上与法共保持接近，成了共产党的"同路人"。其三，1955年6月戏剧《涅克拉索夫》的上演。如果说1948年上演的戏剧《肮脏的手》在客观上对共产党的形象造成了损害的话，那么《涅克拉索夫》则表现出对共产党的支持和拥护，它对资产阶级新闻宣传中为制造反共高潮而运用的种种卑鄙伎俩做了无情的揭露和公开的讽刺。所以，1955年9月，应中国人民对外文化协会邀请，萨特与波伏瓦两位"进步作家"来华进行了为期一个半月的访问。

20世纪50年代末以后，这一时期，对萨特的人学思想研究的一

---

① 宋学智：《法国存在主义在我国新时期之前的存在轨迹》，《外语教学》2004年第5期。

个重要现象是，从 50 年代中期的"进步作家"又变回研究批判的对象。1957 年，萨特发表了《存在主义与马克思主义》一文。文中他虽然表明，马克思主义"仍然是我们时代的哲学，它是不可被超越的，因为产生它的那些历史条件还没有被超越"。[1] 但他同时又认为，由于偶然的历史原因，马克思主义构成的知识已经停滞了，变成了一种僵化的教条。在 1960 年出版的《辩证理性批判》中，萨特又系统阐述了他的"存在主义"观点，指出存在主义是"我把'存在'的思想体系和它的'统摄理解'方法看作是马克思主义中的一块'飞地'，马克思主义自己产生了它，却同时弃绝了它"[2]。所以应该用存在主义来"补充"和"革新"马克思主义，具体说就是要用"人学辩证法"去取代唯物辩证法，用"历史人学"去代替历史唯物论。那时，他甚至认为真正的马克思主义被共产党完全歪曲了、变质了。这样一来，萨特就结束了他与共产党"同路人"的关系，他对马克思主义的歪曲理解必然遭到批判。

（二）对东欧新马克思主义代表人物的关注与批判

1. 对沙夫观点的关注与批判

亚当·沙夫（Adam Schaff）是东欧新马克思主义中波兰"人文学派"的重要代表人物，波兰著名的马克思主义哲学家和政治家。沙夫著有《作为社会现象的异化》《论共产主义运动的若干问题》（原名《处在十字路口的共产主义运动》）《人的哲学》《马克思主义和人类个体》等作品。沙夫的主要观点包括：马克思主义就是人道主义；现实社会主义是一种国家的资本主义；社会主义没有消除资本主义的矛盾和异化现象，反而使它加深了；党官僚化问题；无产阶级专政的质变；等等。

我国在这一阶段的研究，主要集中在对沙夫人道主义思想的批判方面。认为沙夫在 20 世纪 60 年代以前，曾积极从事马克思主义

---

[1] ［法］萨特：《辩证理性批判》，徐懋庸译，商务印书馆 1963 年版，第 24 页。

[2] 同上书，第 2 页。

哲学的研究工作，对新实证主义、存在主义等资产阶级哲学和科拉科夫斯基等人的背离马克思主义的观点进行过批判，这期间写过不少有意义的著作。但60年代以后，沙夫的思想急剧地向右转，很快与科拉科夫斯基等"新马克思主义"同流合污，成了波兰"人文学派"的主要代表人物之一。自20世纪60年代初开始，他为了分析存在主义思潮，转向研究马克思主义人类学，结果提出了社会主义人道主义化的理论观点。沙夫提出重新发现马克思主义，发现青年马克思，指出马克思主义就是人道主义。他认为人是马克思主义社会主义的出发点和终极点，而现实社会主义社会中还有异化。沙夫因此受到批判，开除出党，后恢复党籍，1984年又被开除出党。沙夫实际上充当了推动"和平演变"的思想领袖，完全是一种修正主义谬论，其意在于贬低现实的社会主义和诋毁马克思主义理论。

这一时期的东欧新马克思主义研究由于时代和理论发展所限未能给予沙夫等人积极全面的评价。

2. 对科拉科夫斯基观点的关注与批判

莱斯采克·科拉科夫斯基是东欧新马克思主义中波兰"人文学派"的重要代表人物，早年受的是正统的马克思主义哲学教育，在华沙大学获得博士学位后留校担任亚当·沙夫的助手，并接受波兰共产党的安排专事天主教哲学批判。1956年之前，科拉科夫斯基都是坚定的"马克思主义者"，并曾批判亚当·沙夫的人道主义理论倾向。波兰"十月革命"之后，其思想开始发生转变，并运用宗教研究的成果反思、批判正统马克思主义，其间发表了多篇文章，并于1959年辑录出版为《马克思主义及其超越》。该书为其在欧洲左派学者，尤其是英国新左派中赢得了声誉。因为这种"修正主义"的思想倾向，科拉科夫斯基在波兰国内受到了严厉的批判，并于1968年之后被驱逐出国，后辗转到英国牛津大学任教。

我国在这一阶段的研究认为，科拉科夫斯基针对斯大林主义及理论上形成的正统马克思主义，借用自己此前在从事天主教批判工作时所接触的术语，将前者比作神甫的理论，而自称为小丑，从事思想上的异端活动；并认为只有如此才能成为真正的左派学者；他还提出，斯大林主义的历史决定论以未来的共产主义为借口，取消了当下的个人在历史中的使命，因而必须为现实社会的道德败坏负责；因此，马克思主义不是一种必须接受的原理或体系，而是一种促使我们站在人类的立场上看待世界的哲学激情；在此基础上，他反对决定论，高度赞扬理论上的非一致性，并将其视为一种彻底的批判精神。科拉科夫斯基的所谓理论观点，主要反映了他对马克思主义的诋毁上。正像他的经历所表明的那样，他是从学习研究马克思主义入手，然后以杀回马枪的方式极力歪曲和攻击马克思主义。对科拉科夫斯基之类的所谓"新马克思主义"者的揭露与追究，这应被看作我们捍卫和发展马克思主义斗争的一个重要组成部分。

3. 对弗兰尼茨基观点的关注与批判

弗兰尼茨基是南斯拉夫著名哲学家，是"实践派"的重要代表之一，其观点比较严密、温和，不像其他人那样偏激。弗兰尼茨基长期在大学里从事教学和理论研究，积极参加"实践派"的理论活动。他撰著和翻译出版了许多有关研究马克思主义的著作，其中尤以《马克思主义史》《马克思主义和社会主义》最为著名，曾被译为多种文字，在世界广为流传。弗兰尼茨基认为"人是唯一实现对待自己客体的生物，或者说人从规定来说是实践的生物"。[①] 弗兰尼茨基对斯大林的马克思主义理论持否定态度，认为斯大林主义致命的缺陷就是在理论和实践中都没有重视人的重要地位，没有把人置于社会主义发展的核心地位，更没有为人的发展创造一种自由民主的人道主义社会体制。相反，他建立了严重束缚人的自由与发展的高度集权的官僚体制。这一体制从一开始建立，就成了人类发展的桎梏。他对苏共在理论界的指导方针，特别是苏联模式的社会主义，给予了严厉谴责。认为不仅资本主义社会存在异化现象，在现存社

---

① ［南斯拉夫］弗兰尼茨基：《人道主义、人性论研究资料（第4辑）》，商务印书馆1995年版，第64页。

会主义中异化现象也远未消除。社会主义社会中的官僚主义、国家集权主义是压抑人们首创精神的主要异化形式。他主张通过社会主义自治等途径，消除异化，逐步实现共产主义。

我国在这一阶段对弗兰尼茨基所坚持的以实践观点反对反映论、否定自然辩证法、马克思主义是"人本主义的人道主义""社会主义异化论"等一系列观点进行了关注并予以深刻批判，认为弗兰尼茨基的观点理论上是错误的，在实践上也是有害的。它起着扰乱人们的思想和动摇社会主义制度的作用，必须给予有力回击。同时认为，"实践派"作为一种重要的社会历史现象和流派，仍然值得认真加以思考和研究。

（三）苏联马克思主义的研究

十月革命的成功和世界上第一个社会主义国家的建立，不仅证明了马克思主义的真理性，而且创造了马克思主义哲学得以创造性发展的条件。作为第一个社会主义国家，苏联对马克思主义的研究和解释权，有着至高无上的地位。基于当时尚没有一本全面阐述马克思主义哲学的理论著作，苏联人从自己的经验和自己对哲学的理解方式出发，构建了以本体论思维方式为指导、以知识论体系为特征的苏联式马克思主义哲学体系，从而开启了马克思主义哲学苏联化的历史进程。作为再生形态的马克思主义哲学，苏联马克思主义哲学理论本身尽管存在诸多问题，但它作为执政党建设的一个重要内容，在理论宣传和普及上获得了极大的成功。正是在苏联马克思主义哲学的推动下，马克思主义哲学在世界范围内获得了广泛的传播，马克思主义哲学作为显学也开始在世界哲学讲坛上占有一席之地。20世纪30年代，苏联哲学界的理论工作者在斯大林的组织领导下，对马克思主义哲学进行系统的研究，形成了教科书形式的理论成果。我们将它称为苏联马克思主义哲学。这种成果为宣传普及马克思主义哲学作出了重要贡献，也对中国接受马克思主义哲学产生过重要影响。

我国开展理论上的学习，即向苏联学习马克思列宁主义，实际上就是学习布尔什维克党的理论与实践，而在这方面最权威的教科书就是在斯大林指导下撰写的《联共（布）党史简明教程》。这本书整整影响了中国几代人。一方面，它长期被党中央列为"干部必读"的政治书目之一；另一方面，新中国成立以后一直到1956年，它是全国高校马克思列宁主义基础课的主要教材。新中国成立后，在全国范围内展开了对苏联的学习，很快形成了学习苏联的热潮。这个热潮盛行于1953年至1955年，在此期间马克思恩格斯列宁斯大林著作及国内外学者关于马列研究著作的大量重版与翻译出版，1956年以后有所降温，但一直延续到50年代末。20世纪50年代新中国全面学习苏联，不仅是新中国成立以后中苏关系史上的一件大事，也对新中国本身的建设和发展产生了巨大而又深远的影响。

回顾我国研究苏联马克思主义的过程，大体可分三个阶段：50年代以前，基本上是全面肯定，全部照搬。60年代初中苏关系疏远后，我们对苏联哲学的研究逐渐减少甚至停滞，尤其在十年动乱时期，对苏联哲学不仅全面否定，而且中断了研究，图书资料进口剧减，俄语人才数量下降，致使这时对苏联哲学的状况基本不明。1976年粉碎"四人帮"以后，少数人重新开始收集资料，翻译苏联哲学的新论著，介绍它的新动态、新现象、新问题。在此基础上逐渐开展了研究工作。

第二节　改革开放时期的国外马克思主义研究

严格地说，我国真正开展对国外马克思主义的专门研究，是1978年实行改革开放之后才开始的。其中先是以西方马克思主义的研究为先导，后来学习东欧各个社会主义国家的经验，开始对东欧新马克思主义给予关注与进行研究。

一 西方马克思主义研究的开展

西方马克思主义研究的开展有国际和国内两个重要背景。从国际上来看,20世纪80年代是马克思主义的影响力飞速扩大的年代。这一时期,随着马克思主义在全世界的广泛传播与发展,不仅在资本主义国家的大学中形成了普遍学科的建制,形成了各种影响深远的学术流派,还成为社会主义国家革命与建设的指南。正是在这一国际环境下,马克思主义的研究队伍逐渐壮大,学术活动日益活跃,研究成果也大量涌现。有材料显示,到1984年国际上知名的马克思主义者至少有200名[1]。与此同时,马克思主义的研究著作也得到大量出版发行。由原苏联马克思列宁主义研究院和民主德国马克思列宁主义研究院共同策划出版的"MEGA^2",从1975年起至1990年共出版了43卷。80年代以来,国际上还出版了一系列马克思主义的研究成果,著名的有:原苏联学者A.叶戈罗夫和J.奥伊则尔曼主编的《马克思主义列宁主义史》六卷本、南斯拉夫学者P.弗兰尼茨基编著的《马克思主义史》三卷本、T.博顿莫尔主编的《马克思主义思想辞典》、R.戈尔曼主编的《马克思主义传记辞典》等。

从国内环境来看,随着改革开放的提出与实行,国内通过对西方马克思主义的翻译与介绍,开始了国外马克思主义的研究工作。西方马克思主义最早是在20世纪70年代末由徐崇温先生译介到国内的。西方马克思主义研究有强烈的必然性,党需要将改革开放的政策"贯穿到精神文明建设中去,贯穿到对马克思主义的研究中去"[2]。西方马克思主义的研究工作,在国内经历了由临时性的政治任务向长期性的专业研究的发展过程。

据徐崇温先生回忆,1977—1978年,胡乔木到中国社会科学院

---

[1] 曾枝盛:《八十年代以来国外马克思主义概述》,《燧石》1995年第6期。
[2] 徐崇温:《"西方马克思主义"研究在我国的开展》,《江西师范大学学报》(哲学社会科学版)2012年第1期。

主持工作后不久，即提出要下属机构做情报资料整理工作。因为中央某领导出访欧洲期间，接触到一种叫"西方马克思主义"的思潮，要中国社会科学院搞一份材料出来供参考。哲学研究所的领导前去受领任务，这项任务由该所现代外国哲学室主任杜任之先生推荐给徐先生①。由徐崇温整理的系统反映"西方马克思主义"情况的材料上报中央后，经过其具体讲授，在中国社会科学院哲学所乃至全国高校、党校以及讲习班、研讨班引起巨大反响。徐崇温在马克思唯物主义世界观的指导下，将西方马克思主义的研究视为重新认识资本主义和社会主义、坚持和发展马克思主义时所必须认真研究和参考的思想资料②。在此基础上，《西方马克思主义》著作于1982年出版，在书中指出"西方马克思主义"是20世纪初期，在西方国家共产党内产生的一种与苏联模式，即列宁主义相对立的一种"左"的思潮，并梳理介绍了从卢卡奇、葛兰西开始的西方马克思主义主要代表和流派。由此，便展开了我国关于西方马克思主义的研究工作。

西方马克思主义研究的开展，在80年代对不少学科都起到促进和影响作用。其主要体现在：

第一，西方马克思主义研究对现代西方哲学研究的促进与影响。

20世纪80年代，关于西方马克思主义的研究工作主要是一种哲学研究，因此无疑直接对现代西方哲学的研究产生了深远影响，无论是"西方马克思主义"还是"新马克思主义"都为现代西方哲学研究提供了更多的范式。在国内，西方马克思主义最早是作为一种哲学流派或思潮被介绍和评论的，开始是作为现代外国哲学分支学科的一部分，后来又主要作为马克思主义哲学发展史分支学科的一

---

① 郑一明：《国外马克思主义研究30年的反思》，《社会科学报》（沪）2008年6月5B。

② 徐崇温：《"西方马克思主义"研究在我国的开展》，《江西师范大学学报》（哲学社会科学版）2012年第1期。

部分。西方马克思主义关于存在主义的马克思主义等领域的问题研究，直接带来了现象学、分析哲学、实用主义哲学等领域的新研究高潮的到来，不仅填补了以往现代西方哲学研究过程中的薄弱环节和空白，更为全面认识和把握西方哲学家和哲学思潮提供了丰富的资源。

第二，西方马克思主义研究对现代西方经济学研究的促进与影响。

在经济学领域，西方马克思主义研究工作直接推动和带来了激进经济学的开拓性研究。在西方经济学文献中，谈到激进经济学时，一般指的是从20世纪60年代初美国反越战学生运动中产生的激进经济思潮。它一方面尖锐地批判了现代资本主义，另一方面又批评了正统学派的或者说是当代的主流经济学。激进经济学者认为，"引起当代资本主义经济危机的根源决不是'政策性的'或'结构性的'，而是'制度性'的。""解决这一危机的唯一出路就是社会主义。"[①] 在国内，随着西方马克思主义研究工作的深入开展，掀起了对激进经济学的研究热潮。90年代初期，布鲁斯·麦克法莱恩的《激进经济学》和霍华德·谢尔曼的《激进政治经济学基础》在国内被翻译并出版发行，大量学术论文纷纷发表。激进经济学的研究扩大了西方马克思主义理论的研究范围，帮助了国内学者更加全面深入地了解西方主流经济学的特点及缺陷，其中有关苏联和东欧各国经济改革的说明为我国经济体制改革提供了参考。

第三，西方马克思主义研究对国外社会主义研究的促进与影响。

西方马克思主义作为当代国外社会主义运动中的重要派别，对其研究工作促进了国外社会主义研究的发展。西方马克思主义理论家对马克思主义、西方资本主义、苏联模式的社会主义做了大量分析与批评，尤其对资本主义社会、革命道路以及未来社会主义的

---

① 顾海良：《美国激进政治经济学发展20年概述》，《马克思主义与现实》1991年第2期。

思考和批判，丰富和延伸了国外社会主义研究的内容，对我们认识当代西方资本主义社会，坚持和发展马克思主义具有重要借鉴意义。随着西方马克思主义研究的深入发展，对我国政治学领域研究的影响也是显而易见的。80年代以来，我国关于公民社会、市场经济、公正和平等话题的谈论，无一不涉及社群主义，进而涉及英、美等国的许多重要的马克思主义流派及其代表人物的观点和主张。新编的许多介绍国外社会主义新流派和思潮的教科书中，所谓"'西方马克思主义'的社会主义理论"，往往也得以独立成章成篇。

二 东欧新马克思主义研究的展开与发展

在20世纪马克思主义的分化中，东欧新马克思主义是众多马克思主义理论流派或解释模式中最具影响的理论流派之一。东欧新马克思主义兴起于20世纪50年代后期，第二次世界大战结束后，东欧各国普遍经历着"斯大林化"的进程，面对苏联社会主义模式的束缚，苏南冲突、匈牙利事件、"布拉格之春"接连爆发，东欧国家那些既具有马克思的思想理论传统，又具有对马克思关于人和世界的理论进行新拓展的理论流派和理论家不断涌现，东欧新马克思主义正是在试图打破斯大林模式的过程中逐渐产生的。

改革开放以后，国内在20世纪80年代初就对东欧新马克思主义给予了强烈关注。在《社会科学》的学术动态栏目中，便有文字介绍东欧新马克思主义的基本概况，虽然段落寥寥。改革开放不久，我国就派出一些学者前往南斯拉夫等东欧社会主义国家访问与留学，学习它们建设的经验。80年代初期，中国社会科学院哲学研究所的吴仕康研究员是国内第一批派往南斯拉夫进修和访学的人员之一，他很快就在贝尔格莱德大学以研究南斯拉夫实践派为选题，获得该校的博士学位。此后1984年，黑龙江大学也派年轻老师前往南斯拉夫贝尔格莱德大学攻读博士学位，完成题为《第二次世界大战后南斯拉夫哲学家建立人道主义马克思主义的尝试》的博士学位论文。这些都表明我国对东欧新马克思主义研究的起步。由此，我国学界一般界定，东欧新马克思主义是特指20世纪五六十年代在东欧"非斯大林化"过程中涌现出的一批著名马克思主义理论，是青年马克思的思想和卢卡奇等人所代表的早期西方人本主义马克思主义的继承，是社会主义国家中对斯大林及其社会主义模式的内部反叛。包括以彼得洛维奇、马尔科维奇、弗兰尼茨基、坎格尔加和斯托扬诺维奇等人为代表的南斯拉夫实践派；以赫勒、费赫尔、马尔库什和瓦伊达等人为代表的布达佩斯学派，以及波兰的新马克思主义代表人物沙夫和科拉科夫斯基，捷克的新马克思主义主要代表人物科西克，等等。总的来说，当时我国对东欧马克思主义的研究集中体现在以下领域。

（一）南斯拉夫实践派的研究

南斯拉夫实践派是20世纪50年代在南斯拉夫大规模批判斯大林主义的理论运动中形成的一个新马克思主义哲学流派。实践派核心人物主要由两部分组成，一是以贝尔格莱德为中心，成员包括马尔科维奇、斯托扬诺维奇、考拉奇等；二是以萨格勒布为中心，成员包括彼得洛维奇、弗兰尼茨基、坎格尔加、苏佩克等。1964年创办《实践》杂志，并以此为阵地阐发自己的理论见解。十年后，杂志被迫停刊，贝尔格莱德大学的实践派核心成员被解除教职，实践派开始走向解体。

国内关于南斯拉夫实践派的研究始于20世纪70年代末，研究取得了较为丰富的成果。在译作方面，有由中国社会科学院哲学研究所《哲学译丛》编辑部编译的《南斯拉夫哲学论文集》，郑一明、曲跃厚翻译的《南斯拉夫"实践派"的历史和理论》和由周裕旭、杜章智翻译的《实践派理论和马克思主义》等。在评介性的著作方面，有贾泽林的《南斯拉夫当代哲学》，另外还有《实践派的探索与实践哲学的述评》等。

通过马尔科维奇和彼得洛维奇主编的《南斯拉夫"实践派"的历史和理论》一书可知，南斯拉夫实践派的基本哲学观点包括关于哲学的性质、出发点、方法以及本体论、认识论、价值论和实践等概念的内涵。首先实践派认为哲学的基本职能就在于提出一种批判意识，这种批判意识能够指导人类在特定的历史时期中的全部活动。其次实践派指出哲学的基本任务就是对异化现象进行批判性分析，并指明如何走向自我实现以及实践。而实践派哲学家共同的方法论基础就是对正统辩证法概念的拒斥。实践派根据马克思主义理论的本质，主张对全部现实进行批判，批判的最终目的是超越，而这种超越在历史上的实践形式就是革命。南斯拉夫实践派的"人道主义"等核心概念在世界范围内产生了深远影响，其理论开辟了社会主义研究的新领域，为马克思主义提供了一种新的阐述方式，也为当代国际马克思主义的争论打上了印记。

（二）匈牙利布达佩斯派的研究

布达佩斯学派是由卢卡奇的部分学生和在其身边工作的人，围绕卢卡奇的思想而形成的一个学派，是东欧新马克思主义的重要部分，是人道主义的马克思主义在匈牙利最具代表性的思潮。1945 年卢卡奇回到匈牙利任教于布达佩斯大学，布达佩斯学派最有影响的代表性人物如赫勒、费赫尔、马尔库什、瓦伊达，便是在 20 世纪 40 年代末来到卢卡奇身边学习和开展工作的。60 年代初期，卢卡奇的学生们组织了"布达佩斯"小组，讨论异化等理论问题，随着 1968 年苏军入侵捷克斯洛伐克和 1971 年卢卡奇的逝世，学派成员被迫流亡西方，布达佩斯学派在组织形式上便不复存在。

国内对布达佩斯学派的理论研究主要是以黑龙江大学为核心。他们曾较早翻译了赫勒的《日常生活》等著作并出版，发表了《人的需要及其革命——布达佩斯学派"人类需要论"述评》等文章，此外，从时间上看，魏建平翻译了赫勒《日常生活是否会受到危害》一文，是国内较早介绍研究布达佩斯学派的重要理论成果的。后期对布达佩斯学派的研究焦点存在一个转向，即转向了对布达佩斯学派文化艺术和美学思想的关注，其中以傅其林的研究成果最具代表。有《阿格妮丝·赫勒审美现代性思想研究》《宏大叙事批判与多元美学建构：布达佩斯学派重构美学思想研究》等著作，《论布达佩斯学派的重构美学思想》《论布达佩斯学派对艺术制度理论的批判》等文章，这构成了研究布达佩斯学派文艺理论的基石。

布达佩斯学派的理论主张上与东欧新马克思主义其他派别相同，首先是主张抛弃斯大林模式的社会主义，将异化和人道主义作为理论研究的核心。有的学者在《人道主义批判理论——东欧新马克思主义述评》中指出，社会主义的人道化便是布达佩斯学派的一个重要的研究主题。与此相对，布达佩斯学派也存在其理论特色，学派在理论研究上发展了需要理论和日常生活理论两大主题，其中以赫勒的思想最具代表性。赫勒在对布达佩斯学派的日常生活批判理论的建构方面起着重要作用，她认为要真正实现基本需要的革命，除了需要社会决策领域的民主化，还必须有微观层面上的改变，即日常生活的人道化。由此可见，布达佩斯学派的主要理论贡献是发展了马克思主义人的需要理论和日常生活批判理论，赫勒的研究更是拓展了历史唯物主义的研究领域，至今仍然是理论研究的热点之一。

（三）波兰哲学家沙夫观点的研究

沙夫是波兰人道主义的马克思主义流派中重要的代表人物之一，沙夫同其他东欧新马克思主义理论家一样，在理论生涯中经历了从正统马克思主义者向非正统马克思主义者的转变，沙夫的这一转变是从其讨论人和人道主义问题开始的。

国内早在20世纪六七十年代便开始对沙夫思想研究关注，译著和译作方面有《人的哲学》《马克思异化理论的概念体系》和《马克思异化理论的概念体系（续）》等。随着80年代的到来，研究进入了一个高潮，这一时期以中国社会科学院哲学所《哲学译丛》为核心，翻译和介绍了大量关于沙夫的思想理论，如《A.沙夫的〈人的哲学〉（英文版）》《马克思主义关于人的哲学和人道主义——沙夫的〈马克思主义与人类个体〉一书简介》《应该研究异化理论——〈作为社会现象的异化〉一书的序言》《社会主义与异化》和《马克思主义的人道主义》等。同时，沙夫的著作也被广泛翻译出版发行，如《论共产主义运动的若干问题》《微电子学与社会》等。

沙夫所关注和研究的哲学主题主要包括以下三个方面：一是马克思主义人学和人道主义的社会主义。沙夫的人学观和人道的社会主义观主要集中体现在其《人的哲学》和《马克思主义与人类个体》两本著作中，在这两本著作中沙夫明确指出，社会主义的中心问题是人的问题，社会主义的主要任务是为人的充分发展和完全幸福创造条件，同时强调马克思主义是真正的人道主义。二是社会主义异化批判理论。从人道主义的马克思主义立场出发，沙夫将批判的主题指向了异化问题的批判。关于异化批判的理论主要集中体现在《作为一种社会现象的异化》一书中。沙夫在《马克思主义与人类个体》中就指出异化是马克思的人的哲学的核心所在，在《作为一种社会现象的异化》中，进一步阐明了异化、自我异化、物化的概念内涵，从而揭示和批判了社会主义异化的异化现象。三是资本主义与社会主义问题的研究。沙夫在《处在十字路口的共产主义运动》（中译本《论共产主义运动的若干问题》）和《微电子学与社会》中以社会主义异化理论为依据，分析了新技术革命对资本主义社会的影响以及所产生的社会变化，指出国际共产主义运动存在的危机与未来走向。他认为，"在未来的 20 年中，在高度工业化的国家里，将不可避免地发生具有社会主义性质的社会政治变化"；另外，"共产主义运动目前处于危机之中，这至少将妨碍它在这一总的发展趋势中发挥其积极作用"[①]。

（四）科尔内等经济学观点的研究

科尔内是匈牙利著名经济学家，是匈牙利经济改革的倡导者，也是最早主张实行经济体制改革、更多利用市场机制的东欧经济学家之一。在方法论上，他批判瓦尔拉斯一般均衡理论，对非瓦尔拉斯经济学的理论基础、方法论和概念体系作出重要贡献。在理论上，

---

① ［波］沙夫：《论共产主义运动的若干问题》，奚戚、齐伍译，人民出版社 1983 年版，第 1 页。

他在多级计划和等级控制、集中和分散、非价格信号和数量调节、长期增长以及短缺经济的一般理论等方面阐发了独到见解，并力图建立以客观描述和说明现实社会主义经济运行机制为基本内容的微观经济学和宏观经济学。

匈牙利自 1968 年实行经济体制改革，到 20 世纪 80 年代初期取得了重大进展。80 年代，我国正面临改革的全面开展，因此理论界形成了对科尔内经济学，以及匈牙利经济体制改革的一个较为系统的研究，显现出了较高的关注度。在 70 年代末期，中国经济学家于光远等人经与匈牙利协议，由匈牙利外交部安排，对匈牙利进行了为期三周的访问与考察，之后形成了《匈牙利经济体制考察报告》。1983 年，以廖季立为团长的中国社会科学院经济学家代表团再次对匈牙利经济体制改革进行了实地考察，后形成《匈牙利经济体制考察》。此外还有中国社会科学院《世界经济》编辑部主编并出版的《匈牙利的经济改革》、丁贵安主编的《匈牙利经济体制改革见闻》和周新城撰写的《匈牙利经济体制研究》等。20 世纪 80 年代下半叶，科尔内（也被译为科尔奈、卡尔纳、科尔纳等）的著作也逐渐被我国翻译出版，主要包括《短缺经济学》《科尔奈经济改革理论》和《短缺与改革——科尔内经济论文选》等。这一时期，关于科尔内经济学观点的译介性文章也十分丰富，如杨建文的《亚诺什·卡尔纳经济思想评介》《科尔纳和他的"短缺经济学"》、徐坚的《一般均衡理论与科尔纳的反均衡思想》、郑旱的《政府经济与短缺——兼评科尔纳宏观水箱学说》等。

我国关于科尔内经济学观点的研究主要聚焦以下两个主题：一是短缺经济。科尔内的短缺经济理论主要集中体现在其代表作《短缺经济学》中，书中运用非瓦尔拉斯均衡方法，以现实社会主义经济中普遍和长期存在的短缺现象为主线，以企业行为分析为重点，从生产、交换、分配和消费各个方面剖析了现实存在的社会主义经济体制。在本书中文版前言中，科尔内指出，短缺是社会主义经济的基本问题之一，是普遍性存在的。短缺是造成一系列现象的原因，也是一系列深刻原因的结果,而改革的目标就是要消除短缺[①]。二是经济体制改革。科尔内认为,改变社会主义经济持久短缺状况的出路,是对传统的经济体制进行根本性的改革。社会主义经济改革旨在引入市场机制,提高资源配置的效果。科尔内认为,经济改革需要同时采取两种方式,一是渐进的改革,二是改革的配套展开。总之,科尔内立足匈牙利国家的基本现实,系统分析了传统社会主义经济的运行及内在矛盾。通过对科尔内经济学观点的研究分析,丰富了社会主义国家经济改革的做法与经验,为当时正在面临经济体制改革、建立具有中国特色社会主义经济体制的中国提供了经验与教训。

(五) 东欧新马克思主义研究的发展

流亡到西方国家的"东欧新马克思主义"理论家把"东欧新马克思主义"的理论成功地融入西方的马克思主义理论研究之中。他们对20世纪下半叶西方马克思主义理论的发展起到一些促进作用。因此,东欧新马克思主义的影响逐步超出东欧的范围,通过移民或学术交流的方式分散在英国、美国、澳大利亚、德国等地,汇入西方各种新马克思主义流派或左翼激进主义思潮之中。

在1989—1990年不到一年的时间里,前东欧各社会主义国家几乎同时上演了戏剧化的一幕,各国执政多年的共产党纷纷以各种方式垮台,而政权转移到了亲西方的右翼分子手中。他们打着"回归欧洲"的旗号,正式同社会主义告别,转而走向资本主义。苏联解体东欧剧变是社会主义运动的一次重大挫折,这场波及苏联和整个东欧社会主义国家的政治大地震让整个世界惊叹不已,虽然作为一种社会制度的社会主义在苏联及其东欧各国已经不复存在了,但是社会主义思想却没有消失,社会主义者的努力和探索也从未停歇。东欧剧变之下,社会环境的变迁赋予了东欧马克思主义更新的内涵

[①] [匈]亚诺什·科尔内:《短缺经济学》,张晓光等译,经济科学出版社1986年版,第3页。

和更广泛的形式,在摒弃了苏联模式后,拉近了与西欧发展模式的距离,再加上东欧各国独有的历史文化传承、经济发展水平、民族宗教文化等方面的内涵,使东欧马克思主义的发展迈入了一个新的历史时期。

就我国20世纪90年代初至20世纪末对东欧马克思主义的研究看,呈现出多元化趋势。一部分学者继续坚持了否定的批判态度,认为东欧"新马克思主义"实际上是要从根本上否定共产党的领导,否定社会主义道路,否定无产阶级专政,否定马克思主义、列宁主义。认为正因为如此,在它出现之初,就获得了资本主义世界的大声喝彩,其著作多在西方大量出版,并被广为传播。后来,它在苏联东欧社会主义国家扩散,而且在国际理论界、舆论界占有一席之地,甚至引起国际政治中东西方关系的争端(如1979年鲁道夫·巴罗逃亡西柏林事件),都得力于国际上敌视社会主义势力的推动。到80年代,由于国际政治局势的急剧动荡,东欧"新马克思主义"更加受到国外敌视社会主义势力的着力鼓动,思想影响进一步扩大,其代表人物及其活动表面上销声匿迹,实际上充当了推动"和平演变"的思想领袖。

也有学者摒弃了对东欧马克思主义的旧有观点,认为东欧新马克思主义充满"新意",这种"新意"在于:以人的实践为本的本体论、以异化理论为基础以扬弃异化为目的的社会批判理论和以人道的民主的社会主义为基本内涵的社会改革纲领。认为东欧新马克思主义正是在人—实践的层面上批判(扬弃)。认为作为人类精神凝结的东欧马克思主义研究,呈现为时代的、区域的实践特色,而这一特色又是通过不断地对既有的哲学以及现实生活的哲学批判来实现的。批判是手段,是为了扬弃异化,是为了超越和重建,这便构成人类通向自由殿堂的根本途径。同时,就中国现实而言,它引出了如何借鉴东欧新马克思主义的哲学批判的视角和层面,来建构当代中国特色的系统的马克思主义哲学体系问题,亦即如何通过哲学批判达到超越,完成马克思主义具体地中国化问题,以使哲学源于生活又正确地指导生活。

三 西方马克思主义研究的发展

20世纪90年代初,世界上第一个社会主义国家苏联的解体和东欧一批社会主义国家的相继易帜,对西方左翼来说是一个沉重的打击。原先西方国家的共产党,包括"西方马克思主义"在内的其他左翼力量,都程度不等地遭受挫折。在这种情况下,西方马克思主义研究一度处于沉寂。但无论是马克思主义的拥护者、同情者,还是马克思主义的反对者、诋毁者,都未曾想到,这种"沉寂"的局面并没有维持多久,自90年代中期起,在法、英、德、美等西方主要资本主义国家,掀起了一股研究和宣传马克思主义的热潮。马克思主义研究在20世纪末21世纪初的"复兴",并不是简单地回到以前的那种研究,而是出现了许多新的特点和趋势。

我国学者也敏锐地看到了苏联解体东欧剧变后,世界范围内国外马克思主义研究的新动向新特点,并对新的发展情况做了概括和归纳,及时将新的研究成果呈现给学界。

徐崇温在《苏联解体东欧剧变后国外马克思主义研究的新动向》中指出,苏联解体东欧剧变之后,国外马克思主义的研究主要有以下三种新动向:第一,社会主义问题被提到首位。多数学者认为,社会主义不会灭亡,但需要进行改革。第二,对马克思主义进行重新思考。对此,越共、法共和俄共都提出了自己的看法。第三,马克思主义在某些范围内引起人们的更大兴趣。[①]

陈学明总结了苏联解体东欧剧变后西方马克思主义研究的新特点,一是以政党为依托的研究转为知识分子的独立研究。苏联解体东欧剧变前,西方的马克思主义研究,主要是以政党特别是共产党为依托的研究,西方的一些著名的马克思主义学者,基本上都具有

[①] 徐崇温:《苏联解体东欧剧变后国外马克思主义研究的新动向》,《当代国外马克思主义评论》2000年(第一辑)。

一定的政治背景，苏联解体东欧剧变后这种现象顷刻改变，西方的马克思主义研究成了知识分子的独立研究，马克思主义学者，不再以政治家或党的理论家的身份，参与马克思主义的研究。二是由经院式的研究转移为密切联系实际的研究。如果说剧变前西方世界，还有一批所谓的经验的马克思主义者，他们注重对马克思主义进行考据式的研究，关在高楼深院里啃马克思的著作，而远离现实生活，那么在剧变后，已经很少见到此类马克思主义的研究者了，从以政党为依托的研究，转换成知识分子的独立研究，强化从学术角度研究马克思主义，并不意味着马克思主义研究变得脱离实际，我们所看到的情形是这些高声强调，要把马克思主义作为一种学术来研究的独立的马克思主义研究者，越来越贴近生活，是马克思主义面对现实，解决当代世界的现实问题。三是单学科的孤立研究转换为跨学科的整体研究。剧变后的西方马克思主义研究另一个重要的特色就是，打破学科的界限，从过去分门别类的单学科的独立研究，转向跨学科的整体的研究，强调在马克思主义有机整体中研究马克思主义的各个组成部分。雅戈·彼岱在概括"95 国际马克思大会"，以及自此会议召开以来西方国家马克思主义研究发展的动向时，也把对马克思主义进行整体性的研究视为一个重要的新特点。四是论战式研究转换为求同存异共同探讨式的研究。如前所述，剧变后，马克思主义研究逐渐从以政党政治为依托的研究，转向为知识分子的独立研究，随着政党与政治团体的消失和削弱，原属于不同派别的知识分子，纷纷来到独立的研究机构工作，他们在同一机构工作，在同一刊物上发表文章，政治上的界限不明显了，也不在意了，平时大家在交流中就已经基本上做到寻找共同点，寻找真理，在国际性的马克思主义大会上，他们更不会去进行无谓的争论了，而是倍加珍惜已经创造的和衷共济的气氛。

苏联解体东欧剧变后的西方马克思主义研究是在一种特殊的背景之下的研究，可以说这些西方的马克思主义研究者是在反马克思主义者对马克思主义的疯狂的叫骂声中，走到一起来出席会议，进行马克思主义的研究的,他们心里非常明白,为了对付敌人使马克思主义在非常不利的条件下生存下来,扩大影响发挥作用,一切拥护马克思主义的人必须保持高度的团结。

西方马克思主义研究中所出现的这些新特点新趋向充分说明,马克思主义在西方不仅活着而且活得很好,嗅觉灵敏的西方资产阶级,似乎已从西方马克思主义研究中所出现的这些新特点、新趋向中预感到了些什么。美国《基督教科学箴言报》发表评论说,再度兴起的马克思主义对西方古典自由主义的思想体系和体制构成的挑战,会比苏联共产党政权曾经构成的挑战更加令人生畏。这些新特点的形成,标志着走向21世纪的西方对马克思主义的研究进入了一个新的发展阶段。[1]

在对马克思思想文本进行重新解读的过程中,传统意义上的马克思思想体系之中一些没有给予充分注意的问题也显现出来,如马克思的世界历史思想、东方社会理论、人类学研究等。至20世纪90年代中后期,中国马克思主义学界已经逐步摆脱苏联教科书体系的束缚,形成了对马克思思想的多种不同的解释路向,如人学、人本主义、发展哲学、社会哲学、实践哲学、实践本体论、交往哲学、生存哲学、文化哲学等。这在一定意义上奠定了今天中国马克思主义哲学界的基本格局。也正是在这一研究的基础上,中国学者才能对西方马克思主义作出客观的解读。

因此,我们看到在20世纪末21世纪初的中国马克思主义哲学研究呈现出西方马克思主义与马克思思想研究互动的格局。在马克思哲学思想研究方面,"走进马克思""走近马克思""重读马克思""回到马克思"不仅是一个个口号,更成为实际的行动,并在回应西方马克思主义研究主题的过程中扩展了马克思主义哲学研究领域;西方马克思主义作为一门课程已经在很多大学展开,出版了一系列

---

[1] 陈学明:《评苏联解体东欧剧变后西方马克思主义研究的新特点》,《社会科学论坛》1999年第7—8期。

相关教材的同时，以我国学者对西方马克思主义思想的研究为基础，学界开始重译西方马克思主义学者的著作和新著。随着中国改革开放的进一步深入、社会主义市场经济的建构，现代西方社会的一系列问题在中国现代化进程中也不同程度地出现了。这就进一步强化了西方马克思主义研究对于解答当代中国社会问题的积极意义，也带来了西方马克思主义研究领域的进一步扩展，生态学马克思主义、女权主义马克思主义、西方市场社会主义、后马克思主义等逐渐成为我国西方马克思主义研究的热门领域。下面对此有专门介绍。

第三节　国外马克思主义新流派研究

国外马克思主义研究涉及不少流派，因此，要介绍和分析我国国外马克思主义研究70年的情况，实有必要给予具体论述。

一　分析马克思主义研究

"西方马克思主义"发展到20世纪70年代末、80年代初，基本上呈现为这样一种格局：随着萨特等人的逝世，存在主义马克思主义衰落了；继之而起的是阿尔都塞的结构主义马克思主义，可随着后结构主义的兴起，结构主义的马克思主义又成了明日黄花；法兰克福学派在六七十年代曾一领风骚，成为西方学生和左派造反的指导思想，与该派有渊源关系的思想家中，如今能独树一帜的，也唯有哈贝马斯。正是在这样一种"不景气"的思想背景之下，"分析马克思主义"异军突起，它引起人们的广泛注意是很自然的。[①] 分析马克思主义是20世纪80年代在西方资本主义社会中继西方马克思主义之后兴起的一种以研究马克思主义理论问题为主的新思潮，是西方传统分析哲学、经验主义的社会科学以及新古典经济学的方

---

① 郑一明：《"分析马克思主义"评介》，《哲学动态》1992年第11期。

法运用于马克思主义理论研究的产物。鉴于分析哲学对这种新的社会思潮的重要影响,以"分析马克思主义"来冠名确能代表这一理论的发展方向和基本特征。

20世纪90年代,分析马克思主义发生了一个重大的变化——转向政治哲学研究。1995年柯亨发表了《自我所有、自由和平等》,"这标志着柯亨的学术观点与研究重点发生转变,即从对马克思主义的辩护,走向对马克思主义的改造,学术重心也开始从马克思主义转向规范的政治哲学"①。罗默在1988年出版了第一部有关政治哲学的著作《在自由中丧失——马克思主义经济哲学导论》以及后来的《分配正义理论》等著作,还有其他分析马克思主义者都出版了关于政治哲学的著作,埃尔斯特的《局部正义:社会机构如何分配稀缺物品和必要负担》、赖特的《审问不平等》、斯坦纳的《关于权利的一篇论文》、乔舒亚·科亨的《新的不平等》等。这些著作的问世说明分析马克思主义的研究方向转向了规范性的政治哲学。

我国学术界对分析的马克思主义的了解始自80年代末。1988年4月,中国社会科学院请分析的马克思主义的代表人物罗默、埃尔斯特等人来我国讲学。1989年2月,柯亨的《卡尔·马克思的历史理论:一个辩护》在我国翻译出版。此后,一些报纸杂志还刊登过少量国内外学者介绍分析的马克思主义的文章。直到余文烈的《分析学派的马克思主义》(重庆出版社1993年版)一书出版以前,我国学术界对分析马克思主义总的来说缺乏全面和深入的了解,因此可以说,余文烈的这本书填补了我国国外马克思主义研究中的一个"空白"。《分析学派的马克思主义》是一部评介性的专著。全书共有八章,除第一章是从总体上对分析的马克思主义的产生及其特征做一般性的介绍以外,其余各章是围绕分析的马克思主义者争论的七个主要问题对其有代表性的观点做逐一的评介。《分析学派的马克

---

① [英]柯亨:《如果你是平等主义者,为何如此富有?》,霍政欣译,北京大学出版社2009年版。

思主义》一书的最大成就就在于它第一次勾画出分析的马克思主义的基本特征并对其主要成员的基本观点和所运用的方法做了较为全面系统的评介。

在之后的1995年9月，柯亨应邀来中国人民大学讲学，并做了专题报告，在国内引起较大的反响。其后，余文烈和中国人民大学的段忠桥还曾在《马克思主义研究》杂志上，就分析的马克思主义的产生是不是分析哲学与马克思主义研究的结合、分析的马克思主义的主要特征等问题进行了引人注目的争论。这一阶段，国内学术界对分析学派的研究内容主要包括三个方面：一是翻译出版该学派学者的个人专著和多位学者的合著专集，由徐崇温主编的译丛和由段忠桥主编的译丛就是典型的代表作品；二是对国外学者对该学派的相关文章的译介，对该学派代表人物专访，如郑一明的《"分析马克思主义"评介》、文成的《英国学者埃·赖特评约翰·罗默的"证券社会主义"模式》、魏小萍的《分析的马克思主义怎样看社会主义市场经济——访G·A. 柯亨教授》；三是对该学派几位主要代表人物各自专题观点的评析，这主要体现在国内各种刊物和大学学报上发表的论文。如孟鑫的《市场社会主义的新论证——罗默的〈社会主义的未来〉述评》认为，罗默的市场社会主义理论，是在苏东社会主义国家相继解体、社会主义运动陷入低潮时对社会主义理想的追求和对社会主义实践模式值得称道的探索[①]。他的有关实施市场社会主义的一些具体的建议，对我国由传统的计划经济向社会主义市场经济的转变有借鉴意义。不过，从马克思主义的观点来看，他的论证存在不少理论上的失误，尤其体现在他把社会主义定义为一种平等主义，并进而认为公有制对社会主义是可有可无的。此外，他的论证在很大程度上是以分配决定论和平均主义为依据的。由于在这些重大理论问题上的失误，罗默提出的方案在很大程度上是一

---

① 孟鑫：《市场社会主义的新论证——罗默的〈社会主义的未来〉述评》，《马克思主义研究》1999年第1期。

种根本无法实现的乌托邦。

综上所述，这一阶段国内进行研究的现状是：第一，对分析学派的研究论文大都是从个别层面作出的探讨性分析，深度有待加强。还缺少系统、深入的专著。对他们著作体现出来的哲学思想，需要进行深入论证和提炼。第二，学者们探讨分析马克思主义的相关问题时大都仅停留在评析其思想内容上，还很少有对其理论基础进行深入挖掘、追本溯源的。第三，分析学派一些重要著作尚未翻译成中文。

二 西方"市场社会主义"研究

市场社会主义是一种关于社会主义经济体制或模式的理论，它试图将生产资料公有制与市场经济结合起来以实现社会主义。它是西方一个多世纪以来倡导和探索社会主义和市场经济相结合的道路与模式的思想理论，出现于20世纪30年代，由旅美波兰经济学家奥斯卡·兰格首次系统阐述，既不同于以美国为代表的市场社会主义，也不同于以苏联为代表的计划社会主义的社会经济体制。在西方左翼学者提出的种种市场社会主义模式中，影响较大的是英国学者戴维·米勒的"合作制的市场社会主义"、美国学者约翰·罗默的"证券的市场社会主义"和美国学者戴维·施威卡特的"经济民主的市场社会主义"。

现在人们对"市场社会主义"究竟产生于何时说法不一，但有一点则是肯定无疑：这一派别真正产生重大影响，其理论真正得以深化是在苏联解体东欧剧变之后。张宇等人全面阐述了"市场社会主义"的形成过程，特别是分析了"市场社会主义"理论在苏联解体东欧剧变后大大向前推进的原因，以及其最新形态的特征和当今的形形色色的分支。

对"市场社会主义"（market socialism）的理论讨论早在20世纪二三十年代就已在西方展开。到90年代初，由于苏联解体东欧剧变、新自由主义危机等原因，欧美再次掀起建立"社会主义新模式"

热潮，其中主要模式之一就是"市场社会主义"。同时，随着我国经济体制改革的深入，尤其是党的十四大对建立社会主义市场经济体制目标的确立，社会主义和市场经济的结合成为人们普遍关注的问题。正是在此背景下，我国学术界和理论界开始把"市场社会主义"理论介绍进国内，并做了一些积极的探讨。这一阶段有关"市场社会主义"理论研究的主要理论问题有以下几方面。

第一，"市场社会主义"理论的发展阶段，分五阶段、四阶段或者以苏联解体东欧剧变为界线划分为两个阶段说。但不管阶段如何划分，都认为市场社会主义理论的发展是一个有着内在逻辑的发展过程，围绕着市场和社会主义的关系问题，主要有这样几个依次深入的重大理论突破。一是"兰格模式"，虽然它只是一个"模拟市场社会主义"，还没有突破计划经济的框架，但其重要理论意义在于它已内在地蕴含着市场机制是一种可以与所有制相分离，从而有一定相对独立性的资源配置形式。二是"中性机制论"和"联姻论"。"中性机制论"是"兰格模式"发展的必然结论，它明确提出了"兰格模式"中蕴含着市场和计划仅是资源配置的手段和工具的思想。"中性机制论"为市场社会主义理论大发展提供了理论前提。"联姻论"则是"中性机制论"的明确化，实现了市场社会主义理论的重大突破。三是"市场主导机制论"，它是"联姻论"的进一步发展和逻辑结果，是对市场和计划关系的新认识，是市场社会主义经济运行机制理论的重大突破。

第二，对"市场社会主义"概念的界定。国内一些学者认为，虽然不同理论家对市场社会主义的界定各有不同，在这些定义中所关注的要素及其侧重点也不同，但都离不开生产资料的公有制和利用市场进行资源配置，既具有生产资料公有或集体所有这一社会主义的主要特征，又利用市场作为资源配置的手段。[1] 在国内也有学者

---

[1] 余文烈：《关于"市场社会主义"的几个理论问题》，《马克思主义研究》1997年第1期。

认为"市场社会主义"的主张用最概括的语言来表述就是：通过市场来实现社会主义目的。"市场社会主义"将社会主义看作是一种目的状态的理论，将市场则视为程序性制度。既然市场只是一种程序性制度而与任何实质性的目的状态无必然联系，它就可以被作为一种手段来运用于任何目的，它可以为资本主义所用，也可以为社会主义目的服务。因此，市场与社会主义是可以兼容的，"'市场社会主义'正是市场与社会主义的结合"①。

第三，关于市场社会主义的性质及其与社会主义市场经济的关系。在关于市场社会主义的性质问题上，国内外学者有着各种各样不同的甚至截然相反的看法和观点，有的学者认为市场社会主义是一种"乌托邦"，是不可能实现的；有的认为它发展的必然结果就是资本主义；有的认为在现阶段只有市场社会主义才是真正可行的社会主义等。究其分歧的实质是对于市场、公有制与社会主义关系的不同理解。② 认为市场社会主义者根本看不到社会主义是人类发展的趋势，而只是把社会主义肤浅地等同于资产阶级政府的一种经济政策，其目的是保障资本主义社会的生存。因此，社会主义市场经济与市场社会主义二者在它们所代表的阶级利益和所包含的基本内容方面，都存在根本的不同。同时，在市场社会主义理论中也包含着一些具有科学价值的思想材料。比如"联姻论""中性机制论""市场主导机制论"及一些具体的市场社会主义模式等。这些具有科学价值的思想材料，对于社会主义市场经济理论和实践的完善、发展都具有积极意义。

三 生态学马克思主义研究

"生态学马克思主义"在20世纪70年代由北美形成后影响迅速扩大，在西方世界原先的各个马克思主义哲学流派中，苏联解体东

---

① 王元：《"市场社会主义"理论系统评述》，《社会主义研究》1996年第5期。
② 方兴起：《评形而上学的市场经济观》，《中国社会科学》1996年第6期。

欧剧变后发展最快、影响最大的当属"生态学马克思主义"。苏联解体东欧剧变，并没有给"生态学马克思主义"带来多少负面影响，相反，自20世纪的90年代以来，生态学马克思主义进入了一个飞速发展的阶段。无论是在理论建树方面，还是在实际作用方面，其发展势头都超过了以往任何一个阶段。"生态学马克思主义"在苏联解体东欧剧变后的飞速发展，为重新确立马克思主义在人们心目中的地位，为扫除对马克思主义的现实性的各种疑虑，发挥了很大的作用。有人甚至把"生态学马克思主义"在苏联解体东欧剧变后的飞速发展视为马克思主义获得新生的主要标志，把"生态学马克思主义"当作马克思主义发展的一个新阶段。"生态学马克思主义"之所以在苏联解体东欧剧变后非但没有走下坡路相反还大步前进，这与它所探讨的主题密切相关。最近几十年，生态危机越来越严重地出现在人类面前，解决生态危机已成了人类最迫切需要解决的问题。在这种情况下，以生态问题作为研究主题，而且由于以马克思主义的生态理论作为出发点，从而比其他任何生态主义派别都要具有吸引力的"生态学马克思主义"，自然获得了飞速发展的有利条件。

"生态学马克思主义"在这一时期理论上的建树一方面在于，它从资本主义生产方式与生态危机的联系角度，对资本主义进行了系统批判，特别是"生态帝国主义"概念的提出，使这种批判与对全球化问题的研究结合在一起；另一方面，表现在它全面推出了生态社会主义的构想，这一构想比起其在20世纪七八十年代所提出的生态社会主义的要求，更为完整、成熟，完全改变了以前还或多或少接受生态运动的政治纲领和社会理想的局面。

西方生态学马克思主义理论在20世纪80年代被引入中国学术界，我国学者自此开始了对生态学马克思主义广泛而深入的研究，形成了一支学术研究的群体，取得大量的研究成果。这些成果归结起来体现在下面两个层面上：一是总体层面上如何理解和把握生态学马克思主义理论问题的研究；二是具体层面上对生态学马克思主义理论代表人物思想的研究，在这个层面上还可做一个地域的划分，即分为北美生态学马克思主义研究和欧洲生态学马克思主义研究。

（一）如何理解和把握生态学马克思主义

在总体层面上如何理解和把握生态学马克思主义的研究体现在如下四个方面。

第一，如何界定生态学马克思主义及其与马克思主义的关系问题。在生态学马克思主义与马克思主义的关系问题上，学术界的意见是比较统一的，普遍认为生态学马克思主义与马克思主义之间存在理论渊源关系。

第二，生态学马克思主义与生态社会主义的关系。我国学术界对待生态学马克思主义与生态社会主义的关系的看法，意见也不统一，概括起来有如下四种代表性的观点。生态学马克思主义与生态社会主义是两种不同的理论思潮，王谨教授是这一观点的首创者和代表。生态社会主义与生态学马克思主义是一种包含关系，持此观点的有陈学明、俞吾金、王雨辰、郇庆治教授。生态学马克思主义是生态社会主义发展的一个阶段，此观点以周穗明和刘仁胜为代表。生态社会主义与生态学马克思主义是同一个学说的两个不同侧重点，郭剑仁是持此观点的代表。这些年来，我国学界在生态社会主义和生态学马克思主义概念的使用上存在混乱，有时冠以生态社会主义的名称时谈的内容则是生态学马克思主义，反之亦然。

第三，对于生态学马克思主义的理论流派我国学术界涉猎不多，任暟提出生态学马克思主义流派纷呈，根据对人与自然两者之间的价值定位不同，可分为"生态中心论"和"人类中心论"两大阵营。

第四，生态学马克思主义理论的评价学马克思主义研究还在进行中，而且主要是对西方生态学马克思主义代表人物的思想进行分散的个案的研究，尚未形成系统性的研究，因此，难以对生态学马克思主义理论作出全面准确的评价。但是，国内的一批青年学者还是对生态学马克思主义理论的优劣做了一些尝试性的分析。如曾文婷、包庆德、王世涛等人对生态学马克思主义从制度上探索生态危机的成因,解决生态问题的根本之路在于社会制度上的根本变革做了充分的肯定性评价。同时也指出了其理论的局限性在于:人与自然的矛盾取代了社会的基本矛盾,生态危机理论取代了经济危机理论,技术取代论及稳态经济论等方面。

(二) 生态学马克思主义代表人物的思想研究

我国学术界对西方生态学马克思主义代表人物的思想的研究,主要集中于安德烈·高兹、本·阿格尔、威廉·莱斯、戴维·佩珀等的思想。

第一,关于本·阿格尔的生态学马克思主义思想研究。阿格尔是生态学马克思主义第二代的主要代表人物,他在20世纪70年代出版的《西方马克思主义概论》著作中首次提出"生态学马克思主义"一词。我国学者以他的这本著作为文本,对他的思想的研究可概括为以下三个方面:一是生态危机理论。王雨辰认为,本·阿格尔从反思马克思的危机理论为切入点来重建历史唯物主义,当代资本主义社会的危机已从经济领域转向了生态领域和消费领域,呈现为生态危机。二是异化消费理论。王雨辰认为,阿格尔是在劳动—休闲二元论和"期望破灭的辩证法"两方面来论述了他的消费异化理论,并分析了产生异化消费的四个方面的原因。[①] 三是生态社会主义理论。力图呈现出阿格尔生态社会主义观点内在的理论逻辑,并在此基础上揭示出它对于认识今天的社会主义的借鉴意义。[②]

第二,威廉·莱斯的生态学马克思主义思想研究。我国学术界基于莱斯的《自然的控制》和《满足的极限》两个文本,主要在下述三个方面对他的生态学马克思主义思想展开研究。一是控制自然

[①] 王雨辰:《评本·阿格尔对西方马克思主义的研究》,《社会科学动态》1998年第4期。

[②] 曹淑芹:《生态社会主义的出路——评阿格尔的资本主义社会变革战略》,《内蒙古社会科学(汉文版)》1999年第4期。

观念是现代生态危机的深层思想根源。通过莱斯对控制自然观念的历史渊源的追溯，揭示出控制自然的观念与生态危机之间的必然联系，控制自然必然会引起自然的反抗，由此，莱斯提出由控制自然走向解放自然。二是科技与生态伦理观。王雨辰指出，莱斯不仅分析了控制自然观念与生态危机之间的必然联系，而且分析了控制自然观念被纳入资本主义现代性价值体系中，控制自然与控制人之间有着必然的关系。科学技术价值的实现是与社会结构和社会制度相关的，要避免科学技术的滥用，必须将"控制自然"的观念置于新的人性和伦理基础上。三是需求理论。通过人的需要与商品的辩证关系，重建马克思的需求理论。①

第三，戴维·佩珀的生态学马克思主义思想研究。佩珀是20世纪90年代生态学马克思主义的重要代表人物，特别是他的生态社会主义理论可谓是生态社会主义理论的典型形态。1995年他的著作《生态社会主义：从深生态学到社会正义》英文版问世，就引起了世人的关注，我国学界对佩珀研究的主要集中在如下几方面：一是对佩珀的主要学术贡献的评价。学术界一致认为，佩珀充分肯定了在生态问题上马克思主义的历史唯物主义分析方法和阶级分析法，虽然马克思没有直接阐述生态问题，但在历史唯物主义的框架下是可以来分析和解决生态问题的，没有必要去拯救和重建历史唯物主义。第一次提出"红色绿党"与"绿色绿党"的分野，用马克思主义去改造生态主义，实现"绿色红化"。二是对生态危机根源的分析。佩珀反对把生态危机的根源或归因于"支配自然"观念或人对待自然的态度、价值观念，或归因于技术的失误等，他认为资本主义生产方式本身就是生态危机的根源。三是绿色政治战略。佩珀强调把生态危机的出路与社会主义前景密切结合起来。②

---

① 王雨辰：《"控制自然"观念的历史演进及其伦理意蕴——略论威廉·莱斯的科技—生态伦理价值观》，《江苏省伦理学会会议论文集》2004年。

② 夏鑫：《试论佩珀的生态社会主义理论》，《社会主义研究》2008年第4期。

第四，安德烈·高兹的生态学马克思主义思想研究。高兹是欧洲生态学马克思主义的重要代表人物，活跃于 20 世纪八九十年代，我国学术界对他的思想的关注是晚近的事情，主要研究内容包括人与自然的关系、资本主义制度与生态危机的关系、生态危机的根源问题以及解决生态危机的具体途径问题等。认为安德烈·高兹从生态政治学的角度批判资本主义，阐述社会主义的必然性，认为资本主义的利润动机属于经济理性的范围，资本主义的经济理性与生态理性是相互矛盾的，必然破坏生态环境，保护生态环境的最佳选择是先进的社会主义，先进的社会主义要求经济理性服从于生态理性。他提出了争取社会主义的劳工战略，这种战略不以夺取国家政权为直接目标，而从工人的工作场所开始合法的斗争，逐步参与生产过程的管理，达到工人自治的社会主义。[①]

总之，我国学术界在 20 世纪 90 年代西方的生态学马克思主义传入国内来后，就积极地展开了相关的研究，取得大量的专题性的研究成果，但在研究中同时还存在一些问题。一是，分散的个案研究，主要侧重于对代表人物的思想介绍性研究，还未形成系统的生态学马克思主义理论问题的研究。二是，在代表人物思想研究的地域分布上主要侧重于北美学者，而对其他地区的学者的思想研究相对薄弱。

四 女权主义马克思主义研究

"女性主义马克思主义"是苏联解体东欧剧变后在西方世界另一个发展比较迅速的马克思主义派别。它的飞速发展同样展现了马克思主义在当今世界的生命力和现实意义。但是，20 世纪 90 年代以来的西方"女性主义马克思主义"明显受到文化女性主义、后现代主义的影响，形成了具有明显后现代特征的唯物主义女性主义。20 世纪 90 年代以后，西方世界的后现代主义思潮越来越产生着广泛的影

---

① 吴宁：《高兹的生态政治学》，《国外社会科学》2007 年第 2 期。

响，在一定意义上，它成了西方世界的主流意识形态。马克思主义哲学研究于西方世界在20世纪90年代中期以后的"复活"，正是在后现代主义的强劲发展的背景下实现的，因此这种"复活"不能不受到后现代主义的影响，不能不带有后现代主义的印记。"女性主义马克思主义"在这方面表现得最明显。

"女权主义的马克思主义"是"女权主义"的一个分支，又常常被称作"社会主义的女权主义"。当代的"女权主义的马克思主义"者更侧重于在保持马克思主义的激进态度和历史方法的同时，结合自己的经验，努力冲破传统马克思主义的束缚，确立自己的理论框架。邵继红等将"女权主义的马克思主义"与当代"女权主义"的一些其他派别，如"自由主义女权主义""激进女权主义"，特别是作为当代"女权主义"主流的"后现代女权主义"做了详细比较，并指出，它与其他"女权主义"派别的主要不同之处在于：强调消除妇女压迫必须以推翻整个资本主义制度为前提，以一种新的视角把女权主义的关怀和传统马克思主义的社会主义目标结合起来。

在20世纪90年代初至20世纪末的女权主义马克思主义的研究中，这一阶段国内争论的问题主要有以下几方面。

关于马克思主义女权主义和社会主义女权主义的划分和界定问题。主要问题有以下几个方面。马克思主义女权主义和社会主义女权主义是否是一个流派？如果是两个流派，马克思主义女权主义和社会主义女权主义如何划分？马克思主义女权主义和社会主义女权主义的关系如何？我们可以从国内有关西方女权主义流派的介绍和评价中看出这些问题。主要体现在：（1）流派介绍中对二者界定不清晰。例如在李银河主编的《妇女最漫长的革命——当代西方女权主义理论精选》中介绍了艾丽森·扎嘎的传统马克思主义女权主义和社会主义女权主义流派；在王维和庞君景著的《20世纪西方的马克思主义思潮》中同样将马克思主义女性主义和社会主义女性主义作为两个不同的流派加以介绍；在肖巍的《女性主义关怀伦理学》

中亦是如此。但是在俞可平的《全球化时代的"社会主义"》中并没有涉及马克思主义的女权主义，而是将其中的一些观点融合在社会主义女权主义的观点中介绍。王跃华、张国盛的《当代西方的马克思主义女权主义》中所阐述的一些内容与李银河、肖巍对社会主义女权主义内容的介绍有很多相似之处，如对生产、再生产、性和儿童社会化的介绍。(2) 代表人物的身份重叠。例如，海迪·哈特曼是哪一个流派的代表人物？在王谨的《新女权主义马克思主义》中海迪·哈特曼是马克思主义女权主义的主要代表人物；在俞可平的著作中她是社会主义女权主义的代表人物。同样的情况发生在朱丽叶·切尔身上，在王跃华、张国盛的《当代西方的马克思主义女权主义》中，她是重要观点阐述者；在肖巍的《女性主义关怀伦理学》中她是主要代表人物。(3) 在目前介绍到国内的观点中，马克思主义女权主义和社会主义女权主义的主要观点重复较多。例如，对私有制的批判，对父权制的批判，对资本主义制度的批判，等等。这些现象使人们对马克思主义女权主义和社会主义女权主义的界定和划分以及它们之间的关系产生了困惑。

关于女权运动的分期问题。关于女权主义运动的分期存在两种不同的观点，邰继红将其划分为三个历史阶段，而张晓玲则认为女权主义的探索可以划分为两个阶段。根据邰继红的观点，可将其划分为三个历史阶段。第一阶段，18世纪—20世纪初期，自由主义女权主义阶段。主要代表人物有英国的玛丽·玛穆勒、美国的伊丽莎白·凯·斯坦顿。第二阶段，20世纪初期—20世纪六七十年代，激进女权主义阶段。主要代表人物有美国的凯特·米丽特、西蒙娜·波伏娃。第三阶段，20世纪八九十年代，女权主义多元化阶段。主要代表人物有戈尔·卢宾、凯瑟琳·麦金侬、朱迪斯·巴特勒。而张晓玲在《妇女与人权》中认为，当代女权主义的探索可以划分为两个阶段，第一阶段是20世纪70年代以前的妇女研究理论，以西蒙娜·波伏娃的名著《第二性》和贝帝·弗里丹的名著《女性的奥秘》为代表；第二阶段是20世纪70年代以后的理论。①

从以上分析中，我们可以看出，国内研究女权主义马克思主义的专家和学者将女权主义马克思主义的理论和流派介绍到中国，传播女权主义思想，介绍西方妇女解放理论，借鉴西方妇女学的研究经验，在拓宽国内对西方思想的研究领域方面作出过重大的贡献。同时，他们给人们带来了西方有关妇女解放的较完整的、较系统的思想，为国内妇女理论和实践的发展提供了有利条件，在丰富当代中国妇女发展理论方面同样作出了贡献。但是，仔细分析，我们不难看出，国内对女权主义马克思主义的研究基本上停留在对流派和观点的介绍阶段，缺乏深入的分析和评论。虽然有的专家和学者对一些流派进行了简单地评价，但是，大多数研究者没有从妇女解放运动历史发展的角度对流派的产生、发展、未来走向进行客观的论证和探讨，并用马克思主义的阶级分析观点对其哲学基础、理论主张、实践效果进行全面的分析。同时与中国妇女运动实践相结合的研究也十分匮乏。总之，相对于国内对西方其他思想流派的研究来说，女权主义马克思主义的研究者较少，研究者之间的争论和商榷有待于进一步加强，在这方面还有许多工作需要我们去做。

五 后马克思主义研究

探讨20世纪后半叶，特别是20世纪90年代以来西方世界的马克思主义哲学的研究，不能不涉及"后马克思主义"思潮。"后马克思主义"思潮的形成与广为流传，既标志着马克思主义哲学在西方世界获得了更进一步的认同和表现出了顽强的生命力，也意味着马克思主义哲学在后现代主义的背景下，遭到了空前的扭曲与损害。"后马克思主义"这一称谓早在20世纪50年代就已在西方学术界出现，经过十余年的孕育，20世纪70年代末80年代中期以来，"后马克思主义"在西方终于形成理论思潮。后马克思主义作为一种理论

---

① 张孟琪：《国内外女权主义研究述评》，《科技视界》2014年第26期。

立场试图在作为政治与文化力量的古典马克思主义的祛魅中拯救马克思主义思想中的仍有价值的一些方面。它的理论先驱一开始都是马克思主义的拥护者，随着1968年"五月风暴"的结束和西方70年代末"马克思主义危机"的出现，部分新左派理论家开始以多种方式解构古典马克思主义的阶级理论，并对意识形态的自主性进行立论和论证，这一趋向和后现代思想的一些成果的嫁接使后马克思主义以积极的理论建构姿态呈现。

20世纪80年代初，"后马克思主义"开始进入我国学者的理论视野。围绕"后马克思主义"的定义、理论性质、现实意义及其与马克思主义之间关系的争论，在我国当代学术论域中占据着重要地位。由此，我们不得不承认，在20世纪人类思想史上，"后马克思主义"这一概念的出现是一个重大事件。大体是从20世纪80年代至90年代末。该时期基本上是无意识地翻译了一些与后马克思主义有关的一些论著。国内早期涉及后马克思主义内容的主要文献有南斯拉夫学者S. 朱罗维奇的《评〈人类的发展和社会〉》[1]，日本学者山琦熏的《关于"后马克思主义"的思考》[2] 和詹宇国的《后马克思主义与市场社会主义——访莱文教授》[3] 等。20世纪八九十年代丹尼尔·贝尔的《后工业社会的来临》（1973）、贝斯特与凯尔纳的《后现代理论》（1991）以及詹姆逊、德里达等人的系列著作的翻译出版直接酝酿了我国后来的后马克思主义的研究并奠定了最基本的文献基础。之后是有意识的文本传入、系统介绍与初步研究并存时期，这大体上是从20世纪90年代末至今。90年代初已有少数学者开始初步研究后马克思主义了，如童世骏在《中国社会科学季刊

---

[1] ［南斯拉夫］S. 朱罗维奇：《评〈人类的发展和社会〉》，《国外社会科学》1982年第7期。

[2] ［日］山琦熏：《关于"后马克思主义"的思考》，《国外社会科学》1989年第12期。

[3] 詹宇国：《后马克思主义与市场社会主义——访莱文教授》，《新视野》1999年第4期。

（香港）》1993年第5期发表的《"后马克思主义"视野中的市民社会》一文。1997年6月20日至7月9日，美国著名学者、马克思批评理论家弗雷德里克·詹姆逊（Fredric Jameson）来华参加学术会议（由中国社会科学院外文所和湖南师范大学在长沙联合举办的"批评理论：中国和西方"国际研讨会）并进行学术交流，先后访问了中国社会科学院外文所和哲学所、湖南师范大学、华中师范大学、南京大学和杭州大学。

1999年8月17日至22日在云南召开的"世纪之交的国外马克思主义研究"会议，首次将后马克思主义的研究提到议事日程，成为我国学术界开始自觉研究后马克思主义的一个标志性事件。促使后马克思主义成为我国马克思主义研究界密切关注的一个重要研究方向的事件是2002年12月13日由江苏省哲学学会和南京大学联合召开的"后马克思思潮与后马克思主义"学术研讨会。与会学者着重就20世纪70年代之后西欧、美国马克思主义思潮的理论划界标准问题，以及"后马克思思潮"和"后马克思主义"这两个新范畴的合理性问题展开了热烈的讨论。2003年10月31日至11月2日在南京大学召开的第三届"马克思哲学论坛"单独设立有关后马克思主义问题的分论坛。上述各类会议的召开，极大地推动了我国后马克思主义研究的兴起。

就研究的问题而言，这一时期的后马克思主义的研究主要集中在对后马克思主义性质的界定、基本内容的划定（定义域、问题域）、理论特征、产生的历史背景、思想的内在逻辑以及它与马克思主义、西方马克思主义、后现代主义之间的关系等上，专题式的深入研究尚未充分展开。由于国内后马克思主义的研究几乎是与其代表性著作的翻译出版同步进行的，部分研究者本身就是后马克思主义著作中文版的翻译者，所以，虽然国内自觉研究后马克思主义的时间不长，但整体研究起点较高。不过，毕竟囿于时间、文本等方面的原因，总体上来说，这一阶段我国后马克思主义的研究尚不深入，也没有得到应有的足够的重视，应该说该方面的研究依然有较大的发展空间。作为国内后马克思主义研究的集中成果体现在周凡的《后马克思主义导论》一书中。

第四节　21世纪国外马克思主义研究及其走向

21世纪，国外马克思主义研究进入了一个新的历史阶段，无论在学科建设与发展还是理论研究与创新层面，都取得了跨越性的进展。随着国外马克思主义研究学科的正式建立，推动了国外马克思主义研究的重要机构的建立，在此基础上开展了大量学术活动，围绕国外马克思主义的研究形成了多次大讨论，并出版了丰富的学术成果。新世纪的国外马克思主义研究，必将更好地整合研究队伍、综合联系各分支学科，推动国外马克思主义研究步入新阶段。

一　国外马克思主义研究学科的正式建立

（一）学科的建立

21世纪国外马克思主义研究取得的最重要的成就之一便体现在学科设置方面。2005年12月23日，国务院学位委员会、教育部向各省、自治区、直辖市学位委员会、教育厅等单位发出《关于调整增设马克思主义理论一级学科及所属二级学科的通知》，其主要事项之一是："一、新增设的马克思主义理论一级学科，暂设置于'法学'门类内，下设五个二级学科，即马克思主义基本原理、马克思主义发展史、马克思主义中国化研究、国外马克思主义研究、思想政治教育。"[①] 这就使我国国外马克思主义研究从一个普通的二级甚至三级学科"现代外国哲学"所属的"西方马克思主义"流派介

[①] 国务院学位委员会：《教育部：关于调整增设马克思主义理论一级学科及所属二级学科的通知》，学位〔2005〕64号，xjxwb@163.com。

绍，而正式成为了"马克思主义理论"这一一级学科所属的五大二级学科之一。

（二）学科建立的重大意义

"国外马克思主义研究"学科的建立具有重要意义，它是我国哲学社会科学自我创新的结果，是一个真正具有中国特色的哲学社会科学学科。这个学科的最大中国特色在于，它是中国独有的，是中国人以当代中国的视角、为了发展马克思主义和哲学社会科学的需要建立起来的。正由于采纳"国外马克思主义研究"的新研究范式，以往争论用"西方马克思主义"和"新马克思主义"研究范式难以处理的问题，比较能够得到合理的解决。国外马克思主义研究学科的建立，既是当代中国发展马克思主义的需要，承担着为当代中国发展马克思主义提供理论资源的重任，同时，它也是当代中国继续深化改革开放事业发展的需要。

二 国外马克思主义研究学科建立后所取得的成绩

（一）学科建设发展成就

国外马克思主义研究学科建立后取得的重要成绩，首先表现在机构设立和人才队伍的培养建设上。复旦大学不仅有了教育部直属的"复旦大学当代国外马克思主义研究中心"，而且成立了国家创新基地——"复旦大学当代国外马克思主义与外国思潮研究国家创新基地"。中心力求从当代中国处境出发把国外马克思主义的理论转化为应对和反思中国现实问题、讲述中国发展道路的直接思想资源。

南京大学也有主要从事国外马克思主义研究的教育部直属的"南京大学马克思主义社会理论研究中心"。经过多年的发展建设，该研究中心已经成为国内马克思主义社会理论研究的一座"重镇"，除了继续保持马克思主义经典理论研究和马克思主义中国化研究的传统特色和领先优势之外，近年来特别在国外马克思主义社会理论的经典文本、基本流派、最新进展等研究上也独辟蹊径、初具规模，取得引人瞩目的累累硕果。

此外还有黑龙江大学文化哲学研究中心，20世纪八九十年代，文化哲学在中国哲学界的地位与价值开始凸显，黑龙江大学的一批青年学者便开始自觉关注文化哲学方面的重要理论问题，以20世纪人类经历的文化焦虑与文化危机为背景，将西方马克思主义、后现代主义等解读为文化批判理论，从意识形态批判、大众文化批判等方面展开关于现代西方文化批判的研究。作为黑龙江省高校人文社会科学重点研究基地，研究中心在文化哲学研究和东欧新马克思主义研究方面承担了大量国家和省部级重要课题、国家社科基金、教育部及省级社科基金课题，在国内文化哲学和东欧新马克思主义问题研究上处于领先地位。

国外马克思主义研究取得的重大成绩，还表现在以重要的研究机构为阵地，开展了大量学术活动。首先是全国国外马克思主义研究会，其主办的"全国马克思主义研究论坛"至今已顺利开展十三届，在学界具有较大影响力。论坛主题涉及有"当代世界变化与21世纪国外马克思主义""西方马克思主义与当代中国""西方哲学与国外马克思主义""生态学马克思主义与国外马克思主义新发展"等。其次是南京大学马克思主义社会理论研究中心，该中心自2005年成立以来，先后举办过"当代资本主义研究国际学术研讨会""第三届广松涉与马克思主义哲学国际学术研讨会""拉康精神的文化意义国际学术研讨会""欧洲思想与文化国际学术研讨会""跨学科伦理：经济伦理、科学伦理、技术伦理国际学术研讨会"等高水准的国际学术会议。先后邀请了特瑞·卡弗、雅索普、齐泽克、西原和久、德里克、凯尔纳、凯文·安得森、布隆内、柯林尼克斯、郑文吉、巴加图里亚、斯蒂格勒、大卫·哈维等知名国际学者前来进行学术访问和驻院交流。这些学术活动的开展，不仅推动了国内外学术研究的互动交流，也扩大了我国国外马克思主义研究领域的国际影响力。

（二）研究成果的新进展

国内关于国外马克思主义研究的另一大重要进展，表现在大量高质量的学术成果得以出版。复旦大学当代国外马克思主义研究中心，其标志性成果有《20世纪西方马克思主义哲学历程》（1—4卷）、《国外马克思主义研究报告》《传统重估与思想移位：国外马克思主义研究论丛》《西方马克思主义前沿问题二十讲》《当代国外马克思主义评论》等。南京大学马克思主义社会理论研究中心的代表性成果有张异宾的《无调式的辩证想象》《问题式、症候阅读与意识形态》《不可能的存在之真》《文本的深度耕犁》（第1—2卷）《当代国外马克思主义哲学思潮》、刘怀玉的《现代性的平庸与神奇》、胡大平的《后革命氛围与全球资本主义》、张亮的《"崩溃的逻辑"的历史建构》等。

进入21世纪，国际格局发生深刻变化，国外马克思主义研究也发生了很大变化，一系列理论丛书和译丛的编译出版成为新时期国外马克思主义研究的重大成果。如"马克思主义研究译丛""国外马克思主义和国外思潮译丛""东欧新马克思主义译丛""东欧新马克思主义理论研究"丛书，这些都是新世纪我国学术界有较大影响的介绍国外马克思主义最新成果的大型丛书，标志着在我国学术界自觉地、系统地全面开启了国外马克思主义研究的新阶段。

三　国外马克思主义研究中仍然存在的问题

（一）学科建设有待规范

由于以往我们所采纳的各种研究范式的限制，即或者是"西方马克思主义"，或者"新马克思主义"，使得我国的国外马克思主义研究最突出的问题，就是学科偏重于哲学而影响其他分支学科的发展；分支学科各自为战而影响学科形成更大优势。就第一个问题而论，在我国以往的国外马克思主义研究中，无论是徐崇温的"西方马克思主义"研究范式，还是杜章智等人的"新马克思主义"研究范式，都主要是一种哲学的研究，是作为一种哲学流派或思潮来介绍和评论的。就第二个问题而论，国外马克思主义研究的各个领域从来是分散进行、各自为战的。同时代的国外马克思主义研究的成果之间的关系，以及研究对象之间的关系十分不明确。

以往在"国外马克思主义研究"中面临的另一个突出问题就是学科定位问题。由于"国外马克思主义研究"学科在发展过程中所遭遇的历史境遇，开创之初，它被作为"现代外国哲学"中"西方马克思主义"流派来介绍，后来又作为"马克思主义哲学史"的一个分支来进行研究。因此，人们对"国外马克思主义研究"的学科定位看法一直意见不一致。现今，国务院学位委员会、教育部把"国外马克思主义研究"设立为"马克思主义理论"五大二级学科之一，为这门学科的定位做了最好的规定。表明它是马克思主义理论研究所需要的一个组成部分，是对马克思主义理论研究的完善和补充。

（二）国外马克思主义学科之下的三级学科有待明确

每一个二级学科都是有多个所辖分支学科，也可以叫三级学科的支撑才能成立的。具体到"国外马克思主义研究"，它的三级学科是什么？这是"国外马克思主义研究"学科发展面临的问题。"国外马克思主义研究"的内容十分庞杂，要把这些十分庞杂的内容统统搞明白显然是不可能的，但根据以往的研究经验，可以基本上确立以下五个三级学科作为国外马克思主义研究发展的主要支撑学科。

一是国外马克思主义哲学研究。内容包括我们长期以来一直从事的"西方马克思主义"及其后续流派研究。在"国外马克思主义研究"中，这个学科在我国是发展得最好的。二是国外马克思主义经济学研究。同"西方马克思主义"一样，这个研究在我国以前叫作"激进经济学"，这也是一个从西方移植过来的名称。其实在我们研究的"国外马克思主义"领域，20世纪六七十年代，西方学者在马克思主义政治经济学领域作出的贡献很大。当然，在引进和评价这些成果方面，我国学者也有不少成绩，因此，完全可以构成"国外马克思主义研究"中的一个成熟分支学科。三是苏联和东欧社会主义国家的马克思主义研究。在"国外马克思主义研究"中，这个学科以前在我国也有较强的队伍和很好的基础，出版过不少成果。

四是当代资本主义研究。五是当代社会主义流派与思潮研究。在"国外马克思主义研究"中,我国学者关于以上问题的研究,都取得过不少成绩,可以作为其成熟的分支学科之一。

在"国外马克思主义研究"中,还有不少领域是特别需要加强,且可以发展为三级分支学科的。例如,越南、老挝、古巴和朝鲜等几个主要现存社会主义国家的马克思主义研究,在政治上的重要性是不言而喻的;另外,国外马克思主义历史学理论研究,由于它同马克思的两个伟大发现之一——唯物史观的联系,以及"西方马克思主义"中有关流派的突出理论贡献,也可以进行专门研究;此外,国外马克思主义政治学理论研究,国外马克思主义社会学理论研究,国外马克思主义地理学理论研究,在西方都有一些影响很大的流派及其代表人物,这些丰富的理论资源和矿藏都有待于我们去开发利用,推动我国"国外马克思主义研究"日益走向深入发展。

四 总结历史经验,推动国外马克思主义研究的发展

国务院学位委员会、教育部增设调整"马克思主义理论"为一级学科,并把"国外马克思主义研究"设立为其中五大二级学科之一,既为我国"国外马克思主义研究"的进一步发展提供了机遇,同时也对该领域的进一步开拓发展提出了挑战。从事国外马克思主义研究的人们应该重视这一新的机遇,善于反思,在总结经验的基础上,努力促进本学科的发展。随着国外马克思主义研究学科得到国家的正式确立和认可,国内从事于这个领域研究的队伍应该理顺和重新统一起来,分支学科应该明确和联系起来,各分支学科的齐头并进和走向综合,是今后国外马克思主义研究发展的必然趋势。

第九章

思想政治教育研究 70 年

新中国的诞生,开辟了中国共产党在执政条件下在全国范围内开展思想政治教育的历史。新中国 70 年所取得的伟大成就,与党的思想政治教育密不可分。党在领导社会主义革命、建设和改革过程中,不仅取得了思想政治教育实践上的巨大成就,而且形成了社会主义的思想政治教育理论。70 年的思想政治教育研究,可以分为特征鲜明的三个时期:社会主义革命和建设时期、改革开放时期和中国特色社会主义新时代。20 世纪 80 年代,思想政治教育学科确立,开启了规范化培养思想政治教育专门人才的历史,也开启了思想政治教育学术研究的历史。因此,思想政治教育研究的内容,可划分为三个方面:一是党的文献和领导人讲话中关于思想政治教育的论述;二是理论界和学术界对思想理论热点问题的理论回应;三是对思想政治教育学科理论的研究。思想政治教育学科是最富有鲜明中国特色的学科,是马克思主义理论一级学科中的一个独立的二级学科,是中国哲学社会科学的重要学术领域。

简要回顾

从 1949 年新中国的诞生到 1978 年改革开放,为社会主义革命和建设时期。思想政治教育围绕党的中心工作，进行了广泛的思想政治教育活动，发挥了自身的服务保障作用，但其间也有曲折和教训。在理论研究上呈现出明显的非独立性特征。

为适应当时思想战线复杂形势的要求，1951 年召开了新中国第一次全国宣传工作会议，确定了党的宣传工作的方针和任务，提出"用马列主义的思想原则在全国范围内和全体规模上教育人民，是中国共产党的一项最基本的政治任务"。1953 年提出过渡时期总路线，党决定在全国范围内掀起学习宣传总路线的热潮。1954 年 5 月，召开的新中国第二次全国宣传工作会议，确定党的宣传工作在当前的主要任务，就是进一步以马克思列宁主义的社会主义思想来教育全党和人民群众，动员全党和全国人民为实现党的过渡时期总路线而斗争。

1956 年社会主义改造基本完成，新中国开始了全面建设社会主义的重要时期。1957 年 6 月 19 日，《人民日报》发表了毛泽东的《关于正确处理人民内部矛盾的问题》，第一次对我国社会主义社会的基本矛盾及其表现做出了全面的揭示，提出正确处理两类矛盾是调动社会一切积极因素的重要前提，为社会主义建设时期的思想政治教育奠定了科学的理论基础。

这一时期，开展了广泛的宣传教育活动：关于总路线、"大跃进"和人民公社"三面红旗"、社会主义、共产主义、集体主义、爱国主义、"反修防修""四清""五反"教育。开展了以先进典型塑造精神的活动：雷锋精神、焦裕禄精神、铁人精神和以钱学森、李四光、钱三强、华罗庚等知识分子为代表的爱国主义精神，成为在当时战胜各种困难的强大精神力量。

从 1966 年 5 月到 1976 年，思想政治教育受到"左"的路线方针的影响，遭受严重挫折，留下深刻的教训。

这一时期党的思想政治教育理论，主要是通过党的会议决议、文献和领导人讲话等形式，在阐述经济、政治、文化等方针政策时体现出来的。这表明，这一时期的思想政治教育理论尚处在非独立的状态。揭示思想政治教育一般本质，是思想政治教育科学化的标志。党对思想政治教育的实践探索和理论论述，为后来思想政治教育科学理论的产生和学术研究做了理论准备。

1976年10月，"文化大革命"结束，中国共产党进行拨乱反正，党的思想政治教育的优良传统得以逐步恢复和发展。1978年12月党的十一届三中全会的召开，标志着我国社会主义现代化建设进入了新的历史时期，"即改革开放新时期"，也开启了思想政治教育研究的新时期。改革开放初期，开展了"真理标准的大讨论"，促进了人们思想大解放。这是思想政治教育作用的一个重要体现。1978年12月，邓小平在《解放思想，实事求是，团结一致向前看》讲话中，高度肯定了这场讨论的伟大意义。

1981年2月，在全国开展了"五讲四美"活动。"五讲"，即讲文明、讲礼貌、讲卫生、讲秩序、讲道德；"四美"，即语言美、心灵美、行为美、环境美。这项活动又和"三热爱"（热爱祖国、热爱社会主义制度、热爱党）活动相结合，形成了这一时期特有的"五讲四美三热爱"活动热潮。

1983年召开了第一次全国职工思想政治工作会议，正式成立了"中国职工思想政治工作研究会"，创办了研究会会刊《思想政治工作研究》。1985年9月，召开了中国共产党全国代表会议，会议指出："思想政治工作和思想政治工作队伍都必须大大加强，决不能削弱。"1986年9月，党的十二届六中全会通过的《关于社会主义精神文明建设指导方针的决议》，明确社会主义精神文明建设的一系列方针。1985年3月，全国科学工作会议召开，邓小平提出"教育全国人民做到有理想、有道德、有文化、有纪律"的"四有新人"思想。1985年12月，中央批转了《国家教育委员会关于加强高等学校思想政治工作的决定》；1987年，中央发出《关于改进和加强高等学校思想政治工作的决定》，强调新形势下高等学校必须把改进和加强思想政治工作作为重要任务。

20世纪80年代末，资产阶级自由化思潮泛滥导致1989年春夏之交的动乱。邓小平在总结经验教训时指出："十年最大的失误是教育，这里我主要是讲思想政治教育，不单纯是对学校、青年学生，是泛指对人民的教育。"[①] 1990年8月，中央发出了《关于进一步加强和改进知识分子工作的通知》，指出要把反对资产阶级自由化作为思想政治教育的重要内容。

世纪之交，国际国内形势复杂多变，思想政治教育面临着机遇与挑战。1994年1月，全国宣传思想工作会议召开，江泽民在会议讲话中指出，宣传思想工作，要以科学的理论武装人，以正确的舆论引导人，以高尚的精神塑造人，以优秀的作品鼓舞人。1996年10月，党的十四届六中全会通过了《中共中央关于加强社会主义精神文明建设若干重要问题的决议》，为精神文明建设提供了理论依据和科学指南。2001年，中央印发了《公民道德建设实施纲要》，第一次系统明确提出了公民基本道德规范的主要内容是"爱国守法、明礼诚信、团结友善、勤俭自强、敬业奉献"。

2004年中央印发了《关于进一步繁荣发展哲学社会科学的意见》，强调坚持马克思主义在我国哲学社会科学领域的指导地位，并决定实施马克思主义理论研究和建设工程。2005年12月26日，中国社会科学院马克思主义研究院成立。2009年5月，中国社会科学院马克思主义研究院成立思想政治教育研究室，这是全国社会科学院系统唯一的一个专门研究思想政治教育的机构。自成立之初开始每年举办"全国思想政治教育学术研讨会"。会议主题紧紧围绕党的理论创新和重大现实问题，在全国思想政治教育学界产生了很大影响力。同年，中国社会科学院重建了无神论实体研究机构，即马克思主义研究院马克思主义无神论研究室。2013年开始举办"科学无神论论坛"，成为科学无神论学科具有广泛影响的交流平台，产生了很大的影响力。学科建设依托的另一个平台是中国无神论学会，并于1999年创办了《科学与无神论》杂志，每年举办学术年会，在马

---

① 《邓小平文选》第3卷，人民出版社1993年版，第306页。

克思主义无神论研究和智库方面发挥了重要作用。2009年，中国社会科学院马克思主义研究院开始主编《马克思主义理论研究与学科建设年鉴》。这是目前全国唯一一部全面反映马克思主义理论研究成果和学科建设的综合性年鉴。其中，包括思想政治教育学科和科学无神论学科。年鉴梳理总结年度马克思主义理论研究与学科建设的新成果、新进展、新动态，具有权威性、学术性和时效性。

1984年思想政治教育学科正式诞生，开启了思想政治教育学科化历程。同年，全国高等学校思想政治教育研究会成立。研究会主办的学术刊物《思想教育研究》于1988年在全国公开出版发行。

思想政治教育学科的设立，开始了以思想政治教育为对象的学术研究历程。这一时期的思想政治教育研究的鲜明特点是科学化、学术化。思想政治教育在基础理论研究、现实应用研究等方面实现突破。创立了以"思想政治教育学"为基础的学科知识体系，构建并逐步完善思想政治教育的学科体系，大大提升了思想政治教育的说服力和信誉度。思想政治教育学的许多研究课题获得国家社科基金资助。学科地位得到了学术界和社会的广泛认同。

2012年，党的十八大召开，中国特色社会主义进入了新时代，也开启了思想政治教育研究的新时代。2014年，中央印发了《关于进一步加强和改进新形势下高校宣传思想工作的意见》，强调新形势下高校宣传思想工作要深入开展中国特色社会主义和中国梦的宣传教育、加强社会主义核心价值观教育、加强高校意识形态引导管理。2016年12月，全国高校思想政治工作会议召开，习近平总书记发表重要讲话，强调要坚持把立德树人作为中心环节，把思想政治工作贯穿教育教学全过程，实现全程育人、全方位育人。2019年3月18日，习近平总书记主持召开学校思想政治理论课教师座谈会并发表重要讲话，强调用新时代中国特色社会主义思想铸魂育人，贯彻党的教育方针，落实立德树人根本任务。

新时代思想政治教育研究，总体上形成了由党的创新理论研究、思想政治教育基础理论研究、应用思想政治教育研究构成的思想政治教育研究格局。

党的创新理论研究成为思想政治教育研究的重要领域。思想政治教育的首要任务就是阐释和宣传党的创新理论。习近平新时代中国特色社会主义思想，是马克思主义中国化的最新理论成果。思想政治教育研究从多个维度，深入阐发这一重要思想的主题主线、本质特征、基本内容等问题，对党的十八大以来提出的中国梦、社会主义核心价值观等一系列问题进行了深入研究。

思想政治教育基础理论研究稳步推进。思想政治教育学基本范畴、本质特征、基本规律等基础理论问题的研究不断深化，呈现稳中前进的态势。在研究方法上呈现出多样化特征，形成了社会学研究、大数据研究、心理学研究等跨学科研究取向，有力提升了思想政治教育研究科学化水平。

应用思想政治教育研究成为思想政治教育研究的活跃领域。主要包括对思想理论领域重大问题研究和其他领域思想政治教育研究。思想政治教育研究对意识形态领域问题的研究，为有效批判错误社会思潮，回应大众思想诉求提供了理论支持。由于社会结构的变化，思想政治教育研究领域不断拓展。对农民工、非公有制经济人士、公众人物等新兴群体的思想政治教育研究得到关注。

目前，思想政治教育学科已成为硕士、博士学位授予权数量最多的学科。全国共有80个马克思主义理论一级学科博士点和14个思想政治教育二级学科博士点，共计94个思想政治教育学科博士点，为思想政治教育专业人才培养和学术研究提供了条件保证。

第一节　社会主义革命和建设时期的思想政治教育研究

一　党的思想政治教育相关论述

新中国的成立，开启了党领导中国革命和建设的新时期。以毛泽东同志为主要代表的中国共产党人对社会主义思想政治教育的理论进行了初步探索，形成了关于思想政治教育地位和作用、方针和内容、方式方法、体制机构等问题的基本观点。

（一）新中国思想政治教育地位和作用的确立

新中国成立以后，中国共产党仍使用"宣传工作""政治工作""思想工作""政治教育""思想政治工作"等概念。同时在很多领域内开始使用"思想政治教育"的新提法。1950年2月召开的中华全国学生联合会会议通过的《中国学生当前任务的决议》指出，中国学生"必须重视思想政治教育的学习，从而更好地掌握进步的文化科学知识，完成历史所赋予的任务"。1950年2月召开的全国第一次学校工作会议，明确提出了要加强思想政治教育，把在学校中贯彻推进"思想政治教育"作为开展好新民主主义学习活动的重点。不久，随着朝鲜战争的全面爆发，教育部根据中央指示明确提出，要求全国高等学校要改变过去常规的思想政治教育方式、内容和方法，迅速组织开展以抗美援朝为核心内容的政治教育，并有计划、有步骤、系统地进行。1951年刘少奇在第一次全国宣传工作会议上使用这一概念，是在党的文献中首次使用。

1951年召开的党的第一次全国宣传工作会议指出，"保证在一切生产工作和其他群众性工作中具有充分的宣传工作，并且使一切具体工作的宣传具有必要的思想性政治性"。1954年，在《中国人民解放军政治工作条例（草案）》送党中央审改时，毛泽东亲笔写上"中国共产党在中国人民解放军中的政治工作是我军的生命线"一语，强调政治工作的极端重要性。1955年，我国社会主义改造进入高潮，毛泽东鉴于农业合作化过程中激烈的思想斗争和合作化过程中一些合作社放松思想政治教育的教训指出："政治工作是一切经济工作的生命线。在社会经济制度发生根本变革的时期，尤其是这样。"[①] 在1958年1月的《工作方法六十条（草案）》中，毛泽东进

[①] 《毛泽东文集》第6卷，人民出版社1999年版，第449页。

一步指出:"思想工作和政治工作,是完成经济工作和技术工作的保证,它们是为经济基础服务的。思想和政治又是统帅,是灵魂。只要我们的思想工作和政治工作稍为一放松,经济工作和技术工作就一定会走到邪路上去。"①毛泽东开始把这一基本原则从军事领域引入经济领域,把做好全国的"政治工作"作为抓好一切经济工作的根本点,从而确立了思想政治教育在社会主义经济建设中的重要地位。

(二)新中国思想政治教育的原则和方针

新中国成立初期,根据执政后的新形势和新特点,中国共产党提出了对新中国宣传思想工作具有普遍指导意义的方针政策。

坚持宣传工作为党的中心工作服务的方针。第一次全国宣传工作会议指出,宣传工作必须与党的中心工作密切配合,"离开了党的中心工作,宣传工作就会失败"。②毛泽东在读苏联《政治经济学(教科书)》时指出,"提高劳动生产率,一靠物质技术,二靠文化教育,三靠政治思想工作"。③思想政治工作的任务是保证经济工作的性质和方向,协调经济关系、解决经济矛盾,而绝不是要凌驾于经济工作之上,更不是指政治工作要冲击经济工作、代替经济工作。同时,马列主义基本理论的宣传也要安排好,二者不可偏废。"我们党所领导进行的每一项中心工作和实际工作,都是有政治意义的,都是从人民群众的根本利益上考虑和决定下来。""如果等中心工作搞完了,再来搞宣传工作,那一定要落空。"④

针对宣传工作中存在的脱离实际的倾向,党提出宣传工作要理论联系实际,坚持内外有别、区别对待的原则。"在党内,只承认一种思想是合法的,就是无产阶级思想,马列主义。在党外,非无产

---

① 《毛泽东文集》第7卷,人民出版社1999年版,第351页。
② 《刘少奇选集》(下),人民出版社1985年版,第86页。
③ 《毛泽东文集》第8卷,人民出版社1999年版,第124—125页。
④ 《刘少奇选集》(下),人民出版社1985年版,第86页。

阶级、非马列主义的思想，还是合法的。但是要批评，指出它的错误。"[1] 这些重要论述，不仅为当时宣传思想工作提出了符合实际的方针政策及原则，同时表明党对新形势下思想政治教育规律的深化认识。

（三）《关于正确处理人民内部矛盾的问题》中的思想政治教育思想

1956年前后，国际国内形势发生重大变化。苏共二十大的召开和"波匈事件"的发生，对世界形势和社会主义阵营产生了重大的影响，也促使中国共产党思考社会主义国家在社会主义建设中存在的矛盾和问题。随着社会主义生产资料改造的基本完成，敌我矛盾不再是社会主要矛盾，但人民内部矛盾凸显。1957年2月27日，召开了最高国务会议第十一次（扩大）会议，毛泽东做了《关于正确处理人民内部矛盾的问题》的重要讲话，全面深刻地分析了社会主义社会的基本矛盾，首次提出了社会主义制度下两类不同性质的社会矛盾以及正确认识和处理人民内部矛盾的学说，系统地阐述了社会主义建设时期思想政治教育的总方针和基本原则，是这一时期党的思想政治教育理论的重大成果。

一是关于思想政治教育的方式方法。毛泽东指出：不同性质的矛盾，只能用不同的方法去解决。其中，敌我矛盾用专政的方法，而人民内部矛盾用民主的方法、讨论的方法、批评的方法、说服教育的方法。要使"团结—批评—团结"方针成为社会主义时期正确处理各种人民内部矛盾的基本方针和方法。二是关于"思想和政治是统帅、是灵魂"的思想。毛泽东进一步指出："没有正确的政治观点，就等于没有灵魂。"处理政治同经济、技术及其他业务的关系，在各项工作中把政治工作摆在什么位置，是关系到我们的革命和建设事业成败的方针问题、路线问题。三是提出"双百方针"和德育为首、全面发展的教育方针。毛泽东特别强调："百花齐放，百家争

---

[1] 《刘少奇选集》（下），人民出版社1985年版，第90页。

鸣"是一个基本性的同时也是长期性的方针。它不但是使科学和艺术发展的好方法，而且推而广之，也是我们进行一切工作的好方法。① 同时，第一次明确提出："我们的教育方针，应该使受教育者在德育、智育、体育几方面都得到发展，成为有社会主义觉悟的有文化的劳动者。"50年代末60年代初，毛泽东又提出"又红又专"的思想。他指出："我们各行各业的干部都要努力精通技术和业务，使自己成为内行，又红又专。"改革开放以后邓小平提出培养有理想、有道德、有文化、有纪律的"四有新人"；进入新时代，习近平提出培养担当民族复兴大任的时代新人，体现了社会主义人才培养目标和发展方向上的一脉相承和与时俱进。

二 新中国思想政治教育机构和制度的建设与发展

新中国的成立，为在全国范围建立思想政治工作组织和制度创造了有利条件。1951年2月2日，中共中央颁布了《关于加强与调整各级党委宣传部的工作和机构的指示》，具体规定了党的各级宣传部门的职责范围和管理制度，在全国范围内建立了经常性思想政治教育的宣传机构网。1951年5月，第一次全国宣传工作会议通过的新中国成立后第一个关于宣传思想工作的重要决议——《中国共产党第一次全国宣传工作会议关于加强党的宣传教育工作的决议（草案）》，以党内法规的形式，提出了宣传思想工作制度建设的一系列具体措施。

在这一系列决议的指导下，在全国范围内建立了思想政治教育的领导体制和运行机制。一是建立了党的各级组织，明确规定各级党委在宣传思想工作中担负的主要任务和具体要求，实现党对国家和社会的思想、政治和组织领导。据统计，到1952年下半年，在全国500人以上的公、私营工矿企业和专科以上的学校中，都建立了党的基层组织。二是建立了党的宣传职能部门和管理体制，确认各

---

① 《毛泽东文集》第7卷，人民出版社1999年版，第279页。

级宣传职能部门机构设置、人员编制、职责任务等各项制度。三是建立政治动员组织机构及制度和思想政治教育运行机制，建立了自上而下、覆盖全国的宣传思想教育网络体系，如宣传网、学校网、报纸网、广播网、出版网等。

新中国成立初期形成的从中央到地方的各级宣传思想工作制度，奠定了新中国宣传思想工作的基本格局，推动了全国范围宣传思想工作的开展和制度化建设，为党的思想政治教育积累了宝贵经验。

1963年3月27日，中共中央正式颁布了《中国人民解放军政治工作条例》，成为20世纪六七十年代指导军队政治工作制度化建设的重要法规。人民军队及其思想政治教育的革命化、正规化、制度化建设，促进了社会各界思想政治教育工作的规范化步伐。

三 全方位开展马克思主义理论教育

中国共产党始终重视马克思主义理论教育。新中国成立以后，党面临着复杂艰巨的任务，更加迫切需要系统地学习理论。1951年2月，中共中央发布《关于加强理论教育的决定通知》指出，"全党的马克思列宁主义——毛泽东思想的教育，必须极大地加强起来。这是提高干部、改进工作的根本方法"[1]。在《关于健全各级宣传机构和加强党的宣传教育工作的决定》中明确规定主要任务，是领导或推广马克思列宁主义——毛泽东思想的宣传（包括爱国主义的宣传），以及对于反马克思主义的批判。5月召开的第一次全国宣传工作会议明确指出，当前宣传任务是"用马列主义的思想原则在全国范围内和全体规模上教育人民"，要求"各级党委必须把向党内外进行马克思列宁主义的宣传教育工作，当作头等重要的任务"[2]。

---

[1] 《建国以来重要文献选编》第2册，中央文献出版社1992年版，第122页。

[2] 《中国共产党第一次全国宣传工作会议关于加强党的宣传教育工作的决议》，中共中央党校出版社1994年版，第32、33页。

在这一系列部署下，全党和全社会开展了马克思主义理论教育。一是以整风整党和党校教育为主要形式，对党员干部开展马克思主义理论教育。二是对知识分子进行以思想改造为目标的马克思主义理论教育，主要是马克思主义世界观、方法论和阶级观点教育，批判唯心主义思想，转变知识分子的世界观、学术立场和政治立场，转变脱离工农、脱离群众、脱离实际的倾向，转变个人主义、自由主义的倾向。三是对在经济恢复、土地改革和社会主义改造中的工农大众的马克思主义理论教育，开展了肃清封建买办思想、法西斯主义思想的教育。1953年12月中央转发了中央宣传部《为动员一切力量把我国建设成为一个伟大的社会主义国家而奋斗——关于党在过渡时期总路线的学习和宣传提纲》，在全国范围内开展过渡时期总路线的宣传教育。1954年5月，第二次全国宣传工作会议召开，社会主义思想教育全方位地展开。在马克思主义理论教育中，采取党员干部、党内党外分层次的原则和方法，具有现实的和历史的深远影响。

1955年3月，中共中央发出《关于宣传唯物主义思想批判资产阶级唯心主义思想的指示》，提出党在思想工作中最根本的任务，就是宣传唯物主义思想，反对唯心主义思想，学会运用马克思列宁主义这个思想武器，改进党和国家的工作，提高为建设社会主义而奋斗的觉悟程度，便于形成以马克思列宁主义为基础的政治上和思想上的一致。《指示》阐明了开展批判资产阶级唯心主义、宣传唯物主义思想的必要性和重要性，并规定了具体的方针政策和具体措施，对于指导当时思想文化领域的斗争、开展马克思主义理论教育具有重要指导意义。

第二节　改革开放时期思想政治教育研究

一　对思想理论领域热点问题的理论回应

对思想理论领域热点问题讨论和研究，具体可以分为两个层面的研究：一是对党所提出的重大理论问题的阐释性研究。沈壮海从分析中得出结论："根据《中国期刊全文数据库》所做统计的结果，改革开放、全球化、市场经济、网络、民族精神、和谐社会、核心价值体系、邓小平理论、'三个代表'重要思想、科学发展观、以人为本，均曾先后成为思想政治教育研究的重要切入点或研究热点"。① 二是对社会变革引发的思想理论热点问题的理论回应，发挥思想政治教育解疑释惑的作用。在改革开放时期不同阶段国际国内形势的变化，尤其国内深化改革中出现的不同社会问题，产生了不同的思想理论热点。

1. "潘晓来信"引发的青年人生观大讨论

改革开放初期出现的"伤痕文学"、潘晓来信、"蛇口风波"，是当时思想大碰撞的反映。1980年5月至1981年4月，由《中国青年》杂志发起，围绕署名"潘晓"来信的人生观大讨论，对当时直至后来青年思潮的发展产生了深刻的影响。"潘晓讨论"中提出的所谓"主观为自己、客观为别人"的人生价值观，在当时乃至今天都很有市场。一些学者对"主观为自己、客观为别人"的"科学的真理"进行批驳，揭露其个人主义和利己主义错误人生观的本质和对青年学生形成正确人生观的现实危害性。

罗国杰做了较为全面和深入的分析。他指出，"主观为自己、客观为别人"命题本身是违反逻辑的，用诡辩的手法掩盖着问题的实

---

① 沈壮海：《改革开放以来思想政治教育研究的学术版图》，《思想理论教育导刊》2008年第11期。

质。其理论根据之一，就是认为人的本性是自私的。马克思主义认为，人的本性、本质，按其实质来说，是由人的社会关系决定的。自私是一种观念，是私有制的产物。随着私有制的消失和公有制经济关系的出现，人的所谓自私的"本性"也必然会随着改变。虽然我国已进入了实行公有制经济的社会主义社会，但依然存在着自私自利的个人主义思想。批驳人性自私论，不但需要公有制的建立和共产主义道德的教育，而且还要经过相当长期的曲折、复杂的斗争。①

2. 对思想理论战线精神污染的批判

20世纪80年代初期，在文艺和理论领域，有的人散布违背四项基本原则的观点，搞精神污染，在思想理论领域里制造了许多混乱，直接影响和干扰着安定团结的大好局面和现代化建设的顺利进行。1983年，党中央召开了具有重要历史意义的党的十二届二中全会，邓小平作了《党在组织战线和思想战线上的迫切任务》的重要讲话，严肃地批评精神污染及思想战线上的软弱涣散状况，明确要求把清除精神污染作为党在思想战线上的一项迫切任务。根据邓小平的讲话精神，全国迅速展开了反对精神污染的斗争。理论界和学术界对精神污染的严重性和危害性，清除精神污染的迫切性、必要性和途径等进行讨论。

1983年《红旗》杂志第20期发表《思想战线不能搞精神污染》的文章，列举了精神污染的突出表现，如"一切向钱看"、追求精神产品的完全商品化、封建迷信有所抬头、文艺创作和表演的低级趣味、哲学社会科学论坛上出现的西方资产阶级思潮。文章指出，"各级党的领导亟须克服软弱涣散状态，在党内外深入进行反对精神污染的宣传教育"，有效地清除精神污染，保证社会主义现代化建设沿着正确的方向胜利前进。10月8日，《光明日报》刊发《在思想理论战线上必须坚持马克思主义立场》的文章，指出，在对外开放的

---

① 罗国杰：《评"主观为自己，客观为别人"》，《学习与研究》1982年第10期。

条件下，资产阶级思想必然要渗透进来。思想理论界有些人热衷于翻译介绍国外资产阶级的思想、观点、学说，使不少人特别是青年，分不清其中的有益和有害的东西。一些报刊以摘登资产阶级的著作为时髦，甚至把垃圾当珍品介绍给读者。这类东西，有的是以资产阶级的理论观点冲击马克思主义的基本原理，否定科学社会主义，有的是用资产阶级个人主义腐蚀人们的灵魂，抵消共产主义思想的宣传教育。因此，必须坚决清除精神污染。并强调，马克思主义是批驳精神污染的重要武器，思想理论战线上要始终坚持用马克思主义的批判武器对资产阶级的理论、观点加以辨别、研究，决不能轻信、盲目赞赏和吸取。这场讨论对今天仍有深刻的启示。

3. 关于道德"滑坡"与"爬坡"的争论

改革开放以来，对我国社会道德现状的判断，一直就存在两种观点："道德滑坡论"和"道德爬坡论"。这一讨论从20世纪80年代中期开始，[1] 90年代中期达到了高潮，[2] 世纪之交再次成为热点。[3] 理论界和学术界围绕"道德判断的标准""当前道德出现问题的原

---

[1] 王锐生:《商品生产和道德进步》,《哲学研究》1986年第5期；张博树:《也谈商品生产与道德进步》,《哲学研究》1986年第11期；陈瑛、朱勇辉:《商品生产与道德进步之我见——兼与张博树同志商榷》,《哲学研究》1987年第9期。

[2] 侯惠勤:《理想的塑造是当前道德建设的关键——兼评"道德滑坡论"》,《高校理论战线》1995年第6期；李德顺:《"滑坡"与"爬坡"——社会转型期的道德观念与现实》,《中国社会科学》1994年第3期；刘光明:《"爬坡论"与"滑坡论"引发的思考》,《山西师大学报》(社会科学版)1995年第2期；葛洪泽:《怎样看待道德"滑坡论"与"爬坡论"之争?》,《前线》1996年第9期。

[3] 秋石:《三论正确认识我国社会现阶段道德状况》,《求是》2012年第1、4、7期。《红旗文稿》2012年第1期专论:《道德状况：怎么看？怎么办?》。《人民日报》:《拿什么拯救食品安全的道德》2011年4月20日；《道德和法律：究竟谁撞了谁》2011年9月7日。《光明日报》:《道德是经济社会发展之魂》2011年11月11日；《沉思中国社会道德现状：是"滑坡"还是"爬坡"?》2011年12月6日；《法律如何推动道德建设?》2012年1月5日。葛晨虹、袁和静:《当前中国社会道德问题与道德重建》,《道德与文明》2012年第1期。李春华:《当前道德迷局：滑坡还是爬坡?》,《人民论坛》2012年第8期。

因""如何解决当前道德中出现的问题"等问题展开讨论。

有学者认为：衡量道德变化进退得失的标准有两个层次：一个是道德本身的标准，即具体的道德标准；另一个是社会历史的标准。两个层次标准之间如果发生冲突，历史的结论往往是道德标准最终要服从历史标准。我们当前面临的道德观念的冲突，其深刻的背景和焦点就在这里。① 许启贤对此提出了不同的看法，他认为提出两个标准存在问题：割裂了具体的道德标准和道德社会历史标准的统一，否定了社会主义道德对改革开放过程中人们行为的指导作用，混淆了历史上不同社会性质的变革、转型过程中道德观念冲突的性质。不能把我国当前社会由计划经济向市场经济的变革、转型，混淆成为"社会形态"的根本变革，进而认为现在要实行市场经济了，过去计划经济条件下整个社会的一整套道德观念统统都应该根本变革、转型，否则，就是僵化、保守。②

4. 关于社会主义荣辱观的研究

随着我国改革开放的全面深化，在取得成就的同时，各种思想文化相互激荡，在一些领域出现了善恶、荣辱、美丑不分的现象。2006 年，胡锦涛提出了"树立社会主义荣辱观"，主要内容为"八荣八耻"：以热爱祖国为荣、以危害祖国为耻，以服务人民为荣、以背离人民为耻，以崇尚科学为荣、以愚昧无知为耻，以辛勤劳动为荣、以好逸恶劳为耻，以团结互助为荣、以损人利己为耻，以诚实守信为荣、以见利忘义为耻，以遵纪守法为荣、以违法乱纪为耻，以艰苦奋斗为荣、以骄奢淫逸为耻。

社会主义荣辱观提出之后，学界对其内涵、特征、践行等问题展开了热烈的讨论。刘书林认为，社会主义荣辱观教育，应该与坚

---

① 李德顺：《"滑坡"与"爬坡"——道德转型期的观念与现实》，《中国社会科学》1994 年第 3 期。

② 许启贤：《当前道德"滑坡""爬坡"问题的辨析》，《高校理论战线》1994 年第 6 期。

持社会主义意识形态的导向、与学习马克思主义基本理论、与分析当前社会主义道德行为和解析社会道德领域的难题结合起来，而且党的领导干部应当成为践行社会主义荣辱观的带头人。① 赵存生等认为，要毫不动摇地坚持社会主义的立场、方向和根本出发点，坚持社会主义人生观、价值观和道德观的根本标准；应将其作为社会主义思想道德建设和精神文明建设的一项基础任务与重要内容，切实纳入社会主义公民教育和社会管理的整个过程中，贯穿到建设中国特色社会主义事业的全部实践中。②

研究还形成了一批重要成果。吴潜涛主持的2006年国家社科基金重大攻关课题"社会主义荣辱观研究"，以马克思主义为指导，从理论渊源、形成发展、主要内容、精神实质、功能特征、践行途径等方面对社会主义荣辱观进行了系统研究。作为项目主要成果出版的《社会主义荣辱观研究》，被收入2013年国家哲学社会科学成果文库。

5. 社会主义核心价值体系研究

2006年10月，党的十六届六中全会通过了《中共中央关于构建社会主义和谐社会若干重大问题的决定》，在党的历史上第一次提出了"建设社会主义核心价值体系"的重大命题。随之学界进行了深入研究。韩震的《社会主义核心价值体系研究》③ 一书，对社会主义核心价值体系的基本概念、时代背景、基本结构、建设途径等进行了系统研究，被新闻出版总署列为2008年加强社会主义核心价值体系建设有突出理论意义和学术贡献的研究专著之一。

学界研究围绕以下具体问题展开。一是"社会主义核心价值体系"的基本内涵及特征。罗国杰认为，"社会主义核心价值体系"

---

① 刘书林：《社会主义荣辱观教育的特点和规律》，《思想教育研究》2006年第6期。
② 赵存生、宇文利：《树立和坚持社会主义荣辱观——学习胡锦涛总书记关于社会主义荣辱观的重要论述》，《求是》2006年第7期。
③ 韩震：《社会主义核心价值体系研究》，人民出版社2007年版。

也就是社会主义价值观的核心体系,它是引领全体人民沿着中国特色社会主义道路,全面建设小康社会的指导思想,是团结各族人民齐心协力振兴中华的精神支柱。社会主义核心价值体系具有先进性、导向性、建设性、继承性、创新性等特征。① 二是社会主义核心价值体系的教育,认为马克思主义价值理论教育是基础理论性内容,党的价值观教育是核心内容,中国特色社会主义共同理想教育是实质性内容,以爱国主义为核心的民族价值观教育是民族性内容,以改革创新为核心的时代价值观教育是时代性内容,社会主义荣辱观教育是行为规范性内容和操作性切入点。②

6. 关于划清"四个重大界限"问题的讨论

2009年9月,党的十七届四中全会通过的《中共中央关于加强和改进新形势下党的建设若干重大问题的决定》提出:要"自觉划清马克思主义同反马克思主义的界限,社会主义公有制为主体、多种所有制经济共同发展的基本经济制度同私有化和单一公有制的界限,中国特色社会主义民主同西方资本主义民主的界限,社会主义思想文化同封建主义、资本主义腐朽思想文化的界限"。"加强党的意识形态工作和思想政治工作",就是要"引导党员、干部增强政治敏锐性和政治鉴别力,筑牢思想防线,自觉划清四个重大界限"。③ 对此学界展开了深入讨论。

秋石指出:政治上的坚定来自理论上的清醒。在关系党和国家发展道路、未来走向的重大问题上,我们必须旗帜鲜明。划清"四个界限"具有极其重要的意义。划清马克思主义同反马克思主义的界限,对于正确认识中国特色社会主义道路,具有第一位的意义。

---

① 罗国杰、邢久强:《我们党思想上精神上的一面旗帜——关于"建设社会主义核心价值体系"的对话》,《前线》2007年第3期。

② 李斌雄:《我国社会主义核心价值体系教育的内容结构》,《思想理论教育》2007年第1期。

③ 《中共中央关于加强和改进新形势下党的建设若干重大问题的决定》,《求是》2009年第19期。

如果动摇了马克思主义的指导地位,就会动摇中国特色社会主义的理论根基,动摇全党全国人民团结统一的思想基础。① 一部马克思主义发展史,就是自觉划清与反马克思主义的界限,坚持同反马克思主义进行斗争,并在斗争中不断发展的历史。② 划清社会主义公有制为主体、多种所有制经济共同发展的基本经济制度同私有化和单一公有制的界限,是正确理解"中国奇迹"的一把钥匙。划清社会主义民主同资本主义民主的界限事关我国的根本政治制度,是正确理解"中国奇迹"的另一把钥匙。共产党的坚强领导是中国最大的政治优势,是创造"中国奇迹"的政治保证。划清社会主义思想文化同封建主义、资本主义腐朽思想文化的界限,是发展中国特色社会主义的必然要求。社会主义核心价值体系,是社会主义制度的内在精神之魂,是全民族奋发向上的精神力量和团结和睦的精神纽带,是党领导全国各族人民团结奋斗的共同思想基础。③

二 思想政治教育基础理论研究

(一) 思想政治教育学科的创立与发展

为使思想政治教育适应改革开放时期的新要求,"思想政治教育学科"应运而生。20世纪80年代,在全国范围展开了"思想政治工作科学化"的大讨论,提出"必须坚持用马克思主义的世界观、方法论,以及心理学、社会学等科学知识,在总结我们过去经验的基础上,研究掌握人们思想活动的规律,使思想政治工作系统化、理论化,成为一门科学"。④ 这场讨论为思想政治教育学科的创立做

---

① 秋石:《划清"四个重大界限"的有关理论与实践问题》,《求是》2010年第16期。
② 赵耀:《划清界限:思想战线的长期任务——论自觉划清马克思主义和反马克思主义的界限》,《红旗文稿》2010年第13期。
③ 闫志民:《中国特色社会主义文化建设的一个根本问题》,《人民日报》2010年4月14日。
④ 孙友余、钱学森、费孝通、谭滔等:《论思想政治工作科学化》,山西人民出版社1981年版,第17页。

了思想舆论和初步的学理准备。

1982年11月，全国党校工作会议召开，时任中央书记处书记的宋任穷再次强调"思想政治工作是一门科学"。1983年7月，中央转发文件提出有条件的高等院校"都要增设政治工作专业"。① 1983年暑期，教育部召开论证会，确定学科名称为"思想政治教育学"；学科建设和人才培养所依托的专业名称为"思想政治教育专业"；初步议定专业的课程，并委托复旦大学、武汉大学等编写《思想政治教育学原理》《思想政治教育方法论》等部分主干课程教材，并决定1984年开始招生。至此，思想政治教育作为一门真正意义上的学科被确立下来，思想政治教育开启了学科化历程，为其后来的发展奠定了制度意义的基础。

1984年4月，教育部决定在12所院校设置思想政治教育专业，采取正规化方法培养思想政治工作专门人才。同年6月，教育部批准清华大学等6所高校开设思想政治教育第二学士学位班，培养高校思想政治工作骨干。1984年思想政治教育本科专业的建立，是思想政治教育学科创立的标志。

1987年，国务院学位委员会修订研究生专业目录，在政治学一级学科中增设了思想政治教育专业。国家教委印发了《关于思想政治教育专业培养硕士研究生实施意见》的通知，决定从1988年开始培养思想政治教育专业的硕士研究生，培养思想政治工作的高级专门人才。1988年，经国家教委批准，中国人民大学在其"科学社会主义原理"博士点下设立了马克思主义原理研究方向，这是中国博士生教育层次的第一个马克思主义理论教育研究方向。

1990年，国务院学位委员会调整研究生学科专业目录，在法学门类政治学一级学科下设"马克思主义理论教育"和"思想政治教育"两个硕士授权学科专业。1997年，再次修订研究生学科专业目录，正式将"马克思主义理论教育"和"思想政治教育"两个二级

---

① 《十二大以来重要文献选编》（上），人民出版社1986年版，第381页。

学科整合为一个"马克思主义理论与思想政治教育"二级学科，隶属于政治学一级学科。2001年，国家批准设立了"马克思主义理论与思想政治教育"国家重点学科，首批获得的单位有中国人民大学、武汉大学、中山大学。

2005年12月国务院学位委员会和教育部决定在《授予博士、硕士学位和培养研究生的学科、专业目录》中增设马克思主义理论一级学科及所属二级学科。马克思主义理论一级学科下设5个二级学科，其中包括思想政治教育。至此，思想政治教育专业名称在本科、硕士、博士三个层次得到统一。思想政治教育成为马克思主义理论一级学科之下的一个独立的二级学科。

（二）思想政治教育学原理研究与教材建设

思想政治教育学是一门研究思想政治教育的本质和规律及如何开展思想政治教育实践活动的科学。思想政治教育学原理是关于思想政治教育学的研究对象、基本范畴、学科体系；思想政治教育的地位和作用、过程及其规律、教育者和教育对象、目标与内容、原则与方法、环境与载体以及机制、评估、领导等问题的理论体系。思想政治教育学是以思想政治教育学原理为基础的学科体系。

学术界最早的原理研究当属张蔚萍、张俊南合著的《思想政治工作概论》（1983年陕西人民出版社出版）。该书第一次界定了思想政治工作学要研究的对象和研究领域，对思想政治教育的学科特点地位作用、目的任务等基本内容做了比较系统的论述。该书是思想政治教育学原理研究的初创标志，体现了理论工作者将党的思想政治工作理论化、系统化、规范化的努力。

1984年由12所高校开始招收思想政治教育专业本科生，当务之急是要编写专业教材。因此，学科建立之初，对思想政治教育学原理的研究，主要体现在《思想政治教育学原理》教材中。1984年上海市高教局组编的《高等学校学生思想政治教育》（教育科学出版社出版），首次提出"思想政治教育学原理的基本理论"。[①] 1986年复旦大学出版的由陆庆壬主编的《思想政治教育学原理》一书，对思想政治教育学原理做了比较系统的探索，1991年重新修订后又增补了新的内容，由高等教育出版社修订出版。1988年出版的教材还有：张耀灿的《思想政治教育学原理》（华中师范大学出版社出版）、邱伟光的《思想政治教育学概论》（天津人民出版社出版）等。

20世纪90年代出版的原理教材有：陈秉公的《思想政治教育学》（吉林大学出版社1992年版）；张耀灿、陈万柏主编的《思想政治教育学概论》（湖北科学技术出版社1995年版）；孙其昂主编的《思想政治教育学原理》（河海大学出版社1995年版）；张耀灿、郑永廷、刘书林、吴潜涛合著的《现代思想政治教育学》（人民出版社2001年版），等等。这些教材，以马克思主义理论为指导，深入总结思想政治教育的历史经验，初步建构了思想政治教育基本原理体系，是思想政治教育学理论的奠基性成果。

世纪之交，教育部社政司开始组编思想政治教育专业的主干课程教材，即"面向21世纪课程教材"，共出版了两套教材：一套是教育部"高等教育面向21世纪教学内容和课程体系改革计划"的研究成果，《思想政治教育学原理》由邱伟光、张耀灿主编，由高等教育出版社1999年出版；另一套是"高等师范教育面向21世纪教学内容和课程体系改革计划"的研究成果，《思想政治教育学原理》由陈万柏、张耀灿主编，由高等教育出版社2001年出版。思想政治教育原理教材建设是思想政治教育原理研究成果的重要体现。这一阶段出版的原理教材，在原有思想政治教育原理教材的基础上，增加了对思想政治教育的规律、思想政治教育的环境、思想政治教育的队伍建设等内容的研究，思想政治教育学研究得

[①] 罗洪铁、王丽：《思想政治教育学的形成与发展研究》，《思想教育研究》2013年第11期。

到深化。

（三）思想政治教育学科基础理论研究

1. 中国共产党思想政治教育史研究

中国共产党思想政治教育史研究在思想政治教育学科建设和学术研究中占有重要地位。学科建立以来，研究取得了一系列重要成果，积累了文献资料，界定了学科性质，明确了学科对象，规范了学科任务，构建了学科体系，总结了基本经验，为进一步发展奠定了良好基础。① 从研究类型上可以分为三大类：一是文献资料的整理出版。如：《思想政治工作文献选编》《毛泽东周恩来刘少奇朱德论党的宣传工作》等。二是中国共产党思想政治教育的通史和阶段史研究，包括教材及专著。代表性的有：王树荫著的《中国共产党思想政治教育史》，王树荫、王炎著的《中国共产党思想政治教育史纲1949—2009》等。三是中国共产党思想政治教育专题史研究。如：石云霞著的《新中国成立以来中国共产党思想理论教育历史》（上、下），李德芳、杨素稳主编的《中国共产党农村思想政治教育史》等。从研究内容来看，主要包括三个方面：一是中国共产党思想政治教育史的历史分期，目前存在三种观点，即以中共党史和新中国史分期为标准、以党的思想政治教育自身发展为标准以及二者相结合为标准来划分历史时期。二是对人物思想政治教育思想的研究。如毛泽东、刘少奇、周恩来、邓小平、江泽民等主要领导人的思想政治教育研究。三是中国共产党思想政治教育内容和方法研究、不同对象的思想政治教育研究。②

2. 对思想政治教育本质的研究

思想政治教育的本质问题在于思想政治教育的基础性和根本性

---

① 王树荫：《深化中国共产党思想政治教育历史研究》，《思想理论教育》2015年第1期。

② 参见冯刚、郑永廷主编《思想政治教育学科30年发展报告》，光明日报出版社2014年版。

问题，是思想政治教育成为自身的内在规定性，因而一直是学界研究的重点和热点问题，也产生了一些有价值的成果。如：李合亮著的《思想政治教育探本——关于其起源与本质的研究》《解析与建构——当代中国思想政治教育的哲学反思》。总体来看，可以大致分为两个方面：一是对思想政治教育本质内涵的研究，即追问思想政治教育本质究竟是什么；二是如何认识和揭示思想政治教育的本质，即对思想政治教育本质研究方法的探讨。

对思想政治教育本质是什么的研究，从 20 世纪 90 年代末开始，初步形成了"政治属性论""转化论""管理论""人学论""精神生产论"，以及"政治属性和管理属性论""政治属性与非政治性论"二重论说。[①] 此后的研究基本没有超出这个语境。学者将这些观点概括为"一元本质说"和"二元本质说"，也有少数主张"多元本质说"。与此不同的三种观点值得关注：一是刘书林认为思想政治教育的本质是灌输。历史和现实中的思想政治教育的本质都是一定的社会意识形态的教化和灌输。"灌输"既是思想政治教育学的一个主要的范畴，又准确揭示了思想政治教育的本质。坚持思想政治教育的本质是灌输，有利于明确坚持思想政治教育的方向性和党性原则，旗帜鲜明、理直气壮地开展思想政治工作。[②] 二是骆郁廷提出的思想政治教育的本质是思想掌握群众。思想掌握群众，既是运用一定阶级的思想掌握本阶级群众的活动，也是运用一定阶级的思想影响和掌握其他阶级群众的活动，而中国共产党的思想政治教育是先进思想掌握群众的活动。[③] 还有，余斌认为，思想政治教育的本质是宣传，是向广大人民群众宣传马克思主义，使人民群众正确了解人

---

① 许强：《关于思想政治工作本质的综述》，《思想政治工作研究》1998 年第 7 期。

② 刘书林：《论思想政治教育的本质——坚守"灌输论"的缘由》，《思想理论教育导刊》2012 年第 10 期。

③ 骆郁廷：《思想政治教育的本质是思想掌握群众》，《马克思主义研究》2012 年第 9 期。

类社会发展的规律,了解自己的历史任务和对于资本主义与社会主义所应采取的态度。①

进入世纪之交,对思想政治教育本质的研究出现新特点,即从直接界定本质是什么深入哲学方法论层面,着重探讨如何认识和揭示思想政治教育的本质。也形成了几种观点:一是起源探究法和动因分析法。即从阶级、国家产生起源以及从人的社会化、政治化过程来求解思想政治教育的本质。② 根据唯物史观可知,物质动因是思想政治教育变化发展的根本源泉。思想政治教育是阶级进行政治统治和社会管理的重要而有力的手段,影响和左右思想政治教育的关键力量不是它自身,而是外部力量内在化的结果。国家力量是思想政治教育关系的关键力量。③ 二是关系辨析法。把握思想政治教育本质,须处理好思想政治教育本质与思想政治教育现象的关系、思想政治教育本质属性与思想政治教育一般属性的关系、思想政治教育本质规定与思想政治教育时代要求的关系。④ 三是重大问题分析法。认为"马克思主义还灵不灵""社会主义道路还通不通""共产党的领导还行不行"的问题,是思想政治教育本质的直接反映和集中体现。⑤

3. 思想政治教育功能与价值研究

学科初期主要是对思想政治教育"作用和功能"的研究。主要观点有:第一,基本功能与非基本功能。基本功能体现思想政治教

---

① 余斌:《试论思想政治教育的目的、本质、原则和方法》,《高等教育研究》2011年第7期。

② 李合亮:《解析与建构——当代中国思想政治教育的哲学反思》,人民出版社2010年版,第125—130页。

③ 孙其昂:《思想政治教育本质的唯物史观解读》,《学校党建与思想教育》2010年第5期(中)。

④ 石书臣:《思想政治教育的本质规定及其把握》,《马克思主义与现实》2009年第1期。

⑤ 李春华:《当前思想政治教育的重大基本问题探析》,《思想理论教育》2010年第9期。

育的本质属性，贯穿于思想政治教育的全过程，是其他功能的母体，各项具体功能都可归结为基本功能的引申和具体化。第二，思想政治教育的具体功能：政治功能、促进功能、转化功能、协调功能。其中，政治功能是思想政治教育基本功能的核心内容，反映的是政治教育的本质特征。

20世纪80年代末，就有学者提出由"地位作用""社会职能"向"价值论"的转换的必要性。张耀灿等认为，"地位作用""社会职能"观点停留在经验型层次，有待于进行理论升华；"价值论"观点符合时代发展的要求，是对地位和作用的理论抽象和升华，是地位和作用的哲学思考。[1]

世纪之交，思想政治教育社会价值和个体价值的研究成为热点。很多学者都认为，长期以来思想政治教育偏重于社会价值，个体价值一直没有得到重视。这是造成许多人对思想政治教育不感兴趣的原因之一。因此，应重视思想政治教育个人价值。张耀灿、郑永廷认为，价值论思维下思想政治教育研究，一个重大的变化是社会主体与个体主体的双重论的确证。"这里的主体有两个，即处于一定社会历史阶段中的社会集团与个体，或处于一定思想政治教育情境中的教育者与受教育者。"[2] 思想政治教育的个体价值的具体内容，一是从价值客体的属性来看，思想政治教育具有引导政治方向、激发精神动力、塑造健康人格、调控品德行为等方面的价值。[3] 二是从价值主体的角度看，个体价值主要表现为满足主体社会化特别是政治社会化的需要，满足主体全面发展特别是提高思想政治素质的需要，满足主体解决人生重大课题的需要。[4] 三是从教育主体来看，思想政

---

[1] 张耀灿、项久雨：《关于思想政治教育学科建设的几个理论问题的探讨》，《上海交通大学学报》（社会科学版）2000年第S1期。

[2] 张耀灿、郑永廷：《现代思想政治教育学》，人民出版社2001年版，第103页。

[3] 张耀灿、徐志远：《现代思想政治学科论》，武汉人民出版社2003年版，第349页。

[4] 刘建军：《论思想政治教育的个人价值》，《教学与研究》2001年第8期。

治教育的个体价值不但包括受教育者，而且包括教育者的个体价值，但由于教育者是社会的代表，受教育者是人民群众，其实际存在的状态是具体的个人，因而个体价值是指受教育者而言。①

对于个体价值和社会价值的关系，多数研究者认为，两者是相辅相成、辩证统一的。由于思想政治教育的本质规定性决定了社会价值是矛盾的主要方面，起主导作用，个体价值只有在社会价值中才能体现。然而，由于思想政治教育的根本目的所决定，个体价值也是其重要方面，它是社会价值的基础，离开了个体价值，社会价值也变成了空洞无关的东西。人的全面发展，既是人的价值的最充分实现，又是思想政治教育价值实现的理想境界。

4. 思想政治教育方法论研究

思想政治教育方法论研究在思想政治教育学科理论体系中占有重要地位，是学界一直研究的重要领域，取得了较为丰富的成果，形成了一些重要的理论观点。代表性的成果主要有：王玄武主编的《思想政治教育方法论》、郑永廷主编的《思想政治教育方法论》、祖嘉合的《思想政治教育方法教程》、黄蓉生的《当代思想政治教育方法论研究》等。其中，郑永廷主编的《思想政治教育方法论》（高等教育出版社1999年版），被评为国家级优秀教材、面向21世纪课程教材，列入普通高等教育"九五"国家教委重点教材，是思想政治教育方法论理论体系和内容体系形成的标志性成果。②

郑永廷认为，思想政治教育方法论是关于思想政治教育方法的理论体系。③ 研究的问题可以分为两层面：一是思想政治教育方法理论的研究；二是思想政治教育具体方法的研究。黄蓉生在《当代思想政治教育方法论》中提出了"方法论"应侧重于方法的理论研

---

① 张耀灿：《思想政治教育学前沿》，人民出版社2006年版，第87页。
② 祖嘉合：《思想政治教育方法理论研究回眸与展望》，《思想教育研究》2008年第12期。
③ 郑永廷：《思想政治教育方法论》，高等教育出版社1999年版，第3页。

究，并以思想政治教育矛盾转化过程方法为核心对思想政治教育方法论体系进行理论和实际建构。

思想政治教育方法理论的研究，涉及思想政治教育方法的概念界定、研究对象、研究的理论基础等问题的研究。概念界定有几种观点：一种认为思想政治教育方法是对特定的对象即现实社会的人进行思想政治教育的方法[1]；一种认为思想政治教育方法是使思想政治教育对象形成正确的思想观念和良好的道德品质所施加教育影响的各种方式、程序和手段的总和[2]；一种认为思想政治教育方法就是教育者和受教育者在思想政治教育过程中所采用的思想方法和工作方法[3]，是指教育主客体为了实现思想政治教育目标，在思想政治教育实践活动过程中采取的一切思路、手段和程序的总和[4]。

对于思想政治教育具体方法的研究。将中国古代思想道德教育方法归纳为：在道德教育原则上，强调以育人为中心，德育至上；在道德教育内容上，注重目的性和针对性；在道德教育途径上，重视教书育人，训教合一；在道德教育方法上，注重教化与修身的统一。[5] 对于现代思想政治教育方法，尤其对人文关怀与心理疏导方法、网络思想政治教育方法的研究成果丰富。其中，安徽师范大学思想政治教育学科创立的"思想咨商"，在将思想教育与心理教育紧密结合方面进行了有益探索，具有理论与实践的双重价值。"思想政治教育人文关怀的理论与方法研究"获得2013年国家哲学社会科学

---

[1] 王玄武：《思想政治教育方法论》，武汉大学出版社1985年版，第8页。
[2] 祖嘉合：《思想政治教育方法教程》，北京大学出版社2004年版，第3页。
[3] 郑永廷：《思想政治教育方法论》（修订版），高等教育出版社2001年版，第3页。
[4] 邹绍清：《当代思想政治教育方法发展研究》，人民出版社2013年版，第19页。
[5] 邱伟光、张耀灿：《思想政治教育学原理》，高等教育出版社1999年版，第48—49页。

基金重点项目立项资助。①

第三节 新时代思想政治教育研究

一 习近平关于思想政治教育的重要论述

党的十八大以来，中国特色社会主义进入了新时代。以习近平同志为核心的党中央高度重视意识形态工作和思想政治工作，紧密结合具有许多新的历史特点的伟大斗争的时代特征，发表了一系列重要论述，极大地丰富了党的思想政治教育理论。

党的十八大以来，习近平总书记先后在全国宣传思想工作会议（2013年）、文艺工作座谈会（2014年）、全国党校工作会议（2015年）、新闻舆论工作座谈会（2016年）、网络安全和信息化工作座谈会（2016年）、哲学社会科学工作座谈会（2016年）、全国高校思想政治工作会议（2016年）、全国宣传思想工作会议（2018年）、全国教育大会（2018年）、学校思想政治理论课教师座谈会（2019年）等会议上发表了一系列重要讲话，形成了系统的思想政治教育思想。习近平思想政治教育思想是习近平新时代中国特色社会主义思想的重要组成部分，是对党的思想政治教育理论的丰富和发展。

（一）关于"中国梦"的论述

党的十八大刚刚闭幕，2012年11月29日，习近平总书记在参观《复兴之路》展览讲话时首次提出"中国梦"。此后，习近平总书记在多个场合、多次提及"中国梦"，围绕中国梦的内容实质、实现途径、依靠力量、外部环境等提出了一系列新思想新论断，成为新时代习近平中国特色社会主义思想的重要内容。

---

① 王习胜：《思想政治教育人文关怀的理论与方法研究》，人民出版社2018年版。

一是论述了中国梦的内涵。首先，中国梦既是国家的梦，也是个人的梦。习近平总书记在多个场合讲到，中国梦是国家梦、民族梦、归根到底是人民的梦。实现中华民族伟大复兴，就是中华民族近代以来最伟大的梦想。每个人的前途命运都与国家和民族的前途命运紧密相连。国家好，民族好，大家才会好。其次，中国梦既是中华儿女的梦，也是两岸共同的梦、广大海外侨胞的共同愿望。"一国两制"是国家的一项基本国策。牢牢坚持这项基本国策，是实现香港、澳门长期繁荣稳定的必然要求，也是实现中华民族伟大复兴中国梦的重要组成部分。中国梦与台湾的前途是息息相关的。中国梦是两岸共同的梦，需要大家一起来圆梦。最后，中国梦既是中国的梦，也是世界的梦，是和平的梦，是"一带一路"沿线各国人民的梦。中国梦是追求和平的梦。中国梦需要和平，只有和平才能实现梦想。天下太平、共享大同是中华民族绵延数千年的理想。要争取世界各国对中国梦的理解和支持，中国梦是和平、发展、合作、共赢的梦，我们追求的是中国人民的福祉，也是各国人民共同的福祉。二是论述了实现中国梦途径。习近平总书记多次强调，为了实现中国梦，必须紧紧依靠人民，充分调动最广大人民的积极性、主动性、创造性。必须坚定不移走中国特色社会主义道路，增强对中国特色社会主义的理论自信、道路自信、制度自信，坚定不移沿着正确的中国道路奋勇前进。必须弘扬中国精神，以爱国主义为核心的民族精神和以改革创新为核心的时代精神，不断增强团结一心的精神纽带、自强不息的精神动力，永远朝气蓬勃迈向未来。必须凝聚中国力量，各族人民紧密团结，万众一心，实现梦想的力量就无比强大，我们每个人为实现自己梦想的努力就拥有广阔的空间。

（二）关于培育和践行社会主义核心价值观的论述

2013年年底，中共中央办公厅印发了《关于培育和践行社会主义核心价值观的意见》，从国家、社会、个人三个层面将"富强、民主、文明、和谐；自由、平等、公正、法治；爱国、敬业、诚信、友善"24个字，确定为社会主义核心价值观的基本内容。习近平总书记在多种场合对社会主义核心价值观作出了系列重要论述，深入阐释了社会主义核心价值观的相关重大问题，内容丰富，成为习近平新时代中国特色社会主义思想的重要内容。

一是论述了培育和践行社会主义核心价值观的重大意义。习近平总书记指出，核心价值观，承载着一个民族、一个国家的精神追求，体现着一个社会评判是非曲直的价值标准。构建具有强大感召力的核心价值观，关系社会和谐稳定，关系国家长治久安。社会主义核心价值观体现了中国特色社会主义的本质规定，反映了社会主义制度的本质属性和价值取向，是增强民族凝聚力和向心力的纽带，是实现中华民族伟大复兴的中国梦的重要精神力量。二是论述了弘扬社会主义核心价值观要立足中华优秀传统文化。中华优秀传统文化是社会主义核心价值观最深厚的文化基因、价值源泉，继承和弘扬中华优秀传统文化是构建社会主义核心价值观的基础性工程。三是论述了社会主义核心价值观的科学内涵。习近平总书记强调，社会主义核心价值观这个概括，实际上回答了我们要建设什么样的国家、建设什么样的社会、培育什么样的公民的重大问题。富强、民主、文明、和谐是国家层面的价值目标，自由、平等、公正、法治是社会层面的价值取向；爱国、敬业、诚信、友善是公民个人层面的价值准则。社会主义核心价值观的三个层面，既相互区别，又内在贯通，从而把涉及国家、社会、公民的价值要求融为一个整体。四是论述了社会主义核心价值观的培育和践行。习近平总书记指出，一种价值观要真正发挥作用，必须融入社会生活，让人们在实践中感知它、领悟它。要注意把我们所提倡的与人们日常生活紧密联系起来，在落细、落小、落实上下功夫。他强调要切实把社会主义核心价值观贯穿于社会生活方方面面。通过教育引导、舆论宣传、文化熏陶、实践养成、制度保障等，使社会主义核心价值观内化为人们的精神追求，外化为人们的自觉行动。

(三) 关于意识形态工作理论的创新

党的十八大以来，党中央召开一系列关于思想文化领域工作重要会议，对意识形态工作做了全方位的论述，特别是2013年、2018年两次全国宣传思想工作会议，习近平总书记在会议上发表的重要讲话，既是新时代党宣传思想工作的指导和依据，也是对党的宣传思想工作或意识形态理论的创新发展。

2013年8月，全国宣传思想工作会议召开，这是党的十八大之后召开的关于意识形态的重要会议。习近平总书记站在党和国家全局高度，深刻阐述了事关意识形态工作长远发展的一系列重大理论问题和现实问题，对宣传思想工作的重要地位、基本职责、根本任务、重大方针、基本遵循做了全面深刻的阐述，提出了一系列新思想、新观点、新论断、新要求。主要包括：以"极端重要""三个事关"来表达宣传思想工作的重要性；以"中心工作"与"极端重要的工作"来表达经济建设和意识形态工作的辩证关系；以"两个巩固"明确宣传思想工作的根本任务；以掌握意识形态工作的领导权、管理权、话语权为宣传思想工作的根本目的；以党性和人民性的统一为宣传思想工作坚持的基本原则；以坚持团结稳定鼓劲、正面宣传为宣传思想工作遵循的基本方针；以理念创新、手段创新、基层工作创新为宣传思想工作创新的重点；以把握好"时、度、效"，增强宣传思想工作的吸引力和感染力；以"讲好中国故事、传播好中国声音"做好外宣工作；以"大宣传"理念不断开创宣传思想工作的新局面。

在2015年全国党校工作会议上的讲话中，习近平总书记强调必须坚持党校姓党这个党校工作根本原则。党校姓党，就是要坚持在党爱党、在党言党、在党忧党、在党为党，归根到底一句话，就是要在思想上政治上行动上自觉同党中央保持高度一致。党校姓党，首先要把党的旗帜亮出来，让党的旗帜在各级党校上空高高飘扬。并对如何坚持党校姓党提出了要求：要增强看齐意识；要抓党的理论教育和党性教育，把学习和掌握辩证唯物主义和历史唯物主义基本原理和方法论，特别是要把马克思主义中国化最新成果作为理论教育中心内容；要为坚持和巩固党对意识形态工作的领导、巩固马克思主义在意识形态领域的指导地位作出积极贡献；要加强理论总结和理论创新，为发展21世纪马克思主义、当代中国马克思主义作出努力。

在2016年哲学社会科学工作座谈会上的讲话中，习近平总书记强调哲学社会科学工作的育人功能。他指出，高校哲学社会科学有重要的育人功能，要面向全体学生，帮助学生形成正确的世界观、人生观、价值观，提高道德修养和精神境界，养成科学思维习惯，促进身心和人格健康发展。与自然科学相比，哲学社会科学的育人功能更显著，它在提高人们的精神文化素养、思想道德修养和价值判断能力等方面的作用不可替代。高校应充分发挥哲学社会科学的育人功能，全面提升大学生人文素质，教育、帮助大学生把握好人生方向，打牢人生根基，学好看家本领，保持身心健康。

2018年8月召开的全国宣传思想工作会议，是党的十九大之后关于意识形态的重要会议。习近平总书记发表的重要讲话，深刻总结了党的十八大以来党的宣传思想工作的历史性成就和历史性变革，深刻阐述了新形势下党的宣传思想工作的历史方位和使命任务，对做好新形势下党的宣传思想工作作出重大部署。讲话立足全局、视野高远、内涵丰富、思想精深。强调必须以新时代中国特色社会主义思想和党的十九大精神为指导，增强"四个意识"、坚定"四个自信"，自觉承担起举旗帜、聚民心、育新人、兴文化、展形象的使命任务，坚持正确政治方向，强调要在基础性、战略性工作上下功夫，在关键处、要害处下功夫，在工作质量和水平上下功夫，推动宣传思想工作不断强起来，促进全体人民在理想信念、价值理念、道德观念上紧紧团结在一起，为服务党和国家事业全局作出更大贡献。

（四）关于网络思想政治教育的论述

习近平总书记深刻指出，互联网已经成为我们党长期执政所要面对的"最大变量"。如果我们过不了互联网这一关，就过不了长期执政这一关。党的十八大以来，以习近平同志为核心的党中央将网络安全和信息化工作提到了前所未有的高度，对于把我国建设成为网络强国，更好保障中国共产党长期安全执政，无疑具有十分重大的意义。

互联网已经成为意识形态斗争的主战场。习近平总书记强调，网络安全和信息化对一个国家很多领域都是牵一发而动全身的，要认清我们面临的形势和任务，充分认识做好工作的重要性和紧迫性，因势而谋，应势而动，顺势而为。做好网上舆论工作是一项长期任务，要创新改进网上宣传，运用网络传播规律，弘扬主旋律，激发正能量，大力培育和践行社会主义核心价值观，把握好网上舆论引导的时、度、效，使网络空间清朗起来。建设网络良好生态，发挥网络引导舆论、反映民意的作用。

要依法治理网络空间。他指出，网络空间是亿万民众共同的精神家园。做好网上舆论工作，使网络空间清朗起来。网络空间天朗气清、生态良好，符合人民利益。网络空间乌烟瘴气、生态恶化，不符合人民利益。互联网不是法外之地。利用网络鼓吹推翻国家政权，煽动宗教极端主义，宣扬民族分裂思想，教唆暴力恐怖活动，等等，这样的行为要坚决制止和打击，决不能任其大行其道。要依法加强网络空间治理，加强网络内容建设，做强网上正面宣传，培育积极健康、向上向善的网络文化，用社会主义核心价值观和人类优秀文明成果滋养人心、滋养社会，做到正能量充沛、主旋律高昂，为广大网民特别是青少年营造一个风清气正的网络空间。

（五）关于高校思想政治教育的论述

党的十八大以来，习近平总书记对高校思想政治教育的深入的阐述，构成新时代思想政治教育的重要内容。具体包括高校思想政治教育目标、教育内容、教育功能、教育方法、教育途径等方面。在 2016 年 12 月召开的全国高校思想政治工作会议上的讲话，集中体现了习近平总书记对高校思想政治教育重大问题和热点问题的基本看法、观点和意见，不仅对新时代高校思想政治教育的实践具有重大指导意义，而且为推动高校思想政治教育理论创新提供了根本遵循方向。

习近平总书记强调："要坚持把立德树人作为中心环节，把思想政治工作贯穿教育教学全过程，实现全程育人、全方位育人，努力开创我国高等教育事业新局面。"思想政治工作是学校各项工作的生命线，要把思想政治工作做在日常、做到个人，具有连续性，贯穿始终。思想政治工作的主体不仅限于思想政治理论课教师及思政课堂，而是所有的课程教学、所有的教师都要教书育人，实现"思政课程"与"课程思政"的统一，实现思想政治教育空间全跟进。习近平总书记强调，思想政治教育的空间已经不限于传统课堂授课的"第一课堂"，还包括校内外的"第二课堂"及新媒体新技术网络空间的"第三课堂"，在加强"课程思政"建设的基础上，运用新媒体新技术，加强校园文化建设，注重文化育人、实践育人。因此，要实施"服务思政"建设。习近平总书记指出："一所高校的校风和学风犹如阳光和空气决定万物生长一样，直接影响着学生学习成长。"校园景观是思想政治工作的重要载体，承载着无声而持久的思政工作力量，管理和服务的思政滋养作用同样不可小视，一定要营造学生学习成长的良好环境。

2019年3月18日，习近平总书记主持召开学校思想政治理论课教师座谈会并发表重要讲话，强调办好思想政治理论课，最根本的是要全面贯彻党的教育方针，最关键在教师。思政课教师，要给学生心灵埋下真善美的种子，引导学生扣好人生第一粒扣子。并对思政课教师提出了政治要强、情怀要深、思维要新、视野要广、自律要严、人格要正的"六个要求"；以及坚持政治性和学理性相统一、坚持价值性和知识性相统一、坚持建设性和批判性相统一、坚持理论性和实践性相统一、坚持统一性和多样性相统一、坚持主导性和主体性相统一、坚持灌输性和启发性相统一、坚持显性教育和隐性教育相统一的"八个相统一"。这些论述大大丰富了高校思想政治教育理论。

二 对思想理论领域热点问题的关注研究

党的十八大以来,思想政治理论领域热点不断,思想政治教育对重大现实问题的敏锐度和解释力不断增强。

(一) 围绕阶级斗争观点与坚持人民民主专政的争论

2014年,王伟光的《坚持人民民主专政,并不输理》[①]一文,提出"国际领域内的阶级斗争是不可能熄灭的,国内的阶级斗争也是不可能熄灭的""阶级斗争不是主要矛盾"、现阶段加强人民民主专政是为了"抵制国外反动势力对我西化、分化、私有化、资本主义化的图谋",是为了"压制国内敌对力量里应外合的破坏作用"等观点。这些观点是对马克思恩格斯国家学说、党的有关历史决议和国家领导人既有发言和讲话的坚持,但却引起激烈的反应。

一些人攻击王伟光是要以"阶级斗争为纲"、否定"邓小平理论和基本路线","开历史的倒车",是想要中国回到"文化大革命"……更多人支持作者。他们指出,如何正确理解现阶段的阶级斗争和人民民主专政问题,马克思主义作家的经典论述给我们提供了依据。恩格斯曾指出,国家不是从来就有的,它是人类生产力发展到一定阶段,出现了私有制和阶级分裂,是阶级斗争产物。国家随着阶级的产生而产生,只有当国家发展到无产阶级专政以后,国家才会向更高形态发展,才会随着阶级斗争的消失而消亡。而在目前阶段,人民民主专政是我们对抗国际资本主义的围攻和国内敌对势力的破坏、维护人民根本利益的保证。邓小平曾指出,运用人民民主专政的力量,巩固人民的政权,是正义的事情。这场争论说明,做好意识形态工作任重道远。

(二) "辽报事件"与高校意识形态安全问题

2014年11月,《辽宁日报》记者在对数所高校进行深入调研的基础上,反映一些高校教师在课堂上存在的"呲必中国""赞必西

---

① 王伟光:《坚持人民民主专政,并不输理》,《红旗文稿》2014年第18期。

方"现象,发表了一篇题为《老师,请不要这样讲中国》的公开信,呼吁广大高校教师,特别是从事人文、社会科学教育的高校教师不要这样讲中国。然而,这篇以反映客观事实为内容、以委婉和温和口吻的善意呼吁,却遭到很多人的尖锐批评。一些人认为这是干涉"学术自由""言论自由",也是对教师的不尊重。

众多学者对抹黑中国进行批驳。课堂上可以有问题意识,可以提批评意见,但是不能恶意抹黑。陈先达指出,"教员,尤其是思想政治课教员,面对社会的各种问题,应该以马克思主义为指导直面现实的热点、难点问题,发表意见,提出批评和建议。不能以一己之偏见'骂堂',以获取一些缺少生活经验和辨别力的学生的掌声。如果这样,是在害人,而不是育人。"① 一些教师随意抹黑中国、随意灌输各类不负责任的言论,已经突破了言论自由的边界。从行驶监督权的角度看,高校讲台也需要监督。因此,《辽宁日报》也拥有对高校的监督权。

这场争论表明高校成为意识形态斗争的重要领域,必须加强这一阵地建设,在事关国家举什么旗,走什么路的问题上,高校绝不能成为"自由高地""法外之地"。

(三) 对历史虚无主义思潮的批判

20世纪90年代,随着我国改革开放的不断深化发展,各种错误社会思潮竞相发声。其中,影响比较大的错误思潮主要有民主社会主义思潮、新自由主义思潮、普世价值思潮、历史虚无主义思潮、宗教极端主义思潮等。这些错误思潮对主流思想文化构成威胁。理论界和学术界对社会思潮展开广泛而深入的研究,代表性成果当属清华大学林泰教授主编的《问道——改革开放以来的社会思潮与青年思想政治教育研究》②。该书以改革开放以来的社会思潮与青年思

---

① 陈先达:《批评、抹黑及其他》,《光明日报》2014年12月3日第13版。
② 林泰:《问道——改革开放以来的社会思潮与青年思想政治教育研究》,中国社会科学出版社2013年版。

想政治教育研究为主题，对中国特色社会主义理论、道路与否定篡改中国特色社会主义思潮的交锋进行梳理、分析和评论，是一部用社会主义核心价值体系引领社会思潮的力作。

历史虚无主义伴随改革开放过程中一种影响较大的错误政治思潮。其特点是对中国共产党已有明确定论的一些历史人物、历史事件、历史结论进行质疑、攻击和颠覆性解读，以实现其否定人民历史和中国共产党的历史，进而否定中国共产党的领导、马克思主义指导思想、社会主义道路和人民民主专政的政治目的。一般情况下，这一思潮很少进行理论上的考察。但 2014 年出现一个值得注意的特点，就是从理论上对历史虚无主义思潮进行"阐述"，核心观点是把马克思主义称为历史虚无主义，把马克思主义的历史认识体系称为教条主义历史虚无主义，把反对历史虚无主义者称为最大的历史虚无主义者。"马克思的历史图示与基督教历史图示的确十分相似……陷入历史虚无主义了。"① 历史虚无主义思潮的这一特点，不仅公开挑战中国共产党的指导思想——马克思主义，公开挑战中华人民共和国的主流意识形态，而且欲图从"理论制高点上"篡夺历史虚无主义的解释权、夺取批判历史虚无主义的话语权。这意味着我们与历史虚无主义思潮的斗争进入了一个新的领域。② 学界对其进行了揭露和批驳。认为这是对马克思主义的严重歪曲。马克思主义通过探究人类社会发展的规律，认为人类社会是在不断发展进步的，是在否定之否定中不断向前螺旋式发展的。人类即使到了共产主义社会，也还是要不断发展的。③ 马克思主义具有严谨的科学性，马克思主义的创立是对启蒙运动以来人类文明精华汲取的产物，马克思的社会经济形态理论揭示了人类社会发展的普遍规律、马克思对未来社会

---

① 尹保云：《要警惕什么样的历史虚无主义》，《炎黄春秋》2014 年第 5 期。
② 马学轲：《2014 年意识形态领域十个热点问题》，《马克思主义研究》2015 年第 2 期。
③ 龚云：《谁是真正的历史虚无主义者》，《马克思主义研究》2014 年第 9 期。

预测的审慎态度。因此，绝不是像有些人所指责的那样，马克思主义是什么历史虚无主义。①

宗教极端主义是一种打着宗教旗号出现的极端主义思潮。它是暴力恐怖主义的精神支柱，极易导致暴力恐怖活动践踏人权，威胁国家安全。20世纪90年代以来，宗教极端主义与暴力恐怖主义和民族分裂主义蔓延至我国边疆少数民族地区。宗教极端思想渗入意识形态领域，严重地毒害着民众的精神和思想。对与此相关的共产党员不能信仰宗教问题，朱维群指出，共产党员不能信仰宗教是中国共产党的一贯原则，允许党员信教将侵蚀涣散党的肌体，提出要在全党加强马克思主义宗教观和无神论教育。田心铭指出，马克思主义的宗教研究必须坚持无神论，"无神"是马克思主义一切理论的前提，并提出无神论与宗教研究中的十大关系问题。他还提出，坚持马克思主义，就必须坚持无神论；坚持马克思主义无神论，就必须宣传马克思主义无神论。王伟光认为，坚持马克思主义无神论是大原则。朱晓明认为，马克思主义无神论是马克思主义主流意识形态的重要内容，要始终保持马克思主义无神论在人民群众思想中的主导地位。龚云认为，马克思主义无神论研究宣传教育是党的意识形态工作的重要组成部分，必须要从意识形态安全高度坚持马克思主义无神论，并在党的意识形态工作格局中加强马克思主义无神论的研究宣传教育工作。

三 思想政治教育基础理论问题研究

党的十八大以来，思想政治教育基础理论研究取得重要进展，学科建设的蓬勃发展，学科体系的日趋完备，学科地位和作用显著提高，思想政治教育基础理论研究不断深化，思想政治教育研究的科学性和学术性得到了进一步提高。其中，学术争鸣和交锋成为思

---

① 于沛：《马克思主义是历史与逻辑相统一的科学》，《中国社会科学报》2014年10月22日。

想政治教育学术研究的一个明显特征。

(一) 关于思想政治教育人学范式转换的不同观点

思想政治教育人学范式转换成为学界关注和研究的一个热点。"思想政治教育人学范式转换"是指思想政治教育研究由"社会哲学范式"向"人学范式"的转向。这一观点最早见于张澍军提出的"以社会哲学的视野揭示的是思想政治教育的工具性本质，以人学视野揭示的是思想政治教育的目的性本质"[①]。张耀灿提出，"思想政治教育研究应该自觉推进人学范式转换"[②]，建立思想政治教育人学[③]。

这一研究虽有一定的合理性，也得到思想政治教育学界的广泛支持，但却存在值得进一步思考和深入研究的问题。对此，已有研究对此提出不同观点。有研究者指出，应轻言、慎言"范式危机"和"范式变革"。思想政治教育人学范式背后隐藏着"人学陷阱"，这种研究范式实质是一种形而上学的思维方式。[④]

有学者认为，思想政治教育研究的人学取向存在缺陷，容易陷入"人学陷阱"，陷入抽象、空洞的人道主义等唯心主义历史观，使这种人学很容易陷入资产阶级的意识形态当中。[⑤] 并认为，从整体上来说，思想政治教育人学取向研究已经暴露出来的问题不是零散的，而是系统的，不是次要的，而是关键的。人学取向研究暴露出来的很多具体问题都源于指导这一研究的方法论存在问题。如果实现了

---

① 张澍军：《德育哲学引论》，人民出版社2002年版。
② 张耀灿：《推进思想政治教育研究范式的人学转换》，《思想教育研究》2010年第7期。
③ 张耀灿、曹清燕：《思想政治教育研究的人学取向探析》，《思想理论教育导刊》2006年第12期。
④ 陶磊：《批判与探索：思想政治教育人学范式分析》，《河南师范大学学报》（哲学社会科学版）2011年第2期；陶磊、黄明理：《人学范式，还是社会哲学范式？——思想政治教育现代转型的反思》，《探索》2011年第6期。
⑤ 陈荣荣、余斌：《思想政治教育人学取向研究的方法论问题》，《马克思主义研究》2013年第10期。

人学范式转换，它很有可能要使思想政治教育陷入或许更为严重的困境当中，因此，应慎重提倡思想政治教育人学范式转换。[1]

（二）关于思想政治教育"双主体说"的争鸣

"双主体说"是思想政治教育研究中一种普遍和流行的观点。代表性观点认为，"教育者与教育对象二者都是思想政治教育的主体，是复数的主体，他们把教育资料作为共同客体，与教育资料构成'主体——客体'的关系"[2]。"双主体说"意在强调受教育者在教育过程中的主体地位和能动性，但却成为争论较大的一个问题。

刘书林等持不同的观点。思想政治教育过程中的主、客体关系不能改变。从主体的职能特点方面看，思想政治教育的主体就是主导教育；从客体的职能特点方面看，思想政治教育的客体就是接受教育。在一定的教育过程中，主体和客体的地位总是确定的，不能混淆或颠倒主体与客体的不同地位。否则，不是过高地估计了客体的地位而失落，就是忽略和降低了主体的作用，放弃教育职责，或贬低了教育主体的地位。[3] 顾钰民则直接指出："双主体说"的实质是把思想政治教育过程中的教育对象上升到主体位置，与教育者并列成为主体。它模糊了教育者与教育对象的基本关系，混淆了教育者与教育对象的不同功能和作用，也淡化了教师作为教育主体的责任和自信。[4]

（三）"思想政治教育"与"公民教育"关系的争论

在思想政治教育研究中，有人提出，应当用新的、"中性的""公民教育"替代旧的、有强烈意识形态性的"思想政治教育"。因为"公民教育具有较强的中性色彩，它不是强调为哪个阶级、哪个

---

[1] 陈荣荣：《应慎重提倡思想政治教育人学范式转换》，《思想教育研究》2013年第9期。

[2] 张耀灿等：《思想政治教育学前沿》，人民出版社2006年版，第359页。

[3] 刘书林、高永：《思想政治教育的对象及其主客体关系》，《思想理论教育导刊》2013年第1期。

[4] 顾钰民：《思想政治教育"双主体说"评析》，《教学与研究》2013年第8期。

政党培养'接班人',而是为社会培养下一代(公民)",这样有助于克服"政治化问题"。① 这种颇显"新"意的观点却引起了一些人的某种共鸣。

这种观点受到田心铭的批驳。他指出,现实中并不存在某种超越不同国家和社会的一般的"公民教育"。在当代中国,没有某种为了"社会"却又不为"阶级"(首先是工人阶级)、"政党"(首先是中国共产党)培养人的"中性"的"公民教育"。② 有学者指出,在时下有人倡言用"公民教育"替代"思想政治教育",针对的是思想政治教育的意识形态性。"公民教育"和"思想政治教育"都具有鲜明的意识形态性。一定意义上说,"思想政治教育"就是社会主义中国的"公民教育"。我们说的"思想政治教育"是指马克思主义的或者社会主义的思想政治教育。"马克思主义""社会主义"是科学,同时也是现代社会的一种意识形态。人类进入文明以来的以国家或社会的名义开展的教育,无例外的都是某种"阶级的教育"。因此,在意识形态的关系问题上,"公民教育"与思想政治教育并无不同,"公民教育"究其实质而言,同为非"中性的"意识形态教育。加强公民意识教育与加强和改进思想政治工作并不矛盾,加强全体公民的公民意识教育,理应成为思想政治工作中一项必要的也是重要的内容。③

(四)网络思想政治教育研究

新世纪以来,网络思想政治教育已成为思想政治教育研究的重要领域。学界开始从主要关注网络思想政治教育现状、存在问题及对策解析,转而对网络思想政治教育的理论基础、基本规律等

---

① 杜时忠:《德育十论》,黑龙江教育出版社 2003 年版,第 5 页。
② 田心铭:《我们需要什么样的道德教育?——兼评"德育非政治化"的观点》,《红旗文稿》2012 年第 16 期。
③ 武东生:《"思想政治教育"与"公民教育"关系辨析》,《思想理论教育导刊》2013 年第 4 期。

进行研究，网络思想政治教育的研究在深度和广度上都有明显进展。①

一是网络思想政治教育的含义。一种观点把网络作为一种信息技术和信息交往平台，网络思想政治教育就是以互联网为载体开展教育的一种现代思想政治教育方式。"所谓网络思想政治教育，是指一定阶级、政党、社会团体用一定的思想观念、政治观点、道德规范，通过现代传媒计算机网络对其受众施加有目的、有计划、有组织的影响，使他们形成符合一定社会、一定阶级所需要的思想品德的社会实践。"② 二是网络思想政治教育主客体关系。网络思想政治教育仍然存在思想政治教育的主体和客体，但具有其特殊性。第一，主客体的载体特殊。网络思想政治教育主客体是以网络为中介的，二者的关系转变为主体—网络—客体这样一种间接的交往方式。第二，主客体的形态特殊。网络思想政治教育主客体都被符号化、数字化，且常常将网络思想政治教育的主客体具象隐匿了。在网络空间，主客体所面对的双方均是虚拟化的双方。第三，主客体的关系特殊。网络思想政治教育主客体关系是一种双向互动的关系，呈现出一种平等交流、双向互动、交互作用的关系。③ 三是关于网络意识形态的本质问题。有学者认为网络意识形态就是传统意识形态在网络中的延伸，是网络空间中具有阶级属性的意识观念。但有的学者持不同观点，认为意识形态从本质上属于观念的上层建筑范畴，网络意识形态的生成取决于社会经济发展状况；网络意识形态是"网络人机互动""网络人际互动""网络自我互动"三大系统互动的结果。④

---

① 张再兴：《网络思想政治教育研究》，经济科学出版社 2009 年版。
② 曾令辉：《网络思想政治教育概论》，广西民族出版社 2002 年版。
③ 骆郁廷：《论网络思想政治教育的主体与客体》，《马克思主义与现实》2016 年第 2 期。
④ 黄冬霞、吴满意：《网络意识形态内涵的新界定》，《社会科学研究》2016 年第 5 期。

小　结

新中国 70 年波澜壮阔的发展历程，为思想政治教育研究奠定了坚实的实践基础。站在新起点上展望未来，思想政治教育研究要以习近平新时代中国特色社会主义思想为指导，紧紧围绕坚持和发展中国特色社会主义的时代主题，以思想政治教育理论体系、学科体系和话语体系建设为抓手，推动思想政治教育研究迈向新阶段、开辟新境界、取得新成就。

深化对习近平新时代中国特色社会主义思想融入思想政治教育的研究。从新中国成立 70 年思想政治教育研究的历程可以看出，党的创新理论始终是思想政治教育研究的指导思想和发展动力。这是思想政治教育研究的一个重要特征。党的理论创新成果为新时期思想政治教育研究提供理论基础、教育主题和科学指南。因此，要进一步深化思想政治教育研究，全方位将马克思主义理论创新的最新成果——习近平新时代中国特色社会主义思想融入思想政治教育，从而推进习近平新时代中国特色社会主义思想深入人心。

以"三个体系建设"为重点，推动新时代思想政治教育研究的创新发展。习近平在哲学社会科学工作座谈会上的讲话中指出，要着力构建中国特色哲学社会科学，在指导思想、学科体系、学术体系、话语体系等方面充分体现中国特色、中国风格、中国气派。毋庸置疑，思想政治教育学科建设取得了显著成绩。但作为仅有 40 年历史的一个崭新学科，思想政治教育学科建设任重道远。在今后的研究中，加快学术体系、学科体系和话语体系建设，大力加强学科基础理论问题研究，进一步完善基本原理体系、主干学科体系、分支学科体系，加强政策性话语、宣传性话语、学术性话语的融合研究，进一步提升思想政治教育研究的科学性、学术性、学理性。

聚焦思想领域重大问题，切实体现思想政治教育研究的政治属性和现实针对性。回顾思想政治教育研究的历程可以看出，思想政治教育研究在回应思想领域重大问题上发挥了重要作用。但在改革开放过程中产生的一些重大思想问题，实际上在理论上并没有根本解决。在今后的研究中，要进一步增强对现实问题的解释力，紧紧围绕社会主要矛盾新变化提出的新要求，着力破解思想领域带有全局性和根本性的问题，为有效回应思想诉求提供理论供给和理论支撑，从而为新时代中国特色社会主义发展提供思想舆论保证和精神动力支持。

参考文献

经典著作

《马克思恩格斯选集》（第1-4卷），人民出版社1995、2012年版。
《马克思恩格斯文集》（第1-10卷），人民出版社2009年版。
《列宁选集》（第1-4卷），人民出版社1995、2012年版。
《列宁专题文集》，人民出版社2009年版。
《斯大林选集》（上、下），人民出版社1979年版。
《斯大林文集》（1934-1952年），人民出版社1985年版。
《毛泽东选集》（第1-4卷），人民出版社1991年版。
《毛泽东文集》（第1-8卷），人民出版社1993-1999年版。
《毛泽东著作专题摘编》，中共中央文献研究室编，中央文献出版社2003年版。
《毛泽东年谱》（1949-1976），中央文献出版社2013年版。
《周恩来选集》（上、下），人民出版社1980年、1984年版。
《刘少奇选集》（上、下），人民出版社1981年、1985年版。
《邓小平文选》（第1-3卷），人民出版社1993—1994年版。
《陈云文选》（第1-3卷），人民出版社1995年版。
《江泽民文选》（第1-3卷），人民出版社2006年版。
《胡锦涛文选》（第1-3卷），人民出版社2016年版。
《习近平关于实现中华民族伟大复兴的中国梦论述摘编》，中央文献出版社2013年版。

《习近平关于全面深化改革论述摘编》，中央文献出版社2014年版。

《习近平总书记系列重要讲话读本》，学习出版社、人民出版社2014年版。

《习近平谈治国理政》，外文出版社2014年版。

《习近平谈治国理政》第二卷，外文出版社2017年版。

《习近平关于全面依法治国论述摘编》，中央文献出版社2015年版。

《习近平关于党风廉政建设和反腐败斗争论述摘编》，中央文献出版社、中国方正出版社2015年版。

《习近平关于协调推进"四个全面"战略布局论述摘编》，中央文献出版社2015年版。

习近平：《做焦裕禄式的县委书记》，中央文献出版社2015年版。

《习近平关于严明党的纪律和规矩论述摘编》，中央文献出版社、中国方正出版社2016年版。

《习近平关于科技创新论述摘编》，中央文献出版社2016年版。

习近平：《在哲学社会科学工作座谈会上的讲话》，人民出版社2016年版。

习近平：《在庆祝中国共产党成立95周年大会上的讲话》，人民出版社2016年版。

《习近平总书记系列重要讲话读本（2016年版）》，学习出版社、人民出版社2016年版。

《习近平关于社会主义政治建设论述摘编》，中央文献出版社2017年版。

《习近平关于社会主义经济建设论述摘编》，中央文献出版社2017年版。

《习近平关于社会主义社会建设论述摘编》，中央文献出版社2017年版。

《习近平关于社会主义文化建设论述摘编》，中央文献出版社2017年版。

《习近平关于社会主义生态文明建设论述摘编》，中央文献出版社

2017 年版。

习近平：《在纪念马克思诞辰 200 周年大会上的讲话》，人民出版社 2018 年版。

《习近平扶贫论述摘编》，中央文献出版社 2018 年版。

《习近平关于总体国家安全观论述摘编》，中央文献出版社 2018 年版。

习近平：《论坚持推动构建人类命运共同体》，中央文献出版社 2018 年版。

习近平：《论坚持全面深化改革》，中央文献出版社 2018 年版。

《习近平新时代中国特色社会主义思想三十讲》，学习出版社 2018 年版。

《习近平新时代中国特色社会主义思想学习纲要》，学习出版社、人民出版社 2019 年版。

《习近平关于"不忘初心、牢记使命"论述摘编》，中央文献出版社、党建读物出版社 2019 年版。

重要文献

《建国以来重要文献编（1949 – 1965）》（第 1 – 20 册），中央文献出版社 2011 年版。

《中共中央文件选集（1949.10 – 1966.5）》（第 1 – 50 册），人民出版社 2013 年版。

《三中全会以来重要文献选编》（上、下），人民出版社 1982 年版。

《十二大以来重要文献选编》（上、中、下），人民出版社 1986 – 1988 年版。

《十三大以来重要文献选编》（上、中、下），人民出版社 1991 – 1993 年版。

《十四大以来重要文献选编》（上、中、下），人民出版社 1996 – 1999 年版。

《十五大以来重要文献选编》（上、中、下），人民出版社 2000 –

2001年版。

《十六大以来重要文献选编》（上、中、下），中央文献出版社2005—2008年版。

《十七大以来重要文献选编》（上、中、下），中央文献出版社2009—2013年版。

《十八大以来重要文献选编》（上、中、下），中央文献出版社2014—2018年版。

《中国共产党第十八次全国代表大会文件汇编》，人民出版社2012年版。

《中国共产党第十八届中央委员会第三次全体会议文件汇编》，人民出版社2013年版。

《中国共产党第十八届中央委员会第四次全体会议文件汇编》，人民出版社2014年版。

《中国共产党第十八届中央委员会第五次全体会议文件汇编》，人民出版社2015年版。

《中国共产党第十八届中央委员会第六次全体会议文件汇编》，人民出版社2016年版。

《中国共产党第十九次全国代表大会文件汇编》，人民出版社2017年版。

《中国共产党历史》（第一、二卷），中共党史出版社2011年版。

《中华人民共和国史稿》（全5卷），人民出版社、当代中国出版社2012年版。

《中国共产党的九十年》（全3册），中共党史出版社、党建读物出版社2016年版。

《中国共产党宣传工作文献选编（1915—1992）》（全4册），学习出版社1996年版。

专著

艾思奇：《艾思奇文集》，人民出版社1983年版。

参考文献

安启念:《新编马克思主义哲学发展史》,中国人民大学出版社 2004 年版。

包心鉴等:《科学发展观》,山东人民出版社 2008 年版。

薄一波:《若干重大决策与事件的回顾》(上卷),中共中央党校出版社 1991 年版。

《中共中央编译局六十年》,中央编译出版社 2013 年版。

曹长盛:《民主社会主义模式比较研究》,东北师范大学出版社 1996 年版。

曾繁仁:《中国新时期文艺学史论》,北京大学出版社 2008 年版。

曾令辉:《网络思想政治教育概论》,广西民族出版社 2002 年版。

陈先达:《马克思和马克思主义》,中国人民大学出版社 2016 年版。

程恩富:《社会主义三阶段论》,广东高等教育出版社 1990 年版。

程恩富主编:《当代中国经济理论探索》,上海财经大学出版社 2000 年版。

程恩富主编:《马克思主义整体性新论》,中国社会科学出版社 2013 年版。

迟福林:《市场决定:十八届三中全会后的改革大考》,中国经济出版社 2014 年版。

当代中国研究所:《中华人民共和国史稿》,人民出版社、当代中国出版社 2012 年版。

冯刚、郑永廷:《思想政治教育学科 30 年发展报告》,光明日报出版社 2014 年版。

高放:《国际共产主义运动史教本》,天津人民出版社 1986 年版。

高放:《世界社会主义史》(四卷本),北京师范大学出版社 2018 年版。

顾海良:《世界社会主义 500 年》,中国人民大学出版社 2018 年版。

顾海良主编:《马克思主义发展史》,中国人民大学出版社 2009 年版。

顾海良总主编,张雷声、袁银传主编:《马克思主义中国化史·第四卷，1992 年以来》，中国人民大学出版社 2015 年版。

国防大学邓小平理论研究中心：《马克思主义建党学说的新发展》，国防大学出版社 2002 年版。

韩震：《社会主义核心价值体系研究》，人民出版社 2007 年版。

郝立新、吴向东主编：《马克思主义哲学史研究》（2017），人民出版社 2018 年版。

郝铁川：《"三个代表"重要思想和科学发展观研究》，上海人民出版社 2007 年版。

侯成亚、吕国欣主编：《新中国马克思主义哲学五十年》，人民日报出版社 2001 年版。

侯惠勤：《马克思的意识形态批判与当代中国》，中国社会科学出版社 2010 年版。

胡希宁、张锦铨：《二十世纪中国经济思想简史》，中共中央党校出版社 1999 年版。

黄宏：《"三个代表"与新时期党的建设》，学习出版社 2000 年版。

黄伟力、周泽红：《马克思主义基本原理概论：教学论纲》，复旦大学出版社 2008 年版。

黄宗良：《世界社会主义的历史与理论》，中央编译出版社 1995 年版。

季崇：《论中国对外开放的战略与政策》，社会科学文献出版社 1995 年版。

江金权：《论科学发展观的理论体系》，人民出版社 2007 年版。

姜辉：《21 世纪世界社会主义的新特点》，社会科学文献出版社 2016 年版。

教育部邓小平理论研究中心组：《马克思主义中国化的新篇章》，高等教育出版社 2004 年版。

金冲及：《二十世纪中国史纲》，社会科学文献出版社 2012 年版。

靳辉明：《社会主义历史、理论与现实》，安徽人民出版社 2000 年版。

冷溶主编：《科学发展观与构建社会主义和谐社会》，社会科学文献出版社 2007 年版。

李达：《〈矛盾论〉解说》，人民出版社 1978 年版。

李崇富、李建平主编：《科学发展观与历史唯物主义》，人民出版社 2006 年版。

李崇富：《论初级阶段的社会主义》（上、下册），社会科学文献出版社 2018 年版。

李春华等：《当前思想政治教育若干重大问题研究》，中国社会科学出版社 2015 年版。

李合亮：《解析与建构——当代中国思想政治教育的哲学反思》，人民出版社 2010 年版。

李景源、吴元梁：《科学发展观与和谐社会建设》，江苏人民出版社 2008 年版。

李君如：《"三个代表"重要思想教程》，中共中央党校出版社 2001 年版。

李君如：《社会主义和谐社会论》，人民出版社 2005 年版。

李培林：《和谐社会十讲》，社会科学文献出版社 2006 年版。

李慎明：《"三个代表"重要思想与若干重大理论问题研究》，社会科学文献出版社 2002 年版。

李慎明：《社会主义：理论与实践》，社会科学文献出版社 2001 年版。

林泰：《问道——改革开放以来的社会思潮与青年思想政治教育研究》，中国社会科学出版社 2013 年版。

刘诗白：《主体产权论》，经济科学出版社 1998 年版。

刘思华：《理论生态经济学的若干问题》，广西人民出版社 1989 年版。

聂运麟、余维海主编：《国际共产主义运动年鉴》（2016），华中师范大学出版社 2017 年版。

聂运麟：《当代资本主义国家共产党：低潮中的奋进、变革与转型》，社会科学文献出版社2007年版。

潘金娥等：《马克思主义本土化的国际经验与启示》，社会科学文献出版社2017年版。

潘金娥等：《越南革新与中越改革比较》，社会科学文献出版社2015年版。

秦刚：《中国特色社会主义道路研究》，中共中央党校出版社2017年版。

秦宣主编：《构建社会主义和谐社会专辑》，中国人民大学出版社2005年版。

邱伟光、张耀灿：《思想政治教育学原理》，高等教育出版社1999年版。

任俊明主编：《新中国马克思主义哲学50年》，人民出版社2006年版。

上海社会科学院邓小平理论研究中心：《与时俱进的马克思主义》，上海社会科学院出版社2002年版。

石云霞：《新中国思想理论教育60年》，华中科技大学出版社2009年版。

孙其昂：《思想政治教育现代转型研究》，学习出版社2015年版。

孙冶方：《社会主义经济的若干理论问题》，人民出版社1979年版。

孙冶方经济科学基金会：《孙冶方经济思想评述》，山西经济出版社1998年版。

王树荫、王炎：《新中国思想政治教育史纲（1949—2009）》，人民出版社2010年版。

王树荫：《中国共产党思想政治教育史（第二版）》，高等教育出版社2018年版。

王伟光：《"三个代表"思想研究》，人民出版社2002年版。

王伟光：《社会主义通史》（八卷本），人民出版社2011年版。

王伟光主编：《中国特色社会主义理论体系研究》，人民出版社2012年版。

王习胜：《思想政治教育人文关怀的理论与方法研究》，人民出版社 2018 年版。

王玄武：《思想政治教育方法论》，武汉大学出版社 1985 年版。

王学东等：《九十年代西欧社会民主主义的变革》，中央编译出版社 1999 年版。

吴恩远主编：《世界社会主义重大理论与现实问题研究丛书》，中国社会科学出版社 2013 年版。

吴俊杰等编：《中国构建和谐社会问题报告》，中国发展出版社 2005 年版。

吴冷西：《十年论战》，中央文献出版社 1999 年版。

吴冷西：《忆毛主席》，新华出版社 1995 年版。

吴强：《思想政治教育学科三十年》，东华大学出版社 2015 年版。

项久雨：《思想政治教育价值论》，中国社会科学出版社 2003 年版。

项启源：《论我国社会主义初级阶段的历史定位》，经济科学出版社 2001 年版。

肖东波：《中国共产党理论建设史（1949—1956）》，中共党史出版社 2006 年版。

肖枫：《社会主义向何处去——冷战后世界社会主义运动大扫描》，当代世界出版社 1999 年版。

辛向阳：《新发展理念型变中国》，浙江人民出版社 2018 年版。

邢贲思：《当代中国马克思主义的新发展：深入学习江泽民同志"七一"重要讲话和"三个代表"重要思想》，人民出版社 2002 年版。

徐崇温：《当代资本主义新变化》，重庆出版社 2004 年版。

许征帆：《马克思主义与当代》，中国人民大学出版社 1987 年版。

闫志民等：《社会主义 500 年编年史》，北京人民出版社 2018 年版。

严书翰等：《经济全球化背景下的资本主义与社会主义关系》，当代世界出版社 2001 年版。

杨圣明：《杨圣明文集》，上海辞书出版社 2005 年版。

殷叙彝等：《第二国际研究》，中央编译出版社 1998 年版。

俞可平、王伟光、李慎明主编：《马克思主义在中国 60 年》，重庆出版社 2010 年版。

张汉清：《简明国际共产主义运动史》，北京大学出版社 1985 年版。

张雷声、张宇主编：《马克思的发展理论与科学发展观》，经济科学出版社 2006 年版。

张澍军：《德育哲学引论》，人民出版社 2002 年版。

张伟垣等：《苏联兴亡和社会主义前景》，新华出版社 1999 年版。

张耀灿、徐志远：《现代思想政治学科论》，武汉人民出版社 2003 年版。

张耀灿、郑永廷：《现代思想政治教育学》，人民出版社 2001 年版。

张耀灿等：《思想政治教育学前沿》，人民出版社 2006 年版。

张宇：《中国特色社会主义政治经济学》，中国人民大学出版社 2016 年版。

张月明：《民主社会主义在东欧》，上海人民出版社 1999 年版。

张再兴：《网络思想政治教育研究》，经济科学出版社 2009 年版。

张中云：《国际共产主义运动史》，中共中央党校出版社 1997 年版。

张卓元：《新中国经济学史纲（1949—2011）》，中国社会科学出版社 2012 年版。

张卓元：《中国经济学 60 年（1949—2009）》，中国社会科学出版社 2009 年版。

赵存生：《与时俱进的理论探索》，北京大学出版社 2002 年版。

赵家祥：《马克思主义的整体性研究》，北京大学出版社 2018 年版。

赵明义：《社会主义的历史命运》，人民出版社 1997 年版。

赵明义等：《中国特色社会主义与相关"主义"比较研究》，人民出版社 2018 年版。

郑异凡：《布哈林论稿》，中央编译出版社 1997 年版。

郑永廷：《思想政治教育方法论》（修订版），高等教育出版社 2001 年版。

郑永廷：《思想政治教育方法论》，高等教育出版社1999年版。

中共上海市委宣传部编：《构建和谐社会：多维视角下的理论思索》，上海人民出版社2006年版。

《科学发展观学习读本》，学习出版社2008年版。

中央宣传部理论局编：《推进我国改革开放和社会主义现代化建设必须长期坚持的指导方针：全面落实科学发展观理论文章选》，学习出版社2006年版。

中央宣传部舆情信息局编：《构建社会主义和谐社会》，学习出版社2007年版。

中国社会科学院科研局编：《新中国社会科学五十年》，中国社会科学出版社2000年版。

中国社会科学院社会政法学部编：《科学发展 社会和谐：构建社会主义和谐社会的理论与实践》，社会科学文献出版社2007年版。

当代中国研究所：《中华人民共和国史稿》，人民出版社、当代中国出版社2012年版。

邹绍清：《当代思想政治教育方法发展研究》，人民出版社2013年版。

祖嘉合：《思想政治教育方法教程》，北京大学出版社2004年版。

左大培：《混乱的经济学——经济学到底教给了我们什么?》，石油出版社2002年版。

[波兰]沙夫：《论共产主义运动的若干问题》，奚戚、齐伍译，人民出版社1983年版。

[法]萨特：《辨证理性批判》，徐懋庸译，商务印书馆1963年版。

[匈牙利]亚诺什·科尔内：《短缺经济学》，张晓光、李振宁等译，经济科学出版社1986年版。

[英]柯亨：《如果你是平等主义者，为何如此富有?》，霍政欣译，北京大学出版社2009年版。

[英]佩里·安德森：《当代西方马克思主义》，余文烈译，东方出版社1989年版。

期刊

柴尚金：《中国新时代谱写世界社会主义新篇章》，《当代世界》2018年第2期。

陈金龙：《关于习近平新时代中国特色社会主义思想的若干思考》，《思想理论教育》2017年第12期。

陈学明：《评苏联解体东欧剧变后西方马克思主义研究的新特点》，《社会科学论坛》1999年第7—8期。

陈勇：《略论构建社会主义和谐社会》，《毛泽东思想研究》2005年第3期。

程中原：《中国特色社会主义理论体系形成过程的历史回顾》，《当代中国史研究》2008年第5期。

董京泉：《论全球化与"三个代表"重要思想》，《红旗文稿》2003年第7期。

宫力、孙相东：《"三个代表"重要思想的世界眼光》，《理论前沿》2003年第4期。

龚云：《谁是真正的历史虚无主义者》，《马克思主义研究》2014年第9期。

顾钰民：《关于马克思主义整体性研究的思考》，《思想理论教育导刊》2008年第2期。

韩庆祥、邱耕田、王虎学：《论马克思主义的整体性》，《哲学研究》2012年第8期。

韩庆祥：《习近平新时代中国特色社会主义思想的核心要义及其内在逻辑》，《党委中心组学习·专稿》2018年第2期。

韩振峰：《把握科学发展观的十个基本点》，《中国教育报》2008年11月11日。

郝立新、周康林：《马克思主义时代化的新飞跃》，《中国高校社会科学》2018年第1期。

何秉孟：《当代资本主义的新发展：由国家垄断向国际金融资本垄断

过渡》,《红旗文稿》2010年第3期。

贺钦:《试析拉美"21世纪社会主义"的历史源流及其本质》,《当代世界与社会主义》2015年第3期。

贺新元:《论中国特色社会主义新时代的内在规定与现实体现的一致性》,《人民论坛·学术前沿》2018年7月(上)。

侯惠勤:《理想的塑造是当前道德建设的关键——兼评"道德滑坡论"》,《高校理论战线》1995年第6期。

胡华:《关于国民经济恢复时期的社会主要矛盾问题》,《教学与研究》1963年第5期。

湖南省邓小平理论研究中心:《论"三个代表"的哲学基础》,《光明日报》2002年10月18日。

黄宏、郭凤海:《论"三个代表"重要思想的形成》,《当代中国史研究》2002年第6期。

贾建芳:《构建社会主义和谐社会的重点难点问题解析》,《马克思主义研究》2006年第3期。

姜辉:《构建社会主义和谐社会是中国特色社会主义事业发展的必然要求》,《求是》2006年第22期。

姜辉:《我们依然处在马克思主义所指明的历史时代——访中国社会科学院党组成员、当代中国研究所所长姜辉》,《马克思主义研究》2019年第1期。

金民卿:《十月革命的重要遗产与中国道路的成功探索》,《马克思主义研究》2017年第8期。

孔寒冰:《国际共运研究的困境与出路》,《探索与争鸣》2013年第3期。

冷溶:《既与时俱进又一脉相承》,《理论前沿》2003年第14期。

冷溶:《认真学习胡锦涛总书记"七一"重要讲话,兴起学习贯彻"三个代表"重要思想新高潮》,《党的文献》2003年第5期。

冷溶:《深刻领会习近平新时代中国特色社会主义思想的历史地位和丰富内涵》,《党的文献》2017年第6期。

李君如：《以科学的态度认识和落实科学发展观》，《江苏行政学院学报》2004年第5期。

李慎明：《习近平新时代中国特色社会主义思想的历史地位与世界意义》，《求是》2018年第1期。

李兴山：《深刻理解精神实质　正确把握辩证关系》，《理论动态》2004年第3期。

梁树发：《"三个代表"重要思想的哲学基础》，《中国人民大学学报》2003年第4期。

林建华：《第一国际、第二国际、第三国际的历史贡献新论》，《中国浦东干部学院学报》2017年第4期。

刘国光：《关于政府和市场在资源配置中的作用》，《当代经济研究》2014年第3期。

刘海涛：《深入贯彻落实科学发展观　创新发展社会主义和谐文化》，《理论学习》2008年第1期。

刘书林：《论思想政治教育的本质——坚守"灌输论"的缘由》，《思想理论教育导刊》2012年第10期。

陆学艺：《构建社会主义和谐社会的内涵与要求》，《中共石家庄市委党校学报》2005年第3期。

孟鑫：《市场社会主义的新论证——罗默的〈社会主义的未来〉述评》，《马克思主义研究》1999年第1期。

聂运麟：《论当代世界社会主义运动的重大变化及其转型》，《马克思主义研究》2010年第12期。

逄先知、冷溶：《创造性地发展马克思主义的伟大历史进程——邓小平理论的形成发展和对马克思主义的历史贡献》，《党的文献》1999年第1期。

蒲国良：《全球化背景下社会主义与资本主义互动关系新特点》，《湖南师范大学社会科学学报》2011年第4期。

秦宣：《正确把握科学发展观的科学内涵》，《山东社会科学》2009年第11期。

秦宣:《"三个代表"提出的时代背景和社会历史条件》,《中共天津市委党校学报》2002年第2期。

秦宣:《习近平新时代中国特色社会主义思想的特色》,《教学与研究》2017年第12期。

秋石:《论"三个代表"的科学内涵》,《求是》2002年第5期。

荣开明:《对"三个代表"重要思想和邓小平理论关系的几点认识》,《邓小平理论》2004年第6期。

邵维正:《深刻领会习近平新时代中国特色社会主义思想》,《中共党史研究》2017年第11期。

沈壮海:《改革开放以来思想政治教育研究的学术版图》,《思想理论教育导刊》2008年第11期。

田心铭:《我们需要什么样的道德教育?——兼评"德育非政治化"的观点》,《红旗文稿》2012年第16期。

王世谊:《"三个代表"重要思想的产生和发展》,《当代中国史研究》2002年第6期。

王天玺:《东方之光——"三个代表"与理论创新》,《新华文摘》2002年第9期。

王伟光:《全面理解、深入实践科学发展观》,《马克思主义研究》2009年第1期。

王伟光:《"三个代表"重要思想是我们党必须长期坚持的指导思想》,《红旗文稿》2003年第16期。

王伟光:《当代中国马克思主义的最新理论成果——习近平新时代中国特色社会主义思想学习体会》,《中国社会科学》2017年第12期。

王学东、邓岩:《"国际共产主义运动史"与"世界社会主义"的关系——访王学东教授》,《社会主义研究》2018年第6期。

王宜秋:《关于当代社会主义与资本主义关系问题的思考》,《马克思主义研究》2003年第3期。

王雨辰:《评本·阿格尔对西方马克思主义的研究》,《社会科学动态》1998 年第 4 期。

卫兴华：《把握新一轮深化经济体制改革的理论指导和战略部署》，《党政干部学刊》2014 年第 1 期。

吴恩远：《社会主义道路已被历史证明是人类社会发展的方向》，《世界社会主义研究》2017 年第 9 期。

吴宁：《高兹的生态政治学》，《国外社会科学》2007 年第 2 期。

奚广庆：《关于国际共产主义运动进入第三阶段的论断》，《党政研究》2019 年第 1 期。

夏鑫：《试论佩珀的生态社会主义理论》，《社会主义研究》2008 年第 4 期。

夏兴有：《论"三个代表"的科学体系》，《光明日报》2003 年 6 月 26 日。

谢伏瞻：《时代精神的精华伟大实践的指南》，《马克思主义研究》2019 年第 5 期。

谢伏瞻：《论新工业革命加速拓展与全球治理变革方向》，《经济研究》2019 年第 7 期。

谢伏瞻：《中国经济发展与发展经济学创新》，《中国社会科学》2018 年第 11 期。

谢伏瞻：《马克思主义是不断发展的理论》，《中国社会科学》2018 年第 5 期。

辛向阳：《科学发展观的三个思想来源》，《中国特色社会主义研究》2006 年第 8 期。

辛向阳：《科学发展观对马克思主义中国化的深化和拓展》，《当代世界与社会主义》2009 年第 4 期。

辛向阳：《构建社会主义和谐社会的两个途径》，《马克思主义研究》2008 年第 7 期。

徐崇温：《苏联解体东欧剧变后国外马克思主义研究的新动向》，《当代国外马克思主义评论（第一辑）》2000 年第 00 期。

杨承训：《世界社会主义重心三次变迁推进理论大发展——以全球视

阈深化认识中华人民共和国成立 70 周年》，《毛泽东邓小平理论研究》2019 年第 1 期。

于今：《构建科学发展观的科学理论体系》，《人民政协报》2011 年 1 月 26 日。

余金成：《关于世界社会主义流派研究的若干思考》，《社会主义研究》2014 年第 1 期。

余文烈：《关于"市场社会主义"的几个理论问题》，《马克思主义研究》1997 年第 1 期。

张国祚：《习近平新时代中国特色社会主义思想的十一新》，《思想理论教育导刊》2017 年第 12 期。

张宏志：《科学发展观的形成与"三个代表"重要思想》，《思想理论教育导刊》2009 年第 4 期。

张静如、齐卫平：《"三个代表"重要思想是马克思主义的世界观和方法论》，《上海党史与党建》2003 年第 6 期。

张久海：《现代和谐思维涵括的四重意蕴》，《毛泽东思想研究》2006 年第 3 期。

张蔚萍：《科学判断我党所处的历史方位》，《长江论坛》2003 年第 2 期。

赵曜：《科学发展观和中国特色社会主义发展道路》，《当代世界与社会主义》2007 年第 3 期。

赵曜：《冷战结束后世界社会主义的态势和走向》，《理论前沿》2002 年第 19 期。

赵智奎：《邓小平理论——科学社会主义新的理论形态》，《马克思主义研究》2004 年第 5 期。

郑必坚：《"三个代表"重要论述与面向 21 世纪的中国共产党》，《人民日报》2000 年 5 月 18 日。

郑杭生：《和谐社会与社会学》，《人民日报》2004 年 11 月 30 日。

郑一明：《"分析马克思主义"评介》，《哲学动态》1992 年第 11 期。

郑一明：《从一种哲学流派到一门显学——国外马克思主义研究 30

年的反思》,《社会科学报》(沪) 2008 年第 65 期。

中国社会科学院邓小平理论研究中心:《论"三个代表"的历史地位》,《光明日报》2002 年 12 月 2 日。

钟秉林:《和谐社会:多元、宽容与秩序化》,《中国特色社会主义研究》2005 年第 1 期。

[南斯拉夫] S. 朱罗维奇:《评〈人类的发展和社会〉》,《国外社会科学》1982 年第 7 期。

[日] 山琦熏:《关于"后马克思主义"的思考》,《国外社会科学》1989 年第 12 期。

后 记

为迎接中华人民共和国成立70周年，中国社会科学院党组于2018年底启动《庆祝中华人民共和国成立70周年书系》编撰工作。其中《新中国马克思主义研究70年》一书由中国社会科学院党组交办，院党组成员、当代中国研究所所长兼马克思主义研究院院长姜辉同志负责，马克思主义研究院具体落实。

姜辉同志对《新中国马克思主义研究70年》一书的编纂工作高度重视，组成了以中国社会科学院马克思主义研究院人员为主体的课题组，分工进行专题研究和书稿编撰工作。金民卿、辛向阳和龚云三位同志全程指导和参与书稿的编撰工作。书稿编撰工作于2019年1月初启动，初稿撰写阶段先后召开四次课题组会议，姜辉同志、金民卿同志就研究成果定位、研究思路、章节布局、内容设计、撰写原则等相关问题同课题组成员进行了深入交流并确定了书稿撰写的基本思路。初稿于2019年4月初完成后先后召开三次统稿会，姜辉同志、辛向阳同志和龚云同志分别从篇章结构、主要内容、体例编排等几个方面就初稿的修改工作提出了具体意见。6月初，在书稿交付出版前，姜辉同志、辛向阳同志和龚云同志再次对书稿作了细致的修订，对文字表述的准确性、历史事件陈述的科学性和重要人物、重要观点、重要成果论述的客观性等进行了把关。书稿完成后，靳辉明教授、李崇富教授、程恩富教授、侯惠勤教授和邓纯东研究员作了审读，提出了修改和完善意见。

呈现给读者的《新中国马克思主义研究70年》一书，全面回顾、总结了新中国成立70年来，马克思主义哲学研究、马克思主义经济学研究、科学社会主义研究以及马克思主义中国化研究等方面所取得的巨大成就，总结了马克思主义中国化70年的基本经验，系统梳理了马克思主义学科的发展历史，为构建以马克思主义为指导的中国哲学社会科学学科体系、学术体系和话语体系提供了重要参考。全书以姜辉同志、龚云同志和张建云同志执笔的导论作为"代序"，正文编排为九章。第一章由苑秀丽同志执笔；第二章由金民卿、贺新元、陈亚联、朱继东四位同志执笔；第三章由陈志刚同志、张建云同志执笔；第四章由余斌、侯为民、杨静三位同志执笔；第五章由刘志明同志、贺新元同志执笔；第六章由戴立兴、卢先福、刘海飞、王冠丞四位同志执笔；第七章由潘金娥同志、于海青同志执笔，孙应帅、邢文增、贺钦、刘海霞、潘西华、刘向阳六位同志提供部分资料；第八章由郑一明、李瑞琴、孙莉三位同志执笔；第九章由李春华、朱亦一、朱燕、梁海峰四位同志执笔，上官苗苗、梁丹丹、林敏三位同志帮助查阅了部分资料。各章文稿由姜辉同志、辛向阳同志和龚云同志统一修改、完善、定稿。池重阳同志和刘爱玲同志参与了课题的组织和联络工作。中国社会科学出版社社长兼党委书记赵剑英、总编辑魏长宝以及马克思主义理论出版中心主任田文和杨晓芳副编审，为本书的出版付出了不少心血，在此一并向他们致以诚挚的谢意。

　　书稿编撰历时半年，课题组成员可谓尽心尽力，但由于能力和知识所限，本书定有不足之处，敬请广大读者批评指正。

《新中国马克思主义研究70年》课题组
2019年6月10日